本书系国家社科基金重大项目"面向数字化发展的公共数据开放利用体系与能力建设研究"（项目编号：21&ZD336）的阶段性成果

政策文本计算

理论、方法与实证

张 涛 马海群 著

中国社会科学出版社

图书在版编目（CIP）数据

政策文本计算：理论、方法与实证／张涛，马海群著 .—北京：中国社会科学出版社，2024.3
ISBN 978-7-5227-3354-8

Ⅰ.①政… Ⅱ.①张…②马… Ⅲ.①情报学—应用—公共政策—政策分析—研究 Ⅳ.①D035-01

中国国家版本馆 CIP 数据核字（2024）第 066618 号

出 版 人	赵剑英
责任编辑	程春雨
责任校对	周　昊
责任印制	王　超

出　　版	中国社会科学出版社
社　　址	北京鼓楼西大街甲 158 号
邮　　编	100720
网　　址	http://www.csspw.cn
发 行 部	010-84083685
门 市 部	010-84029450
经　　销	新华书店及其他书店

印刷装订	北京君升印刷有限公司
版　　次	2024 年 3 月第 1 版
印　　次	2024 年 3 月第 1 次印刷

开　　本	710×1000　1/16
印　　张	21.75
插　　页	2
字　　数	346 千字
定　　价	109.00 元

凡购买中国社会科学出版社图书，如有质量问题请与本社营销中心联系调换
电话：010-84083683
版权所有　侵权必究

前　　言

政策文本在我国政治体系中发挥着不可替代的作用，随着大数据和人工智能技术的进步与发展，政府信息公开及数据开放的广度和深度不断延伸和拓展，无论是情报学领域还是公共管理学领域，对政策研究都提出了更高的标准，由此政策文本计算得以产生。这是一种理性挖掘政策文本潜在知识、探索政策演进规律、预测政策发展趋势的新方式，它融合了公共管理领域的政策过程分析特点，情报学和文献信息学领域的政策文本量化研究思维，数据科学、计算机科学中大数据及人工智能的计算方法。政策文本计算的核心是针对政策文本的数据分析与知识发现，因此对政策文本计算的背景理论、技术方法及应用实证的研究是其三大支柱。政策文本计算在改善政府决策机制、实现决策科学化、提升政策执行力等方面具有重要研究意义。虽然当前政策文本计算已形成一系列研究成果，但学界应该对政策文本计算理论、方法及应用做出更加清晰、更加规范、更加系统的概括和阐释，以期将情报学理论作为切入点把目前的"散论"聚合为一个有范畴、有阐释、有应用的较完整体系，本书应这种时代要求而著。本书的宗旨是在大数据、人工智能技术的快速发展及交叉学科融合背景下，重新审视、概括和阐释政策文本计算的背景理论、技术方法及实证应用。成果从上、中、下三个篇章对该问题展开论述。

上篇是背景理论。主要介绍政策文本计算的起源与发展和交叉学科融合下政策文本计算的基础理论。政策文本计算的起源与发展分为五部分，一是起源，在20年的发展过程中，国外学者从技术、方法、工具等视角针对政策文本展开研究，伴随着技术的持续发展，政策文本计算近年来在国内得到了快速发展与认可；二是概念界定，对政策文本概念、特征及政策文本计算概念及边界进行界定；三是基本原则，政策文本计算的四项原则为使用和评估政策文本计算方法提供了有用的指南；四是研究视角，从理论范式、技术方法、应用场景三个研究视角对政策文本计算进行诠释；五是研究方向，分析政策建模仿真、政策文本解读、政策文本比较、政策内容协同、政策文本分类、政策主题演化六大领域在政策研究中的重要作用。政策文本计算的理论基础详细剖析了政策文本计算定位，政策文本计算与情报学、文献信息学、公共管理学、系统科学、数据科学、计算机科学之间的密切联系，并将情报学理论作为政策文本计算与其他学科交叉融合的切入点，形成完整的政策文本计算基础理论。

  中篇是技术方法。通过介绍系统建模仿真、政策语料库构建、政策文本计算方法等形成适用于政策知识提取的"中间层"方法。系统建模仿真分为系统动力学和复合系统协同度模型，将政策文本计算与系统建模仿真方法相融合研究能够形成科学化政策预测。政策语料库构建是政策文本计算的基础，详细阐述了政策语料库现状、构建过程、方法及实际应用。政策文本计算方法中包括了文本预处理、文本相似度计算、主题模型、命名实体识别、词向量模型、深度神经网络和知识图谱等。

  下篇是应用实证。应用实证能够获得客观的、可重复的、可验证的分析结论，从微观层面对单个或少量政策进行政策建模仿真、政策文本解读、政策文本比较、政策内容协同等实证，从宏观层面对大量政策文本进行政策文本分类、政策主题演化等实证，以发现政策演化规律以及预判发展趋势。在实证应用领域主要基于大数据、人工智能、知识产权等政策进行分析，应用实证部分将交叉学科理论与方法紧密融合，并形成了理论上可运用、方法上可借鉴、应用上可参考的研究成果。

  政策文本计算是数智时代认识政策文本的新手段，它能有效地为政策制定提供理论解释和证据，在推动政策制定与执行、预判政策趋势、推演政策脉络、纠正政策的偏差误区等方面能够发挥重要作用。本书从实际应用出发，详细展示了政策文本计算从理论、方法到实证检验的研究逻辑，以期对有意愿从事政策文本计算研究的师生、研究者有所裨益。

  本书提出和论证以下重要观点：第一，提出政策文本计算是数智时代对政策文本的一种非介入性研究。当前政策研究中广泛使用控制论、运筹学、系统分析或博弈论等过程分析方法，这些研究均是对预设框架的验证。而政策文本计算结果具有中立性与客观性，弱化了研究者因政治立场偏见、被调查者（样本）主观偏向而带来的瑕疵，并且能够实现研究结果的可重复。应用实证中的案例均是对实际政策文本计算后进行中立性与客观性的分析。第二，将情报学理论作为政策文本计算与其他学科交叉融合的切入点，形成完整的政策文本计算基础理论。数据爆炸式增长和数据开放的整体趋势决定了政策文本计算将融合情报学、政策科学、数据科学、计算机科学等领域的理论，将形成以情报学理论为切入点的交叉学科研究体系。第三，从基础研究方法走向适用于政策知识提取的"中间层"方法是形成政策文本计算方法体系的关键组成部分。政策文本计算深入挖掘日益复杂的政策研究问题，其主要目标是发现隐藏在政策文本中的潜在知识，使政策研究更具前瞻性和科学性。当前研究方法包括系统建模仿真、主题模型、知识抽取等，研究方法边界仍在向深度学习继续扩展。这些研究方法简单重塑或再重构，从方法论角度已经形成了意识介入问题，因此要形成适用于政策知识提取的"中间层"方法。第四，政策文本计算能够成为情报学领域对政策研究的一类重要理论与方法集合，并服务于更广泛的政策研究领域。通过政策文本解读、政策文本比较、政策内容协同、政策主题演化等应用实证能够对政策文本计算理论与方法进行有效性验证，也是学界认可、社会推广的重要环节。

　　本书的主要创新包括：第一，理论创新。本书旨在提出以情报学理论与其他学科交叉融合为切入点的完整政策文本计算基础理论，将计算机科学、数据科学、系统科学的方法扩展到政策研究中，通过对政策文本计算挖掘隐藏在政策文本的潜在价值，以突出情报学领域学者对政策信息学与政策智能的研究介入。第二，方法创新。当前在政策信息学中"中间层"方法受到学界的广泛关注。本书旨在提出从基础研究方法走向适用于政策知识提取的政策文本计算"中间层"方法，这部分形成政策文本计算方法体系的关键组成部分。第三，内容创新。本书致力于将目前政策文本计算研究的"散论"聚合为一个有范畴、有阐释、有应用的较完整内容体系。在政策研究向科学化、计算化发展的背景下，梳理政策文本计算的发展、理论与方法，对政策文本计算研究的理论价值和实际应用做出全过程阐释，这是利用计算方法对政策文本系统化、深层次挖掘的创新体现，为我国数字化转型期的政策研究提供一种计算范式和视角。

本书的学术价值包括：为情报学领域学者探索政策信息学注入新动力，有助于推动文献信息学及政策信息学理论与方法研究的进一步发展，这也是推出本成果的初衷之一。近年来，我国情报学、公共管理学等领域学者不断探索完善政策信息学理论与方法，尤其是2020年第260期双清论坛（双清论坛是国家自然科学基金委员会确定优先投资领域的重要途径之一）主题为"政策信息学与政策智能"，突出了政策信息学与政策智能研究的重要战略意义，而政策文本计算是政策量化研究中的重要组成部分，扩充国家智库建设和政策研究中的量化分析手段。其学术价值和实践指导意义是不言而喻的。当前智库研究及政策研究广泛使用控制论、运筹学、系统分析、博弈论等过程研究方法，这些研究均是对预设框架的验证，可能因政治立场偏见、被调查者（样本）主观偏向而带来瑕疵。政策文本计算研究具有良好的中立性与客观性，能够理性展现政策的偏差误区、预判政策走向、推演政策发展脉络，这是智库研究及政策研究手段的一种扩充，有助于政策制定者、学术研究者形成更全面、更准确、更有价值的研究成果。

本书为集体智慧和劳动的成果，由张涛（全书的撰写、大纲拟定、统稿、定稿及审校）、马海群（全书的撰写、大纲拟定、定稿及审校）、姜磊（第五章部分小节的撰写）、刘兴丽（第九章部分小节的撰写）和蔡庆平（第十一章部分小节的撰写）共同完成。我的硕士研究生崔文波、李金玲、汪颖、王瀚功、王铮、韦晓霞、高鑫鹏、于同同为本书撰写与校对付出了大量的辛苦，向他（她）们表示深深的谢意。本书的出版得到中国社会科学出版社以及程春雨女士的全力支持。本书难免有疏漏之处，衷心欢迎各位专家、学者和广大读者批评指正，共同推动政策文本计算研究的不断深入。

张　涛

2023年春于哈尔滨

目 录

上篇 背景理论

第一章 政策文本计算的起源与发展 ……………………………… (3)
  第一节 政策文本计算起源 ………………………………………… (3)
  第二节 政策文本计算概念 ………………………………………… (4)
  第三节 政策文本计算的基本原则 ………………………………… (6)
  第四节 政策文本计算的研究视角 ………………………………… (8)
  第五节 政策文本计算主要研究方向 ……………………………… (10)

第二章 政策文本计算的理论基础 ……………………………… (15)
  第一节 政策文本计算研究现状 …………………………………… (15)
  第二节 政策文本计算的理论 ……………………………………… (20)
  第三节 政策文本计算的定位 ……………………………………… (27)
  第四节 多学科视角下的政策文本计算 …………………………… (28)
  第五节 情报学融入政策文本计算 ………………………………… (31)

中篇 技术方法

第三章 政策建模方法 …………………………………………… (37)
  第一节 系统动力学模型 …………………………………………… (37)
  第二节 复合系统协同度模型 ……………………………………… (42)

第四章　政策语料库构建 (49)
第一节　政策语料库建设现状 (49)
第二节　政策语料库构建过程 (53)
第三节　政策语料库应用主要步骤 (58)

第五章　政策文本计算方法 (62)
第一节　政策文本计算流程 (62)
第二节　政策文本预处理 (63)
第三节　文本相似度计算 (66)
第四节　主题模型 (68)
第五节　命名实体识别 (72)
第六节　词向量模型 (73)
第七节　深度神经网络 (80)
第八节　知识图谱 (94)

下篇　应用实证

第六章　政策建模仿真 (103)
第一节　人工智能数据安全影响因素的系统动力学研究 (103)
第二节　基于复合系统协同度的开放数据与数据安全政策协同研究 (118)
第三节　算法推荐影响因素系统动力学研究 (130)

第七章　政策文本解读 (146)
第一节　从《数据安全法》解读数据安全保护体系构建 (146)
第二节　互联网租赁自行车政策内容分析实证研究 (156)
第三节　国家社会科学普及促进立法框架构建 (171)

第八章　政策文本比较 (185)
第一节　我国大数据政策比较研究 (185)
第二节　我国人工智能政策比较研究 (203)

第三节　央地政府知识产权发展规划比较研究 ………………… (224)

第九章　政策内容协同 ……………………………………………… (239)
　　第一节　我国档案政策法律协同性研究 ………………………… (239)
　　第二节　开放数据与数据安全政策协同度研究 ………………… (247)
　　第三节　基于实体识别的数据政策文本协同性分析 …………… (262)

第十章　政策主题演化 ……………………………………………… (268)
　　第一节　大数据政策主题分析及发展动向研判 ………………… (268)
　　第二节　人工智能政策主题抽取及演化分析 …………………… (283)
　　第三节　数据安全政策主题演化研究 …………………………… (298)

第十一章　政策文本分类 …………………………………………… (314)
　　第一节　数据开放监管政策分类研究 …………………………… (314)
　　第二节　数据安全政策分类及评估研究 ………………………… (325)

参考文献 ……………………………………………………………… (332)

上 篇

背景理论

上篇主要介绍政策文本计算的起源与发展和交叉学科融合下政策文本计算的基础理论。尝试将情报学理论作为政策文本计算与其他学科交叉融合的切入点，形成较为完整的政策文本计算基础理论。

第 一 章

政策文本计算的起源与发展

本章主要从政策文本计算起源、概念、基本原则、研究视角和主要研究方向介绍政策文本计算的起源与发展。

第一节 政策文本计算起源

当 Jim Gray 提出数据密集型科学研究范式，David Lazer 提出计算性社会科学等研究理念后，以大数据分析和计算思维为引导的方法理论也逐渐与传统人文社会科学结合，产生了计算政治学、计算传播学、计算历史学、计算语言学以及相关计算性人文社会科学，并得到广泛的应用和发展。但计算分析方法在政策研究与政策分析领域却一直独立发展，虽然取得了一定的研究进展，但政策计算分析一直没有作为一个独立术语或研究范畴被提出。事实上，在政策分析领域利用计算机技术辅助政策分析拥有悠久的历史，并产生了如内容分析、一致性分析、话语分析、计算诠释学、定量文本分析等相关的研究方法和工具，这些都为政策文本计算的发展奠定了基础。

政策文本计算是 21 世纪初 Michchael Laver 等提出的，运用计算机科学、语言学和政治学的理论建立的海量政策文本挖掘和计算分析框架[1]。政策文本计算主张运用政策编码、政策概念词表或政策与词语之间的映射关系进行政策概念的自动识别和自动处理，最终构建从政策文本到政

---

[1] Laver M., Garry B. J., "Extracting Policy Positions from Political Texts Using Words as Data", *American Political Science Review*, Vol. 97, No. 2, 2003.

策语义的自动解析框架，并在此基础上关注政策文本及其内涵分析。2016年我国学者裴雷等重新梳理政策文本计算概念，提出政策文本计算是一种非介入式、非精确性的解析方式，并广泛应用于元政策分析领域①。此后，政策文本计算方法及应用在我国得到了快速发展。

第二节　政策文本计算概念

一　政策文本

政策是政府、政党及其他政治团体在特定时期为实现一定的政治、经济、文化和社会目标所采取的政治行动或所规定的行为准则，它是一系列理念、谋略、法律、命令、措施、方法的总称。

政策文本则是政策存在的物理载体。从最广义的角度来说，所有能够反映政策的文本都可以被视作政策文本，政策文本是指因政策活动而产生的记录文献，既包括政府或国家或地区的各级权力或行政机关以文件形式颁布的法律、法规、部门规章等官方文献，也包括政策制定者或政治领导人在政策制定过程中形成的研究、咨询、听证或决议等公文档案，甚至包括政策活动过程中因辩论、演说、报道、评论等形成的政策舆情文本，历来是政策研究的重要工具和载体。

政策文本是一类特殊文本形式，它是在政策制定与实施中所产生的过程性文件，主要包含三个层面的内容，一是各级权力或行政机关以文件形式颁布的法律、法规、规章制度等官方文献；二是政策制定者或政治领导人在政策制定过程中形成的研究、咨询或决议等资料；三是政策实施过程中相关演说、报道、评论等。因而，政策文本一直被研究者作为政策内涵解读和政策需求解析的重要研究素材。

二　政策文本计算

政策文本计算是数智环境下融合计算机理论、思维与方法，将政策文本作为研究对象，进而实现科学化的政策研究过程。它通过自然语言

---

① 裴雷、孙建军、周兆韬：《政策文本计算：一种新的政策文本解读方式》，《图书与情报》2016年第6期。

处理将政策文本解析为结构化文本数据，并构建政策词语、语义或情感等特殊对象，不仅能形成对大规模体系化的政策文本的系统化处理，挖掘蕴含在政策交流系统中的语义与价值情感，以此获知和解读政策主题、政策热点、政策立场、意识形态、政策倾向、政策价值、政策情感、政策态度等深层次政策内涵，还能在不同政策文本中进行比较与协同分析，尤其是在政策文本数据挖掘过程中注重以大量政策文本数据中发现分类、聚类等特征、发现关联知识或规则，并注重深层潜在语义的知识发现，以此分析政策行为、公众政策意见和评估政策结果[①]。相对于政策文本量化分析，政策文本计算在一系列大数据分析模型和方法的支撑下，分析规模和精度都大幅提升，也避免了主观判断带来的偏差，弥补了现有政策量化研究的不足。政策文本计算具有以下两个重要特点。

（一）政策文本计算是一种非介入性研究方法

政策文本计算作为政策分析的一种非介入性方法引入政策科学领域。非介入性方法的特点是研究结果的中立与客观性，弱化了研究者的主观因素。在传统政策分析中，一般以政策利益相关者的心理或行为假设为出发点，以公共政策绩效或调整结果为评价，并对政策过程、政策工具的可行性进行相关评估研究。因此，不论是运用控制论、运筹学或博弈论等过程分析方法，还是运用行为科学、社会心理学、组织理论、群体理论等行为解释理论，或是预设一定的分析框架予以验证，都不可避免地要预设政策立场以及政策价值取向，将其作为政策分析的判断标准。而政策文本计算认为政策文本已经蕴含政策的语义与价值情感，研究者无须再设计相应的政策框架，仅需要识别或提取政策文本中蕴含的语义，并有序表达。

（二）政策文本计算试图使研究更具科学性

政策文本计算的核心是针对政策文本的自然语言处理，即政策语法及语义层面的解析。虽然众多政策文本计算研究者试图构建语法文本与语义文本、语用文本的映射关系，或依据研究者的理解构建分析词表或抽取若干政策元素或属性，然后以"聚焦"方法跟踪研究。但是随着政

---

① Kaufman A. R., "Measuring the Content of Presidential Policy Making: Applying Text Analysis to Executive Branch Directives", *Presidential Studies Quarterly*, Vol. 50, No. 1, 2020.

策文本数量的激增和开放获取便捷性的提升，加之自然语言处理技术的快速发展，语言识别的准确度大幅提升，并已经得到广泛应用，基于海量政策文本的语义自动提取方法日益成熟，在显性政策要点、政策情感以及政策立场领域的识别精度越来越高。从政策文本计算的分析结果看，政策文本分析结果的可解释性是使政策研究更具科学性的关键所在，很多研究者认为，加强政策的解释性分析，并将计算方法和质性方法相融合更具有应用前景。

第三节　政策文本计算的基本原则

本节将介绍政策文本计算的四项基本原则。在对政策文本计算方法的探索过程中，将重新审视这些原则，并发现它们为使用和评估政策文本计算方法提供了有用的指南。

一　政策文本计算模型复杂但非精准

政策语句通常具有复杂的依存结构，任何政策文本的数据生成都是一个复杂的过程，虽然政策文本具有语言表达规范的特点，但是其含义可能会随着包含的新词和句子的上下文改变。政策语言的复杂性意味着所有方法都无法十分准确描述用于文本的数据生成过程。因此，构建政策文本计算模型的目标不同于构建因果推理的模型，建立因果推理模型通常建议必须包含数据生成过程的所有相关特征——无论是在协变量中还是在模型结构中。在政策文本计算模型中包含更现实的特征并不一定会转化为改进的方法，减少使用的假设可能并不意味着更有成效的分析。相反，将这些方法应用于任何一个文本数据集的微妙之处，意味着在语言使用方面不太复杂的模型可能会提供更有用的文本计算。

二　政策文本计算方法不能替代研究者

政策文本计算方法已在各种实质性问题上展示了其优势，然而这些计算方法并不会消除政策研究者仔细思考的需要，也不会消除详读政策文本的必要性。事实上，对政策文本的深刻理解是社会科学家应用计算方法的关键优势之一，通过本书实证部分会发现，所有计算过程都需要研究人员仔细阅读政策文本并进行深思熟虑的分析，研究人员要指导该过程做出决策并解释模型的输出。计算机并不能取代研究人员，而是增强了研究人员的能力。因此，最有成效的研究路径并不是如何利用计算方法消除研究人员阅读政策文本的过程，而是确定将人工和计算方法相结合进行政策研究。

三 没有最佳政策文本计算方法

不同的政策文本集合和不同的研究问题通常会导致不同的研究需求，对于政策文本计算模型尤其如此。在有些政策研究中，研究者可能希望使用计算方法发现一种组织政策文本的新方法，每个研究问题都意味着要用不同的分析模型和验证方法，因此重要的探究路线之一是不断尝试，寻找针对某类政策文本数据集最适合的方法，而不是采用通用政策文本计算方法，因为模型之间存在很大差异。不足为奇的是，相同的模型在某些政策文本数据集上表现良好，但在应用于其他政策文本数据时表现不佳。因此，几乎可以保证建立一种始终用于一项任务的方法是不可能的，相反，研究者需要仔细思考并应用不同的方法来为他们的问题生成有用和可接受的估计。

四 反复验证避免计算失准

政策文本计算方法可以大大降低分析大量政策文本的成本并提升效率。然而，当应用于任何一个问题时，模型的输出可能会产生误导或完全错误，政策研究人员有责任验证他们对政策文本计算方法的使用。验证可以采用多种形式，当计算问题中的类别已知时，研究者必须证明有监督方法能够可靠地复制人类编码，而无监督方法的验证就不那么直接了，为了验证无监督方法的输出，研究者必须结合实验和统计证据来证明这些措施在概念上与监督模型的措施一样有效。因此，应该避免在没有验证步骤的情况下盲目使用任何方法，这就是我们不鼓励使用许多商业工具进行政策文本计算的原因，这些程序只是为研究人员提供输出，验证输出通常很困难，有时甚至是不可能的。更糟糕的是，一旦发现方法或工具存在问题，也很难改变分析的执行方式。当然，有些方法或工具可以得到验证并提供概念上有效和有用的输出，或者在某些领域也已经得到实证,这样就可以进行适当复用。

第四节　政策文本计算的研究视角

由于政策文本计算是一个逐渐兴起、正在不断随着计算机技术发展而发展的政策研究新兴领域。其内涵与外延、基本问题和核心方法论体系均尚未形成广泛共识,边界和定义也相对模糊。不同学者从自身研究背景和知识结构出发,提出不同的观点和看法。也正是由于上述原因,迄今为止尚未出现单独针对政策文本计算的著作,而国内针对政策文本计算方法的研究以黄萃[1]、裴雷等[2]、张志强等[3]、化柏林[4]等的论著为代表。然而,试图去更清晰地界定一个研究方法的边界和重点是对学科发展至关重要的。以下相关探索可以看作我们站在自身角度对这一问题的思考,希望能够起到抛砖引玉的作用。

一　理论范式视角

政策文本计算作为情报学、文献信息学、公共管理学领域的文本大数据研究方向,关注的核心问题无疑主要集中在分析技术层面,试图探索面向政策实践及政策知识发现的核心问题分析方法创新。同时,政策文本计算研究必须构建理论范式和资源治理两个层面的联结。对于理论范式层面,情报学、文献信息学、公共管理学、系统科学、数据科学、计算机科学等多学科理论交叉,既有的理论积累与研究范式为政策文本计算的产生和发展奠定了坚实基础,政策文本计算将利用分析技术的创新对理论范式进行拓展;对于资源治理层面,各级政府部门实际的政策过程和治理活动是政策文本计算广泛的研究场景,政策文本计算结果需要通过在治理活动中发挥作用来体现价值。

---

[1]　黄萃:《政策文献量化研究》,科学出版社 2016 年版。
[2]　裴雷、孙建军、周兆韬:《政策文本计算:一种新的政策文本解读方式》,《图书与情报》2016 年第 6 期。
[3]　曹玲静、张志强:《政策信息学视角下政策文本量化方法研究进展》,《图书与情报》2022 年第 6 期。
[4]　汪大锟、化柏林:《政策文本量化研究综述》,《科技情报研究》2023 年第 1 期。

通过上述的理论拓展和联结构建，政策文本计算未来能够在更高层面的政府决策实现创新。

二 技术方法视角

政策文本计算具有典型的交叉学科属性。目前来看，政策文本计算技术方法至少会涉及情报学、文献信息学、公共管理学、系统科学、数据科学、计算机科学等学科。而目前已有的政策文本计算主要涉及机器学习、深度学习、自然语言处理、知识图谱等技术。

政策文本计算初始的一些研究是基于系统仿真方法展开的，这是容易理解的。用量化的视角去设计、模拟、预测政策环境和政策效果是最直接的系统科学融入公共政策研究的方式，而在数据相对缺乏的情况下，系统仿真是常用且可行的方法。随着数据采集、存储和处理能力的快速发展，数据爆炸式增长的新环境给系统仿真视角带来了新的挑战，许多基于海量真实数据的计算与系统仿真相结合，并使科学化的预测成为可能。

而针对包罗万象的大数据，拓宽传统概念中对数据的边界，更好融入对政策文本的大规模量化分析，可能是政策文本计算研究进一步贴近现实需求，解决现实问题的重要阶梯。政策研究者逐渐从熟练使用工具转变为自主掌握计算方法对政策文本进行理性分析，并能够以实际公共政策研究问题反哺与方法论研究，不断调整和扩散现有方法论体系的适用性[1]。这一过程漫长且艰辛，但必然是政策文本计算方法论发展与成长的范式。

三 应用场景视角

从应用场景来看，我们可能需要思考的是究竟何种政策研究问题需要运用政策文本计算方法解决。只有实现从发现问题到方法运用再回到解决问题的闭环，才能体现政策文本计算的理论价值和现实意义。

一是政策文本计算解决日益复杂的政策研究问题。由于政府决策是

---

[1] 张楠、马宝君、孟庆国：《政策信息学——大数据驱动的公共政策分析》，清华大学出版社2020年版，第36—38页。

综合考虑各方利益和诉求的多目标决策，其复杂性在管理学领域尤甚。随着信息技术的快速发展，公众在公共生活中表达诉求的渠道趋于多元化，这也为政策制定带来新的挑战。当前公共管理领域面临着越来越多的"跷跷板"问题，各方利益平衡点求解逐渐趋于精细化，正是这种复杂的政策研究问题需要政策文本计算与政策建模仿真相结合形成科学化的政策预测成果。

二是政策文本计算挖掘隐藏在政策文本中潜在知识。我们认为基于交叉学科理论与方法的研究是政策研究未来发展的大趋势，但必须承认，对海量政策文本背后潜在知识的挖掘是科学的解决政策研究问题的方案之一，尤其是在政策文本解读、政策文本比较、政策内容协同、政策主题演化、政策文本分类等应用领域，要发挥政策文本计算的关键作用。当前政策文本计算应用已经具备了一定条件，以基于数据科学、计算机科学技术带来的政策过程和治理模式转变为突破点，把技术推动政府决策从理论落到实践。

第五节　政策文本计算主要研究方向

政策文本不仅真实反映了政策制定者的政策问题理解和政策价值判断，而且蕴含了政策制定者的政策态度和政策主张的倾向，因此政策文本一直被研究者作为政策内涵解读和政策需求解析的重要研究素材。本书主要聚焦于政策文本本身的自然语言处理，主要包括政策主题识别、政策知识图谱及潜在政策元素间的关系挖掘等。

一　政策建模仿真

政策建模仿真是政策研究的重要方法之一。政策仿真研究方法主要包括数理统计的方法、系统动力学的方法和基于主体建模的方法，都有较为成熟的开发工具，政策文本计算与政策建模方法结合会使仿真结果更具备科学性与合理性。政策文本计算结果虽具有客观中立性的优点，但也具有非精确性和参考性的致命缺点，同时政策文本的出台和产生需要考虑国家或地方的经济、政治、文化等各种相互影响、相互协调、实时动态的影响因素，涉及系统纷繁复杂。政策建模仿真是运用数学手段将现实世界抽象形象化，从而研究如何协调、管理系统中相互联系的各个子系统和影响因素，实现目标的综合性。将政策文本计算结果与系统仿真相结合，观测不同的参数输入可以考察政策系统状态和变化趋势，能够有效提升政策研究的精确性，进而弥补政策文本计算的缺点，将政策文本计算和政策建模结合能使政策研究更具有客观性、准确性和科学性。本书第六章将针对该问题做具体应用实证的讨论。

二 政策文本解读

政策文本解读是一种简单而且行之有效地通过计算方法对政策文本框架抽取的方法，一般通过关键词抽取和共现分析法对文本进行解读。关键词抽取是从所收集的政策文本中抽取出意义最相关的词语，由于所收集的政策文本篇幅较长且内容较多，采取关键词抽取法可以快速提取政策内容结构，再提取词频和权重较高的关键词，抽取形成政策框架。共现分析法在科学计量、文献计量和信息检索等领域都得到广泛的应用，到目前为止，该方法已产生大量的应用成果。利用共现分析法对政策文本关键词进行计算分析，通过计算关键词间的共现强度来分析政策中的关注点变化。因此，关键词抽取、共现分析结合词云图、共词网络分析等可视化工具能够初步实现对政策文本内容的解读。本书第七章将针对该问题做具体应用实证的讨论。

三 政策文本比较

政策文本比较是政策文本计算中重要研究方向之一。而文本相似度计算是其研究的主要方法，随着技术的进步，文本相似度计算的精确度也在不断提升，并被广泛应用于文献查重、智能机器问答、文本智能分类等领域，近年来逐渐有学者将政策文本计算方法用于各领域的政策文本比较。通常来讲，政策文本比较可分为横向比较和纵向比较，横向比较是针对同级别发布机构的政策进行相似性和差异性的比较；而纵向比较可按照政策层级分为根政策、干政策和枝政策，干政策和枝政策均依据根政策制定，其总体目标与根政策相同，但由于枝政策所处区域特色不同，各地区所出台的政策差异较大，因此研究不但可以通过政策间的相似性探寻重点关注内容，还可以通过政策间的差异性探寻区域发展特色。目前定性政策研究方法存在效率较低及主观性较强的问题，因此，以文本相似度计算为视角的政策比较研究成为政策研究的一个主要方向，不但实现对不同地区间政策文本科学化计算，促进对政策扩散的研究，还能实现为政府决策提供支持的总体目标。本书第八章将针对该问题做具体应用实证的讨论。

四　政策内容协同

政策协同涵盖了政策主体、政策目标、政策内容、政策工具等多个政策结构要素的综合性概念。其中政策内容协同是针对两个以上的要素分析其关系，目前对于政策内容协同的理解存在状态论和过程论两种观点，分歧的本质是政策内容协同是一种"状态"还是"过程"。状态论认为政策内容协同是实现最小的冗余和缺失、最大化连贯一致有序的状态；过程论认为政策内容协同是一种政策要素间相互匹配协调从而达成共同目标的过程。还有观点认为政策内容协同不管是状态论还是过程论，政策一致性和整体优越性都是协同的核心要义。政策内容协同是不同政策制定主体通过政策要素间的不断协调配合减少政策的不一致，以形成最大合力实现不同政策目标的过程。政策内容协同性研究在政策分析或政策研究领域已经形成一系列的研究基础，无论是作为单一指标的协同性还是作为研究政策系统的协同度，其分析框架与测量模型都形成了比较完善和成熟的研究路径，可以很好地将问题聚焦到政策冲突与政策矛盾层面，但从政策文本计算视角探讨政策内容协同的研究尚处于起步阶段。本书第九章将针对该问题做具体应用实证的讨论。

五　政策主题演化

对政策主题识别及其发展演化路径分析是当前学界普遍关注热点，它不但能揭示政策发展趋势，还能发现政策在不同发展阶段中主题内容的演化规律。数智时代针对政策的创新研究不再停留于对政策文本的获取和序化，而更需要从海量政策文本中获得能够体现国家治理的脉络、衍生、嬗变、关联要素等的知识，更需要的是对未知知识的探索、计算和发现，而政策文本主题识别和演化路径分析是发现政策知识结构、厘清政策发展脉络、预测政策发展趋势的关键。从结构层面来看，主题属于微观结构，通常代表一个方向；从内容层面来看，主题是知识单元的集合，通常为隐性语义结构。因此，对政策主题识别及演化路径进行可视化分析不但可以更加全面、客观、动态地揭示政策发展趋势，还可以为政策发展提供新的思路和方法。本书第十章将针对该问题做具体应用实证的讨论。

六 政策文本分类

政策文本分类属于有监督学习范畴，文本分类是自然语言处理应用领域中最常见且最重要的任务类型。而将政策文本进行分类的目标是实现根据政策文本内容即可对政策文本类型进行判断的功能。利用传统机器学习和深度学习方法对海量的政策文本进行自动分类，可以降低人工处理的成本，提高政策匹配的效率。根据政策文本特征，引入和开发新技术，需要探究多任务和多标签的文本分类技术、长文本分类技术等在政策文本分类上的应用，搭建智能政策服务平台，以满足政府、企业、高校和科研院校等对前沿政策文本的获取与捕捉。政策文本分类应在自建政策文本语料库中完成政策语料分类标注，再利用政策文本分类方法实现对政策的精准预测。本书第十一章将针对该问题做具体应用实证的讨论。

七 政策文本聚类

政策文本聚类是政策文本计算的基础方法之一，它是政策主题识别、政策主题抽取、政策主题演化等任务的基础。文本聚类最早提出主要依据著名的聚类假设：同类文本相似度大，不同类文本相似度小。文本聚类是利用相似度概念将文本划分成若干个有意义的簇，从而对样本进行分簇操作，其目的是加快文本检索速度，提高检索精度。随着机器语言学习技术的快速发展，政策文本研究多借助技术手段来分析，文本聚类就成了政策文本研究领域一个重要方向。由于政策文本具有数据量大、规范严谨、数据多样性的特点，而且在不同语境下政策词语的内涵差别较大，因此采用传统聚类方法无法解决数据稀疏及隐含在词语背后的语义的问题，对政策文本中存在的同义词和多义词更加无法有效判定。此外，在实际政策文本中，同一含义的词语往往会有多种政策用词，因此语义分析就成为提高聚类精准度的重要环节,而语义分析的利器是构建主题模型,在这个过程中政策文本聚类就发挥了重要作用。本书应用实证部分很多案例均涉及政策文本聚类。

第 二 章

政策文本计算的理论基础

政策文本计算具有典型的跨学科融合属性，不管是在理论、方法还是实证上都与情报学、文献信息学、公共管理学等学科具有密切联系。越来越多不同学科的研究者积极利用政策文本计算方法针对不同领域的政策进行研究，并在其各自领域做出专业、系统的学术贡献。

第一节　政策文本计算研究现状

当前国内外学者针对政策文本计算形成了一系列的研究成果，现从政策分类研究、政策主题研究、政策协同研究、政策情感研究等方面进行文献梳理。

一　政策分类研究

利用机器学习和深度学习方法对政策文本分类不但能够降低人工处理的成本，还能提高政策匹配的效率，当前在政策文本计算中较为常见。如，Zhitomirsky M. 等实现了无须任何人工标注的政治文本全自动分类[1]；Matt W. 提出了用一种将人工编码与大型数据集相结合的自动分类方法实现政策文本分类[2]；沈自强等通过利用 BERT 深度学习模型对科技政策

---

[1] Zhitomirsky M., David E., Koppel M., "Utilizing Overtly Political Texts for Fully Automatic Evaluation of Political Leaning of Online News Websites", *Online Information Review*, Vol 40, No. 3, 2016.

[2] Matt W. Loftis, Peter B. Mortensen, "Collaborating with the Machines: A Hybrid Method for Classifying Policy Documents", *Policy Studies Journal*, Vol. 48, No. 1, 2020.

进行自动分类实验，发现融合标题和 TFIDF 政策关键词的分类效果最佳[1]；吴峰等提出了一种科技政策文本标签分类方法，改进传统 SVM 算法，减少数据分布不平衡带来的负面影响[2]；马雨萌等结合 BERT 与 CNN-Inception 模块，通过捕获文本的局部特征与组合不同尺度的语句特征，提升了科技政策多标签分类的效果[3]；胡吉明等利用 LDA 模型和改进的 TextRank 模型增强政策文本表示效果，采用 CNN-BiLSTM-Attention 集成模型提取政策文本内涵特征，提升政策文本分类的效果和准确度[4]；朱娜娜等进行了自动化采集较大规模政策文本的探索，并提出了一种基于预训练语言模型的政策文本分类模型[5]；杨锐等在不同环境下利用字符级和词级卷积神经网络模型对能源政策自动文本分类识别效果进行实验，利用 Doc2Vec 抽取不同比例核心主题句，并将这些主题信息融入卷积神经网络模型，以对实验进行优化[6]；李悦等基于传统的 TextCNN 模型加深卷积深度，以实现捕捉长距离语义信息，同时增加一个全连接层作为过渡防止输出维度剧烈降维影响分类效果，对政策数据进行多标签分类[7]。

二 政策主题研究

政策主题研究包括政策文本聚类、政策主题演化研究等，这也是学界普遍关注的热点话题。如，Arenal A 等结合了文本挖掘技术、聚类分析

---

[1] 沈自强、李晔、丁青艳等：《基于 BERT 模型的科技政策文本分类研究》，《数字图书馆论坛》2022 年第 1 期。

[2] 吴峰、李银生、聂永川等：《基于 ESVM 的科技政策文本标签分类研究》，《河北省科学院学报》2018 年第 1 期。

[3] 马雨萌、黄金霞、王昉等：《融合 BERT 与多尺度 CNN 的科技政策内容多标签分类研究》，《情报杂志》2022 年第 11 期。

[4] 胡吉明、钱玮、付文麟等：《融合主题模型和注意力机制的政策文本分类模型》，《情报理论与实践》2021 年第 7 期。

[5] 朱娜娜、王航、张家乐等：《基于预训练语言模型的政策识别研究》，《中文信息学报》2022 年第 2 期。

[6] 杨锐、陈伟、何涛等：《融合主题信息的卷积神经网络文本分类方法研究》，《现代情报》2022 年第 4 期。

[7] 李悦、汤鲲：《基于 TextCNN 的政策文本分类》，《电子设计工程》2022 年第 12 期。

和定性评估等方法分析欧盟创业政策随时间的演变过程[1]；Isoaho K 等对欧盟能源联盟的政策文本进行主题建模分析，调查能源联盟的政策优先事项以及气候安全和气候负担能力的政策趋同迹象[2]；梁继文等采用 LDA 模型提取论文主题来代表科研选题，通过对比政策主题和论文主题来探索政策对科研选题的影响[3]。曲靖野等提出了一种基于 LDA 主题识别与 Kmeans 聚类方法相融合的科技报告聚类的文本挖掘新方法[4]；胡吉明等将 LDA 与 Word2vec 融合形成 LDA2vec 模型，从文本与主题相似性的角度出发有效提取政策文本中的主题要素[5]；韩旭等构建了基于概率主题模型的科技政策文本分析算法，以词和文档两个层次，对政策文本进行了基于语义的量化分析[6]；余传明等利用主题时间模型来量化分析我国农村电商扶贫政策的演化规律，以及地域性差异[7]；王英泽等采用 Word2vec 和 LDA 相结合的主题模型分析技术，对三个国家政府和组织公开的颠覆性技术政策文本数据进行主题抽取，解读颠覆性技术相关政策文本主题特征[8]；杨慧等采用 LDA 主题模型的新视角，对政策文本数据进行基于语义的主题挖掘，并同时融合词频及分布形态研究等方法综合对比分析我

---

[1] Arenal A., Feijoo C., Moreno A., et al., "Text Mining the Entrepreneurship Policy Agenda in the EU: From Naveté into Reality", *Proceedings of the 30th European Conference of the International Telecommunications Society (ITS)*: "owards a Connected and Automated Society", Helsinki, Finland, 16th–19th June, 2019.

[2] Isoaho K., Moilanen F., Toikka A., "A Big Data View of the European Energy Union: Shifting from 'Floating Signifier' to an Active Driver of Decarbonisation?", *Politics and Governance*, Vol 7, No. 1, 2019.

[3] 梁继文、杨建林、王伟：《政策对科研选题的影响——基于政策文本量化方法的研究》，《现代情报》2021 年第 8 期。

[4] 曲靖野、陈震、郑彦宁：《基于主题模型的科技报告文档聚类方法研究》，《图书情报工作》2018 年第 4 期。

[5] 胡吉明、钱玮、李雨薇等：《基于 LDA2Vec 的政策文本主题挖掘与结构化解析框架研究》，《情报学科》2021 年第 11 期。

[6] 韩旭、杨岩：《基于多层次主题模型的科技政策文本量化研究》，《全球科技经济瞭望》2022 年第 11 期。

[7] 余传明、郭亚静、龚雨田等：《基于主题时间模型的农村电商扶贫政策演化及地区差异分析》，《数据分析与知识发现》2018 年第 7 期。

[8] 王英泽、化柏林：《欧美国家颠覆性技术政策文本数据的主题建模分析研究》，《情报理论与实践》2022 年第 6 期。

国与美国、欧盟的气候政策①；化柏林等使用共词网络和 LDA 主题模型对中美信息技术政策文本进行比较分析②。

三　政策协同研究

政策协同研究是指不同政策制定主题通过政策要素之间的协调配合而形成的一致性，提升一致性能够形成最大合力实现不同政策的目标。如，周环等采用 LDA 主题聚类方法计算政策数据开放和隐私保护的主题协同度，并结合具体的政策文本，深度挖掘政策文本中数据开放与隐私保护两个主题之间的关系③；张玲玲采用内容分析方法，从政策力度—政策目标—政策措施三个维度进行量化分析，探究两份政策文本是否协同、如何协同及协同度如何④；孙璐等制定了政策关联分析方案，采用粗细颗粒度解析方法分别分析政策之间是否存在关联关系和从句子级别对比分析句子之间的关系，构建政策之间的关联关系网络⑤。

四　政策情感研究

政策情感研究在识别政策立场倾向、政策意见分析和选举预测中应用广泛，国外学者对政策情感研究成果相对较多，如：Hopkins D. J. 等开发了一种自动非参数的政策文本内容分析方法，能够分析演讲、报纸、政府记录等非结构化文本中的政策倾向⑥；Sarmento L. 等提出了一种自动创建语料库的方法，并使用高精度规则对政策文本进行匹配和分类，以

---

① 杨慧、杨建林：《融合 LDA 模型的政策文本量化分析——基于国际气候领域的实证》，《现代情报》2016 年第 5 期。

② 化柏林、吴诗慧：《中美信息技术政策文本比较研究》，《科技情报研究》2023 年第 1 期。

③ 周环、幸强国、唐泳：《基于政策文本计算的数据开放与隐私保护政策协同度研究》，《图书馆论坛》2021 年第 11 期。

④ 张玲玲：《基于内容分析的政府数据开放政策协同研究》，《图书馆研究与工作》2020 年第 3 期。

⑤ 孙璐、薛强、张金言等：《基于自然语言理解的软件产业政策关联性分析技术》，《电子技术应用》2021 年第 12 期。

⑥ Hopkins D. J., King G., "A Method of Automated Nonparametric Content Analysis for Social Science", *American Journal of Political Science*, Vol. 54, No. 1, 2010.

识别政策文本中的政治观点[1]；Laver M 提出了一种将文本视为文字形式的数据的方法，用来提取政策文本中的政治立场，并提供不确定性度量来估计政策立场之间的差异程度[2]；Ceron A 通过监督方法和情绪分析方法分析社交媒体的投票意向来预测竞选活动的结果，以实现对分析结果的可解释性[3]。

此外，国内还有部分其他视角的政策文本计算研究。如：张维冲等以贵州省大数据政策为样本数据，对大数据关键表述进行知识表示与知识抽取，并基于图数据库 Neo4j 对 Cypher 语言的知识查询、知识推理等关键技术进行研究[4]；许乾坤等深入挖掘科技政策内容中包含的特征词，将无结构的科技政策文本转化为结构化数据，构建科技政策扩散路径生成模型，能够有效地生成和展示政策扩散路径[5]；曾立英等从文本结构和语义特征提出了多特征的科技政策扩散关系判定方法，并基于机器学习中的排序算法，构建了科技政策扩散识别模型[6]；马雨萌等提出了政策外部特征与内容要素的文本分析方法，研发了科技政策分析服务平台，支持用户对目标领域科技政策文本进行分析[7]。武楷彪等提出了一种融合依存句法分析和词嵌入模型，并分别从句子信息和词义信息角度挖掘政策

---

[1] Sarmento L., Carvalho P., Silva M. J., et al., "Automatic Creation of a Reference Corpus for Political Opinion Mining in User-Generated Content", *Conference on Information and Knowledge Management ACM*, 2009.

[2] Laver M., Garry B. J., "Extracting Policy Positions from Political Texts Using Words as Data", *American Political Science Review*, Vol. 97, No. 2, 2003.

[3] Ceron A., Curini L., Iacus S. M., "Using Sentiment Analysis to Monitor Electoral Campaigns: Method Matters—Evidence from the United States and Italy", *Social Science Computer Review*, Vol 33, No. 1, 2015.

[4] 张维冲、王芳、黄毅：《基于图数据库的贵州省大数据政策知识建模研究》，《数字图书馆论坛》2020 年第 4 期。

[5] 许乾坤、刘耀：《科技政策扩散路径生成模型关键技术研究》，《文献与数据学报》2022 年第 1 期。

[6] 曾立英、许乾坤、张丽颖等：《面向主题检索的科技政策扩散识别方法》，《郑州大学学报》2022 年第 5 期。

[7] 马雨萌、黄金霞、王昉等：《基于政策文本量化研究的科技政策分析服务平台建设》，《情报科学》2022 年第 7 期。

文本内容深层次语义关联的方法①。

综述发现，虽然国内外学者从不同视角对政策文本计算展开研究，但目前政策文本计算研究成果较为零散，并未形成有范畴、有阐释、有应用的完整内容体系，因此这也是撰写本书的初衷。

第二节 政策文本计算的理论

政策文本计算本身是对政策的一种研究方法，遵循政策分析理论的同时，还应从文本挖掘理论、自然语言处理理论视角来形成政策文本计算的理论基础。

一 政策分析理论

政策文本计算是利用计算的方法对政策进行分析，而政策分析是政策分析人员的思维活动，它是由多种要素组成的系统过程，这些要素包括政策问题、政策目标、政策方案、政策执行、政策评估以及决策者、政策利益相关者、政策相关信息、政策环境等，这些要素的相互联系构成了政策运行系统。

从实际政策运行情况看，政策分析应遵循以下过程：议程建立、政策形成、政策采纳、政策执行、政策评估，如图 2-1 所示。政策分析作为实际政策运行过程的思维反映，其程序与政策运行过程是相吻合的，

议程建立	政策形成	政策采纳	政策执行	政策评估
问题构建	政策预测	政策建议	政策监测	政策评估

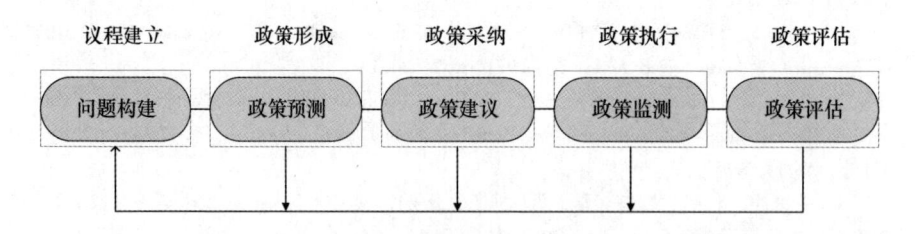

图 2-1 政策运行的不同阶段所对应的政策分析程序

---

① 武楷彪、郎宇翔、董瑜：《融合句法结构和词义信息的政策文本关联挖掘方法研究》，《数据分析与知识发现》2022 年第 5 期。

只不过两者的名称不同而已。在实际政策运行的议程建立阶段所对应的政策分析程序是问题构建，政策形成阶段所对应的是政策预测，政策采纳阶段所对应的是政策建议，政策执行阶段所对应的是政策监测，政策评估阶段所对应的是政策评估。

政策文本计算也要遵循这五种政策分析程序，并提供不同的政策信息，它们组合在一起就构成了政策分析的结构框架。如图2-2所示，圆形阴影表示政策分析的五种程序，白色长方形分别表示政策运行的实际状况。

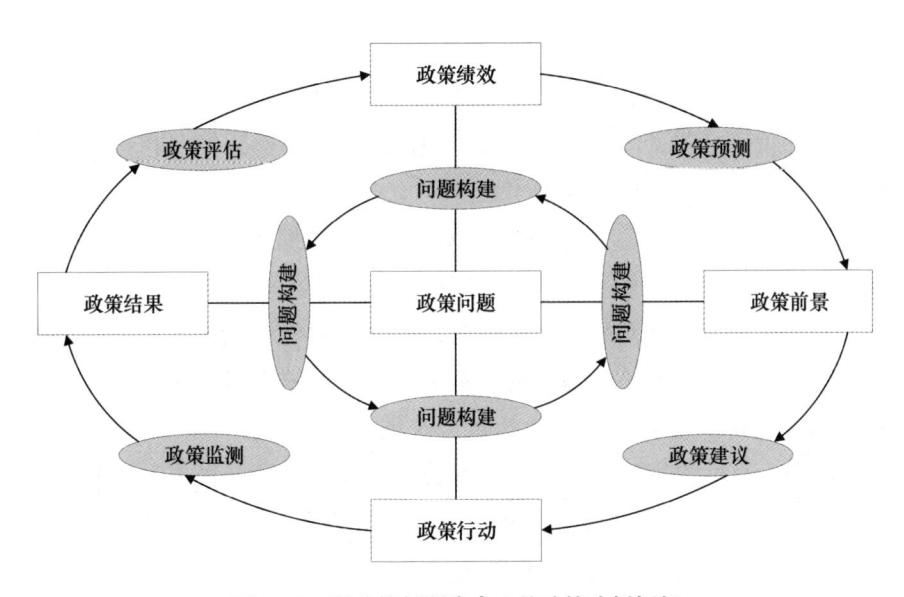

图2-2 以政策问题为中心的政策分析框架

政策分析的结构框架是一个循环的过程。政策问题构建既是政策分析的中心，也是政策分析的起始环节。政策问题构建之后就进入政策预测程序，政策预测之后依次进入政策建议、政策监测和政策评估环节。政策评估又与政策预测相连接，这样政策分析就形成了环形的分析过程。在不同的政策分析程序中产生不同的政策相关信息，这些政策相关信息对下一个政策分析程序将产生影响。例如，政策问题构建产生的政策问题信息将对政策预测程序产生影响，而政策预测程序得出的政策预测信息将对政策建议产生影响。这就使得政策相关信息在不同的政策分析程序中进行流动和转换，新的政策相关信息在不断分析中得以产生和交流。政策分析的结构框架是一个循环过程，表明了政策分析是永无止境的。由于社会环境非常复杂和多变，社会价值日益多元化，因此如果只找到一种政策方案就停止政策分析，那么肯定存在着不合理甚至是错误的可能。在现实中我们也经常满足于找到一种解决问题的方案就停止了搜索，这种解决问题的思维方式存在着较大的缺陷。只有通过多维度、多视角的政策分析才能够找出更好更合理的政策方案，从而对解决政策问题和改善社会运行提供有益的帮助。

二　文本挖掘理论

文本挖掘是指从大量文本数据中抽取事先未知的、可理解的、最终可用的知识的过程，同时运用这些知识能够更好地组织信息以便将来参考。直观地说，当数据挖掘的对象完全由文本这种数据类型组成时，这个过程就称为文本挖掘，文本挖掘也称为文本数据挖掘。文本挖掘是指从文本数据中获取有价值的信息和知识，它是数据挖掘中的一种方法。文本挖掘中最重要最基本的应用是实现文本的分类和聚类，前者是有监督的挖掘算法，后者是无监督的挖掘算法。文本挖掘是一个多学科混杂的领域，涵盖了多种技术，包括数据挖掘技术、信息抽取、信息检索、机器学习、自然语言处理、统计数据分析、线性几何、概率理论甚至还有图论[①]。通常来说文本挖掘一般流程包括文本数据采集、文本数据预处理、文本数据分析和文本数据可视化这四个步骤。

（1）文本数据采集。文本数据采集过程分为三步，首先确定数据的来源，其次利用网络爬虫技术或者手工进行数据获取，最终将获取到的待处理文本数据存储至数据库，等待下一步处理。

（2）文本数据预处理。由于爬取或手工获取到的数据充斥着许多无意义信息，因此在进入分析环节前，需要对文本数据进行预处理，包含文本清洗、中文分词、去停用词等，同时加载特征词表和无效词表，为下一步分析文本数据做好充分准备。

（3）文本数据分析。利用算法或工具对预处理后的文本数据进行分

---

① Michael, W. Berry, Jacob, Kogan, *Text Mining: Applications and Theory*, WILEY, 2010.

析,主要包括文本特征表示和提取、文本分类、文本聚类、文本结构分析、关联性分析等。

(4) 文本数据可视化。该步骤需要把挖掘到的有用信息变成易于公众理解的视觉信息,借助图形、表格等方式进行呈现。若直接将文本挖掘的数据结果呈现给用户,用户很难理解这些晦涩的数据信息,而运用可视化技术将数据转换成通俗易懂的图表,就能轻松解决这样的困扰。

三 自然语言处理理论

自然语言是指汉语、英语、法语等人们日常使用的语言,是自然而然地随着人类社会发展演变而来的语言。它是人类学习和生活中的重要工具。概括来说,自然语言是指人类社会约定俗成的,并且区别于人工语言(如计算机程序语言)的语言。自然语言处理(Natural Language Processing, NLP)是指利用计算机对自然语言的形、音、义等信息进行处理,即对字、词、句、篇章的输入、输出、识别、分析、理解、生成等进行操作和加工的过程。NLP 是计算机科学领域和人工智能领域的一个重要研究方向,是一门融语言学、计算机科学、数学和统计学为一体的科学。NLP 的具体表现形式包括机器翻译、文本摘要、文本分类、文本校对、信息抽取、语音合成、语音识别等。NLP 机制涉及两个流程:自然语言理解和自然语言生成。自然语言理解研究的是计算机如何理解自然语言文本中包含的意义,自然语言生成研究的是计算机如何生成自然语言文本表达给定的意图、思想等。因为 NLP 的目的是让计算机"理解"自然语言,所以 NLP 也称为自然语言理解[1]。自然语言处理过程一般可以概括为语料预处理、特征工程、模型训练、指标评价四部分。

(1) 语料预处理

通过语料清洗、分词、词性标注、去停用词等来完成语料的预处理工作。①语料清洗。顾名思义就是在语料中找到有用的内容、去除无实际意义的内容,后者被视为噪声,需要清洗删除。常见的数据清洗方式有:人工去重、对齐、删除和标注等,或者规则提取内容、正则表达式

---

[1] 肖刚、张良均主编:《Python 中文自然语言处理基础与实战》,人民邮电出版社 2022 年版,第 6—8 页。

匹配、根据词性和命名实体提取、编写脚本或者代码批处理等。②中文分词。中文语料数据为一批短文本或者长文本，如：句子，文章摘要，段落或者整篇文章组成的一个集合。一般句子、段落之间的字、词语是连续的，有一定含义。进行文本处理时，其最小单位粒度是词语，所以这时就需要分词来将文本全部进行分词。常见的中文分词算法有：基于字符串匹配的分词方法、基于理解的分词方法、基于统计的分词方法和基于规则的分词方法。③词性标注。就是给每个词语打词类标签，如形容词、动词、名词等。这样做可以让文本在后面的处理中融入更多有用的语言信息。词性标注是一个经典的序列标注问题，不过对于有些中文自然语言处理来说，词性标注不是非必需的。如，常见的文本分类就不用关心词性问题，但是类似情感分析、知识推理却是需要的。常见的词性标注方法可以分为基于规则和基于统计的方法。其中基于统计的方法，如基于最大熵的词性标注、基于统计最大概率输出词性和基于 HMM 的词性标注。④去停用词。停用词一般指对文本特征没有任何贡献作用的字词，比如标点符号、语气、人称等一些词。所以在一般性的文本处理中，分词之后，下一步就是去停用词。但是对于中文来说，去停用词操作不是一成不变的，尤其是在政策文本计算中停用词词典是根据具体场景来决定的，如有些语气词、感叹号是表示语气程度，对于政策研究是有一定的贡献和意义。

（2）特征工程

语料预处理之后，接下来需要考虑如何把分词之后的字和词语表示成计算机能够计算的类型。显然，如果要计算，至少需要把中文分词的字符串转换成数字，确切地说应该是数学中的向量。两种常用的表示模型分别是词袋模型和词向量。词袋模型（Bag of Word，BOW），即不考虑词语原本在句子中的顺序，直接将每个词语或者符号统一放置在一个集合（如 list）中，然后按照计数的方式对出现的次数进行统计。统计词频只是最基本的方式，TF-IDF 是词袋模型的一个经典方法。词向量是将字、词语转换成向量矩阵的计算模型，常用的词表示方法有 One-hot、Word2vec，One-hot 把每个词表示为一个很长的向量，Word2vec 主要包含两个模型：Skip-Gram 和 CBOW，以及两种高效训练的方法：负采样（Negative Sampling）和层序 Softmax（Hierarchical Softmax），Word2vec 词向量可以较好地表达不同词之间的相似和类比关系。此外，还有一些词向量的表示方式，如 Doc2Vec、WordRank、FastText、BERT 等，在本书第五章中将详细介绍。

(3) 模型训练

在特征向量选择好之后，接下来要做的事情当然就是训练模型，对于不同的应用需求，使用不同的模型，传统的有监督和无监督等机器学习模型，如：KNN、SVM、Naive Bayes、GBDT、K-means 等；深度学习模型，如 CNN、RNN、LSTM、Seq2Seq、FastText、TextCNN 等。训练过程需要关注过拟合、欠拟合问题，进而不断提高模型的泛化能力。过拟合是指在训练集上的误差较小，但在测试集上的误差较大，过拟合常见的解决方法有：增大数据的训练量；增加正则化项；特征选取不合理，人工筛选特征和使用特征选择算法；采用 Dropout 方法等。欠拟合是指在训练集上的效果就很差，欠拟合常见的解决方法有：添加其他特征项；增加模型复杂度，比如神经网络加更多的层、线性模型通过添加多项式使模型泛化能力更强；减少正则化参数，正则化的目的是防止过拟合，但是现在模型出现了欠拟合，则需要减少正则化参数。

(4) 指标评价

训练好的模型，运行之前要进行必要的评估，目的是让模型对语料具备较好的泛化能力。对于二分类问题，可将样例根据其真实类别与学习器预测类别的组合划分为真正例（True Positive）、假正例（False Positive）、真反例（True Negative）、假反例（False Negative）四种情形，令 TP、FP、TN、FN 分别表示其对应的样例数，显然有 TP + FP + TN + FN = 样例总数。分类结果的"混淆矩阵"（Confusion Matrix）如图 2 – 3 所示。

Predict \ Actual	0	1
0	TN	FN
1	FP	TP

$Precision = TP/(TP+FP)$

$Recall = TP/(TP+FN)$

$F1\ Score = 2 \times Precision \times Recall/(Precision+Recall)$

$Accuracy = (TP+FN)/(TP+TN+FP+FN)$

图 2 – 3 混淆矩阵

①Precision、Recall、F1 Score、Accuracy

Precision 为精确率，预测结果为正样本中预测正确的比例；Recall 为召回率，正样本中预测正确的比例；F1 Score 是综合 Precision 和 Recall 的判断指标；Accuracy 是准确率，整体样本中预测正确的比例；此外，还有错误率、特异度等评价指标。

②ROC 曲线与 AUC

ROC 全称是"受试者工作特征"（Receiver Operating Characteristic）曲线。根据模型的预测结果，把阈值从 0 变到最大，即刚开始是把每个样本作为正例进行预测，随着阈值的增大，学习器预测正样例数越来越少，直到最后没有一个样本是正样例。在这一过程中，每次计算出两个重要数值，分别以它们为横、纵坐标作图，就得到了 ROC 曲线。AUC 就是 ROC 曲线下的面积，衡量学习器优劣的一种性能指标。AUC 是衡量二分类模型优劣的一种评价指标，表示预测的正例排在负例前面的概率。ROC 曲线越往左上角接近模型越好，即 AUC 越大越好，用真正例率和假正例率代表纵、横坐标，如图 2-4 所示，其中，真正例率为所有正例中，预测为正例且确实是正例的占比，分母是正例数；假正例率为所有负例中，预测为正例但真实是负例的占比，分母是负例数。

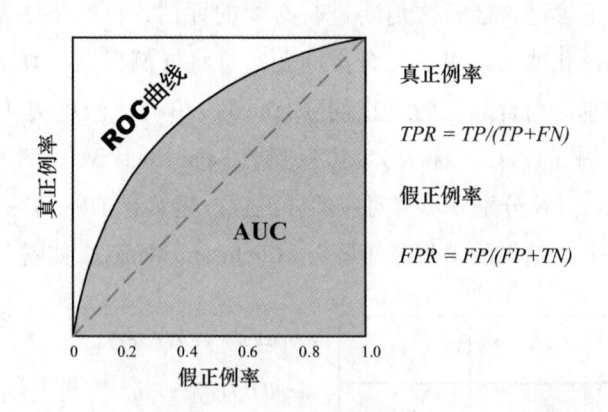

真正例率

$TPR = TP/(TP+FN)$

假正例率

$FPR = FP/(FP+TN)$

图 2-4　ROC 曲线与 AUC

第三节 政策文本计算的定位

本节从学科定位和方法定位两个视角来阐释政策文本计算的学术定位。

一 学科定位

政策文本计算处于情报学、文献信息学、公共管理学、系统科学、数据科学、计算机科学等学科的交汇处,其理论和方法与这些学科相融合,如图2-5所示。

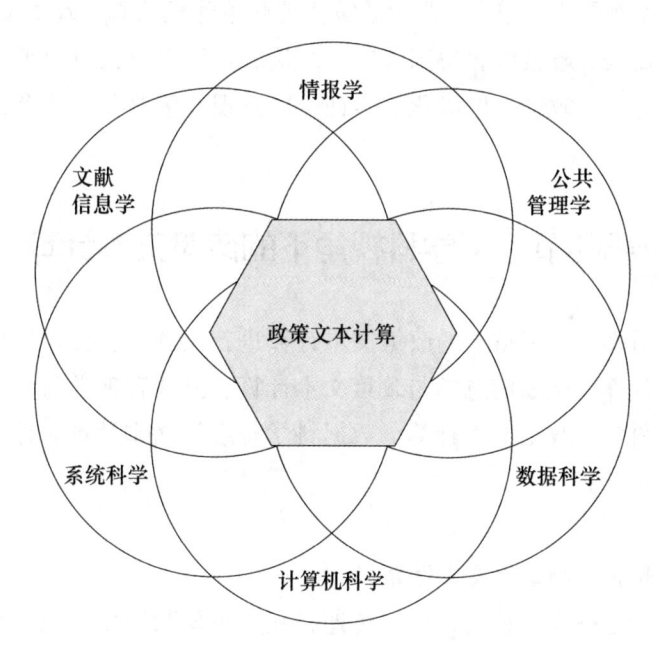

图2-5 政策文本计算与各学科融合

政策文本计算研究具有多学科交叉的领域知识背景。政策文本计算并不是以一个特定理论为基础发展起来的,也并不是单纯服务于某一学科领域,它是情报学、文献信息学、公共管理学、系统科学、数据科学、计算机科学等学科理论在内的多个理论、方法相融合后形成的概念。政策文本计算研究者不仅需要掌握情报学、文献信息学、数据科学、计算机科学的理论、方法、技术和工具，更应该掌握公共管理学、系统科学领域的知识、经验和政策规律。组建政策文本计算研究团队时，必须重视领域专家的参与，来自不同学科领域的专家在政策文本计算项目团队中发挥重要作用。

二　方法定位

近年来，随着政策信息学的发展，政策信息学概念逐渐被学界认可，其方法包括政策系统仿真建模、政策质性研究、政策量化研究等，而政策量化研究方法中包括政策计量方法和政策文本计算方法，形成了从政策信息学→政策量化分析→政策文本计算的进化路径。政策文本计算方法能够从微观层面对单个或少量政策实现政策建模仿真、政策文本解读、政策文本比较、政策内容协同等实证，从宏观层面对大量政策文本进行政策文本分类、政策主题演化等实证，以发现政策演化规律及预判发展趋势。

第四节　多学科视角下的政策文本计算

本节对多学科视角下的政策文本计算进行阐释，主要包括情报学与政策文本计算、文献信息学与政策文本计算、公共管理学与政策文本计算、系统科学与政策文本计算、数据科学与政策文本计算、计算机科学与政策文本计算。

一　情报学与政策文本计算

情报学是研究情报的产生、传递、利用规律和用现代化信息技术与手段使情报流通过程、情报系统保持最佳效能状态的一门学科。情报学强调利用最新的计算机技术、信息技术、网络技术等开展科技情报服务、竞争情报服务等信息服务和知识服务，其在信息检索、知识抽取、文本挖掘、网络分析、可视化等方面的技术为政策文本挖掘提供了强有力的工具。情报学的知识发现模式与政策文本计算方法目标相互拟合，情报学在结构化、半结构化以及非结构化文本挖掘方面的技术方法可以移植到政策文本计算项目中，开展对政策文本深层次挖掘，分析潜藏在海量政策文本背后的知识，为政策文本计算提供方法支撑[①]，而政策文本计算的发展也可以反哺于情报学。

二 文献信息学与政策文本计算

文献信息学是在图书馆学、情报学、文献学和目录学基础上发展起来的一门学科，它是研究文献信息的收集、存储、转化、传递、利用与组织管理的活动及其规律的科学。文献是通过一定的方法和手段、运用意义表达记录在指定载体中有历史价值和研究价值的知识，它是记录、积累、传播和继承知识的最有效手段，是人类社会活动中获取情报最基本、最主要的来源。文献信息是在公开发表的图书、期刊、报纸、政策文本、典籍中摘录或获取的信息、知识。文献的核心是文献信息内容，文献信息包括三个方面的内容：一是指文献的内在信息，也就是文献的内容信息；二是指文献的形式信息，也就是文献的外在形式和特征；三是指文献内容信息的信息，也就是文献信息挖掘后形成的知识。目前文献信息的产生、收集、整理、加工、传递、利用与组织管理等过程是国内外学者对文献信息学研究的重要内容之一。政策文本隶属于文献信息，而对政策文本的研究也是文献信息学的重要组成部分。因此从广义视角看，政策文本也作为文献信息的一部分。

2012年美国亚利桑那州立大学提出了政策信息学研究方向。政策信息学可以看作一个面向海量公共政策信息，以利用计算和通信技术来更好地理解与解决复杂公共政策和管理问题，从而实现治理流程和制度创新为目标的跨学科研究组成的崭新领域[②]。近年来，政策信息学研究逐渐兴起，因此政策文本计算同时为文献信息学和政策信息学提供了理论、方法与实践的支撑，也是对文献信息学和政策信息学研究的补充。

三 公共管理学与政策文本计算

公共管理学是运用管理学、政治学、经济学等多学科理论与方法专

[①] 裴雷、孙建军、周兆韬：《政策文本计算：一种新的政策文本解读方式》，《图书与情报》2016年第6期。

[②] Erik W. J., Kevin C. D., "Governance in the Information Era: Theory and Practice of Policy Informatics", Taylor & Francis Ltd., 2015.

门研究公共组织，尤其是政府组织的管理活动及其规律的学科群体系。公共政策分析是公共管理学的重要研究内容之一。公共政策分析包括定性和定量两大范畴，这两类分析方法相互交织使用，贯穿于社会公众对于公共政策认识理解过程中。而政策文本计算偏重于利用计算机科学的方法挖掘隐含在政策文本中或政策文本间的知识。就学科对象和宗旨而言，公共管理学强调将社会公共事务作为管理对象，而政策文本计算更加强调对政策文本的挖掘与分析，其注重利用计算机技术进行知识获取与内容分析，它是对公共管理学中计算研究方法的一个有效补充。政策文本计算能够丰富公共管理学交叉学科的研究思维与方法，计算元素也不断融入公共管理学之中，在多层次上体现了两者从属关系与理念交融。

四　系统科学与政策文本计算

系统科学是研究系统的结构与功能关系、演化和调控规律的科学，是一门新兴的综合性、交叉性学科。它以不同领域的复杂系统为研究对象，从系统和整体的角度，探讨复杂系统的性质和演化规律，目的是揭示各种系统的共性以及演化过程中所遵循的共同规律。系统科学方法的特点和原则主要有整体性、综合性、动态性、模型化和最优化五个方面。政府部门越来越重视决策科学化，要求政策研究讲究精准、系统、高效与科学。因此，更多学者在政策研究中应用政策文本计算方法，而政策文本计算与系统科学理论方法相融合能够使得两者之间相互补充，不断完善，实现政府决策系统化、科学化的目标。

五　数据科学与政策文本计算

数据科学是一门以数据尤其是大数据为研究对象，以数据统计、机器学习、数据可视化等为理论基础，主要研究数据加工、数据管理、数据计算、数据产品开发等活动的交叉性学科[1]。机器学习和人工智能是数据科学的理论基础，数据科学理论研究和实践应用均需要机器学习和深度学习技术的支持。数据科学的核心为数据科学与机器学习的关

---

[1] 朝乐门：《数据科学：理论与实践》，清华大学出版社2019年版，第83页。

系、数据科学应用、数据基础结构、数据伦理等问题。机器学习和人工智能在数据科学中的应用主要包括数据故事化的提出及对数据可视化的补充、可解释性和可用性之间矛盾的解决。政策文本数据化处理是针对文本计算的结果,因此数据科学与政策文本计算所研究的理论、方法与实证能够相融合,两者同步发展,有利于更好地开展精细化的政策研究。

六 计算机科学与政策文本计算

计算机科学是系统性研究信息与计算的理论基础以及它们在计算机系统中如何实现与应用的实用技术的学科。21世纪初 Michchael Laver 和 Kenneth Benoit 等提出了政策文本计算[①],即运用计算机科学、语言学和政治学的理论建立海量政策文本挖掘和计算分析框架,政策文本计算是大数据环境下政策科学与计算科学交叉融合的产物。政策文本计算引入了计算机科学中的计算理论与方法,政策文本计算更为突出计算,它是依托于计算机科学不断发展所形成的产物,随着算法不断优化、算力显著提升,政策文本计算理论与方法体系也会随着计算机科学的发展不断进步。

第五节 情报学融入政策文本计算

情报学者从未停止过对政策文本的研究,尤其是近年来数智技术的兴起,使得情报学方法得以拓展,当前很多情报学者将该类方法运用到政策文本研究中来,因此,将情报学思想、理论、方法与话语融入政策文本计算中有助于形成具有情报学研究特点的政策文本计算的理论基础。

(1) 思想融入。情报学与人工智能、计算机技术的学科定位和学科层次原本不同,但随着情报与信息在内涵上的融会贯通,以及政府信息公开、政策文本数字化等多方面的影响,情报学思想不断融入政策文本

---

① Laver M., Benoit K., "Locating TDs in Policy Spaces: The Computational Text Analysis of Dáil Speeches", *Irish Political Studies*, Vol. 17, No. 1, 2002.

的研究中。本节以钱学森先生情报学思想为切入点进行深入剖析①，钱学森对情报的定义和情报学学科定位的思考长期影响国内情报学学科的发展，他认为"情报"是为了解决某一特定问题的知识，是激活了的知识，而从政策文本中提取的知识又是政策文本计算的主要目标，因此从钱学森先生情报学思想中找到了与政策文本计算的结合点。而钱学森对情报的定义包含四个要素：特定的应用环境、以知识作为原材料、知识的激活、人的参与。情报用于解释和解决在特定的情境下出现的特殊状况，情报产品是让特殊状况恢复到常规状态或理想状态的处理手段。情报产品的制作以政策知识为原材料，情报分析人员借助自身的知识背景筛选情报原材料，依靠情报学研究方法分析政策文本，形成在特定语境下的情报产品。从政策文本中提取的知识是客观世界的映象，如果没有情报人员的加工，政策知识融合无法被激活。完成的情报产品需要与用户的意识思维产生交互，反馈后继续推进或完善情报产品。认识情报基于人的思维认知，情报的产生基于人的思维分析，情报的交互基于人的思维反馈。情报事业的基础理论就是情报学，要发挥以政策文本分析为主的情报研究在支撑和保障国家科学决策中的优势。

（2）理论融入。传统的情报学理论起源于图书馆学及档案学、计算机科学和管理学。传统情报学理论体系中的情报扩散、情报交流、情报分析、情报服务、竞争情报效益评估等基础理论，已呈现理论瓶颈，近年来受到数智技术基础和手段的影响，情报学理论不断发展，这也得以将情报学理论融入政策文本计算以实现理论创新②。

一是以更宽阔的情报学理论基础支撑政策文本计算理论创新。传统情报学理论体系是围绕信息链构建的，关注的是信息转化的过程，信息论在其中发挥了重要作用。在数智环境下，情报学理论融入政策文本计算更要关注政策文本向智能的转化，以政策文本向智能转化为中心，要在尽量全面的时空视角下探索与国家总体安全观相契合、创新驱动发展

---

① 李竹、曹文振：《钱学森情报学思想研究：定名、脉络与内核——纪念钱学森院士逝世十周年》，《情报理论与实践》2019年第10期。

② 王延飞、唐超、王郑冬如等：《国内外情报学理论研究进展综述》，《情报学进展》2020年。

战略的政策研究成果，需要更多地借鉴控制论、协同论、涌现论的智慧，使情报在更宏大的国家安全和发展环境中发挥智能参考作用，促进以情报学为视角的政策文本计算范式创新。

二是以足够的情报学理论自信实现政策文本计算理论创新。情报具有鲜明的阶级立场，是为特定的对象服务的。在情报服务国家安全和发展的过程中，情报学理论自身就是一种重要的生产力。我国情报学理论建设要立足于中国国情，立足于中国发展战略，立足于中国在全球化时代中面临的矛盾，通过对政策文本的研究去发现风险与挑战，赢得机遇与空间。既要借鉴国外的经验，更要树立足够的理论自信，在总体国家安全与发展的背景下，将具有中国特色的情报学理论融入政策文本计算。

（3）方法融入。随着数据科学、计算机科学方法逐渐融入情报学方法论中，并且情报学在知识加工、知识抽取等方面形成了一定方法体系，将政策文本作为研究对象，计算所体现的更重要的是方法层面，因此情报学研究方法可以与之深度融合①。钱学森曾指出："复杂的系统几乎是无处不在的，要使用以人为主、人机结合、从定性到定量的综合集成法去解决复杂系统的问题。"在现代情报学中，尤值得一提的是"从定性到定量"这一论断，要求情报学从定性的、微观的、不完备的感性分析向定量的、宏观的、全面的理性认识方向发展。"综合集成"的核心是人机结合，这是现代情报学已经完成的任务，但未完成的任务是人的心智与机器性能的高度结合，实现可以相互补充，精确与模糊、理论与经验交融的情报学研究与实践。"综合集成"的内涵体现在两个层次上，从具体层次而言，要从对政策文本的研究过程中关注科学和社会发展中的实际问题。解决此类问题要把顶层设计做好，将情报专家的若干建议、普通民众的呼声和对政策文本分析后形成的知识汇总到一起，做到"聚沙成塔"式的全盘思考。"综合集成"的第二个层次是抽象层次，关注的是马克思主义哲学下的现代化科学体系。只有在各个科学技术的分支中，广泛应用定性与定量结合的综合集成法，才能形成马克思主义哲学下的现代化科学。

站在"综合集成"这一视角来看待对政策文本研究，激活是一个成

---

① 章成志等：《情报学研究方法与技术体系》，科学技术文献出版社2021年版，第10页。

果输出的复杂系统，这个系统的输入是政策文本，处理过程是文本处理与技术，输出的是政策知识。激活过程的基础是对大量政策文本进行的整理工作，但当前社会的政策文本数量庞大，类型繁杂，加之政策之间相互关联，只依靠情报人员的人力已是难以完成，因此系统输入需要借助机器的力量，也就是不能忽视计算方法的作用。把这些政策文本原材料激活成情报的过程需要充分发挥"人智"的作用。"人智"基于的是计算机的人工智能、深度学习等计算方法，这些方法能够实现精确处理大规模政策文本，辅助抽取建立模型，然后对重新输入的新一批政策文本，进行模型仿真。不过，模型输出的结果应该通过专家评估，帮助机器以不断接近真实结果或找出最优方案为修正路径。作为"综合集成"核心内涵的人机结合为当今情报学融入政策文本计算的发展提供了重要的指导意义，简言之，可谓之人智为主，机器为辅。无论拥有怎样规模的大数据、怎样高效的云计算、怎样智慧的机器学习，机器仅是人智延伸和扩张的载体，机器工作结果更需要人进行核对优化。

（4）话语融入。情报学话语体系是指用情报理论、情报思维、情报知识来阐释学术问题，解决现实问题，即用情报知识奠定话语基础，用情报理论树立话语核心，用情报思维展现话语技巧，以体现情报学的话语自信，表现与其他学科不同的话语创新，展示情报学的核心话语权[①]。情报学话语权来自学科知识体系，更需要学科的自信、责任和担当。话语体系的作用主要通过话语权来体现，话语权不仅是说话的权利，更是指话语产生的效果和影响。话语权的大小主要通过话语的影响力来体现，如考察话语主体阐述的言论是否影响他人的观念和行为，是否影响决策部门对政策的制定等。因此，将情报学思想、理论、方法融入政策文本研究，不仅可以展现政策研究的热点和未来走势，而且可以通过对新技术、新材料等技术与政策的分析，为决策者制定科学合理的政策提供建议，进而突出了在政策研究过程中情报学领域的话语权。

[①] 苏新宁：《中国特色情报学学科体系、学术体系、话语体系论纲》，《中国图书馆学报》2021年第4期。

中 篇

技术方法

中篇主要介绍政策建模方法、政策语料库构建、政策文本计算方法，尝试形成从基础研究方法走向适用于政策知识提取的政策文本计算"中间层"方法。

第 三 章

政策建模方法

将政策文本计算和政策建模相结合能够使政策研究更具客观性、准确性和科学性，本章主要从系统动力学模型和复合系统协同度模型来介绍政策建模方法。

第一节　系统动力学模型

系统动力学（System Dynamics，SD）能够运用数学手段将现实世界抽象为复杂而又形象化的模型，从而研究如何协调、管理系统中相互联系、动态反馈的各个子系统和影响因素，实现目标的综合性。系统动力学方法是一种以反馈控制理论为基础，以计算机仿真技术为手段，用于研究复杂的社会经济系统的定量方法，由美国麻省理工学院的 Jay W. Forrester 教授创立，它已经成功应用于许多战略与决策等分析中，包括政策建模与仿真研究。建模是对所研究问题的一个系统性抽象描述，选取正确的模型理论来构建研究问题的系统，这是后期仿真优化的关键因素。所建立模型的性能被模型理论的好坏直接影响，对研究者后期研究与分析具有至关重要的意义。系统动力学可以作为一个系统的建模理论，也可以对系统进行定性和定量相结合的分析，从系统的微观构造出发来建立系统的基本构造，进而建模和解析系统的动态行为。系统动力学主要用于研究信息系统的反馈过程分析，并通过研究信息系统中内在不同要素间的因果关系和作用关系，从而形成有边界的系统反应模式，以定性和定量相结合的方法研究相应过程与系统结构、系统性能以及系统活动之间的相互关系。进一步利用计算机技术手段完成系统仿真模拟功能，以便提高系统内部各组成要素间的相互作用、系统内部结构的认识,最终改善系统行为[①]。

一 系统动力学的相关概念

(一) 反馈

反馈理论是系统动力学的核心范畴。在系统动力学中,对于系统内同一子块或同一单元,其输出和输入间的相互关系叫作反馈,也就是信息的传递和回授。反馈经常使用因果回路图和流量存量图来表示系统的整体结构和各子系统下的要素之间的关系。控制系统是由各个因果链串接而成的封闭回路,被称为"反馈环"(Causal Feedback Loop)。反馈环是系统动力学的基础。在反馈环中,假设任意一个变量增加或减少的改变导致矢量指向的变量有同向的变化趋势,则此反馈环为"正反馈环";假设任意一个变量增加或减少使得矢量指向的变量有反方向的变化趋势,则此反馈环为"负反馈环",如图3-1所示。

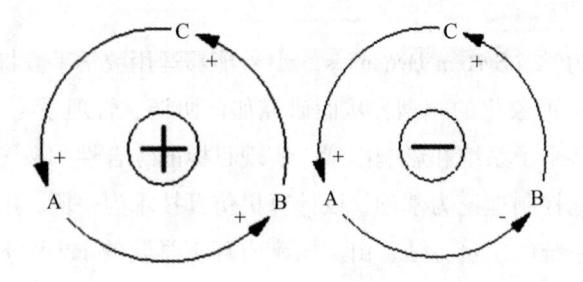

图3-1 正负反馈环

(二) 因果关系

因果关系(Causal Relationship)表现出各子系统之间及子系统之下元素与元素之间基本的关联,它是描述系统反馈的主要工具。系统动力学利用矢量线连接两个基本要素,描述系统的两个基本要素间的关系,这种联系被称为"因果链"(Causal Link)。一个因果关系图中含有两个及以上的元素,元素相互之间用矢量线相连。每条因果链都有极性,分为正极(+)或负极(-)。极性说明在某一变量发生变化时,相应变量

---

① 王其藩:《系统动力学》,上海财经大学出版社2009年版。

也会随之正向或负向改变的情形。如图 3-2（左）中变量 A 的增加会导致变量 B 的减少，则该因果链为负因果链；如图 3-2（右），变量 A 的增加会导致变量 B 的增加，则该因果链为正因果链。虽然因果链的极性说明了系统的结构，但并不能说明变量的行为。

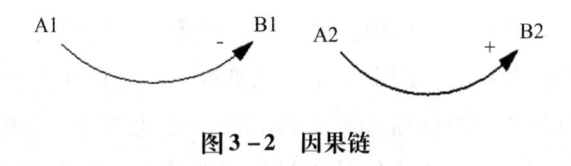

图 3-2　因果链

（三）存量、流量和积累

因果回路图很适合用来表示变量间的关联和反馈中的复杂过程，但是由于因果回路图具有某些局限性，这种局限使它无法同时表示系统的存量和流量结构。而存量流量结构能够表现出系统当前的状态，与反馈一样，都是系统动力学理论的核心范畴。存量是一种信息累积值，它描述的是信息系统当前的状况，并能够通过对运行过程中流入与流出之间的差值进行积累使得整个系统具有记忆功能，从而为后续参数的调整和政策行为的设计提供信息基础。

如图 3-3 所示，系统动力学使用特定的绘图符号来表示存量和流量：存量由矩形代表（象征含有存量内容的容器）；流入由指向存量的管道箭头所表示；流出由指出存量的管道箭头所表示；两个相对的三角表示阀门，用以控制流动量；两端的云团表示流量的源和漏，分别表示流量起点和终点的存储量，二者均位于模型边界之外，被视为具有无限容量且永远不会被限制。

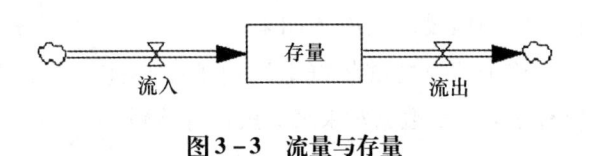

图 3-3　流量与存量

二　系统动力学的建模特点

系统动力学研究方式主要是定量与定性分析相结合来解决复杂系统

问题，在这个过程中实现复杂系统的整体思考与分解、综合与演绎推理，对复杂问题的相互影响的机制进行剖析。这是一个定性→定量→定性螺旋向上，逐步深入推进正确认识和解决社会问题的方法。因此，可以将其特点概括为以下几点：

（一）适用于解决长期性和周期性的问题

周期性是自然界大多事物普遍存在的规律。例如大自然的生态平衡、人的生命周期以及社会问题中的经济危机等，都是呈现周期性变化规律，并且必须经过较长的时间阶段来考察其发展变化规律。系统动力学模型基于系统内部结构和元素之间的因果反馈关系进行仿真模拟研究，对其内在影响机制做出较为科学和合理的解释。

（二）适用于对数据不足的问题进行研究

建模过程中往往遇到数据缺失及某些数据难以测量量化的问题，系统动力学中多重反馈环的存在使系统行为模型对大多数参数是不敏感的。只要模型的参数估计处于可接受的范围内，利用有限的数据和一定的结构仍能实现对整个系统的行为模式、行为趋势、波动周期等问题的研究。

（三）应用于高阶、非线性、有时限的复杂社会经济系统问题

因为方程是高阶非线性动态的，其结果与原因很少按比例呈现，所以用普通的数学方法在大多数情况下很难解决社会经济系统的实际问题。系统动力学能够运用计算机及仿真模拟技术手段，对高阶、非线性、有时限的复杂系统具有较好的处理能力，并能够获得其中的主要信息。

（四）有条件预测

系统动力学方法强调产生结果的条件，适用问题研究前需对研究的系统环境进行一定的假设，采用"如果……则……"的形式，为预测未来提供了手段，这个特点能够较好地适用于在某种条件下的政策预测，尤其是基于现有政策文本数据对未来政策进行预测。

三　系统动力学的建模过程

成功的模型并不是一成不变的，也没有一个固定的步骤能够确保最终一定能够获得有用的模型。不同的建模者基于各自特性和需要会有不

同的建模风格和方法，不过每个成功的建模者都遵循以下过程：①清楚地表达出要处理的问题，确定建模系统的边界；②提出基于问题的动态假设或理论；③通过写方程（函数）来测试动态假设；④测试（极端条件测试、灵敏度测试等）模型直到满意，认为它已经符合你的预期和目标；⑤针对所要达到的目标进行参数的调试，并进行政策设计和评估[1]。以上研究步骤具体包含的问题和使用的主要工具如表 3-1 所示。

表 3-1　　　　　　　　　　建模的步骤

建模的步骤	包含的问题和使用的主要工具
1. 明确问题，确定系统的边界	①考虑问题：问题是什么？为什么它是一个问题？ ②关键变量：关键变量是什么？我们必须考虑的概念是什么？ ③时限：问题的源头应该追溯到过去多长时间？我们应思考多远的将来？ ④参考模式：关键变量的历史情况是什么？将来它们的情况会是怎样？
2. 说明动态假设或理论基础	①现有的理论说明：对存在问题，现在理论研究说明了什么？ ②聚焦于系统内部：提出一个基于系统内部的反馈结构，引起的动态变化假设 ③绘图：根据初始假设、关键变量、参考模式以及其他有用的数据建立系统的因果结构图，可以用到的工具包括：系统边界图、子系统图、因果回路图、存量流量图、政策结构图以及其他可以使用的工具
3. 写方程	①确定决策规则 ②定义参数、函数、行为关系和初始化条件 ③测试目标和边界的一致性
4. 测试	①与参考模式对比：模型能充分再现并反映过去的行为模式吗？ ②不同极限条件下的模型强壮性分析：在极限条件下模型的测试结果符合实际吗？ ③模型灵敏度分析：模型的各个参数、初始化条件、模型边界和概括程度的灵敏度如何？ ④其他测试……

[1] 钟永光、贾晓菁、钱颖：《系统动力学》（第 2 版），科学出版社 2013 年版，第 21 页。

续表

建模的步骤	包含的问题和使用的主要工具
5. 政策设计与评估	①具体化方案：能够形成什么样的环境？ ②政策设计：在真实世界中提出的哪些新的决策规则、策略和结构是有条件可以实施？这些政策在模型中是怎样表示出来的？ ③"如果……则……"分析：如果真实实施这些政策，它们的效果将如何？ ④政策灵敏度分析：不同的方案和不确定性条件下，各种政策实施的效果如何？ ⑤政策的耦合性：这些政策彼此影响吗？具有什么样的相互作用？会相互抵消吗？

建模过程是一个不断反馈的过程，而不是循规蹈矩的线性排列。模型要经过不断的重复，持续进行质疑、测试和精练。建模初始明确模型的边界和适用范围，但是从建模过程中学到的知识可以反过来影响我们对问题的基本理解、认识和最终行动的目标。上述建模的五个步骤反复作用可能在其中任意一步到另一步之间发生，并多次重复这些步骤。

更关键的是，建模必须在组织学习与改进发展循环中进行，有效的模型需要通过在真实世界和虚拟世界中的重复实践与练习。模拟模型则是根据人们在真实世界中所收集的反馈数据以及人们的智力模型来建立的。在真实世界中所进行的新战略、架构和决策规律，都能够在模型所对应的虚拟世界中建立和测试。在模型中进行的实验和测试，反过来又能够不同限度地优化人们的心智模式，从而得出新策略、新架构和新策略规律。当这些新型的策略实施到了真实世界中，所得到的反馈效果引发了人们全新的思维和认知，从而使定量模型和心智模型进一步地改变和完善，最终实现对虚拟世界的各个子系统的优化和现实世界中问题的解决。建模的过程并非创造绝对答案的一次性操作过程，而是在模型代表的虚拟世界与实际行动代表的真实世界之间连续循环的过程。

第二节 复合系统协同度模型

复合系统协同度是指在系统内部的自组织和来自外界的调节管理活动

作用下，其各个组成子系统之间和谐共存，以实现系统的整体效应[1]。从协同学角度来看，研究分析复合系统的特征，有助于完善复合系统的理论基础。

一 复合系统协同度模型的概念

（一）相关概念

复合系统协同度概念源于 2000 年孟庆松等提出的复合系统协调度，它是指通过协调来加强各子系统之间的关系，包括系统结构、组织管理协调以及内外部等机制[2]。复合系统中各子系统既相互独立又相互作用，其运行的前提条件便是各子系统之间要协调发展。

考虑复合系统 $S = \{S_1, S_2, \cdots, S_k\}$，其中 S_j 为复合成 S 的第 j 个子系统，$j = 1, 2, \cdots, k$，且 $S_j = \{S_{j1}, S_{j2}, \cdots, S_{jk}\}$，即 S_j 又由"子子系统"或若干基本元素组成。

S_j 之间的相互作用及其相互关系构成了 S 的复合机制，具有一定的稳定性，并且不受系统内外作用的影响，也不会对系统的演化产生任何影响。在系统的协同管理与进化规律的研究中，可以把系统状态、结构、功能影响等因素看作不稳定的。可以将该系统的复合方式概括为

$$S = f(S_1, S_2, \cdots, S_k) \quad (3-1)$$

定义 1：公式（3-1）中的 f 为复合因子。

如果 f 能够用精确的数学结构表达，则将其视为"算子"。对于复合系统而言，此种情况下的 f 一般为非线性算子。

实现复合系统协调效应的本质是寻求一种外力 F，即在 F 效应下，按照一定的评价标准，该复合系统的整体效能 E(S) 大于各个子系统的效能总和，即

$$E^g(S) = E\{F[f(S_1, S_2, \cdots, S_k)]\} = E[g(S_1, S_2, \cdots, S_k)] > \sum_{j=1}^{k} E^f(S_j)$$

$$(3-2)$$

定义 2：满足公式（3-2）的 F 是复合系统 S 的协调作用，Γ 为协调

---

[1] 刘志迎、谭敏：《纵向视角下中国技术转移系统演变的协同度研究——基于复合系统协同度模型的测度》，《科学学研究》2012 年第 4 期。
[2] 孟庆松、韩文秀：《复合系统协调度模型研究》，《天津大学学报》2000 年第 4 期。

作用集，即为复合系统的协调机制。

对公式（3-2）和定义2的说明：

①公式（3-2）显示，由系统协同行为所驱动的系统形成的正向效能比不协调时的相关要素、相关系统的效能之和要高，这就是协同理论所要表达的协同效应。

②对于一个复合系统 S 来说，使其走向协调的作用不止一个，即公式（3-2）中的 F 不止一个。即，任何可以改善系统状态、结构和功能的外在作用，都可以被看作是系统的协调作用。协调机制 Γ 说明了 F 的形成规律和程度。

③由于协调机制内的各种协调作用通常会产生不同的影响，因此提出以下定义：

定义3：若在一定的评估标准下，下式成立，则 F^0 是最佳协调作用，在方程式中，$g^0 = F^0 \cdot F$

$$g = F^0 f, F \in \Gamma.$$
$$E\{F^0[f(S_1, S_2, \cdots, S_k)]\} =$$
$$E[g^0(S_1, S_2, \cdots, S_k)] = opt\ E^g(S) \quad (3-3)$$

对定义3的说明：公式（3-3）中的 opt 是系统协调的含义。

（二）复合系统协同度模型

基于协同学的序参量原理和役使原理，针对公式（3-1）定义的复合系统，研究复合系统协同度模型的建立，提出了一种基于科学和实用的复合系统协同度模型，科学意味着：

①模型参变量的选取是合理的，选取具有现实含义、在整个系统发展和演化中具有决定性影响作用的要素作为一个模型参变量；

②模型设计要合理，整个模型要与系统的运行规律相一致。即模型的大小要与现实相符，系统的划分、参数的选取要合理，模型的建立要兼顾科学与实用。

首先给出系统有序度的概念。考虑子系统 S_j，$j \in [1, k]$，设其发展过程中的序参量变量为 $e_j = (e_{j1}, e_{j2}, \cdots, e_{jn})$，其中 $n \geq 1$，$\beta_{ji} \leq e_{ji} \leq \alpha_{ji}$，$i \in [1, n]$，假定 $e_{j1}, e_{j2}, \cdots, e_{jl}$ 的取值越大，系统的有序程度越高，其取值越小，系统的有序程度越低；假定 $e_{jl+1}, \cdots, e_{jn}$ 的取值越大，系统的

有序程度越低，其取值越小，系统的有序程度越高。因此有如下定义：

定义4：定义下式为系统S_j序参量分量e_{ji}的系统有序度。

$$u_j(e_{ji}) = \begin{cases} \dfrac{e_{ji-\beta_{ji}}}{\alpha_{ji} - \beta_{ji}}, i \in [1, l_1], \\ \dfrac{\alpha_{ji} - e_{ji}}{\alpha_{ji} - \beta_{ji}}, i \in [l_1 + 1, n]_\circ \end{cases} \quad (3-4)$$

从上述定义中可以看出，$u_j(e_{ij}) \in [0, 1]$，其数值越大，则e_{ji}对系统有序的"贡献"越大。应该注意到，系统中会有多个e_{ji}，这些e_{ji}的取值范围太大或者太小都不好，最好是围绕一个具体的点，这样的e_{ji}总是可以通过调节它的取值区间$[\beta_{ji}, \alpha_{ji}]$来使它的有序度符合定义4。

总的来说，可以利用$u_j(e_{ji})$的集成实现序参量变量e_j对S_j有序度的"总贡献"。从理论上说，系统的整体性能不仅与各个序参量的大小有关，还与其结合的方式有关。不同系统的特定构造存在着不同的结合方式，而这种结合方式又是"集成"的规律。为了简便，将几何平均法和线性加权法相结合，即

$$u_j(e_{ji}) = \sqrt[n]{\prod_{i=1}^{n} u_j(e_{ji})} \quad (3-5)$$

$$u_j(e_{ji}) = \sqrt[n]{\prod_{i=1}^{n} \lambda_j u_j(e_{ji})}, \lambda_i \geq 0, \sum_{i=1}^{n} \lambda_j = 1 \quad (3-6)$$

定义5：把$u_j(e_j)$称为有序量参变量e_j的系统有序度。

从定义5可以看出，$u_j(e_j) \in [0, 1]$，$u_j(e_j)$越大，e_j对系统有序"贡献"越大，反之越小；在线性加权方法中，权系数λ_i的选取不仅要考虑到实际的运行状况，而且要能反映出某一特定时期系统的发展目标，它的含义就是e_{ji}在维持一个系统的有序运作中所扮演的角色或位置。

定义6：对于给定的起始时间t_0，将各子系统序参量的系统有序度设为$u(e_j)$，$j = 1, 2, \cdots, k$，那么，在整个复合系统发展演化期间的时间t_1中，如果此时各子系统序参量的系统次序是$u(e_j)$，$j = 1, 2, \cdots, k$，定义cm是一个复合系统协同度。

$$cm = \theta^k \sqrt{|\prod_{j=1}^{k}[u_j^1(e_j) - u_j^0(e_j)]|} \quad (3-7)$$

式中：$\theta = \dfrac{\min_j[u_f^1(e_j) - u_j^0(e_j) \neq 0]}{|\min_j[u_j^1(e_j) - u_j^0(e_j) \neq 0]|}, j = 1, 2, \cdots, k$

对定义6的描述：

①cm ∈ [-1, 1]，其数值越大，复合系统的协调发展程度越强，反之越弱。

②参数 θ 的功能是：只有当前公式成立时，复合系统具有正的协调度：$u_j^1(e_j) - u_j^0(e_j) > 0$，$j \in [1, k]$。

③定义6对所有子系统的状况进行了全面的考虑，例如，如果一个子系统的有序度得到了很大改善，而其他子系统的有序度提高很少或者降低了，那么整个系统就不能达到更好的协调或者完全不协调，具体表现为 cm ∈ [-1, 0]。

④根据这个定义，可以测试实际的复合系统相对于考察的基期而言，其协调度的特点和变化趋势。

二 复合系统协同度模型的特点

为了达到以上所描述的协调一致，对一个系统所进行的一些调节控制行为被称作对该系统所施加的协调作用。所有调节控制行为（也就是协调作用）以及它们所遵循的相应流程和规则就是所谓的协调机制。协调、协调作用、协调机制与协调度是系统协调的基本内容。

由协同学可知，在相变点处，系统的内部变量可分为快弛豫和慢弛豫两大类，慢弛豫是决定系统相变过程的基本变量，也就是所谓的序参量，数量比较少；快弛豫变量的数量比较多，其衰减速度也比较快。快弛豫变量是由慢弛豫变量所控制的，它不影响系统结构和功能的变化，所以不需要考虑；而慢弛豫变量决定了整个系统的演化趋势以及系统的有序运行。系统从无序到有序的机制，其核心是系统内的序参量（慢弛豫变量）相互影响，决定了系统的相变特性和规律。必须指出，系统的相变结果并不必然都走向新的有序，也有可能是无序的，所以，要对系统的协同特征进行深入研究，掌握系统的协同度，从而促进系统向更有序转变，这是一个复杂的非线性系统系统化管理的重要内容。

三 复合系统协同度模型的研究过程

（一）子系统有序度模型

S_1，S_2 视为复合系统 $S = \{S_1, S_2\}$，考虑子系统 S_j，$j \in [1, 2]$，

设其发展过程中的序参量为 $e_j = (e_{j1}, e_{j2}, \cdots, e_{jn})$。因此有如下定义：

定义1：公式（3-8）为子系统 S_j 的序参量分量 e_{ji} 的系统有序度。

$$u_j(e_{ji}) = \begin{cases} \dfrac{e_{ji} - \beta_{ji}}{\alpha_{ji} - \beta_{ji}}, i \in [1, l_1], \\ \dfrac{\alpha_{ji} - e_{ji}}{\alpha_{ji} - \beta_{ji}}, i \in [l_1+1, n]。 \end{cases} \quad (3-8)$$

从总体上看，各序参量分量 e_{ji} 对子系统 S_j 有序程度的"总贡献"可通过 $\mu_i(e_{ji})$ 的集成来实现。集成的结果不仅与各分量的系统有序度数值大小有关，而且与它们的具体组合形式有关，本节采用线性加权求和法进行集成，即

$$\mu_j(e_j) = \sum_{i=0}^{n} \lambda_i \mu_j(e_{ji}), \lambda_i \geq 0, \sum_{i=0}^{n} \lambda_i = 1 \quad (3-9)$$

定义2：公式（3-9）中的 $\mu_j(e_j)$ 为序参量变量 e_j 的系统有序度。

（二）复合系统协同度模型

定义3：假设在给定的初始时刻 t_0，S_1 子系统有序度为 $u_1^0(e_1)$，S_2 子系统有序度为 $u_2^0(e_2)$，在复合系统发展演变过程中的另一时刻 t_1，假定 S_1 子系统有序度为 $u_1^1(e_1)$，S_2 子系统有序度为 $u_2^1(e_2)$，定义式（10）为 S_1 与 S_2 复合系统的协同度。

$$C = sig(\cdot) \times \sqrt{|u_1^1(e_1) - u_1^0(e_1)| \times |u_2^1(e_2) - u_2^0(e_2)|}$$

$$sig(\cdot) = \begin{cases} 1, u_1^1(e_1) - u_1^0(e_1) > 0, 且 u_2^1(e_2) - u_2^0(e_2) > 0 \\ -1 \text{ 其他} \end{cases}$$

$$(3-10)$$

从定义3可以看出，S_1 和 S_2 复合系统协同度是通过时间序列为基础的动态分析方法来判定的，通过 S_1 和 S_2 子系统之间的变化来分析复合系统的协同状况。S_1 和 S_2 复合系统的协同度 $C \in [-1, 1]$ 值越大，说明复合系统的协同发展程度越高，反之越弱。协同度 C 为正值的充分必要条件是 S_1 和 S_2 子系统在 t_1 点的有序程度比 t_0 时间点的有序程度要高，说明复合系统处于协同演化的阶段，而在 t_1 时间点 S_1 和 S_2 子系统的有序程度比 t_0 时间有序程度低的情况下，则会使协同程度 C 为负，说明该复合系统是不协同演化的。当一个子系统有序度增加幅度很大，而另一个

子系统有序度增加幅度很少时，尽管系统的协同度是正，但是它的数值很小，说明系统协同发展程度仍然很低。从以上分析可以看出，该复合系统协同度模型能够全面地反映 S_1 和 S_2 两个子系统的运作状态，为实现以协同管理为基础的复合系统提供了一个衡量指标或评估标准。

公式（3-10）中存在两种计算方法，第一种是以同一时期为基期，反映一段时间内复合系统的长期演变趋势，这种协同等级划分标准是当前世界各国和国际组织普遍采用的；第二种是以邻近期为基期，此方法能很好地反映出复合系统的稳定性。在这一基础上，利用这两个计算法则，分别测量了 S_1 和 S_2 复合系统协同度。从计算公式中可以看出，$C \in [-1,1]$，协同度越高，说明该复合系统协同效应越大。具体划分参考夏业领等提出的评价标准[①]，如表 3-2 所示。

表 3-2　　　　　　　　复合系统协同度评价标准

相同基期协同度	协同度等级	相邻基期协同度	协同状态
$-1 \leqslant C < 0$	严重不协同	$-1 \leqslant C \leqslant 0$	非协同演变
$0 \leqslant C < 0.4$	不协同	$0 < C \leqslant 0.2$	低度协同演变
$0.4 \leqslant C < 0.6$	轻度不协同	$0.2 < C \leqslant 0.6$	中度协同演变
$0.6 \leqslant C < 0.8$	基本协同	$0.6 < C \leqslant 1$	高度协同演变
$0.8 \leqslant C < 0.9$	良好协同		
$0.9 \leqslant C < 1$	优质协同		

科学合理的评价指标体系可以使测量更为精确、可靠，同时也可以体现各系统间协调发展的关键要素，既要做到精益求精，又不能太过烦琐。哈肯所提出的复杂系统子系统之间的协同动态概念，说明协同是由复杂系统发展演变而来的。在本书的第六章通过对政策文本主题的提取可以计算不同子系统的序参量数值，再把所提取的主题词作为其二级指标构建具体的指标体系，这样就实现了复合系统协同度模型与政策文本计算相结合的测度。

---

① 夏业领、何刚：《中国科技创新-产业升级协同度综合测度》，《科技管理研究》2018 年第 8 期。

第四章

政策语料库构建

政策语料库及其语言分析是进行政策文本计算的基础。跨语料分析和实时语料分析能够从多类型且复杂的政策文本中发现政策驱动问题，提升政策预测的时效性和精准度。本章主要从政策语料库建设现状、构建过程和构建主要步骤来介绍政策语料库。

第一节 政策语料库建设现状

政策语料库构建从早期的采集加工政府出版物或公开政治文本，如政策条文、政策解释、政治人物传记、语录或新闻记录等，逐渐扩展到更加多样化的语料来源，如政策案例，政策评论等。目前国内外比较具有代表性的政策语料库有：

一 北大法宝

北大法宝诞生于1985年北大法律系，主要收录自1949年起的法律法规全文，包括中央法规、地方法规、合同范本、港澳台法规、中外条约、外国法规、法律动态、立法资料等[①]。该语料库经过不断更新发展，目前已具备十三大检索系统：法律法规、司法案例、法学期刊、律所实务、专题参考、英文译本、法宝视频、检察文书、行政处罚、类案检索、法宝书城、法宝学堂和法律科技考试，并且提供了基础检索、高级检索等多样化检索方式。它是目前较为成熟、专业的法律信息全方位检

---

① 北大法宝，http://www.pkulaw.com/.

索系统。该数据库独创法规条文、相关案例等信息之间的双向链接,不但能直接印证法规案例中引用的法律法规和司法解释及其条款,还可直接链接与本法规或某一条相关的所有法律、法规、司法解释、条文释义、法学期刊、案例和裁判文书,可以进一步帮助用户理解、研究、利用法律法规。除此之外,该数据库按领域、行业、地域分别制作了一系列专项法律数据库,其中包括劳动法宝、刑事法宝、IP 法宝、银行专题、营商环境等。

二 律商联讯数据库

律商联讯数据库(LexisNexis)于 1973 年创建,其数据库内容包括新闻、法律、政府出版物、商业信息、社会信息及专利等,该数据库连接 40 亿个文件、1.1 万多个数据库以及 3.6 万个来源[①]。LexisNexis 主要包括 Lexis Advance 外文法律数据库和 Lexis China 中文法律数据库(律商网)两部分,该数据库在法规法律方面是特色信息源,在法律业界具有很大的影响力与很高的知名度。Lexis Advance 数据库拥有 1.5 万多个法律资料来源,收录了以美国、英国、加拿大、澳大利亚等国为主的全球 20 多个国家及地区的法律法规、案例、论文、期刊、法律图书、法律报告等全面、专业、深度的法律信息,是面向法律专业人员设计的大型综合法律资料数据库。Lexis China 是结合理论以实务为导向的有关中国法律法规,案例、实物资料(合同范本等)等法律信息数据库。

三 政见文本语料库

Manifesto 是德国柏林社会科学研究中心构建的比较政见文本语料库[②],起源于对民主国家各个党派竞选纲领的数字化处理和量化阐释。目前 Manifesto 语料库是政策分析领域人为注释的、开放获取最大的跨国政策文本语料库之一,同时也是目前政见分析和政策文本计算领域引用率最高的语料库之一。从 1945 年至今,已拥有近 40 多种语言、涵盖所有欧

---

① LexisNexis, https://www.lexisnexis.com/.
② Manifesto, https://manifestoproject.wzb.eu/information/documents/corpus.

洲国家和少数英美联邦国家总计 50 多个不同国家的政见语料集，包含大约 2800 个机器可读程序，其中超过 1650 个可以使用单元化和编码。Manifesto 语料库主要包括三个部分：1979—1989 年政见研究组 MRG（Manifesto Research Group）、1989—2009 年比较政见研究 CMP（Comparative Manifestos Project）以及当前基于政治表达的政见研究 MARPOR（Manifesto Research on Political Representation）持续研究的政策语料，其中 MARPOR 对各方宣言进行收集和内容比较分析，多被引用在政策立场和政策倾向研究中，旨在实质性分析各方在政治进程不同阶段的作用，并具体审查方案代表性。Manifesto 语料库包含三种类型的信息：机器可读的选举方案、根据宣言编码方案统一成准句子和代码、记录元数据，它包括软件版本的 WordScore 分析工具，也包括 R 语言的分析包 ManifestoR。因此，Manifesto 语料库和 WordScore 分析软件是目前政见分析和政策文本计算领域引用率最高的语料库，尤其在政策立场和政策倾向研究中。

四 最高法院对话语料库

Supreme Court Dialogs Corpus 是美国康奈尔大学构建的最高法院对话的语料库[①]，它包含了大约 170 万句话，超过 7700 个案例，近 8000 个口头辩论记录。其中，包含元数据：5.1 万个话语，构成超过 5 万个对话交流，涉及 11 名大法官和 311 名其他参与者（律师或法庭之友）的 204 起案件。元数据包括：案件结果、大法官的投票、对话发生的部分、性别注释。该语料库是康奈尔大学计算机系庞大语料库中的一个字库，目前已被多篇研究成果所引用，同时因设计开发了情感开发工具 ReadMe，因此该语料库在政策情感研究领域关注度较高。

五 政见语料库

MPQA Opinion Corpus 是美国匹兹堡大学计算机系构建的政见语料

[①] Supreme Court Dialogs Corpus，https：//confluence.cornell.edu/display/llresearch/Supreme + Court + Dialogs + Corpus.

库①，包含来自各种新闻来源的新闻文章、手动注释意见和其他私人内容（信仰、情感、情绪、猜测等），是以新闻报纸素材的多属性注释为特点的语料库。它主要包括：政策辩论数据库（Political Debate Data）等4个子库、4个词表与基于语料库分析技术开发的ViewmFinder2系统。同时，由于其情感标注系统比较出色，因此成为博客、评论等开源语料政策情感分析的主要素材和工具。

六 政治博客语料库

Political Blog Corpus是卡内基梅隆大学计算机系Sailing实验室构建的政治博客语料库②，由Jacob Eisenstein和Eric Xing整理开发。该语料库根据博客"权威"的Technorati排名、意识形态平衡、2008年全年的覆盖率以及访问博客档案的难易程度四个评选标准，爬取了2009年11月和2009年12月6个博客平台的13246个政治博客文本记录，包括所有单词总量超过200个博客文章，成为政治博客研究比较重要的语料资源。同类型的语料库还有美国海军学院Twitter政策语料库。

七 政治演讲语料库

Corpus of Political Speeches是香港浸会大学整理开发的政治演讲语料库③，目前语料库主要包括4个部分：美国历届总统演说语料库（包括就职演说、关于国情咨文的年度致国会信息、国家政党纲领、总统提名接受演讲、总统候选人辩论和星期六广播讲话）（1789—2015，约443万字），香港总督或特首施政报告语料库（1984—1996，1997—2015，约43万字），中国台湾地区领导人新年致辞和双十演讲语料库（1978—2015，约17万字）以及中国历届政府总理施政报告语料集（1984—2015，约59万字）。目前该语料库已经积累语料近627万字，是关于国内外政治演讲主题比较完整的中文政策语料库之一。

---

① MPQA Opinion Corpus, http://mpqa.cs.pitt.edu/corpora/.
② Political Blog Corpus, https://www.cs.cmu.edu/~ark/blog-data/.
③ Corpus of Political Speeches, https://digital.lib.hkbu.edu.hk/corpus/about.php.

八　汉语共时语料库

LIVAC（Linguistic Variation in Chinese Speech Communities）是香港城市大学语言资讯科学研究中心构建的对比语料库①，定期以多方面平行"共时"方式搜集语料，语料来源于香港、北京、上海、台湾、澳门、新加坡等多地的定量华语媒体语料，几乎涵盖整个泛华语地区，积累了泛华语地区众多精确的统计数据。直至 2020 年，LIVAC 已处理逾 7 亿字，累积并持续提炼出约 200 万词条，故可协助搜索资料及做分析，有别于其他任何汉语语料库或同类型研究，可供各种比较研究。此外 LIVAC 历时十九年，同时兼顾了"共时性"与"历时性"，利于研究人员客观地探究视窗内的有代表性的语言发展全面动态；LIVAC 提供了编纂多本泛华语词典的依据，如为《新华新词语词典》提供词条（商务印书馆 2003 年出版）；LIVAC 支持研究各地华语语言与文化比较，例如词语在各地的使用及演变。LIVAC 还支持语言教学研究和开展及应用于资讯科技发展研究等。

第二节　政策语料库构建过程

政策语料库建设既是一项大规模的数据工程，又是一项需要不断维护、更新且补充的长远工程，因此政策语料库建设前必须明确建设原则和目标②，详见图 4-1。

一　框架构建

（一）需求分析

需求分析作为语料库计划阶段的重要活动，也是语料库建设生存周期中的初始环节，其重要性不言而喻。该阶段是分析语料库实现什么功

---

① Linguistic Variation in Chinese Speech Communities，http://www.livac.org/details.php?lang=sc.

② 章成志、王玉琢、王如萍：《情报学方法语料库构建》，《科技情报研究》2020 年第 1 期。

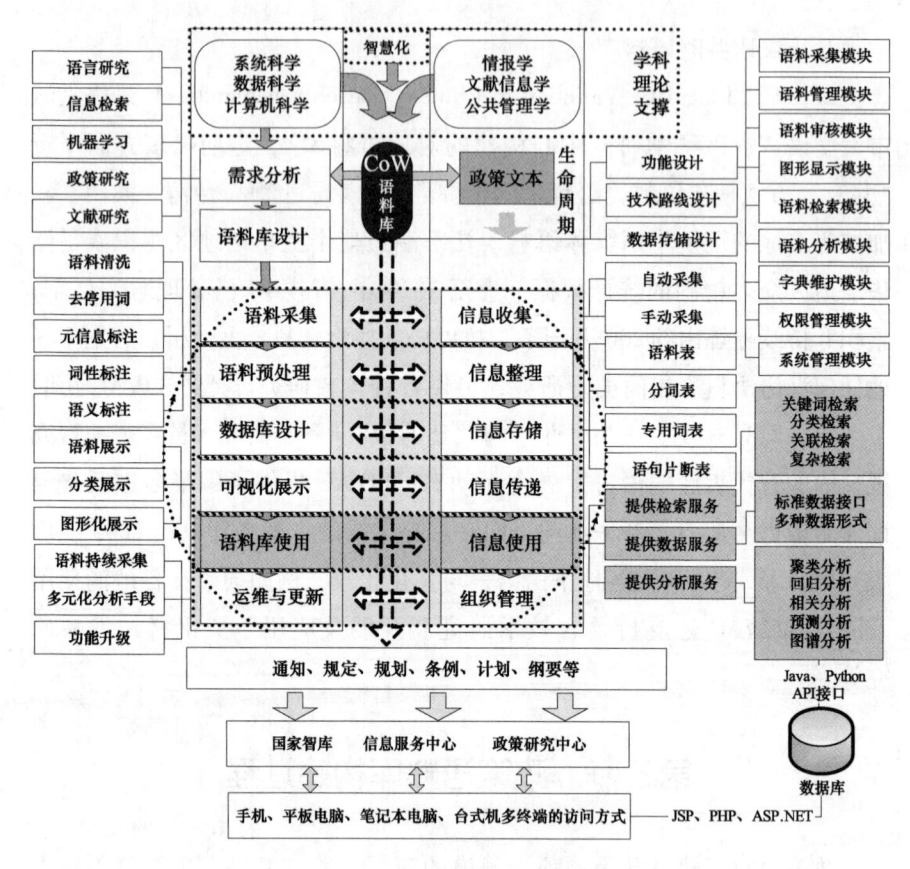

图 4-1 政策语料库架构

能，要通过最终目标来确定语料库的实际需求，需求分析的目标是把要构建的语料库提出的"要求"或"需要"进行分析整理，确认后形成描述完整、清晰与规范的文档，确定构建方向及需要完成的工作。政策语料库的构建最终目标就是实现国家智库服务的应用场景，因此在语料库构建过程中，研究者要清晰地认识到在所要研究的领域中，融入机器学习的内容，且在语料库构建过程中紧紧围绕政策文本、智慧决策这两个关键词来做需求分析。

（二）语料库设计

政策语料库设计思路是以智慧决策为最终目标的，因此需采用 B/S 和 C/S 结构相结合的方式来实现。在展示及使用层面：采用 CoW 方式构建语料库，CoW 全称为 Corpus on the Web，它是指把语料库上传到网络上为用户提供相应服务，并把语料库信息存储到网络上。在数据分析及知识发现层面：利用云计算、大数据、物联网、机器学习等技术借助现有软件及工具完成设计。以下从语料库功能设计、技术路线设计、数据存储设计等方面进行详细描述。从语料库功能设计层面看，主要包括语料采集、语料管理、语料审核等模块。从技术路线设计层面看，采用 JSP、PHP、ASP.NET 等网络编程语言来实现，语料预处理、复杂分析等使用 Java、Python、R 等语言结合相关软件程序包来实现；从数据存储设计层面看，元信息及语料内容信息主要采用 Oracle、Mysql、SQLServer 等数据库进行存储，由于语料信息需提供更多个性化服务，因此在本地同时要采用 txt 文本方式对语料内容进行存储。

（三）语料采集

语料采集是语料库建设的重要环节，既包括内容信息，又包括标题、作者、数据来源、引文等元数据信息。由于语料采集的质量与最终实现智慧决策的目标密切相关，因此语料采集要尽量全面，这样才能挖掘并发现更真实、准确的知识，以便未来所提供的服务更加智慧化。政策文本采集时需要甄别、筛选、明确采集范围，否则分析处理结果也会缺乏典型性及代表性。政策语料库主要采集内容为政策报告、政策评论等，采集时主要分为手动采集和自动采集。如部分政策报告没有电子文档或通过互联网只能找到相关文档扫描件时，就需要进行手动采集，由于手动采集工作量较大，且需要反复校对，这就需要专门团队来完成此项工作任务。如政策报告通过相关网站可以直接获取，则可以通过技术手段进行自动采集，但往往自动采集的语料会存在字段不完整、信息缺失等情况，因此还需对所采集的语料进一步加工校对。典型自动采集语料工具有：Editortools、ICTCLAS、SpiderFoot、八爪鱼采集器、GooSeeker、LocoySpider 等。

（四）语料预处理

由于政策文本语料具有语言严谨、结构复杂、文本量大、形式多样等特点，政策语料预处理的质量会直接影响语料库中分析、处理、使用等环节的精准度。而未经过处理的生语料并不具备分析的前提条件，不仅要对生语料进行分词，还要使用除停用词、标注等方法才能形成可用语料信息，如有需要还要对加工后的文本再次进行细致的整理，并进行必要的标注。为了确保语料预处理的精准度，系统引入专用词表的概念，专用词表的构建主要采用自然语言学习中的文本挖掘算法并结合人工筛选。预处理是语料库建设的关键环节，该环节中每一步操作都会直接影响提供智慧决策的效果。此部分工作可结合成熟软件包完成，通过 Java、Python 等程序语言可将处理后的数据与语料库直接对接，实现处理后的语料信息与数据库元数据信息同步共享。目前典型的文本预处理工具有：ICTCLAS、jieba、SnowNLP、IKAnalyzer、OpenNLP、THULAC、BosonNLP、HanLP 等。

（五）数据库设计

政策语料的存储要依托数据库，因此数据库结构设计合理与否直接影响通过语料库提供智慧决策的质量。构造最优的数据库模式，能够有效地存储语料数据，满足各种用户信息要求和处理要求。在数据库设计中，关键表主要有四张：语料表、分词表、专用词表、语料片断表。语料表存储语料的元信息；分词表主要记载所收集语料的词语信息；专用词表是根据语料库使用性质而确定，如收集的全部是政策相关信息，则此部分需要记录政策专用词语，这有利于对语料进行精准分析；语料片段表是用来记录语料按照语句切分后的信息，通过主题领域字段可以对语料片段所属主题类别进行标注，这便于在应用场景中对数据进行智慧化的推送。字段如图4-2所示。

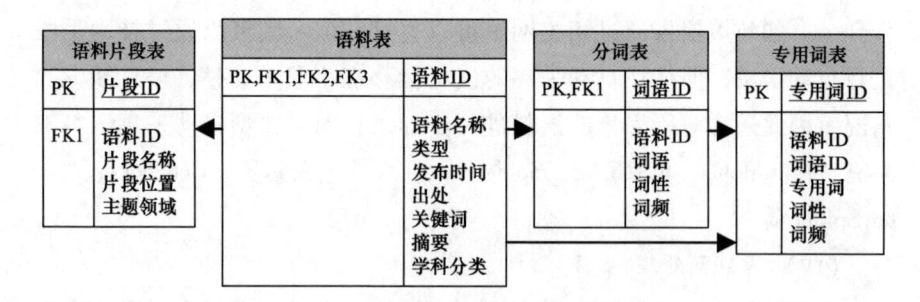

语料片段表		语料表		分词表		专用词表	
PK	片段ID	PK,FK1,FK2,FK3	语料ID	PK,FK1	词语ID	PK	专用词ID
FK1	语料ID 片段名称 片段位置 主题领域		语料名称 类型 发布时间 出处 关键词 摘要 学科分类		语料ID 词语 词性 词频		语料ID 词语ID 专用词 词性 词频

图4-2 语料库关键表字段间关联关系

（六）可视化展示

可视化展示是政策信息传递的一个重要手段，传统语料库建设并没有给用户提供一个功能展示的页面，使用者无法通过语料库了解相关领域的知识，因此可视化展示环节给语料信息提供了一个有效传递的介质，并实现所有语料信息的多种智慧化查看方式。该部分主要采用 H5 结合知识图谱技术实现，可以通过手机、平板电脑、笔记本电脑、台式机等终端进行访问，并实现 Web 端、移动端一体化展示。

（七）语料库使用

语料库使用需要对从语料库中提取出来信息进行统计分析和解释，重点在于提供的服务方式，主要有检索服务、数据服务和分析服务三种模式。检索服务：要针对使用者提供普通检索、分类检索及高级检索服务，高级检索中要有基于正则表达式的检索功能；数据服务：为第三方平台提供 API 接口数据信息，提供二次开发的通用部件，这样有利于语料库的推广与应用；分析服务：通过语料库平台结合第三方程序包对语料信息进行分析处理，当数据积累到一定规模时，就可通过机器学习方法为社会提供智慧化服务。在语料库的使用过程中分析是最重要的环节之一，可以结合一些典型的分析工具完成，主要有：SPSS、ICTCLAS、ImageQ、WordSmith、Gensim、Concordance 等。

（八）维护与更新

面向智慧决策的语料库建设是一项系统性工程，也是一项长期性工程，智慧的形成需要持续地完善数据、不断地学习、对数据进行长期维护，并需要专业团队负责系统功能更新工作，因此要保证此项工作可持续发展，并面向社会提供智慧化服务，维护与更新就变得尤为重要。作为整个语料库建设的最终环节，也是起始环节，持续不断的维护与更新使整个语料库建设的生命周期形成闭合的生态链路。

二 建设及研究成果

按照以上步骤，本团队从 2018 年 4 月起开始构建数据政策语料库，截至 2022 年 12 月已经收录数据类政策语料 2600 多条，分词后中文词语 7 万多个，专用词语共 2000 多个，语句片段 30 万条（按照句子划分），字符数共 1668.9 万个（含汉字、字母、数字、标点等）。按照政策文件类型划分为新兴产业、金融经济、社会保障等 21 个类目，按照政策文件发布方式分为实施意见、指导意见、规划纲要、通知等 13 个类别，在应用实证部分所提到的自建语料库均为该语料库。

政策语料库在建设过程中，严格按照图 4-1 的架构完成实施。在需求设计中，把采集数据类政策语料作为实际需求；在语料库设计环节，使用 ASP.NET 语言进行程序设计，SQL Server 作为数据库，将语料元信息存储在数据库中，并将语料内容用 txt 文本文档的形式存储到服务器磁盘中；在语料采集中采取人工采集的方式，由于政策文本具有规范、严谨等特点，因此人工采集有效地确保了语料的精准度；在语料预处理过程中采用第三方工具及程序包来完成，主要使用 jieba 和 ICTCLAS，处理后将分词及词性标注结果同步到数据库中；由于所构建的是政策语料库，因此在数据库设计过程中增加了政策词表、政策语句片断表，以及政策层级、政策主体等字段。在可视化展示环节，主要为用户提供了语料查询、复杂检索、元数据统计、知识关联等功能，详见图 4-3；在语料库使用环节，在 CoW 中打通了数据接口，实现利用第三方工具及组件调用已收集语料并分析处理的功能，通过关键词分析、主题分析、回归分析、共现分析等多种方法对语料库中的数据进行了深入挖掘；在运维与更新中，团队继续收集整理语料库中的语料，并不断调整类目，开发人员在更新程序的同时，也不断地优化数据库，使平台能够实现可持续发展的闭合生态链路。

第三节　政策语料库应用主要步骤

政策语料库应用大致可以分为建库、文本数据提取、文本计算三个主要阶段[1]，这三个阶段所包含的主要步骤如图 4-4 所示。

---

[1] 梁茂成、李文中、许家金：《语料库应用教程》，外语教学与研究出版社 2015 年版，第 24 页。

首页——检索关键词：数据 安全 政策

ID	文本片段	上下文	全文
1	《大数据安全标准化白皮书》由中国电子技术标准化研究院、清华大学、四川大学、阿里云计算有限公司等25家企事业单位共同编制，重点介绍了国内外的大数据安全相关法律法规、标准化现状，重点分析了大数据安全所面临的安全风险和挑战，给出了大数据安全标准化体系框架，规划了大数据产业标准化工作重点，提出了开展大数据安全标准化工作的建议	[上下文]	[全文]
2	六是保障支撑体系化较薄弱，数据资源管理、开放共享、安全保护法律法规和标准准尚未完善，大数据产业统计监测和评价指标体系尚未建立，政策红利尚未充分释放	[上下文]	[全文]
3	数据安全和个人信息保护相关的地方性法规、政策、标准制度健全完善	[上下文]	[全文]
4	完善、推广和落实政务数据资源发布、存储、共享交换机制，完善网络与信息安全保障、个人隐私保护、数据资源开发利用等方面的政策法规	[上下文]	[全文]
5	本《芝麻信用数据安全反隐私保护政策》（以下简称"政策"）有助于您了解我们如何采集、整理、保存、加工和提供信息，在使用我们的服务前，请您仔细阅读（特别是以粗体标注的内容）	[上下文]	[全文]
6	图16 2014-2017年医疗大数据应用市场规模 数据来源：国家卫生健康委员会 四、数据政策 各地区信息化发展加快推进 为更好地评估各地区落实《国家信息化发展战略纲要》和《"十三五"国家信息化规划》的进展情况，国家互联网信息办公室组织有关单位，结合国家统计局、工业和信息化部、CNNIC等部门和机构的统计数据和指数，设计了我国信息化发展评价指标体系，主要包括信息服务应用、产业数字化、信息技术环境、网络安全、政策环境等6个方面的指标，形成信息化发展评价指数	[上下文]	[全文]
7	全国优托育信息管理系统部省联网及数据管理工作规范 为加强全国优托育对象数据精细化、动态化、规范化管理，依据优托育信息管理系统建设、推进优托育对象数据精细化、动态化、规范化管理，依托国家数据共享交换政策，制定本规范	[上下文]	[全文]
8	健康医疗大数据应用发展、数据安全与隐私保护制度、相关政策法规不断完善，健康医疗服务质量稳明显提升，人民群众得到更多实惠	[上下文]	[全文]
9	全区各地重要视健康医疗大数据应用发展，切实搞好总体规划、基础建设、安全监管，反时制定配套措施，抓好政策落实，推动全区健康大数据信息产业实现跨越发展	[上下文]	[全文]
10	教育部办公厅 2018年1月22日 教育部机关及直属事业单位教育数据管理办法 第一章 总则 第一条 为加强教育部机关及直属事业发展、更好地服务教育改革发展，确保数据安全，确保政策公开，依据《中华人民共和国统计法》《中华人民共和国网络安全法》《中华人民共和国政府信息公开条例》《国务院关于印发政务信息资源共享管理暂行办法的通知》等相关法律法规及国家政策，特制定本办法	[上下文]	[全文]

图4-3 数据政策语料库检索功能

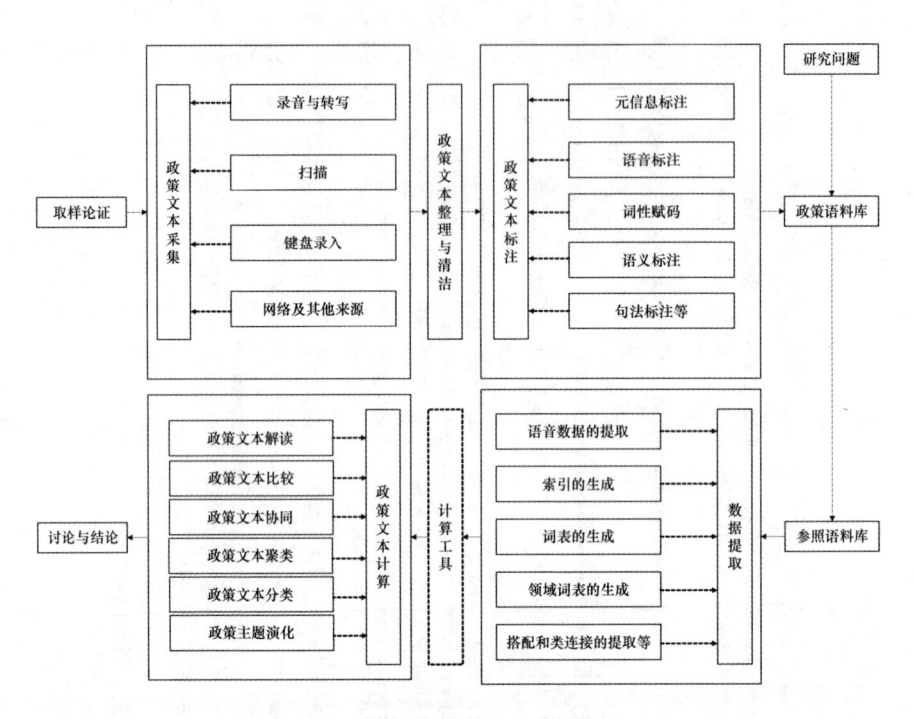

图 4-4　政策语料库的主要步骤示意

第一阶段：建库之前，首先需要进行取样方面的论证，所牵涉的问题有取样的平衡、语料库的设计容量、语料来源等，这一环节中最重要的原则是要尽可能保证语料库的代表性。论证之后，语料采集是一个较为烦琐的过程，可能需要花费较长时间从多种途径获取语料。在取样过程中，需要严格按照取样论证时所制定的取样准则进行。对所得到的文本，应尽可能保存其各种属性，以方便后继的标注。对各种介质的语料来源应及时备份供查证之用。接下来，对所得到的政策文本需要进行细致的整理和清洁，并按照需要进行必要的标注。一般来说，在标注之前还需要对政策文本进行分词处理。由于一般的自动标注工具（如词性赋码器）都内嵌分词工具，所以我们在图中并未标出。如果是人工标注，则在标注之前应该制定一套合理的、便于开展研究的标注体系。有许多研究问题只能进行人工标注。人工标注中的一致性也是一个重要的问题，如果标注的一致性得不到保证，可能会影响后期研究的信度。多人标注时应对标注人员进行反复的培训，这样做对提高标注的一致性很重要。

如果是自动标注，需要选择合适的标注工具，并在标注后对自动标注的准确性进行统计。如果标注的准确性确无问题，语料就可以入库了。

第二阶段：政策文本数据提取，借助语料库（有时可能需要一个或多个参照语料库），可以利用各种语料库分析工具从语料库中提取所需信息了。使用何种既有工具、是否需要自行开发工具，这取决于研究问题的性质。比如需要回答的研究问题是有关词语搭配的，则可以使用各种搭配分析工具。有时在同一个任务中可能要用到几种工具。

第三阶段：政策文本计算，需要对从语料库中提取出来的信息进行计算和解释。在语料库分析中，最基本的数据是文本数据，在实际研究中常常通过词频统计、文本分类、文本聚类、文本比较等计算方式发现语料库中政策文本规律性的特点，进而实现对政策文本的探讨。

第 五 章

政策文本计算方法

本章尝试从政策文本计算的基础研究方法走向适用于政策知识提取的"中间层"方法,进而形成政策文本计算方法体系。政策文本计算主要依赖于自然语言处理技术,因此本章基于政策文本从文本预处理、文本相似度计算、主题模型、命名实体识别、词向量模型、深度神经网络到知识图谱详细介绍政策知识提取的方法。

第一节 政策文本计算流程

随着大数据和人工智能的蓬勃发展和兴起,政策文本计算成为分析政策的关键。政策文本计算是指依赖自然语言处理技术来分析政策、计算政策。政策文本计算流程如图5-1所示,主要包括以下四个环节:①获

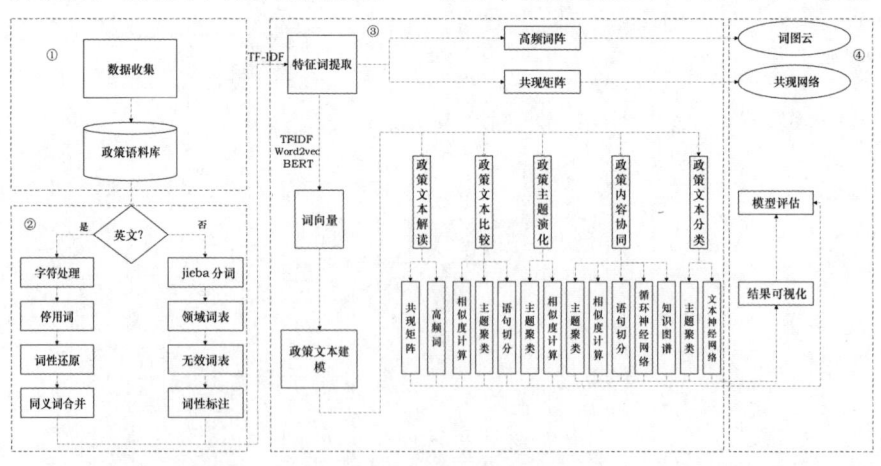

图5-1 政策文本计算流程

取政策文本形成政策语料库；②政策文本预处理；③根据研究目标选择合适模型；④结果可视化及模型评估。

第二节　政策文本预处理

一　分词

分词是指将连续的字序列按照一定的规范重新组合成词序列的过程，如中文分词将一个汉字序列通过一定的方式切分成一个个单独的词，它是政策文本计算中一个最基本的环节。

（一）主要分词方法

①规则分词：属于机械式分词方式，需要维护与更新词典，进行切分语句时，将语句特定长的字符串与字典进行匹配，匹配到就切分，匹配不到则不予切分。主要匹配的方式有：双向最大匹配分词、正向最大匹配分词及逆向最大匹配分词。

②统计分词：主要思想为词是稳定字的组合，在文本中，相邻的字同时出现的频次越多，构成一个词的概率就越高。因此，字与字相邻出现的概率或频率能较好地反映成词的可信度。主要分为两个步骤：构建语言模型和对句子进行单词划分，划分结果运用统计方法计算概率，获取概率最大的分词方式。经典的统计方法包括隐马尔可夫模型（HMM）和条件随机场（CRF）。

③混合分词：是指将规则分词和统计分词方法相结合的分词方式。

（二）主要的分词工具

①jieba：是一种支持 Python 中文分词组件[①]，支持三种分词模式：全模式，旨在快速扫描出句子中所有可以成词的词语，但无法解决歧义问题；精确模式，旨在将句子精确切分，适用于文本分析；搜索引擎模式，旨在提高召回率，即在精确切分句子的基础上，对长词进行再切分，适用于搜索引擎分词。此外，jieba 还支持词性标注、繁体分词、自定义词典等。

②HanLP：是一系列模型与算法组成的 NLP 工具包，由大快搜索主

---

① https://github.com/fxsjy/jieba.

导并完全开源①，适用于 Java 版及 Python 版，支持多语言分词、词性标注、命名实体识别、关键词提取、自动摘要、文本分类、文本聚类、拼音转换、简繁转换、短句提取、Word2vec 及新词发现等。分词方式包括：N-最短路分词、CRF 分词、索引分词等，并且支持用户自定义字典，提高分词的正确率。

③THULAC：由清华大学自然语言处理与社会人文计算实验室研制推出的一套中文词法分析工具包，具有中文分词和词性标注功能②。适用于 C++版、Java 版及 Python 版，THULAC 具有能力强、准确率及速度快的三大特点。

④SnowNLP：是一个 Python 写的类库，旨在方便处理中文文本③。程序自带一些训练好的字典，默认处理 unicode 编码。支持中文分词、词性标注、情感分析、文本分类、转换成拼音、繁体转简体、提取文本关键词、提取文本摘要、TF-IDF 及 Tokenization。

二 领域词表

不同领域政策具有不同的特点，构建所属领域政策词表能够保留领域特征，领域词表构建的效果决定了政策文本分词后能否保留该领域的特征。因此，领域词表构建是分词中最重要的环节之一，可以采取自动获取和自建词表两种方式，自动获取即通过获取文献数据库中的领域关键词来形成初始领域词表，自建词表包括基于统计特征的关键词提取的 TF-IDF 算法和考虑词关联网络的 TextRank 算法。本节以 TextRank 算法为例进行介绍。

TextRank 算法是一种文本排序算法，它能够从一个给定的文本中提取出该文本的关键词、关键词组。它利用一篇文档内部的词语间的共现信息（语义）来抽取关键词，能从一个给定的文本中抽取出该文本的关键词构建领域词表。如公式（5-1）所示：

---

① https：//github.com/hankcs/pyhanlp.
② https：//github.com/thunlp/THULAC-Python.
③ https：//github.com/isnowfy/snownlp.

$$WS(V_i) = (1-d) + d \times \sum_{V_j \in In(V_i)} \frac{W_{ji}}{\sum V_k \in Out(V_j) W_{jk}} WS(V_j)$$

$$(5-1)$$

注：$WS(V_i)$ 表示节点 i 的权重，d 是阻尼系数，一般为 0.8，$\sum_{V_j \in In(V_i)}$ 表示每个相邻节点对该节点的贡献程度，$In(V_i)$ 表示指向节点 i 的节点集合，$Out(V_j)$ 表示节点 j 指向的节点集合，W_{ji} 表示两个节点的相似度，$WS(V_j)$ 表示上次迭代出的节点 j 的权重。

三　无效词表

政策文本中名词或名词短语在很大程度上能够表征主题，是构建领域词表的主要关键词构成部分，但同时政策内容包含"的""了""要求""研究"等助词和部分动词，进行政策文本分词时需剔除这类词，避免影响政策文本分类、聚类效果等。基于此，需构建无效词表，由于各领域政策文本特征不同，除根据共性的停用词构建的通用词表外（如哈工大停用词表及百度停用词表），需根据各领域特征构建无效词表。

四　词性标注

词性是指以词的特点作为划分词类的依据，是单词的语法分类。同一个类别的词语具有相似的语法性质，所有词性的集合称为词性标注集，主要词性有名词、形容词及动词。词性标注是指在给定文本中判定每个词的语法范畴，确定词性并标注的过程，是进行政策文本计算的基础性工作。常见的标注方法有：①基于规则的词性标注方法；②基于统计模型的词性标注方法：基于感知机的词性标注、基于条件随机场的词性标注、基于隐马尔可夫模型的词性标注；③基于深度学习的词性标注方法。政策文本计算常用的词性标注工具有：Jieba、HanLP、THULAC、NLTK、SnowNLP。

五　关键词提取

关键词是能够表达文档中心内容的词语，常用于计算机系统标引文本内容特征、信息检索、系统汇集等。关键词提取是文本挖掘领域的一个分支，是文本检索、文档比较、摘要生成、文档分类和聚类等文本挖掘研究的基础性工作。关键词提取通常分为无监督关键词提取方法和有监督关键词提取方法。无监督关键词提取方法主要有三类：基于统计特征的关键词提取；基于词图模型的关键词提取；基于主题模型的关键词提取。有监督关键词提取方法需要高额的人工成本，因此在政策文本计算中通常采用无监督关键词提取。政策文本计算中通常使用基于统计特征的关键词提取 TF-IDF 算法，TF-IDF 的主要思想是一个关键词的重要性会随着它在政策文本中出现的次数增加，但同时会随着它在语料库中出现的频率下降。TF-IDF 是一种统计方法，词袋模型的代表，其核心思想为若某个词或短语在一篇文档中出现的频率高，同时在其他文档中出现次数较少，则判定该词或短语具有很好的类别区分能力，能够代表该文档特征，适合进行分类，计算公式如下：

$$TF\text{-}IDF = 词频(TF) \times 逆文档频率(IDF) \qquad (5-2)$$

$$词频(TF) = \frac{某个词在文档中出现的次数}{文档总词数} \qquad (5-3)$$

$$逆文档频率(IDF) = \log\left(\frac{语料库文档总数}{包含词 w 的文档数 + 1}\right) \qquad (5-4)$$

注：逆文档频率（IDF）：表示词语在该文本集中的分布情况，其包含该词语的文本数目越少，IDF 越大，则说明该词语具有较强的区分能力[1]。若该词语不在语料库中，为防止分母为 0，通常使用 1。该算法的优点是解释性强，能快速实现，结果比较符合实际情况；缺点是仅以词频衡量词的重要性，有时候重要的词出现频率并不是很高，如文本中存在生僻词、出现次数较少的重要人名、地名信息等，该算法还缺少考虑词语所在的位置信息。

第三节　文本相似度计算

一　欧式距离

欧氏距离也称欧几里得距离，它是一个通常采用的距离定义，它是

---

[1] 许鑫：《基于文本特征计算的信息分析方法》，上海科学技术文献出版社 2015 年版。

在多维空间中两个点之间的绝对距离，欧氏距离如公式（5-5）所示：

$$d = \sqrt{\sum_{i=1}^{N}(x_i - y_i)^2} \quad (5-5)$$

其中，$i = [1,2,3,\cdots,n]$，$x = (x_1, x_2, x_3, \cdots, x_n)$，$y = (y_1, y_2, y_3, \cdots, y_n)$。由于数据 x_1 的各个维度之间的尺度不一样，加权处理时会对不同维度造成影响。因此，需对所有维度分别进行处理，使得各个维度的数据分别满足标准正态分布，即引入标准化欧式距离，如公式（5-6）、公式（5-7）所示：

$$x' = \frac{x_i - u_i}{s_i} \quad (5-6)$$

$$d = \sqrt{\sum_{i=1}^{N} \frac{(x_i - y_i)^2}{s_i^2}} \quad (5-7)$$

其中，u_i 是该维度所有数据的均值，s_i 是其对应方差。欧氏距离能够体现个体数值特征的绝对差异，通常用于需要从维度的数值大小中体现差异的分析。

二 余弦相似度

余弦相似度是通过计算两个向量的夹角余弦值衡量其相似度程度，夹角余弦值越接近1，表示两者越相似。相似度计算过程包括：①提取能够表征两篇文章的关键词；②每篇文章各取出若干个关键词，合并成一个集合，计算词频；③生成两个文本各自的词频向量 a 与 b；④计算两个向量的余弦相似度，值越大就表示越相似。如公式（5-8）所示：

$$\cos(\theta) = \frac{a \cdot b}{\|a\| \times \|b\|} = \frac{\sum_{i=1}^{n}(x_i \times y_i)}{\sqrt{\sum_{i=1}^{n}(x_i)^2} \times \sqrt{\sum_{i=1}^{n}(y_i)^2}} \quad (5-8)$$

余弦相似度本质上是从方向上区分文本差异，而对于绝对的数值并不敏感，由于政策文本具有严谨性、规范性等特征，因此余弦相似度适用于政策文本内容相似性和差异性的判定。

三 皮尔逊相关系数

皮尔逊相关系数（Pearson Correlation）是衡量向量相似度的一种方

式。当两个变量的标准差都不为零时，可用皮尔逊相关系数度量两个变量之间的相关程度。其值输出范围为 -1 到 1，其中，1 表示变量完全正相关，0 表示无线性相关关系，-1 表示完全负相关。若有两个变量 x、y，其皮尔逊相关系数计算如公式（5-9）所示：

$$\rho_{x,y} = \frac{\text{cov}(x,y)}{\sigma_x \sigma_y} = \frac{\sum_{i=1}^{n}(x_1 - \bar{x})(y_1 - \bar{y})}{\sqrt{\sum_{i=1}^{n}(x_i - \bar{x})^2(y_i - \bar{y})^2}} \quad (5-9)$$

其中，$\text{cov}(x,y)$ 是 x 和 y 的协方差，σ_x 和 σ_y 分别是 x 和 y 的标准差。皮尔逊相关系数既是欧式距离的升级，又是余弦相似度在维度值缺失情况下的一种改进，即对向量的值做中心化处理，然后对中心化结果求余弦距离。

四 马氏距离

马氏距离（Mahalanobis Distance）表示数据的协方差距离，是一种距离度量，并能有效地计算两个未知样本集相似度。马氏距离计算如公式（5-10）所示：

$$D_M(x,y) = \sqrt{(x-y)^T \sum\nolimits^{-1} (x-y)} \quad (5-10)$$

其中，$\sum$ 表示多维随机变量的协方差矩阵，μ 为样本均值，若协方差矩阵是单位阵时，则马氏距离转变成欧式距离。马氏距离与欧氏距离不同的是它考虑到各种特性之间的联系，修正了欧式距离中各维度尺度不一致且相关的问题，排除了变量之间的相关性的干扰，但马氏距离在一定程度上夸大了微小变量的作用。

第四节　主题模型

一　LDA 主题模型

LDA（Latent Dirichlet Allocation）模型引入了狄利克雷分布的概念，在满足狄利克雷先验分布的多项式分布基础上，所有主题对应相应文档，通过不停地迭代，可以估计出合理的参数。LDA 主题模型是利用词语与主题、主题与文本之间的三层关系来解决文本聚类中语义挖掘的问题。

在主题模型中,主题是一系列相关词语的集合,把主题比作一个大的容器,出现概率高的词语都被放到了这个容器里,这些词语是按照一定分布概率出现到主题上的,词语与主题的相关性较强,通常情况下 LDA 模型处理长文本数据集效果较好。

(一) 文本生成过程

基于 LDA 模型文本生成过程如下[1]:

①确定主题被选择的概率:θ 是主题向量,$p(\theta)$ 是 θ 的分布,向量的列表示主题在文本中出现的概率;

②形成文本:n 表示要生成文本的词语数,w_n 表示生成的第 n 个单词 w,循环词语,形成文本;

③选择主题:z_n 表示选择的主题,$p(z|\theta)$ 表示给定 θ 时主题 z 的概率分布;

④选择单词:$p(w|z)$ 表示给定主题 z 时 w 的概率分布。

LDA 模型的联合概率具体表示,如公式 (5-11) 所示:

$$p(\theta,z,w\mid\alpha,\beta)=p(\theta\mid\alpha)\prod_{n=1}^{N}p(z_n\mid\theta)p(w_n\mid z_n,\beta) \quad (5-11)$$

为了使上述公式更易于理解,下面用图模型的表示方式来分解公式 (5-8)。

(二) 图模型表示方式

把公式 (5-11) 抽象为语料层、文本层、词语层,利用图模型的方式把 LDA 模型表示出来,如图 5-2 所示:

①语料层:α 和 β 是政策文本语料级的超参数,训练出这两个参数就可以确定模型,α 是 $p(\theta)$ 分布的向量参数,用于生成主题分布 θ;β 是主题对应词语的概率分布矩阵 $p(w|z)$。

②文本层:文本和主题分布 θ 是对应的,每个文本产生的主题 z 的概率是不同的。

③词语层:z 是由主题分布 θ 生成的,w 是由 z 和 β 共同生成,w 和 z 是相对应的。

---

[1] David M. Blei, Andrew Y. Ng, Michael I. Jordan, "Latent Dirichlet Allocation", *Journal of Machine Learning Research*, No. 3, 2003.

w 为观察变量，θ 和 z 为隐藏变量，可以通过 EM（最大期望算法）学习出 α 和 β，由于后验概率 p（θ，z|w）无法直接计算，因此要用似然函数下界来近似推理出估计值，计算最大似然函数，得出 α 和 β，不断迭代直到收敛，最终完成该过程。

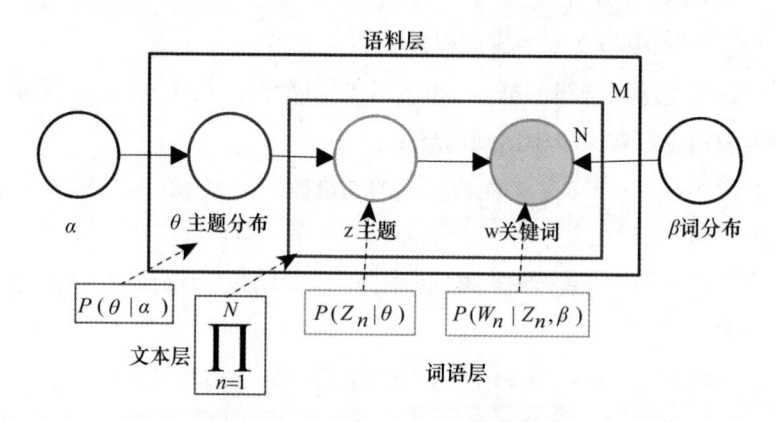

图 5－2　LDA 生成过程图模型

二　NMF 主题模型

非负矩阵分解（Nonnegative Matrix Factorization，NMF）是一种用于降低非负矩阵维数的无监督方法，可以生成易于解释的文本数据聚类。NMF 将每个对象建模为一组非负基向量的加法组合，以实现表示信息局部间相关关系。

当处理文本数据时，可以将主题识别问题转化为约束最优化问题，通过矩阵分解的计算实现主题识别①，其中将聚类解释为主题，每个文档被视为多个重叠主题的累加组合，若设 X 为文档—词项矩阵，由 m 行（词项）和 n 列（文档）组成。如果簇的数量是 k，NMF 将 X 分解成矩阵 U 和 V^t 如下列公式表示：$X = UV^t$，其中 U 是 $m \times k$，为文档—主题矩阵，V 是 $n \times k$，为主题—词项矩阵，V^t 是 V 的转置矩阵，矩阵 U 和 V 均为非负。NMF 度量 V 和 U 是通过简单迭代获得的，其中更新初始矩阵 U_0 和

---

① 吕璐成、周健、王学昭等：《基于双层主题模型的技术演化分析框架及其应用》，《数据分析与知识发现》2022 年第 Z1 期。

V_0，V 中的每个 k 维列向量对应于一个文档，V 的每个列轴表示该簇的一个主题。

NMF 通常被视为参数固定且可以获得稀疏解的 LDA 模型，虽然 NMF 模型的灵活性不如 LDA 模型，但是该模型可以很好地处理短文本数据集。由于 NMF 可能存在多个可能的分解，当数据集过大时，处理效率降低，并且主题数目过多可能导致拟合效果没有 LDA 稳健。

三 最优主题

通常 LDA 最优主题采取困惑度和主题一致性两种方法来确定，而 NMF 最优主题采取主题一致性方法来确定。

（1）困惑度（Perplexity）

困惑度可以理解为对于一篇文章 d，所训练出来的模型对文档 d 属于哪个主题有多不确定，这个不确定程度就是困惑度，困惑度越低，说明聚类的效果越好。通常用困惑度来确定 LDA 的最优主题数[1]，其计算如公式（5-12）所示。

$$Perplexity(D) = exp\frac{\sum_{d=1}^{M}logP(W_d)}{\sum_{d=1}^{M}N_d} \quad (5-12)$$

其中 D 表示文档中所有词的集合，M 表示文档的数量，W_d 表示文档 d 中的词，N_d 表示每个文档 d 的词数，$P(W_d)$ 表示文档中词出现的概率。

（2）主题一致性

主题一致性也是衡量主题质量最有效的方法[2]，因此，最优主题数可基于 Word2vec 通过主题语义一致性辅助确定，即描述由高度相似主题词组成的主题由其向量之间的相似性定义使其在语义上更加连贯，其计算如公式（5-13）所示：

---

[1] Thomas L. Griffiths, Mark Steyvers, "Finding Scientific Topics", *PNAS*, Vol. 101, No. 6, 2004.

[2] Greene D., Cross J. P., "Exploring the Political Agenda of the European Parliament Using a Dynamic Topic Modeling Approach", *Political Analysis*, Vol. 25, No. 1, 2017.

$$Coh(T) = \frac{1}{k}\sum_{i=1}^{k}\frac{1}{\binom{t}{2}}\sum_{j=1}^{t-1}\sum_{j+1}^{t}cos(w2v(w_{i,j}),w2v(w_{i,j+1}))$$

(5-13)

其中，k 表示主题模型主题数目，$T = [t_1, t_2, \cdots, t_k]$，$t_i = [w_{i,1}, w_{i,2}, \cdots, w_{i,t}]$，$t_i$ 表示与第 i 个主题最相关的前 t 个词的集合。$cos(w2v(w_{i,j}), w2v(w_{i,j+1}))$ 表示词向量 $w2v(w)$ 间的余弦相似度，根据实验文本设定 K 范围 $[K_{min}, k_{max}]$ 一致性曲线图的最大值确定最优主题数目。

第五节 命名实体识别

一 命名实体识别概念

命名实体识别（Named Entity Recognition，NER）是对文本文档中呈现的命名实体进行标识和分类的过程。NER 是自然语言处理（NLP）的应用，其主要目标是从文本数据中提取相关信息。它根据预定义的类别（如个人、地点、日期等）自动对命名实体进行分类。命名实体也可以是数字表达式，如电话号码或时间。由于中文有以下特点：①中文文本里没有空格作为分隔符，不具备类似英文字母大小写等形态指示；②中文灵活多变，判断是否是命名实体严重依赖语境；③中文命名实体具有嵌套现象、广泛存在简化表达等特点。因此，中文的命名实体识别相比于英文难度更大。

二 命名实体识别方法

常见的命名实体识别方法包括：①基于词典的方法：使用预先准备的词典将文本块与实体名称进行匹配。通过这种方法，NER 能够识别不在词典中的新实体。词典是通过从几个单词开始，然后尽可能地扩展并创建。②基于规则的方法：系统自动或手动构建规则，模型使用预定义的规则来提取给定文本中的信息。③基于机器学习的方法：模型在带注释的文本上进行训练。然后，使用预先训练的模型从原始文档中识别实体。④混合方法，由于 NLP 并不完全是一个随机过程，若单独使用基于统计的方法则状态搜索空间非常庞大，必须借助规则知识提前进行过滤处理。

三 使用 CRF 完成命名实体识别

通过使用 pycrfsuite 和 hanlp 完成基于 CRF 的命名实体识别,具体步骤如下:

①获取语料库:nltk、《人民日报》、其他公开标注语料。

②特征函数:定义特征函数,然后通过训练确定每个特征函数对应的权重。

③训练模型:首先创建 Trainer 进行训练,将语料的每个句子转成特征及标签列表;其次设置 Trainer 的相关参数,并将样本添加到 Trainer 中开始训练;最后将模型保存到指定路径中。

④预测:创建 Tagger 并加载模型,在测试集中选择一个句子打标签。

⑤评估:将测试集中所有句子输入训练出来的模型,并将得到的预测结果与测试集句子对应的标签对比,输出各项指标以评估模型总体效果。

第六节 词向量模型

词向量(Embeddings)是机器学习中很重要的一个概念,经过几十年的发展,Embeddings 在序列化的数据中语义抽取和表征起到了关键作用,比如:在世界上比较知名的搜索引擎中,经常需要将大段文字编码成 Embeddings,以方便检索,因此其在文本计算领域扮演着极其重要的角色。

Embeddings 的概念来自数学。比如:可以将一个人的特征在不同维度用数值刻画,这个不同维度的数值就构成了一个向量。因此一个人可以通过一连串的数字即向量来表征。通过进一步计算两个向量的夹角可以衡量两个人的相似程度。同理,如果将 word 表征成向量,这个向量就表达了 word 中细腻的语义特征,再通过计算两个向量的夹角可以衡量两个 word 的语义相似度。如图 5-3 所示。

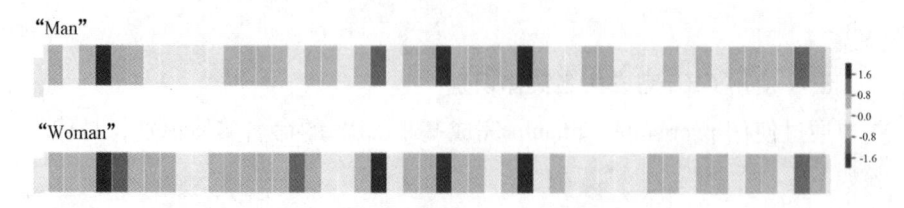

图 5-3　Word Embeddings 概念

为了能使向量学到精确细腻的表达，很多任务首先在大量的语料中进行充分的无监督的预训练，然后再将训练好的这些词向量迁移到下游任务中。使用 Word2vec、Glove 的算法训练的词向量在很多任务中都能达到不错的准确率，但仍存在一个局限：没有考虑一词多义的情况。由于同一个 word 训练好后只有一个词向量的表达，同一个表达并不能考虑不同语境的差异。比如："stick"这个词具有多层含义，究竟"stick"想表达什么含义，必须依赖于将它应用在什么语言环境中。随之而来的想法是：同一个 word 的编码可以不止一个，取决于它所在句子的上下文的语义，必须将句子中其他 word 的信息也融合到编码中。

在众多词向量模型中，不同于 One-hot、Word2vec 和 Glove 模型训练出词的固定编码，ELMo 算法使用了 BiLSTM 模型作底层结构，在大量的语料中，ELMo 以预测句子中后一个 word 和前一个 word 为任务，无监督地预训练了 BiLSTM 模型的参数，这些参数使得不同句子中的同一个 word 在通过 BiLSTM 前向传播计算后，能得完全不同的 Embeddings。ELMo 算法完全考虑了编码的上下文语义特征，又从句子的前后两个方向进行训练。虽然 ELMo 可以基于上下文对 word 编码，但是从本质上来说 ELMo 内部依赖于 LSTM 网络，具有 LSTM 的一些弊端，如：不能并行计算、输入的句子不能过长、浅层神经网络对 word 的表达有限。为了解决以上的问题，谷歌推出了 BERT 模型，可以解决 ELMo 由于其局限带来的编码准确率不够的问题，使得对 word 的 Embeddings 更加细腻。

Embeddings 可以是不同粒度上的特征抽取。不同的粒度分为：Token/word 级别、sentence 级别和 paragraph 级别。Tonken/word 级别的 Embeddings 可作为下游任务的输入，完成文本计算领域中的任务；sentence

级别和 paragraph 级别的 Embeddings 可作为更高层次的抽取，表达一个句子或一个段落的特征，其下游任务可以用在生成模型中生成文本，也可以用在搜索引擎中以便提取相似文本。本节主要介绍 One-hot、Word2vec 和 BERT 三种词向量模型。

一 One-hot

One-hot 编码，又称为一位有效编码，主要是采用 N 位状态寄存器来对 N 个状态进行编码，每个状态都由它独立的寄存器位，并且在任意时候只有一位有效。One-hot 编码是分类变量作为二进制向量的表示。这首先要求将分类值映射到整数值。然后，每个整数值被表示为二进制向量，除了整数的索引之外，都是零值，被标记为 1。

假设有一组政策，它们可以通过三特征来形容，分别是：

层级：["国家级"，"地方级"]

类别：["数据开放"，"数据安全"，"数据开放与安全"]

类型：["通知"，"规定"，"纲要"，"规划"]

例如：用上述三个特征来描述其中一项政策，即"国家级，数据开放，规定"，如果特征类别是有序的话，可以用表示顺序的数组表示：

即"国家级，数据开放，规定" == > [0, 0, 1]

但是这样的特征处理并不能直接放入机器学习算法中，因为类别之间是无序的。这时候就可以用 One-hot 编码的形式来表示了，我们采用 N 位状态寄存器来对 N 个状态进行编码，上述实例如表 5-1 所示：

表 5-1　　　　　　　　One-hot 编码规则

层级	["国家级"，"地方级"]	N = 2	国家级：1 0 地方级：0 1
类别	["数据开放"，"数据安全"，"数据开放与安全"]	N = 3	数据开放：1 0 0 数据安全：0 1 0 数据开放与安全：0 0 1

续表

类型	["通知","规定","纲要","规划"]	N=4	通知：1 0 0 0 规定：0 1 0 0 纲要：0 0 1 0 规划：0 0 0 1

因此，当我们再来描述这部政策的时候，就可以采用 [1 0 1 0 0 0 1 0 0] 向量的方式。使用 One-hot 编码，将离散特征的取值扩展到了欧式空间，离散特征的某个取值就对应欧式空间的某个点。将离散特征通过 One-hot 编码映射到欧式空间，这样就可以在回归、分类、聚类等机器学习算法中计算距离或相似度了，这会让特征之间距离计算更加合理。

二 Word2vec

Word2vec 是 Google 2013 年提出的一种词语语义计算技术[1]，其核心思想是通过词的上下文得到词的向量化表示，通过训练 Word2vec 模型把文本内容的处理简化为 K 维向量空间中的向量运算，使得向量空间上的相似度可以用来表示文本语义上的相似度。Word2vec 提供了 Skip-gram（通过中心词预测附近的词）和 CBOW（通过上下文来预测当前值）两种经典的语言训练模型[2]，如图 5-4 所示。

在 NLP 中，将语言模型设置为 f (x) - >y，把 x 看作句子里的一个词语，y 是这个词语的上下文词语，这个模型的目的就是判断样本 x 和 y 是否符合自然语言的法则。Word2vec 正是来源于这个思想，但它的最终目的是关心模型训练完后的模型参数（特指神经网络的权重），并将这些参数作为输入 x 的某种向量化的表示，这个向量就是我们说的词向量。y 是 x 的上下文，所以 y 只取上下文里一个词语的时候，语言模型就变成"用当前词 x 预测它的下一个词 y"，但一般的数学模型只接受数值型输

---

[1] Mikolov T., Sutskever I., Chen K., et al., "Distributed Representations of Words and Phrases and Their Compositionality", *Advances in Neural Information Processing Systems*, Volume abs/1310.4546, 2013.

[2] Xin R., "Word2vec Parameter Learning Explained", ArXiv Preprint ArXiv：1411.2738, 2014.

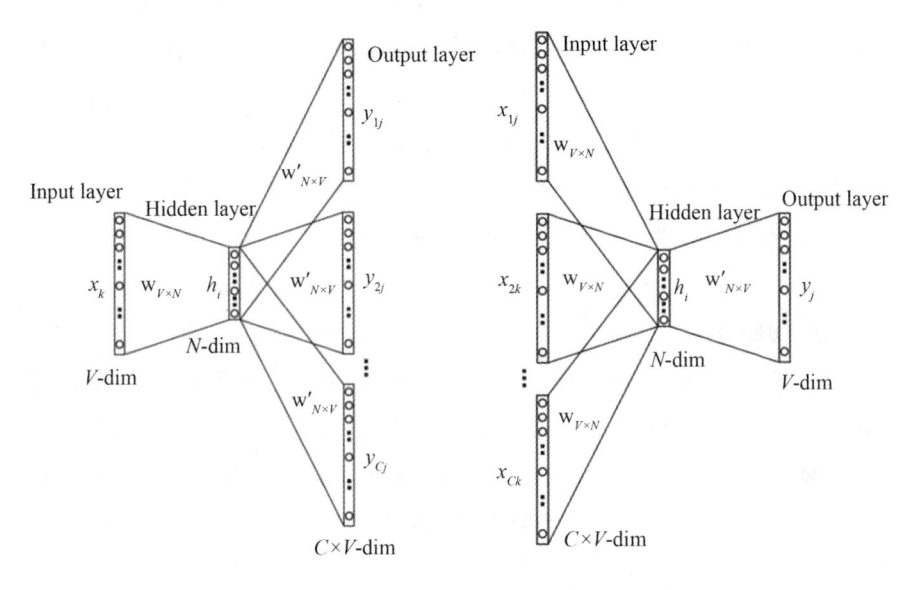

图 5-4　Skip-gram 模型和 CBOW 模型生成过程图

入，这里的 x 就要使用 One-hot 编码（此部分内容前文已详述）。

假设某文本集合中词语总共有 V 个，这 V 个词语有自己的先后顺序，假设"数据安全"是第 1 个词，"需要"是第 2 个词，"数据安全"就可以表示为一个 V 维全零向量、把第 1 个位置的 0 变成 1，而"需要"同样表示为 V 维全零向量、把第 2 个位置的 0 变成 1。这样，每个词语都可以找到属于自己的唯一表示。在 Skip-gram 模型中，x 就是 One-hot 编码形式的输入，y 是在这 V 个词上输出的概率，我们希望 y 也是 One-hot 编码形式。隐含层的激活函数其实是线性的，不断训练这个神经网络模型，当模型训练完后，最后得到的其实是神经网络的权重，如现在输入一个 x 的 One-hot 编码 [1，0，0，…，0]，对应所说的词语"数据安全"，则在输入层到隐含层的权重里，只有对应 1 这个位置的权重被激活，这些权重的个数，跟隐含层节点数是一致的，从而这些权重组成一个向量 Vx 来表示 x，而因为每个词语的 One-hot 编码里面 1 的位置是不同的，所以，这个向量 Vx 就可以用来唯一表示 x。此外，输出 y 也是用 V 个节点表示的，对应 V 个词语，如果把输出节点置成 [1，0，0，…，0]，它也能表示"数据安全"这个单词，但是激活的是隐含层到输出层的权重，这些权重的个数，跟隐含层一样，也可以组成一个向量 Vy，跟上面提到的 Vx 维度一样，并且可以看作词语"数据安全"的另一种词向量。而这两种词向量 Vx 和 Vy，代表输入向量和输出向量。词向量的维度一般情况下要远远小于词语总数 V 的大小，所以 Word2vec 本质上是一种降维操作，即把词语从 One-hot 编码形式降维到 Word2vec 形式。当 x 是一个词，y 是多个词时，即 Skip-gram 模型，反之当 x 是多个词，y 是一个词时，即 CBOW 模型。

三 BERT

BERT（Bidirectional Encoder Representations from Transformers）是 2018 年谷歌基于 Transformer 架构训练的语言表征模型[1]。从结构上讲，BERT 就是由多层的 Transformer Encoder 堆叠而成的，由于每一层都使用了双向注意力机制，能更好提取上下文的特征，所以 BERT 在文本分类、阅读理解、知识推理、命名实体识别等文本计算任务中准确率都完胜之前所有的算法。

BERT 模型采用了迁移学习的机制，在预训练阶段中（pre-training），通过收集海量语料集［BooksCorpus（800M words）和 English Wikipedia（2,500M words）］、消耗大量的 TPU 运算资源，得到了标准的 BERT-base 模型和 BERT-large 模型。两种模型机制相同只是规模不同，参数如表 5-2 所示。BERT 是深度模型，即使 BERT-base 的参数也达 110M 之多。在训练的成果中，参数既包含了各层神经网络的隐含层状态值、激活值，也包含了 BERT 中标准词表中每个 token 的编码向量。

表 5-2　　　　两种标准 BERT 模型细节对比

数量 类型	layer 数量	head 数量	向量维数	参数数量
BERT-base	12	12	768	110M
BERT-large	24	16	1024	340M

资料来源：BERT：pre-training of deep bidirectional transformers for language understanding。

---

[1] Devlin J., Chang M. W., Lee K., et al. "BERT: Pre-training of Deep Bidirectional Transformers for Language Understanding", ArXiv Preprint ArXiv: 1810.04805, 2019.

下游的任务中对预训练参数的使用，目前有两种策略：即微调（fine-tuning）和特征提取（feature-based）。

对于微调策略来说，将 BERT 预训练好的所有参数迁移到具体的下游任务中，首先使用预训练好的所有参数初始化下游任务模型，然后通过对下游任务的"事实"进一步拟合（有监督的训练），最后对预训练好的所有参数进行迭代"微调"，相对于预训练阶段，微调花费的代价小了很多，使用 GPU 最多花费几个小时，就能取得不错的效果。BERT 在预训练阶段的模型结构和微调的下游任务的模型结构几乎完全一致（可能最后一层根据不同任务有所不同），而且同一个标准的 BERT 模型能够胜任几乎所有 NLP 任务，并且都取得了让人叹为观止的结果。

对于特征提取策略来说，仅仅使用预训练出来的 token 特征向量。这些向量作为下游任务的输入，参与下游任务的前向传播计算，下游任务模型与预训练的 BERT 可以是异构的神经网络，其内部参数已经训练好（比如 BiLSTM）。BERT 通过预训练学习了大量的语料，消耗了巨大运算资源，结合双向注意力机制，使每个训练出来的 token 特征向量能更充分表达词含义。谷歌官方在 CoNLL－2003 的数据集上，通过具名实体识别任务测试不同特征向量的提取方案的准确率，对比的结果如表 5－3 所示。

表 5－3　　基于 BERT 获取的 Embeddings 在下游任务中计算结果准确率对比表

System	Dev F1	Test F1
Elmo	95.7	92.2
CVT	—	92.6
CSE	—	93.1
Fine-tuning Approach		
BERT-large	96.6	92.8
BERT-base	96.4	92.4

续表

System	Dev F1	Test F1
Fine-base Approach		
Embeddings	91.0	
Second-to-Last Hidden	95.6	
Last Hidden	94.9	
Weighted Sum Last Four Hidden	95.9	
Concat Last Four Hidden	96.1	
Weighted Sum All 12 Layers	95.5	

资料来源：BERT：pre-training of deep bidirectional transformers for language understanding。

BERT-base 预训练模型一共有 12 层的 self-attention 层，每一层对每一个输入位置的 token 都会计算得到一个新的特征编码（输入的 token 叫作 Embeddings，其余的隐含层状态值都称 Hidden），下游任务如何使用这些特征编码？使用 token 的 Embeddings 还是最后一层的隐含层状态值？选择合理的特征编码是实验的目的。结果表明：使用微调的 BERT-large 准确率最高，为 96.6%。而把 Concat Last Four Hidden 的特征编码连接起来作为最终的 tonken 特征编码是特征提取策略中最优的，为 96.1%，也仅仅落后微调策略 0.5%。可要知道基于特征提取方案中的下游任务仅仅是一个随机初始化的 2 层 768 维的 BiLSTM，就取得了很高的准确率，可见 BERT 预训练时，已充分的学习到了 token 的特征表达。

第七节　深度神经网络

一　TextCNN

TextCNN 是由 Yoon Kim 提出的一种用于处理文本分类问题的卷积神经网络模型[1]。TextCNN 的主要思想跟 CNN 类似，相当于是计算数据为二维的 CNN。

---

[1] Yoon Kim, "Convolutional Neural Networks for Sentence Classification", ArXiv Preprint ArXiv：1408.5882, 2014.

其网络结构主要由嵌入层、卷积层，ReLU 层、池化层和全连接层构成。如图 5-5 所示。

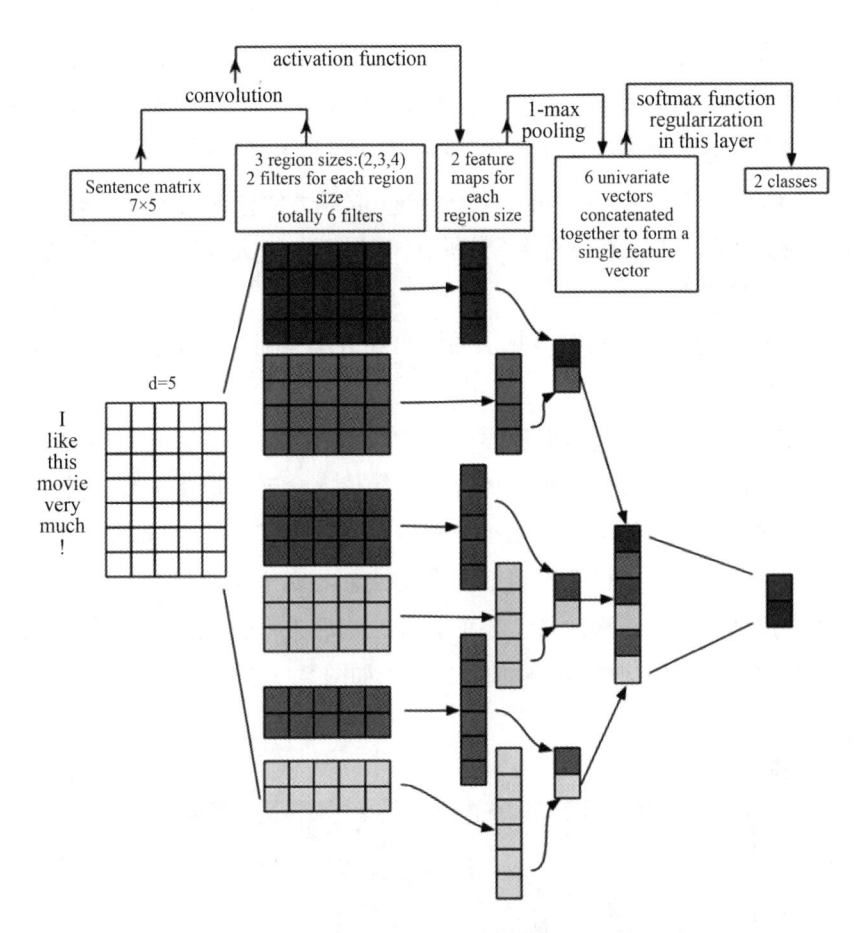

图 5-5　TextCNN 深度神经网络结构

为更好地理解 TextCNN 深度神经网络结构[1]，具体分析如下：

（1）嵌入层：输入数据，进行数据规则化，每个单词或词语用词向量表示。

（2）卷积层：将输入的词向量矩阵与卷积核进行卷积运算操作，将

---

[1]　Ye Z., Byron C. W., "*A Sensitivity Analysis of (and Practitioners' Guide to) Convolutional Neural Networks for Sentence Classification*", ArXiv Preprint ArXiv：1510.03820, 2015.

词语构成的矩阵与卷积核分别对应相乘再相加，得到最终的 Feature Map。TextCNN 的卷积核大小行数可自行定义，列数要与词向量列数相等。

（3）ReLU 层：激活函数可以引入非线性的因素，解决线性模型表达能力不够的问题。而 ReLU 作为一种新型的激活函数，具有易于计算、在深层模型中消失的梯度少以及能使部分神经元输出为 0，构成网络的稀疏性和减少参数间相互依存的关系，避免过拟合现象的发生等优点。

（4）池化层：对生成的 Feature Map 取最大值作为输出，便是 max-pooling，max-pooling 在保持主要特征的情况下，极大地减少了参数的数目，防止过拟合。

（5）全连接层：根据池化层的输出和分类构建全连接层，采用 softmax 全连接，得到最终的分类结果。

综上所述，在前向传播过程中，输入的数据经过多层卷积层的卷积和池化处理，提出特征向量，将特征向量传入全连接层中，得出分类识别的结果，若输出的结果与期望值相符，则输出结果；若输出的结果与期望值不相符，则进行反向传播，求出结果与期望值的误差，再将误差一层一层地返回，计算出每一层的误差，然后进行权值更新，进行多次迭代，直至输出的结果与期望值相符合，如图 5-6 所示。

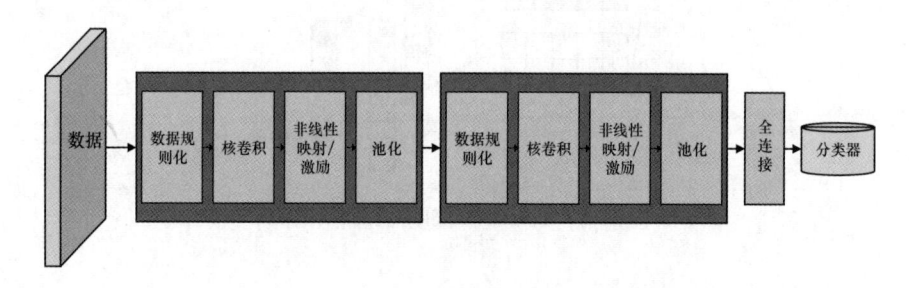

图 5-6　TextCNN 卷积神经网络的训练过程流程

二　RNN

循环神经网络（Recurrent Neural Network，RNN），是一类以序列数据为输入，再以序列数据为输出，在序列的演进方向进行递归且所有节点（循环单元）按链式连接的网络。RNN 层级结构主要由输入层、隐藏层和输出层构成，并且在隐藏层有一个箭头表示数据的循环更新，是实现时间记忆功能的方法，如图 5-7 所示。

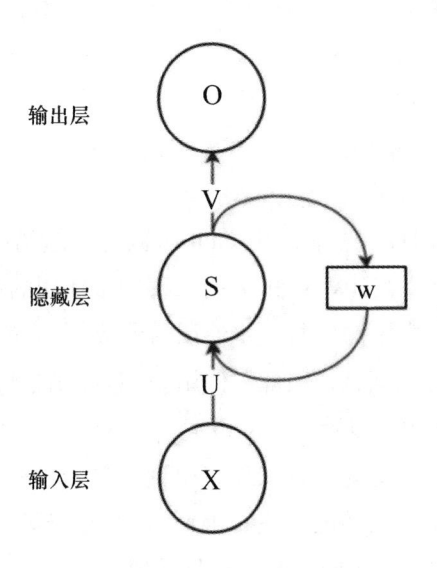

图 5-7　RNN 循环神经网络结构

其中，圆圈或方块表示向量，一个箭头表示对该向量做一次变换。输入是 $x_1, x_2, \cdots, x_n$，输出是 $o_1, o_2, \cdots, o_n$，即 RNN 的输入和输出序列必须是等长的，U、W、V 是参数矩阵，且隐藏层的值 s 不仅取决于当前输入的 x，还取决于上一次隐藏层的值 s，对序列形的数据提取特征，再转换为输出。权重矩阵 W 是隐藏层上一次的值作为这一次输入的权重，具体展开如图 5-8 所示：

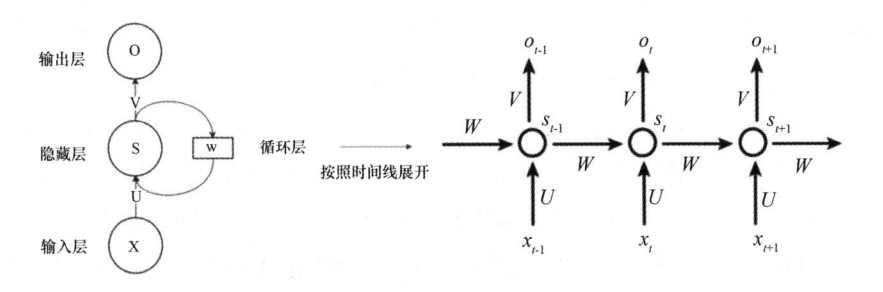

图 5-8　RNN 循环神经网络结构展开

循环神经网络在 t 时刻接收到输入 x_t 后,隐藏层的值是 s_t,输出值是 o_t。且 s_t 的值不仅取决于 x_t,还取决于 x_{t-1}。若设输入值为 $x_1, x_2, \cdots, x_t, \cdots, x_T$,对应的隐藏层为 $s_1, s_2, \cdots, s_t, \cdots, s_T$,输出值为 $o_1, o_2, \cdots, o_t, \cdots, o_T$,则 RNN 运算过程如公式(5-14)和公式(5-15)所示:

$$s_t = f(U \cdot x_t + W \cdot s_{t-1} + b) \qquad (5-14)$$

$$O_t = Soft\max(V \cdot s_t + c) \qquad (5-15)$$

其中,f 是激活函数,一般使用 tanh 函数作为激活函数,b 是偏置项参数。值得注意的是,在计算 s_t 和 o_t 时,每一步使用的参数 U、W、b 都是相同的,以及在计算 o_t 时,每一步使用的参数 V、c 都是相同的。由于 RNN 通常处理的是分类问题,因此需使用 $Soft\max$ 函数将输出转换为各个类别的概率。从式子中可以看出,RNN 每一层的 s 都是由前一层的 s 经过变换和激活函数得到,反向求导时最终得到的导数会包含每一梯度的连乘,这会引起梯度爆炸或梯度消失,因此 RNN 很难处理长期依赖问题,即无法学习到序列中蕴含的间隔时间较长的规律。

三 LSTM

长短期记忆网络(Long Short-Term Memory,LSTM)是一种时间循环神经网络,是为了解决一般的 RNN(循环神经网络)难以处理的长期依赖问题而专门设计出来的,所有的 RNN 都具有一种重复神经网络模块的链式形式,在 s 计算时以加法代替了乘法的迭代变换,可以避免梯度消失的问题,处理长序列数据[1]。LSTM 由三部分构成:forget gate(遗忘门),input gate(输入门),以及 output gate(输出门),如图 5-9 所示。因此相比普通的神经网络,LSTM 的参数量是它们的 4 倍。这 3 个门信号都是处于 0—1 的实数,1 代表完全打开,0 代表关闭。

其中,长方形表示对输入数据做变换或激活函数,圆形表示逐点运算。逐点运算是指将两个形状完全相同的矩形的对应位置相加、相乘或其他运算,箭头表示向量会在哪里进行运算。与 RNN 不同的是 LSTM 隐藏层包括 h_t 和 C_t 两部分,C_t 是在各个步骤间传递的主要信息,每一步的

---

[1] Understanding LSTM Networks,http://colah.github.io/posts/2015-08-Understanding-LSTMs/.

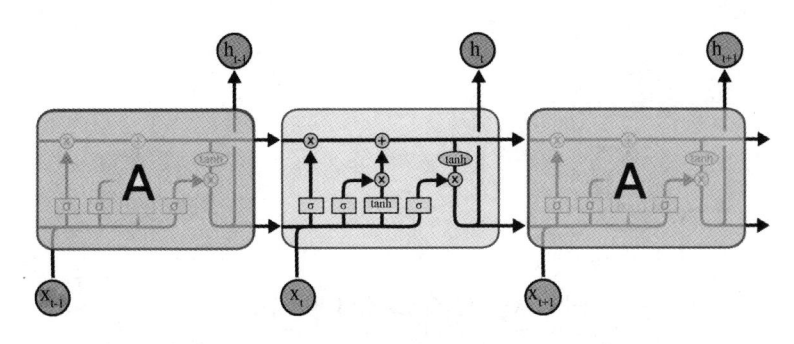

图5-9　RNN（LSTM）循环神经网络结构

C_t是在C_{t-1}的基础上遗忘掉一些内容和记住一些新的内容。为了使LSTM更易于理解，下面用图模型的表示方式来分步解析。

①遗忘门：用来控制遗忘掉C_{t-1}的内容，当遗忘门打开时，前一刻的记忆会被保留，当遗忘门关闭时，前一刻的记忆就会被清空。其结构图和公式如图5-10所示：

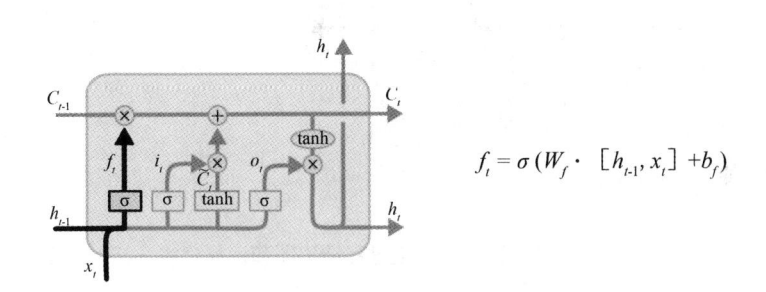

$$f_t = \sigma(W_f \cdot [h_{t-1}, x_t] + b_f)$$

图5-10　遗忘门结构图和运算公式

其中：σ是Sigmoid函数，输出在0—1，作为遗忘门的控制信号。遗忘门的输入是x_t和h_{t-1}，$[h_{t-1}, x_t]$表示两个向量拼接，输出是和C_{t-1}相同的矩阵，其与C_{t-1}逐点相乘，最终决定要遗忘的内容。

②输入门：决定当前的输入有多少被保留下来，因为在序列输入中，并不是每个时刻输入的信息都是同等重要的，当输入完全没有用时，输入门关闭，也就是此时刻的输入信息被丢弃了。其结构图和公式如图5-11所示：

86 / 中篇 技术方法

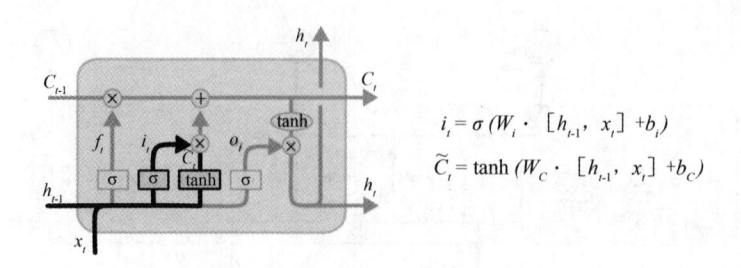

$$i_t = \sigma(W_i \cdot [h_{t-1}, x_t] + b_i)$$
$$\tilde{C}_t = \tanh(W_C \cdot [h_{t-1}, x_t] + b_C)$$

图 5 – 11 记忆门结构图和运算公式

其中，记忆门的输入是 x_t 和 h_{t-1}，输出部分包括两部分，一部分是 i_t，经过 Sigmoid 函数运算得到，值处于 0—1；另一部分是 $\tilde{C}_t$。i_t 和 $\tilde{C}_t$ 逐点相乘的结果决定了最终要记住的内容。遗忘和记忆的过程结构图和公式如图 5 – 12 所示：

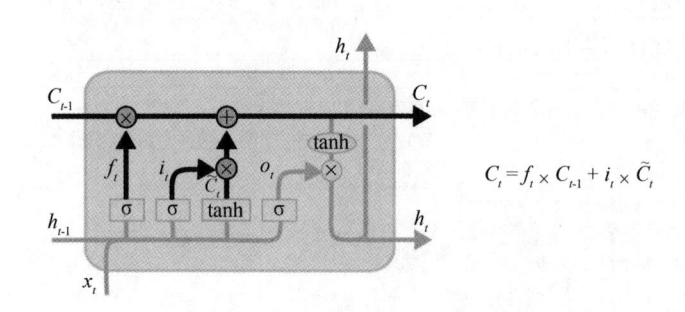

$$C_t = f_t \times C_{t-1} + i_t \times \tilde{C}_t$$

图 5 – 12 遗忘和记忆过程结构图和运算公式

其中，f_t 是遗忘门的输出，值处于 0—1，$i_t \cdot \tilde{C}_t$ 为记住的新内容。

③输出门：实质是计算隐藏层的 h_t 的值，决定当前记忆的信息有多少会被立即输出，输出门打开时，会被全部输出，当输出门关闭时，当前记忆中的信息不会被输出。其结构图和公式如图 5 – 13 所示：

其中，o_t 值在 0—1，h_t 通过 $o_t \cdot \tanh(C_t)$ 得到。

由于 LSTM 无法编码从后到前的信息，因此我们引入 BiLSTM。BiLSTM（Bi-directional Long Short-Term Memory）是由前向 LSTM 与后向 LSTM 组合而成。如"数据备案政策的效果不好，没有数据分级分类政策效果好"，这里的"不好"是对"效果"的一种修饰，而通过 BiL-

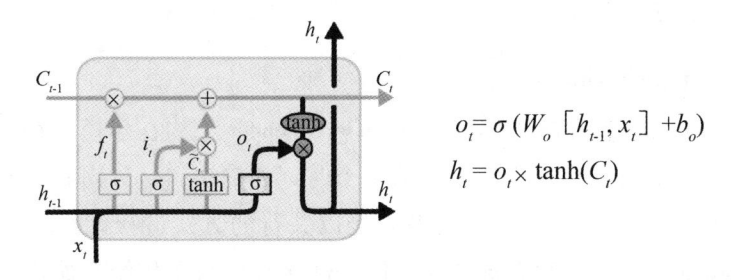

$$o_t = \sigma(W_o [h_{t-1}, x_t] + b_o)$$
$$h_t = o_t \times \tanh(C_t)$$

图 5-13　输出门结构图和运算公式

STM 可以更好地捕捉双向的语义依赖。单层的 BiLSTM 是由两个 LSTM 组合而成的，一个是正向去处理输入序列；另一个反向处理序列，处理完成后将两个 LSTM 的输出拼接起来。如图 5-14 所示，只有所有的时间步计算完成后，才能得到最终的 BiLSTM 的输出结果。正向的 LSTM 经过 3 个时间步得到一个结果向量；反向的 LSTM 同样经过 3 个时间步得到另一个结果，将这两个结果向量拼接起来，得到最终的 BiLSTM 输出结果。

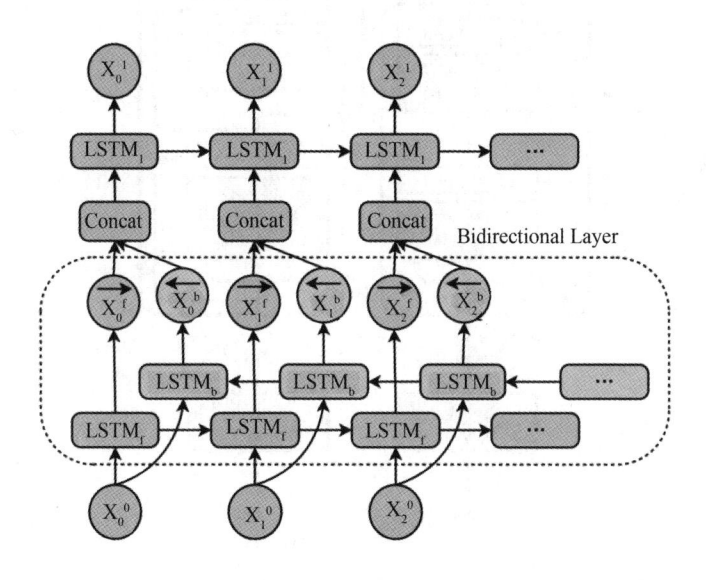

图 5-14　BiLSTM 编码

四 Transformer

Transformer 旨在解决传统的 Encoder-Decoder 架构在建模过程中，后一时刻的计算过程会严重依赖于前一个时刻的输出，这种固有的属性就限制传统的 Encoder-Decoder 模型不能以并行的方式进行计算的问题[①]。Transformer 使用自注意力机制（self-attention）代替了传统的循环结构来计算模型输入和输出的隐含表示，如图 5 – 15 所示，包括 Encoder 和 Decoder 两个部分。

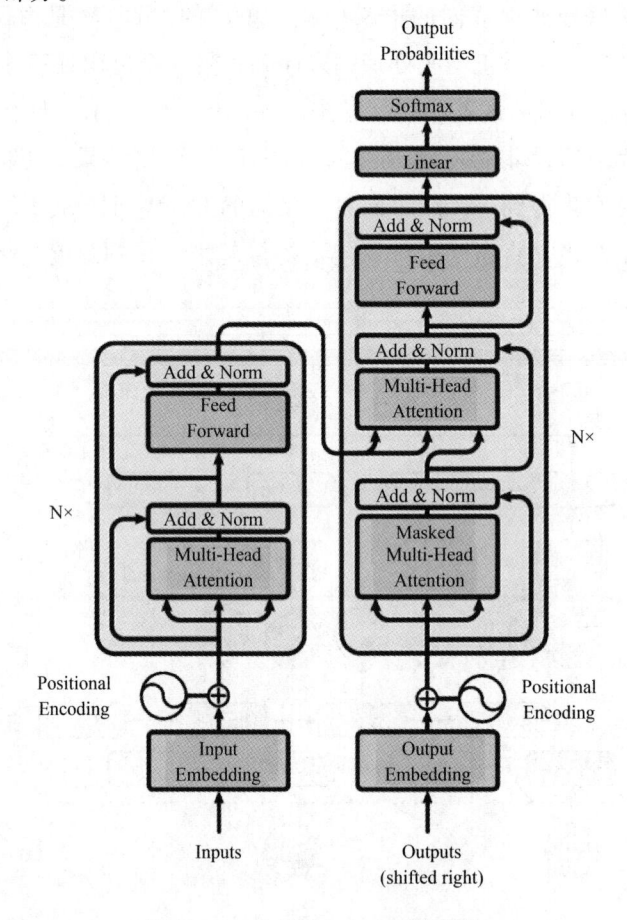

图 5 – 15　Transformer 网络结构

---

① Vaswani A., Shazeer N., Parmar N., et al., "Attention Is All You Need", Advances in Neural Information Processing Systems 30 (NIPS 2017), Long Beach, CA, USA, 2017.

为了使 Transformer 更易于理解，下面根据 Transformer 网络结构图来分步解析。

①Transformer 输入：矩阵 x 由 Input Embedding 和 Positional Embedding 相加得到。其中 Input Embedding 获取可采用 Glove、Word2vec 等算法通过预训练得到，同时也可以在 Transformer 中训练得到，而 Positional Embedding 目的是表示单词出现在句子中的位置。由于 Transformer 不采用 RNN 的结构，使用全局信息，因此不能利用单词的顺序信息，但这部分信息对于 NLP 来说非常重要。所以 Transformer 中使用 Positional Embedding 保存单词在序列中的相对或绝对位置。Positional Embedding 简化为 PE，PE 的维度与 Input Embedding 相同。PE 计算如公式（5-16）和公式（5-17）所示：

$$PE_{pos,2i} = \sin(pos/10000^{2i/d_{model}}) \quad (5-16)$$

$$PE_{pos,2i+1} = \cos(pos/10000^{2i/d_{model}}) \quad (5-17)$$

其中，PE 是指 Positional Embedding 矩阵，$pos \in [0, \max\_len)$，指代具体的某一位置，$i \in [0, d_{model}/2)$ 指代具体的某一维度。

②自注意力机制（Self-Attention）：注意力机制可以描述为将 query 和一系列的 key-value 对映射到某个输出的过程，而这个输出的向量就是根据 query 和 key 计算得到的权重作用于 value 上的权重和，如图 5-16 所示。

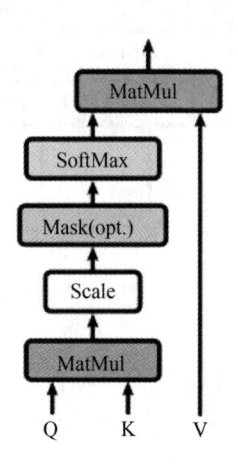

图 5-16　Self-Attention 结构

如图 5 - 16 所示，Self-Attention 是通过 Q 和 K 计算得到注意力权重，之后作用于 V 得到整个权重和输出。对于输入 Q、K、V 3 个矩阵，则输出向量的计算如公式（5 - 18）所示：

$$Attention(Q,K,V) = softmax\left(\frac{QK^T}{\sqrt{d_k}}\right)V \qquad (5-18)$$

其中，Self-Attention 的输入矩阵 x，可使用线性变阵矩阵 WQ、WK、WV 计算得到 Q、K、V 3 个矩阵，d_k 是 Q、K 矩阵的列数，即向量维度，公式中除以 $\sqrt{d_k}$ 的过程是指图 5 - 16 中 Scale 的过程，目的是防止内积过大。

③多头注意力机制（Multi-Head Attention）：旨在解决模型对当前位置的信息进行编码时，过度将注意力集中在自身位置的问题。此外，使用多头注意力机制还能够给予注意力层的输出包含不同子空间中的编码表示信息，从而增强模型的表达能力，如图 5 - 17 所示。

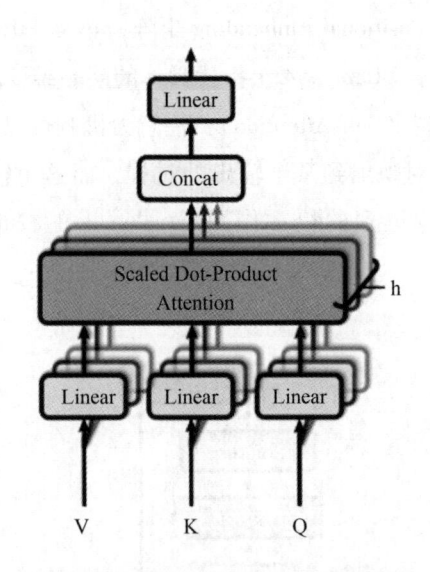

图 5 - 17　Multi-Head Attention 结构

Multi-Head Attention 是将输入序列进行多组的自注意力处理过程后，将每一组自注意力机制计算的结果拼接起来进行一次线性变换得到最终的输出结果。具体计算如公式（5 - 19）所示：

$$MultiHead(Q,K,V) = Concat(head_1, head_2, \cdots, head_h)W^o$$
$$where\, head_i = Attention(QW_i^Q, KW_i^K, VW_i^V)$$

$$(5-19)$$

其中，$W_i^Q \in R^{d_{model} \times d_k}$，$W_i^K \in R^{d_{model} \times d_k}$，$W_i^V \in R^{d_{model} \times d_v}$，$W^o \in R^{hd_v \times d_{model}}$。

④Encoder 层：其网络结构如图 5-15 左侧部分所示，主要包括多头注意力机制和两层前馈神经网络两部分。且这两部分网络均加入了残差连接和归一化操作，对于每个部分其输出均为 $LayerNorm(x + Sublayer(x))$，并且都加入 Dropout 操作。两层的全连接网络 Feed Forward 层，计算如公式（5-20）所示：

$$FFN(x) = \max(0, xW_1 + b_1)W_2 + b_2 \qquad (5-20)$$

其中，第一层的激活函数为 Relu 函数，第二层不使用激活函数，且对于输出 x，其输出矩阵的维度与 x 相同。

⑤Decoder 层：其网络结构如图 5-15 右侧部分所示，对于 Decoder 部分来说，其整体上与 Encoder 类似，只是多了一个用于与 Encoder 输出进行交互的多头注意力机制，包含两个 Multi-Head Attention 层。第一个 Multi-Head Attention 层采用了 Masked 操作，因为在翻译的过程中是顺序翻译的，即翻译完第 i 个单词，才可以翻译第 $i+1$ 个单词；第二个 Multi-Head Attention 层的 Q 来自下面多头注意力机制的输出，K 和 V 均是 Encoder 部分的输出（Memory）经过线性变换后得到的，最后 Softmax 层用来计算下一个翻译单词的概率。

五 BERT

BERT（Bidirectional Encoder Representations from Transformers）是基于 Transformer 架构的语言表征模型，整体上就是由多层 Transformer 的 Encoder 堆叠所形成的，其双向自注意力机制可以更好地提取上下文语义特征使其具有较强的泛化能力，在 11 项 NLP 任务中 BERT 均取得了令人赞叹的结果[1]。由于 BERT 是 Transformer 的 Encoder 堆叠所形成的，所以此

---

[1] Devlin J., Chang M. W., Lee K., et al., "*BERT: Pre-Training of Deep Bidirectional Transformers for Language Understanding*", ArXiv Preprint ArXiv：1810.04805，2019.

部分不再对 BERT 的内部结构进行累述。

正如前文所述，BERT 的使用了迁移学习的机制，分为预训练阶段和微调阶段。在预训练阶段，BERT 进行了无监督的学习，使模型具备基本的语义表征；在微调阶段，BERT 使用了预训练阶段得到的所有参数对模型初始化，然后应用下游任务的数据标签对 BERT 的参数进行"微调"。虽然每个下游任务微调后的参数可能各有不同，但它们都使用预训练得到的参数进行初始化，并且下游任务的 BERT 模型结构也相同，如图 5-18 所示。

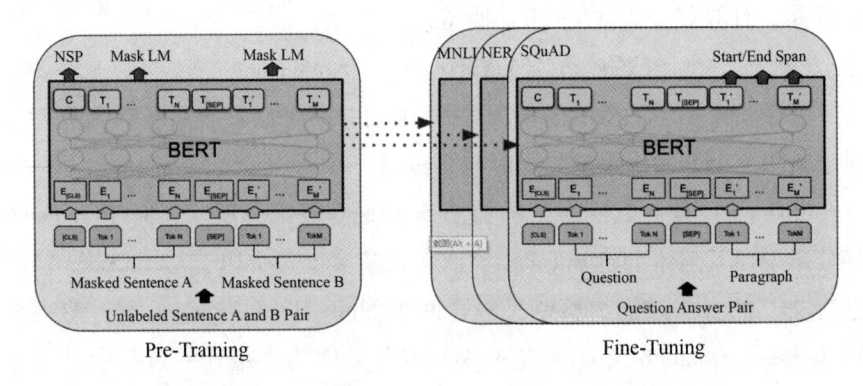

图 5-18　BERT 逻辑结构图及应用 BERT 迁移学习过程

为了使 BERT 预训练得到的参数能够在句子级别的任务和 token 级别的任务上都取得令人满意的结果，BERT 设计了两类任务进行预训练，即 MLM 任务（Masked Language Model，MLM）和 NSP 任务（Next Sentence Prediction，NSP）。预训练中应用了大量的语料，将这些语料拆分成独立的句子输入 BERT，然后将两类任务的损失和加在一起，并通过反向传播最小化损失和。

对于 MLM 任务来说，其做法是随机对输入句子中 15% 的 token 进行掩盖，然后通过模型来对其进行预测，即用 "[MASK]" 替换掉原有的 Token，然后在 BERT 的输出结果中取对应掩盖位置上的向量进行真实值预测；NSP 任务的做法是同时输入两句话到模型中，然后预测第 2 句话是不是第 1 句话的下一句话，训练样本中有 50% 的句子对不是相邻的关系。由于 BERT 既考虑到了 token 级别的训练（MLM）又考虑到了句子级别的训练（NSP），所以 BERT 无论在分类、阅读理解、知识推理、命名实体识别等 NLP 任务中都取得了很高的准确率。

在 fine-tuning 阶段，把 BERT 应用在下游任务时，首先使用 WordPiece 方法将要输入的句子拆分成 token。这些 token 在模型中对应着唯一的编号，并且通过预训练得到了每个 tonken 的 Token Embeddings、Segmentation Embeddings 和每个位置的 Position Embeddings。将每个位置对应的 Token Embeddings、Segmentation Embeddings 和 Position Embeddings 相加就构成了这个位置的 Embeddings，如图 5-19 所示。然后将每个位置的 Embeddings 输入 BERT 中就可以拟合下游任务的标签，进行 fine-tuning 了。在输入中还有两个比较特殊的 token 分别为："[CLS]"和"[SEP]"。"[CLS]"是句子的首个 Token，最终对应隐含层的输出作为整个句子的向量表示；[SEP] 是两个句子的分隔符，也作为句子的结束符。

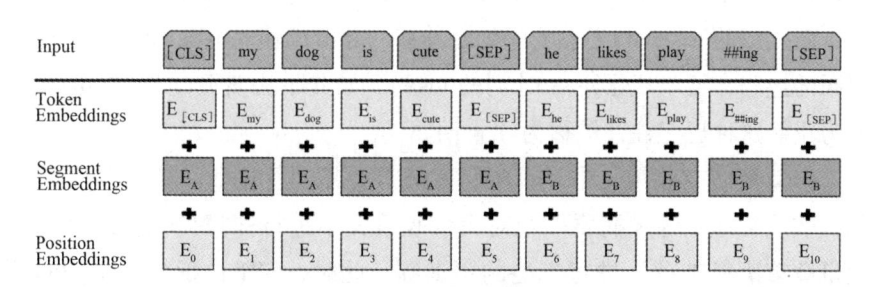

图 5-19　BERT 模型的输入向量分解

通过对比，BERT 在 GLUE、SQuAD v1.1、SQuAD v2.0、SWAG、Ablation Studies 等测试中都取得了领先的结果。

六　GPT-3

GPT-3 模型由 OpenAI 公司于 2020 年 6 月发布，它广泛应用于语言翻译、问答、代码生成、文本摘要、推文分类等领域。GPT-3 是一个生成模型，其内部结构仅仅由 transformer 的 decoder 层堆叠而成。

GPT-3 模型使用了迁移学习的应用方式，在大量预训练的基础上，结合下游任务做微调。为了使生成的语料达到令人"叹为观止"的智能程度，GPT-3 在 GPT-2 的基础上，进一步扩展了预训练语料，达到了惊人的 3000 亿个 token 的海量。其训练时长相当于 355 个 GPU 跑一年的时间，花费达到了 460 万美元。其内部由 96 个 Transformer Decoder 堆叠，参数达到 1750 亿个。如此巨大的参数和充分的训练使得 GPT－3 具有强大的语言生成能力，完胜之前任何模型。

BERT 内部的 Encoder 模块使用了 self-attention 层，使得每个 token 的编码可以关注两个方向的上下文语义。而 GPT 应用了 Transformer 的 Encoder 模块构造，其核心是 masked self-attention 层，在其内部计算新生成的 token 时，右侧的 token 还没生成，仅仅关注左侧已生成 token 的语义信息。

作为 GPT 模型的输入，最开始时输入序列仅仅有一个起始的 token（"<|endoftext|>"），这个 token 通过所有的 Encoder 堆叠模块，最后计算出一个 768 维的向量，再通过线性层计算出词典中每个词出现的概率，找出概率最大的 token，或者以从 top-n 的概率中采样出一个 token。这个新生成的 token 和之前的序列合并在一起继续输入 GPT 模型中，执行相同的过程，又生成了下一时刻的 token。如此下去直到句尾的 token 生成为止。这种思想往往被称为"自回归"。

GPT 模型在政策文本计算中将发挥重要作用。比如：基于 GPT 算法抽取政策文本主题和摘要以及对大量政策文本进行知识提取。还可以在大量政策语料基础上进行充足的预训练，此时，GPT 内部的 Embeddings 和参数能充分表征 token 细腻的语义，十分有利于提高下游各类型政策分析任务的准确率。

第八节　知识图谱

知识图谱（Knowledge Graph）的概念由谷歌 2012 年正式提出，旨在实现更智能的搜索引擎，并且于 2013 年以后开始在学术界和业界普及。目前，随着智能信息服务应用的不断发展，知识图谱已被广泛应用于智能搜索、智能问答、个性化推荐、情报分析、反欺诈等领域。

一　知识图谱概念

知识图谱是以结构化的形式描述客观世界中概念、实体及其之间的关系，将互联网的信息表达成更接近人类认知世界的形式，提供了一种更好地组织、管理和理解互联网海量信息的能力。知识图谱是结构化的语义知识库，用于迅速描述物理世界中的概念及其相互关系。知识图谱通过对错综复杂的文档的数据进行有效的加工、处理、整合，转化为简单、清晰的"实体、关系、实体"的三元组，最后聚合大量知识，从而实现知识的快速响应和推理。

按照实体的范围组织及管理，知识图谱通常情况下可以分为通用知识图谱和领域知识图谱两种。其中，通用知识图谱的组织构建更侧重于知识组织的数量，而领域知识图谱的构建更侧重于知识组织的精度质量；通用知识图谱涉及的范围大，而领域知识图谱的专业性更强，对于组织、理解及应用领域知识的意义更深远，同时，其构建的难度更大。目前，领域知识图谱在电商、医学、金融及教育行业等得到了普遍的重视及一定程度的应用。

二 知识图谱构建流程

知识图谱的整体架构如图5-20所示，其中虚线框内的部分为知识图谱的构建过程，同时也是知识图谱更新的过程。本节所构建知识图谱的过程包括信息抽取、知识融合、知识加工、知识更新等[1]：

（1）信息抽取

信息抽取是知识图谱构建的第一步，其中的关键问题是如何从异构数据源中自动抽取信息得到候选指示单元，信息抽取是一种自动化的从半结构化和非结构数据中抽取实体、关系以及实体属性等结构化信息的技术。涉及的关键技术包括：实体抽取、关系抽取和属性抽取。

①实体抽取。实体抽取又称为命名实体识别（named entity recognition，NER），是指从文本数据集中自动识别出命名实体。实体抽取的质量（准确率和召回率）对后续的知识获取效率和质量影响极大，因此是信息抽取中最为基础和关键的部分。2012年Ling等归纳出112种实体类别，并基于条件随机场CRF进行实体边界识别，最后采用自适应感知机

---

[1] 刘峤、李杨、段宏等：《知识图谱构建技术综述》，《计算机研究与发展》2016年第3期。

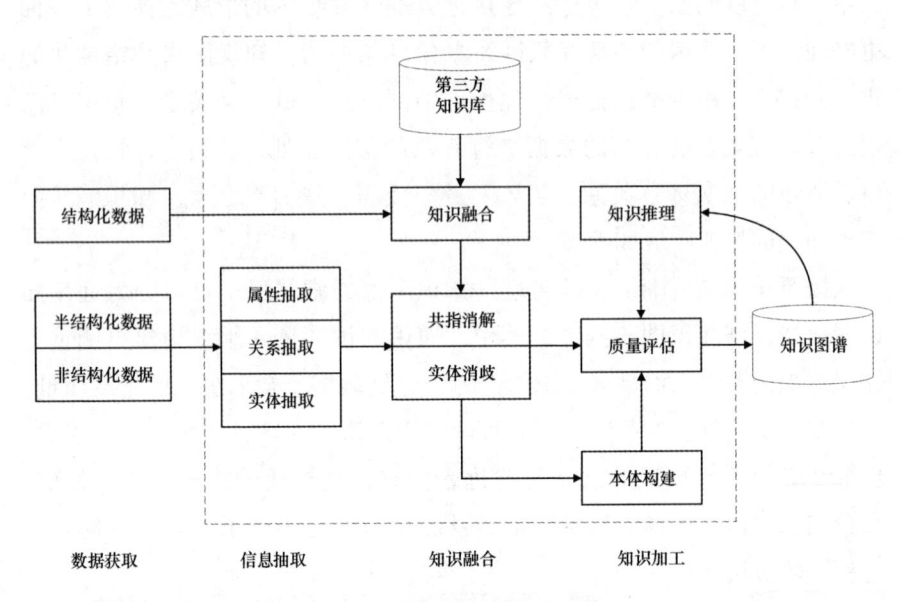

图 5-20 知识图谱构建流程

算法实现了对实体的自动分类，取得了不错的效果①。但是随着互联网中内容的动态变化，采用人工预定义实体分类体系的方式已经很难适应时代需求，因此提出了面向开放域的实体识别和分类研究。在面向开放域的实体识别和分类研究中，不需要（也不可能）为每个领域或者每个实体类别建立单独的语料库作为训练集。而该领域面临的主要挑战是如何从给定的少量实体实例中自动发现具有区分力的模型。一种思路是根据已知的实体实例进行特征建模，利用该模型处理海量数据集得到新的命名实体列表，然后针对新实体建模，迭代地生成实体标注语料库。另一种思路是利用搜索引擎的服务器日志，事先并不给出实体分类等信息，而是基于实体的语义特征从搜索日志中识别出命名实体，然后采用聚类算法对识别出的实体对象进行聚类。

②关系抽取。文本语料经过实体抽取，得到的是一系列离散的命名实体，为了得到语义信息，还需要从相关的语料中提取出实体之间的关

---

① Ling X., Weld D., "Fine-Grained Entity Recognition", *Proceedings of the AAAI Conference on Artificial Intelligence*, Vol. 26, No. 1, 2012.

联关系，通过关联关系将实体（概念）联系起来，才能够形成网状的知识结构。研究关系抽取技术的目的就是解决如何从文本语料中抽取实体间的关系这一基本问题。

③属性抽取。属性抽取的目标是从不同信息源中采集特定实体的属性信息。例如针对某一部政策文本，可以从中得到其有效时间、发布机构、政策类型等信息。属性抽取技术能够从多种数据来源中汇集这些信息，实现对实体属性的完整勾画。

（2）知识融合

通过信息抽取可以从原始的非结构化和半结构化数据中获取到实体、关系以及实体的属性信息。如果将接下来的过程比喻成拼图的话，那么这些信息就是拼图碎片，散乱无序，甚至还有其他拼图中的碎片、用来干扰拼图的错误碎片等。拼图碎片（信息）之间是扁平化的关系，缺乏层次性和逻辑性；拼图（知识）中还存在大量冗杂和错误的拼图碎片（信息），这就需要知识融合来解决这一问题，知识融合包括两部分内容：实体链接、知识合并。

①实体链接。它是指对于从文本中抽取得到的实体对象，将其链接到知识库中对应的正确实体对象的操作。其基本思想是首先根据给定的实体指称项，从知识库中选出一组候选实体对象，然后通过相似度计算将指称项链接到正确的实体对象。实体链接的流程如下：一是从文本中通过实体抽取得到实体指称项；二是进行实体消歧和共指消解，判断知识库中的同名实体是否代表不同的含义以及知识库中是否存在其他命名实体与之表示相同的含义；三是在确认知识库中对应的正确实体对象之后，将该实体指称项链接到知识库中对应实体。

其中，实体消歧是专门用于解决同名实体产生歧义问题的技术，通过实体消歧，就可以根据当前的语境，准确建立实体链接，实体消歧主要采用聚类法。其实也可以看作基于上下文的分类问题，类似于词性消歧和词义消歧。共指消解主要用于解决多个指称对应同一实体对象的问题。在一次会话中，多个指称可能指向的是同一实体对象，利用共指消解技术，可以将这些指称项关联（合并）到正确的实体对象。共指消解还有一些其他的名字，如对象对齐、实体匹配和实体同义。

②知识合并。在构建知识图谱时，可以从第三方知识库产品或已有

结构化数据获取知识输入。常见的知识合并需求是合并外部知识库和合并关系数据库。将外部知识库融合到本地知识库需要处理以下问题：一是数据层的融合，包括实体的指称、属性、关系以及所属类别等，主要是如何避免实例以及关系的冲突问题，造成不必要的冗余；二是通过模式层的融合，将新得到的本体融入已有的本体库中。合并关系数据库通常是指在知识图谱构建过程中重要的高质量知识来源，是企业或者机构自己的关系数据库。为了将这些结构化的历史数据融入知识图谱中，可以采用资源描述框架（RDF）作为数据模型。业界和学术界将这一数据转换过程形象地称为 RDB2RDF，其实质就是将关系数据库的数据换成 RDF 的三元组数据。

（3）知识加工

通过信息抽取，从原始语料中提取出了实体、关系与属性等知识要素，并且经过知识融合，消除实体指称项与实体对象之间的歧义，得到一系列基本的事实表达。然而事实本身并不等于知识，要想最终获得结构化、网络化的知识体系，还需要经历知识加工的过程。知识加工主要包括三方面内容：本体构建、知识推理和质量评估。

①本体构建。本体（ontology）是指概念集合、概念框架，如"人""事""物"等。本体可以采用人工编辑的方式手动构建（借助本体编辑软件），也可以以数据驱动的自动化方式构建。因为人工方式工作量巨大，因此当前主流的全局本体库产品都是从一些面向特定领域的现有本体库出发，采用自动构建技术逐步扩展得到的。自动化本体构建过程包含三个阶段：一是实体并列关系相似度计算；二是实体上下位关系抽取；三是本体的生成。

②知识推理。完成本体构建后，知识图谱的雏形便已完成，但知识图谱间大多数关系是残缺的，缺失值也较为严重，此时，就可以使用知识推理技术完成进一步的知识发现。知识推理的对象并不局限于实体间的关系，也可以是实体的属性值、本体的概念层次关系等。

③质量评估。质量评估也是知识库构建技术的重要组成部分，这一部分存在的意义在于可以对知识的可信度进行量化，通过舍弃置信度较低的知识来保障知识库的质量。

（4）知识更新：从逻辑上看，知识库的更新包括概念层的更新和数据层的更新。概念层的更新是指新增数据后获得了新的概念，需要自动将新的概念添加到知识库的概念层中。数据层的更新主要是新增或更新实体、关系、属性值，对数据层进行更新需要考虑数据源的可靠性、数据的一致性（是否存在矛盾或冗杂）等，并选择在各数据源中出现频率高的事实和属性加入知识库。

知识图谱的内容更新有全面更新和增量更新两种方式。全面更新是指以更新后的全部数据为输入，从零开始构建知识图谱。这种方法比较简单，但需要耗费大量人力资源进行系统维护；增量更新是以当前新增数据为输入，向现有知识图谱中添加新增知识。这种方式资源消耗小，但目前仍需要大量人工干预（定义规则等），因此实施起来较为困难。

三 知识图谱存储

主要包括知识图谱主流的数据模型、查询语言和存储机制三个方面。

（1）数据模型。主要包括两个主流的知识图谱数据模型：RDF 图模型和属性图模型。RDF 图模型中一条三元组的谓语可以在另一条三元组中作主语或宾语，具有超图本质，而属性图中顶点和边属性不能再定义属性，因此 RDF 图模型的表达能力强于属性图模型。但属性图模型对于顶点属性和边属性具备内置的支持。目前属性图模型被图数据库业界广泛采用，包括著名的图数据库 Neo4j。

（2）查询语言。主要是针对上述的 RDF 图模型和属性图模型，具有代表性的查询语言包括 SPARQL 和 Cypher。SPARQL（全称 SPARQL Protocol and RDF Query Language），专门用于访问和操作 RDF 数据，是语义网的核心技术之一。Cypher 是一个描述性的图形查询语言，允许不必编写图形结构的遍历代码对图形存储进行有表现力和效率的查询。

（3）存储机制。主要包括两种典型的知识图谱存储机制：基于关系的知识图谱存储机制和原生知识图谱数据库的底层存储机制。基于关系的知识图谱存储管理是目前知识图谱数据使用较多的一种存储方法，具有代表性的基于关系的知识图谱存储方案包括三元组表、属性表和DB2RDF。原生知识图谱存储管理是指专门为知识图谱而设计的底层存储管理方案，具有代表性的原生知识图谱存储管理方案包括面向属性图的 Neo4j 存储和面向 RDF 图的 gStore 存储。

四　知识图谱应用

知识图谱在政策文本计算领域的应用可以分为基于政策的语义搜索、智能问答、推荐系统及基于知识驱动的大数据分析与决策。

（1）语义搜索：首先将用户输入的问句进行解析，找出问句中的实体和关系，利用知识图谱定义良好的结构化大规模知识挖掘实体和关系的深层含义，理解用户问句的意图，然后以有向图的方式提供满足用户需求的结构化语义内容，最后通过一定的形式将结果呈现到用户面前。语义搜索利用大规模知识图谱对搜索关键词和文档内容进行语义标注，改善搜索结果，如谷歌、百度和搜狗等公司在搜索结果中嵌入知识图谱，包括实体的结构化信息和相关实体的描述。

（2）智能问答：智能问答是一问一答的形式，可以看作语义搜索的延伸，通过对问句的语义分析，将非结构化问句解析成结构化的查询语句，并在知识图谱中匹配查询语句寻找答案。基于知识图谱的智能问答依赖于语义解析器的性能，在面对大规模、开放领域的知识图谱时性能较差。近年来，很多研究者开始研究更具鲁棒性的基于深度学习的知识图谱问答方法。

（3）推荐系统：借助知识图谱收集用户的兴趣偏好，文本的分类、属性、内容等，分析用户之间的社会关系，用户和文本的关联关系，利用推理算法，推断出用户的喜好和需求，从而为用户推荐感兴趣的文本或者内容。

（4）基于知识驱动的大数据分析与决策：利用知识图谱可以辅助行业和领域的大数据分析和决策，具体来说，利用知识图谱的知识，对知识进行分析处理，通过一定规则的逻辑推理，得出某种结论，为用户决断提供支持。

下 篇

应用实证

下篇主要从微观层面对单个或少量政策进行政策建模仿真、政策文本解读、政策文本比较、政策内容协同等实证，从宏观层面对大量政策文本进行政策主题演化、政策文本分类等实证，旨在将交叉学科理论与方法紧密融合，并形成理论上可运用、方法上可借鉴、应用上可参考的研究成果。

第 六 章

政策建模仿真

本章尝试通过"人工智能数据安全影响因素分析""开放数据与数据安全政策协同研究""算法推荐风险影响因素系统动力学研究"三个应用实证将政策建模仿真与政策文本计算相结合,旨在实现政策研究的客观性与科学性。

第一节　人工智能数据安全影响因素的系统动力学研究

一　案例背景

大数据、人工智能、区块链等新一轮科技革命和产业变革正在积聚力量,所催生出的新产业、新业态、新模式给全球发展和人类生活带来翻天覆地的变化,世界各国纷纷通过制定新技术国家战略加速新产业的发展,在发展过程中,人类社会的发展也面临着空前的机遇和挑战。我国对大数据和人工智能产业的发展尤为重视,2015年8月和2017年7月国务院分别发布了《促进大数据发展行动纲要》和《关于印发新一代人工智能发展规划》,这两部战略规划政策标志着大数据和人工智能在我国发展进入了快车道。2019年3月政府工作报告中首次出现"智能+"的概念,与此同时还强调要深化大数据、人工智能等研发应用。"智能+"将正式接棒"互联网+",这也意味着我国人工智能即将开启和互联网一样的规模化落地之路,在未来几年内将快速地在各行各业落地。2020年2月习近平总书记在中央全面深化改革委员会第十二次会议中强调要鼓励运用大数据、人工智能等技术,在疫情监测分析、防控救治、资源调配等方面发挥支撑作用。顶层设计决定了人工智能发展的重要性，大数据是新一代人工智能的重要支撑，当前阶段人工智能技术对数据的依赖性极强。随着越来越多智能应用的出现，数据爆炸式增长，这些数据又在人们的生产、生活场景中不断被收集与利用，在此过程中如何兼顾数据安全和人工智能技术发展，并探寻人工智能数据安全影响因素逐渐成为当前国内外研究的焦点。

二　系统分析

（一）内涵分析

数据科学是利用计算机的运算能力对数据进行处理，从数据中提取信息进而形成知识，该方法应用于人工智能数据安全系统会使分析更具科学性。本节将国内人工智能数据安全研究两份重要的文本，即《人工智能数据安全白皮书（2019）》和《人工智能数据安全风险与治理》，作为待分析语料，利用中科院 ICTCLAS 软件中的新词挖掘功能对这两份文本进行关键词提取，该软件会自动提取并计算出关键词（Keyword）、权重（Weight）和词频（Frequency）。软件共提取 146 个新词，本研究选取权重大于 15 且词频大于等于 7 的关键词，共计 26 个，如表 6-1 所示。基于对列表中关键词的筛选发现数据安全治理和数据安全风险的权重及词频均较为突出，因此将从这两方面对人工智能数据安全性内涵进行详细分析。

表 6-1　　人工智能数据安全政策文本提取关键词

关键词	权重	词频	关键词	权重	词频
数据安全治理	87.35	76	数据泄露	24.34	16
训练数据	55.64	79	神经网络	23.65	15
数据安全风险	53.68	45	现场数据	23.46	14
敏感数据	49.32	37	技术手段	22.31	16
数据质量	42.11	42	生物特征识别	22.26	10
联邦学习	38.61	25	迁移学习	20.36	10
数据集	37.22	50	自动驾驶	20.15	11
机器学习	36.40	41	海量数据	20.15	11

续表

关键词	权重	词频	关键词	权重	词频
个人信息	31.93	57	数据脱敏	18.59	10
人脸识别	28.95	18	对抗样本	16.94	13
深度学习	28.78	20	深度伪造	16.74	9
数据投毒	26.60	9	恶意代码	16.55	7
数据资源	25.55	17	数据资产	15.01	8

(1) 人工智能数据安全风险

人工智能数据安全风险是人工智能安全治理的起因，它概括为两方面：一是人工智能技术和智能化的硬件相结合，产生了各类智能化的场景，导致数据呈现井喷式增长，随着数据集的不断增多，数据安全风险陡然加剧。同时数据作为人工智能技术的根基，它会推动智能技术快速成熟，智能应用不断迭代，最终会进一步促使海量数据的形成。二是人工智能技术的发展使数据分析和挖掘能力不断增强，这使数据投毒、数据泄露、深度伪造等事件的发生概率大幅提升，而这些问题会对公民权益、社会稳定乃至国家安全产生深远的影响。

(2) 人工智能数据安全治理

人工智能数据安全治理是一个系统工程，它是应对人工智能数据安全风险的体系化方案，它概括为两方面：一是从法规、标准、技术等层面寻求应对策略，并需要监管方、政策制定者、开发商、制造商、服务提供商及网络安全企业多方协作，共同努力才能尽量降低数据安全所带来的严重风险。二是当前阶段在人工智能技术快速发展的同时，要同步建立数据安全治理体系，使人工智能技术健康可控发展。

(二) 影响因素分析

本节将以国内外文献中关键词为研究基础，对人工智能数据安全性影响因素进行分析。在参考宋秀芳等[1]、付健等[2]对 VOSviewer 和

---

[1] 宋秀芳、迟培娟：《Vosviewer 与 Citespace 应用比较研究》，《情报科学》2016 年第 7 期。
[2] 付健、丁敬达：《Citespace 和 VOSviewer 软件的可视化原理比较》，《农业图书情报》2019 年第 10 期。

Citespace 比较研究后，选取 VOSviewer 软件对文献中关键词进行提取。由于关键词数量较多，因此在 VOSviewer 中要通过人工调整 occurrences of keyword（ook）数值来去除出现频率相对较低的关键词，选择 WOS 和 CNKI 的 occurrences of keyword（ook）数值依据公式（6-1）进行计算。

$$WOS_{ook} = \frac{WOS_{num}}{CNKI_{num}} \cdot CNKI_{ook} \qquad (6-1)$$

基于 WOS 中检索出 2474 条数据通过 VOSviewer 软件初始化共 45163 个关键词，按照 occurrences of keyword（ook）>=84，筛选出图谱显示关键词 130 个。

国外对人工智能数据安全的研究成果要远多于国内，在 CNKI 中检索出 201 条数据通过 VOSviewer 软件初始化共 558 个关键词，按照 occurrences of keyword（ook）>=7，筛选出图谱显示关键词 72 个。

基于人工智能数据安全性知识图谱中的关键词及关联关系，结合人工智能数据安全内涵中表 6-1 的关键词对相关因素进行综合分析，将关键词进行手动综合分类，归类为安全治理（入侵检测技术、信息安全保障体系、安全评估、数据治理、数据加密、安全法等）、安全风险（风险管理、网络攻击、数据隐私、计算机病毒、恶意软件）、智能技术与算法（可信计算、水印技术、知识图谱、移动计算、粒计算、深度学习、决策树、神经网络）、数据滥用与泄露（隐私保护、数据融合、数据隐私、数据泄露、数据滥用）四个方面。

三 因果关系

SD 建模与仿真首要步骤便是确定人工智能数据安全复合系统中的关键变量。为了刻画出人工智能数据安全复合系统的因果图与流图，将其分为风险子系统与治理子系统，结合人工智能数据安全内涵和科学知识图谱筛选的方法人工筛选获取影响变量，根据人工智能数据安全实际情况在模型中不断修正并最终确定各子系统中相应变量。本节包括 3 个状态变量、4 个速率变量、14 个辅助变量和 18 个常量，如表 6-2 所示。

表6-2　　　　　　　　系统流图中的相关变量

变量类别	变量名称
状态变量	人工智能数据安全程度、数据安全风险程度、数据安全治理程度
速率变量	治理率、未治理率、风险率、潜在风险
辅助变量	数据安全事件率、数据活动安全保护能力、优化安全策略质量、数据资产质量、高质量数据、数据安全风险评估能力、数据活动网络安全保护能力、数据本体安全保护能力、不良数据率、不良数据量、判断失误率、数据泄露率、漏洞被攻击率、网络攻击
常量	数据总量、数据黑产率、互联网反欺诈率、被污染数据、异常数据、片面数据、数据加密率、数据脱敏率、入侵威胁检出率、安全威胁检出率、恶意代码检出率、风险数据学习准确率、数据分级分类准确率、系统漏洞、智能算法、滥用泄露数据量、开源框架应用、开放接口

（一）风险子系统因果关系分析

人工智能数据安全风险子系统主要是指人工智能所面临的数据安全风险，它是人工智能安全的重要组成部分，降低人工智能数据安全风险是风险子系统的最终期望。在该子系统中主要考虑开源框架应用、开放接口、滥用泄露数据量等因素，同时还考虑人工智能技术在网络攻击、系统漏洞捕捉等方面对数据安全风险的影响，详见图6-1，在风险子系统中主要回路有：

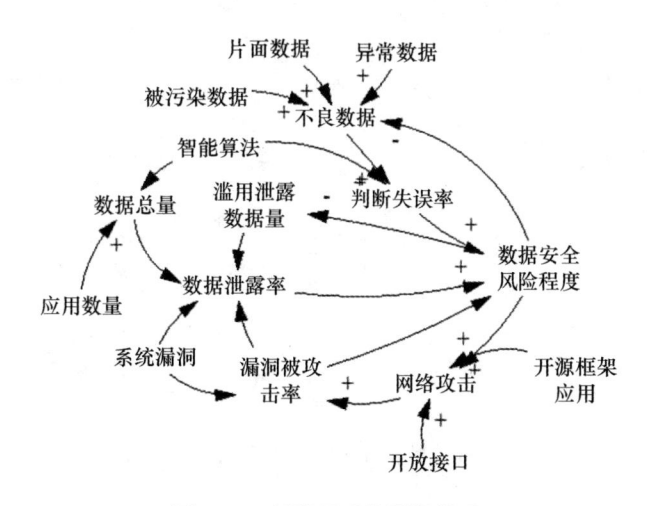

图6-1　风险子系统因果关系

回路1、数据安全风险程度→滥用泄露数据量→数据泄露率→数据安全风险程度；

回路2、数据安全风险程度→不良数据→判断失误率→数据安全风险程度；

回路3、数据安全风险程度→网络攻击→漏洞被攻击率→数据安全风险程度；

回路4、数据安全风险程度→网络攻击→漏洞被攻击率→数据泄露率→数据安全风险程度。

（二）治理子系统因果关系分析

人工智能数据安全治理子系统主要是指降低人工智能所面临数据安全风险，提升人工智能数据安全治理率是治理子系统的最终期望。在该子系统中主要考虑智能算法、高质量数据等。同时，考虑了通过算法和高质量数据提升数据安全风险评估能力、数据本体安全保护能力、数据活动网络安全保护能力等，以全面提升数据安全治理的综合效率，详见图6-2，在治理子系统中主要回路有：

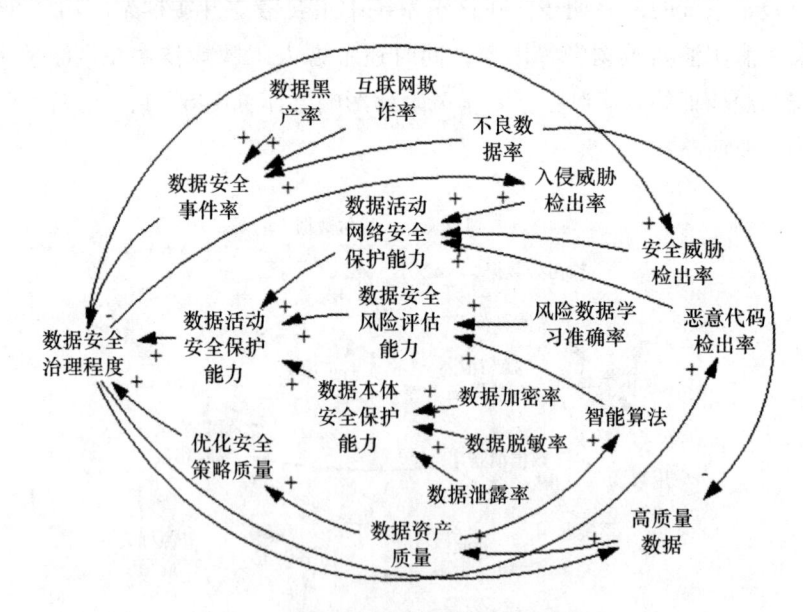

图6-2 数据安全治理子系统因果关系

回路1、数据安全治理程度→入侵威胁检出率→数据活动网络安全保护能力→数据活动安全保护能力→数据安全治理程度；

回路2、数据安全治理程度→恶意代码检出率→数据活动网络安全保护能力→数据活动安全保护能力→数据安全治理程度；

回路3、数据安全治理程度→安全威胁检出率→数据活动网络安全保护能力→数据活动安全保护能力→数据安全治理程度；

回路4、数据安全治理程度→高质量数据→数据资产质量→优化安全策略质量→数据安全治理程度；

回路5、数据安全治理程度→高质量数据→数据资产质量→智能算法→数据安全风险评估能力→数据活动安全保护能力→数据安全治理程度。

四　模型构建

（一）系统流图模型

SD 的关键是建立结构流图并利用 Vensim PLE 进行仿真实验，以此研究系统结构、功能及行为之间的动态关系。本节从治理和风险两个子系统角度研究人工智能数据安全问题，并建立 SD 结构流图，如图6-3所示。

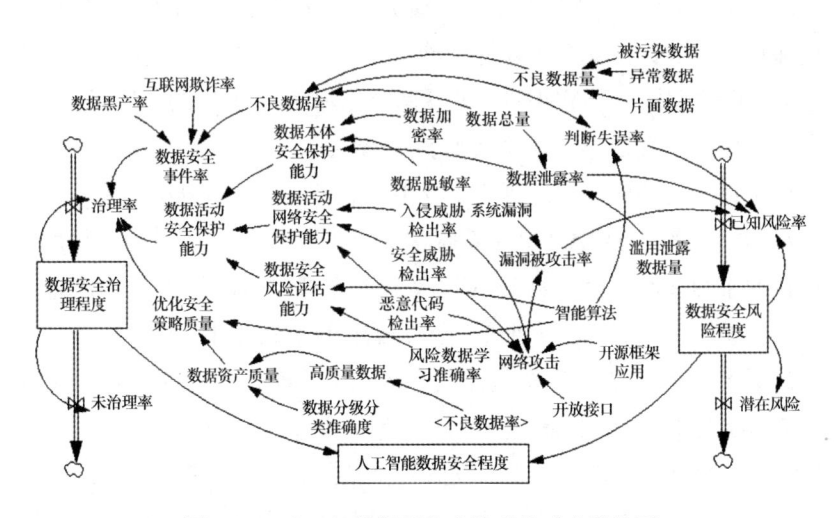

图6-3　人工智能数据安全性系统动力学流图

（二）主要方程设计及说明

SD 模型涉及的主要方程、参数初始值及表述如下，其中常量为模拟赋值，部分模拟数据参考《人工智能数据安全风险与治理》和《人工智能发展报告（2018—2019）》，运用模拟数据试图观察系统运转过程中关键因素的变化情况：

1. 网络攻击＝开源框架应用×开放接口×入侵威胁检出率×安全威胁检出率×恶意代码检出率（开放接口＝0.01，开源框架应用＝0.1，入侵威胁检出率＝0.95，安全威胁检出率＝0.95，恶意代码检出率＝0.95）

2. 数据活动网络安全保护能力＝入侵威胁检出率×安全威胁检出率×恶意代码检出率

3. 数据本体安全保护能力＝数据加密率×数据脱敏率×数据泄露率（数据黑产＝0.05，互联网欺诈＝0.05，系统漏洞＝0.05，数据总量＝10000，被污染数据＝10，片面数据＝10，异常数据＝10，数据泄露量＝100）

4. 数据安全风险评估能力＝风险数据学习准确率×智能算法（风险数据学习准确率＝0.95，智能算法＝0.9，数据分级分类准确度＝0.9，数据加密率＝0.8，数据脱敏率＝0.8）

5. 数据活动安全保护能力＝数据活动网络安全保护能力×数据本体安全保护能力×数据安全风险评估能力

6. 判断失误率＝SMOOTHI（不良数据率×智能算法，1，0），此过程中所产生的不良数据不会立即导致判断失误率提升，因此使用一阶信息延迟函数来反映此过程，延迟1个单位后开始计算判断失误率。

7. 被攻击率＝SMOOTHI（系统漏洞×网络攻击，1，0），此过程中所存在的系统漏洞不会立即导致被攻击率提升，因此使用一阶信息延迟函数来反映此过程，延迟1个单位后开始计算被攻击率。

8. 治理率＝［优化安全策略质量×（1－数据安全事件率）×数据活动安全保护能力］/数据安全治理程度

9. 未治理率＝DELAY1I（数据安全治理程度×0.05，1，0），由于数据安全治理会存在效果反馈，使用一阶延迟函数来反映此过程，延迟1个单位后开始计算未治理情况。

10. 已知风险率＝（判断失误率＋数据泄露率＋漏洞被攻击）/数据

安全风险程度

11. 潜在风险 = DELAY1I（数据安全风险程度×0.05，1，0），由于很多数据安全风险是无法立即发现的，使用一阶延迟函数来反映此过程，延迟1个单位后开始计算潜在风险。

12. 人工智能数据安全程度 = INTEG（数据安全治理程度 − 数据安全风险程度，1）

13. 数据安全风险程度 = INTEG（风险率 + 潜在风险，1）

14. 数据安全治理程度 = INTEG（治理率 + 未治理率，1）

五 模型检验及仿真

在进行仿真计算之前，必须对人工智能数据安全性的 SD 模型进行有效性检验。由于目前对人工智能数据安全的研究尚缺少大量实证数据，暂不能将系统模拟数据与历史数据进行对比来验证模型的有效性。因此，本研究对构建的模型方程进行反复测试并修正，直至得到与理论预想较为符合的仿真结果。在模型有效性检验的基础上，经过模型初始状态的设定可以对人工智能数据安全性问题进行 SD 模拟仿真。本节采用 Vensim PLE 仿真程序进行仿真模拟运算，取 INITIAL TIME = 0，FINAL TIME = 12，TIMESTEP = 0.125，Units for Time = Month。通过调整人工智能数据安全系统主要变量的参数数值，来获取治理子系统及风险子系统的变化情况。

（一）仿真结果

在既定参数下，通过对系统的分析，数据安全治理程度、治理率、未治理率、数据安全风险程度、已知风险率、潜在风险等变量动态变化如图 6 – 4 所示。

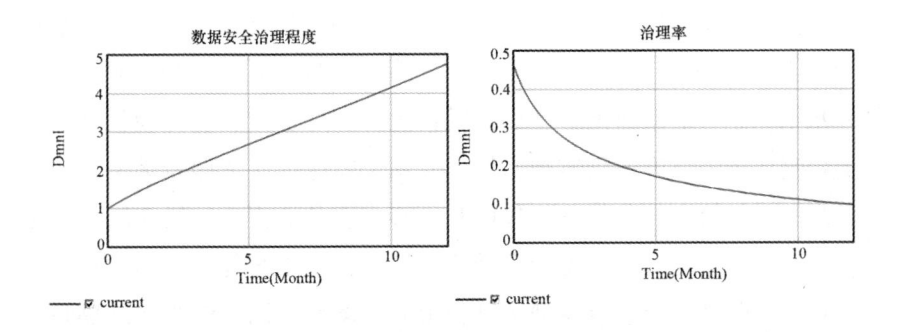

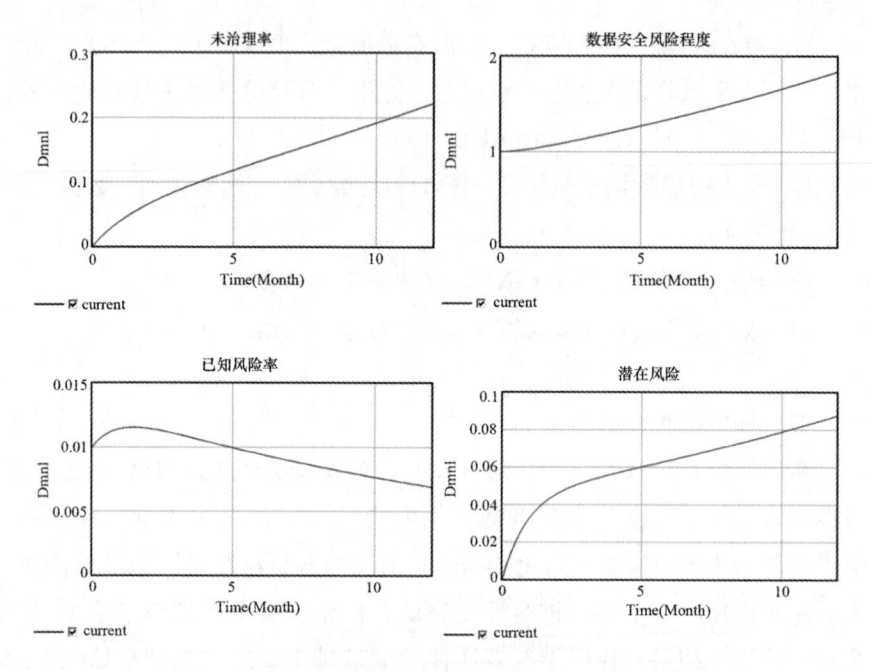

图 6-4 人工智能数据安全性模型各变量趋势变化

随着时间的推移，数据安全治理程度逐渐升高，而治理率从快速下降转变为缓慢下降，未治理率缓慢提升。从数据呈现来看，数据安全整体治理程度处于逐步上升状态，治理受到数据活动网络安全、数据资产安全管理、数据安全策略、数据安全事件等多因素影响。虽然治理率不断下降，总体来说安全问题逐渐在减少，但有些潜在安全问题或新出现的安全问题是长期存在的，这说明数据安全治理永远在路上。随着人工智能技术的广泛应用，各类应用数和数据量不断增加，这就会导致未知或潜在的数据安全隐患不断加剧，因此未治理率也会逐渐增长。从数据安全风险程度来看，已知风险率在经过第 1 个月上升后不断下降，潜在风险从第 1 个月的快速上升转变为缓慢上升，对已知安全风险的有效防护会使潜在风险上升速度减缓，但部分安全问题因多方因素无法得到有效治理，这样就会使数据安全风险长期存在。从数据呈现看，随着人工智能应用的不断增加，数据量也会逐渐增加，人工智能面临的数据安全风险也会不断加剧。选定模型边界变量的动态变化图示较真实地反映当前人工智能数据安全情况，如图 6-5 所示，在 12 个月的周期内，人工智能数据安全风险性虽长期存在，但是通过多方治理后，整体上人工智能数据安全性不断提升。

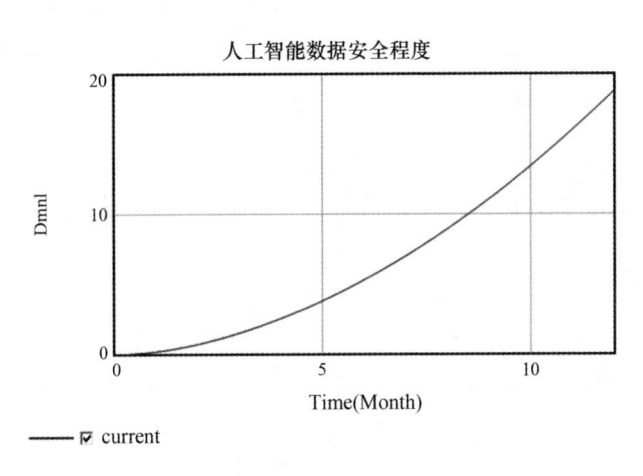

图 6-5 人工智能数据安全性趋势变化

（二）灵敏度分析

系统动力学的一个重要作用即是通过对重要参数的改变，观察模拟结果的差异。基于对人工智能数据安全性影响因素分析和系统流图模型的综合分析，将对复合系统中数据活动网络安全保护能力、智能算法准确性、数据滥用与泄露量三个重要变量进行灵敏性测试，进而对系统提供科学化的改进策略与建议。

1. 数据活动网络安全保护能力

基于人工智能的网络安全防护手段具有持续进化的能力，新的安全威胁不断为训练集加入数据，通过算法和模型调优，就能实现对安全风险的实时预测。数据活动网络安全保护能力包括入侵威胁检出率、安全威胁检出率、恶意代码检出率三个关键因素，分别对其进行调整所得到的三条曲线为 current（0.95）、current1（0.9）、current2（0.85），如图 6-6 所示。由于数据安全治理程度和数据活动网络安全保护能力密切相关，因此该数值下降后整体的治理程度、治理率和未治理率均有所下降，但治理率在下降 10 个月后下降趋势逐渐减缓，随着时间的推移治理率会稳定到一个数值，而未治理率初期数据比较接近，10个月后逐渐有了较为明显的差别，数据安全治理程度与未治理率呈现正比关系。由于各类安全威胁一旦无法监控，将会对数据安全造成一定程度的影响，各类威胁检出率的高低虽然会对治理程度有一定影响，但随着数值的不断下降并未呈现出较大的影响，因为安全管理是遵循 100 - 1 = 0 的原则，无论问题多少都会直接影响人工智能数据安全程度。

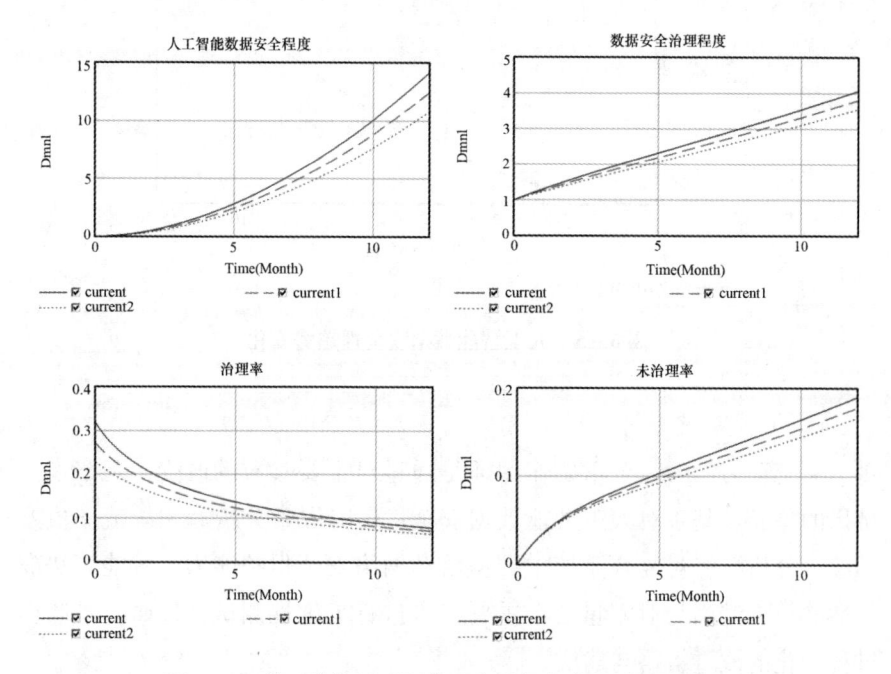

图 6-6　关于数据活动网络安全保护能力的灵敏度变化

2. 智能算法准确性

智能算法是人工智能数据安全的重要因素，它不但可以使数据安全治理精准化、自动化，还可以提升数据安全风险评估水平。智能算法的准确性对优化安全策略和判断失误率有着较大影响，而它们是数据安全风险和数据安全治理的主要参数，现将智能算法的准确率分别进行调整，所得到的三条曲线为 current（0.9）、current1（0.8）、current2（0.7），如图 6-7 所示。通过数据测试，智能算法对数据安全风险度影响较小，因此并未在图 6-7 中生成图形曲线，而智能算法对数据安全治理程度影响较大。随着时间的推移，智能算法的准确率越低，人工智能数据安全程度下降幅度越小，这说明智能算法准确率降低到一定数值后对数据安全治理程度影响较低并将趋于稳定数值，智能算法准确率降低，治理率会逐渐降低，而未治理率会逐渐提升，智能算法准确率与数据安全治理率呈现正比关系。

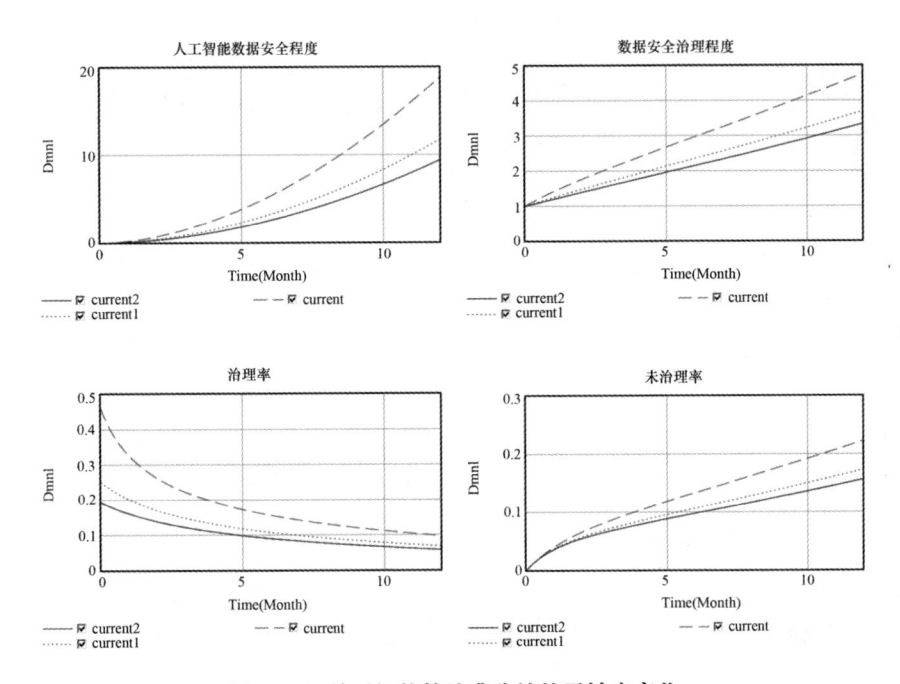

图 6-7 关于智能算法准确性的灵敏度变化

3. 数据滥用与泄露量

数据滥用与泄露也是引起数据安全风险的重要因素之一。近年来，信息的采集范围随着人工智能技术的发展而扩大，如人脸、指纹、声纹、虹膜等具有较强个人属性的生物特征数据不断被收集，一旦这些具有唯一性和不变性的数据被滥用或被泄露，会对公民权益、社会稳定乃至国家安全造成严重影响。因此数据滥用与泄露直接关系到数据安全风险程度，现将数据滥用与泄露量分别进行调整，所得到的三条曲线为 current（100）、current1（200）、current2（300），如图 6-8 所示。从数据上来看，数据滥用与泄露量对数据安全风险程度影响并非大幅度上升，尤其是在开始的几个月内差别并不显著,随着时间的推移已知风险率在一个月会有小幅上升随后便逐渐降低,且差别在逐渐减小,当数据滥用与泄露被发现后,会得到相应治理,已知的风险率会降低,但还有一部分数据滥用与泄露是未知的,这会使潜在风险逐渐加大,时间越久所带来的数据安全风险也就越高。

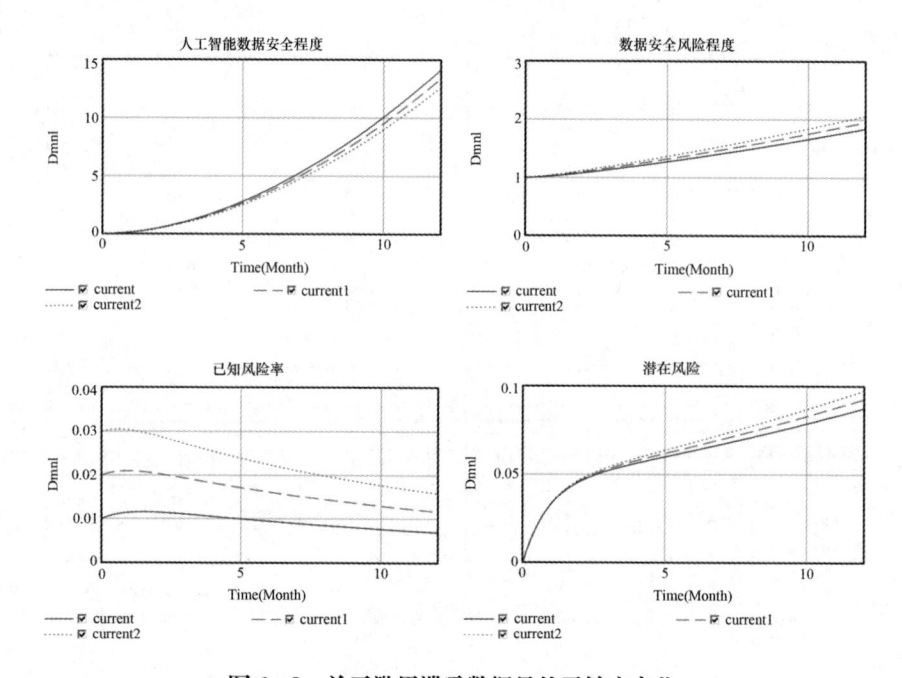

图6-8 关于滥用泄露数据量的灵敏度变化

六 结论与建议

人工智能数据安全风险是治理的起因,本节将风险和治理作为人工智能数据安全性的两个重要子系统,基于综合分析结果,将从以下三个方面为我国政府科学合理应对人工智能数据安全问题提出建议:

(一)构建人工智能数据安全保护体系,提升数据安全监管能力

在2015年8月国务院颁布的《促进大数据发展行动纲要》中,大数据安全保障体系建设是重要内容之一,由此可见数据安全保护体系建设尤为重要。《数据安全法》的颁布标志着在数据活动中产生的数据安全问题将有法可依。在人工智能技术快速发展的时代,要积极推进人工智能

数据安全相关政策法规的出台，明确不同参与主体在人工智能生命周期各阶段所享有的数据权利与承担的安全责任，并对人工智能相关网络攻击、过度采集、偏见歧视、深度伪造等突出问题进行规制，为人工智能数据安全性提供基本法律依据。结合人工智能在不同领域应用中的特点，针对各领域关键突出人工智能数据安全风险，细化并完善政策文件，逐步构建人工智能数据安全保护体系。政府部门针对各类人工智能数据安全风险，通过多种方式实施监督检查，及时发现并防范潜在的安全隐患，进而提升数据安全监管能力。

（二）加强人工智能数据安全技术研发，规避智能算法带来的风险

人工智能可以充分利用机器学习、知识图谱、自然语言处理、计算机视觉等技术弥补传统数据处理耗时长、效率低等问题，从而大幅提升系统效能，与此同时人工智能技术也会提升智能化攻击水平，使安全风险进一步加大。当前国内最新技术成果外流现象较为突出，因此要从国家政策层面鼓励并加强人工智能数据安全基础理论和算法技术的研发，要通过专项课题引导科研人员开展人工智能数据安全风险产生机理和防御理论的研究，并突破一系列人工智能数据安全保护核心关键技术，切实保护核心技术成果知识产权，防止技术成果外流，确保最前沿的研究能够应用到国内人工智能发展中来。鼓励人工智能企业和数据安全企业充分发挥各自优势，通过成立联合实验室、共同投资等多种方式，开展人工智能技术在数据安全治理领域的应用研究和产品技术研发，全面降低由于智能算法所带来数据安全风险。

（三）推动高质量数据资源建设，降低数据滥用泄露带来的安全隐患

高质量数据集是提升人工智能算法准确性、模型合理性至关重要的因素，只有人工智能系统获取更为准确、及时、一致的高质量数据，才能提供更高效、更可靠的智慧化服务，因此推进高质量数据资源建设是解决人工智能数据安全的重要手段之一。在 2020 年 4 月，中共中央、国务院《关于构建更加完善的要素市场化配置体制机制的意见》中首次将数据列为传统要素，并提出要进一步提升数据质量和规范性，这足以凸显出高质量数据集建设的重要作用。数据滥用与泄露长期以来都是影响数据质量的最大隐患，因此要在推动政府和行业数据开放的同时，确保

数据交易安全规范，通过建立健全适合我国国情的数据流通共享机制，才能使高质量数据资源建设工作得到健康有序发展。在建设与发展的同时，要主动加强对数据安全问题的惩戒，规范数据使用的秩序，全面降低由于数据滥用泄露所带来的安全隐患。

由于影响人工智能数据安全的因素众多，本节首先利用政策文本计算的方法提取相关变量，再用系统动力学方法构建因果关系图和系统流图，并为仿真模型编写方程、赋予参数，通过对模型的仿真效果灵敏度检验，科学地探寻人工智能数据安全相关变量间的因果关系。该研究不仅为科研人员对人工智能数据安全性分析提供了新思路，还为政策制定人员提供科学化的决策参考。

第二节 基于复合系统协同度的开放数据与数据安全政策协同研究

一 案例背景

随着数字经济时代的到来，大数据将成为推动经济社会快速发展的关键因素，数据引发的变革正在从商业领域向社会治理和个人生活领域全面拓展，数据正在改变所有组成文明的要素。数据的开放与保护、共享与安全是信息化社会健康发展的重要力量，它不仅需要政策层面的激励，还需要技术层面的支撑。由于技术特性和法律特性的限定，在开放数据的定义中，应当使用涵盖敏感信息、安全情报、个人隐私保护的潜台词来有效确保数据安全，并体现开放数据与数据安全协同性的内涵。在大数据时代，政府应兼顾数据的"开放"和"安全"，过度提高政府数据开放的深度和广度会引发第三方对数据的不当和不法利用，但过多聚焦于政府数据安全及隐私保护会阻碍对数字资源的合理使用，降低政府管理的透明度和公民对政府的满意度，因此两者有机结合并协同发展就变得尤为重要。

二 协同模型

本节借鉴孟庆松等人①的研究成果将开放数据和数据安全视作复合系统的两个子系统,基于对两个子系统的有序度和协同度计算结果给出开放数据与数据安全政策协同的对策及建议。协同学是一门跨越社会科学与自然科学的横断学科,系统之间在发展演化过程中彼此和谐一致是协同的重要内容,为实现上述和谐一致需要对系统采取一系列调控活动,所有可能的调控活动及其所遵循的程序与规则称为协同机制。开放数据与数据安全之间存在繁复的非线性关系,如图6-9所示,一方面因为数据开放方式、数据政策引导等因素的局限性而引发数据安全问题;另一方面,由于过度强调数据安全而阻碍数据开放共享的进程,由此影响了产业发展的进程。在数据共享交换及数据授权使用过程中,开放数据子系统通过数据安全子系统中确定数据保护边界、数据传输加密等手段为开放数据提供支持。开放数据与数据安全既相互依存,又有不同的价值导向,只有实现协调有序,才能解决两者之间矛盾冲突所带来的问题。

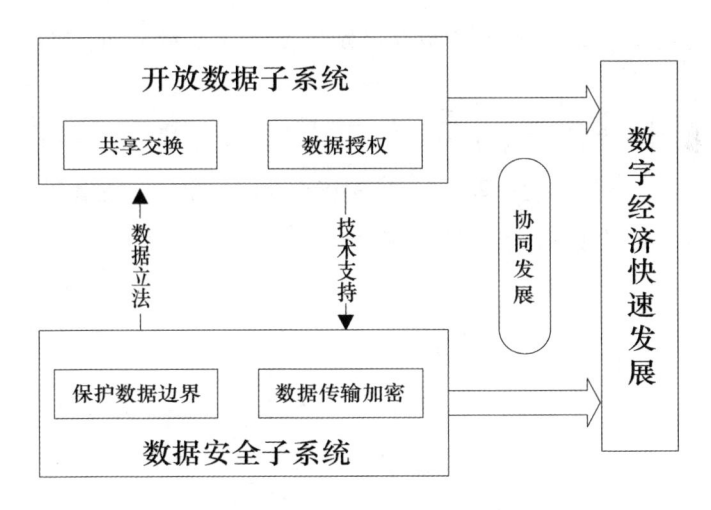

图6-9 开放数据与数据安全相互作用机理

本节将通过政策文本计算的方式计算以开放数据和数据安全为主题

---

① 孟庆松、韩文秀:《复合系统协调度模型研究》,《天津大学学报》2000年第4期。

词的协同度数值，设置 n_1 为开放数据主题词数，n_2 为数据安全主题词数，m 为语料总数。开放数据与数据安全复合系统由两个子系统构成，分别表示为 S_1（开放数据子系统）和 S_2（数据安全子系统）。具体实现步骤如下：

第一步，根据开放数据和数据安全两个主题构建矩阵 S1 和 S2，形成两个子系统统一由 $S_\kappa, \kappa \in [1,2]$ 表示，设开放数据和数据安全的系统发展过程中的序参量具体如下：

$$S_1 = \{x_{11}, x_{12}, \cdots, x_{1i}\}, i = (1, 2, \cdots, n_1), n \geq 1,$$
$$\beta_{1i} \leq x_{1i} \leq \alpha_{1i}, i \in [1, n_1]$$
$$S_2 = \{y_{21}, y_{22}, \cdots, y_{2j}\}, j = (1, 2, \cdots, n_2), n \geq 1,$$
$$\beta_{2j} \leq x_{2j} \leq \alpha_{2j}, j \in [1, n_2]$$

第二步，通过对 S_1、S_2 进行标准化来消除原始数据不同量纲的影响，先取均值再做标准差：

$$S'_i = \frac{x_{1i} - \bar{x}}{X_i} \tag{6-2}$$

在公式（6-2）中：S'_i 为标准化数据；$\bar{x}$ 表示变量 x_{1i} 的均值；X_i 表示变量 x_{1i} 的标准差 $X_i = \sqrt{\frac{1}{n_1}\sum_{i=1}^{n_1}(x_{1i} - \bar{x})^2}$。

第三步，运用相关矩阵赋权法确定各指标权重。步骤如下：设指标体系中包含 n_1 个指标，它们的相关矩阵 A 为：

$$A = \begin{bmatrix} a_{11} & a_{12} & \cdots & a_{1n_1} \\ a_{21} & a_{22} & \cdots & a_{2n_1} \\ \vdots & \vdots & \ddots & \vdots \\ a_{n_11} & a_{n_12} & \cdots & a_{n_1n_1} \end{bmatrix}$$

其中 $a_{ii} = 1$，$A_i = \sum_{j=1}^{n_1} |a_{ij}| - 1, i = 1, 2, \cdots, n_1, j = 1, 2, \cdots, n_1$，$A_i$ 表示第 i 个指标对其他（$n_1 - 1$）个指标的总影响。A_i 越大，表明第 i 个指标在整个指标体系中的重要性越高，故赋予的权重值应越大，因此将 A_i 归一化处理可得到相应各指标的权重，具体如公式（6-3）：

$$\lambda_i = \frac{A_i}{\sum_{i=1}^{n_1} A_i} \qquad (6-3)$$

按上述步骤计算协同度测度指标体系中各二级指标权重，由于本节中协同度测度模型计算过程中不需要一级指标权重，故未计算。

第四步，计算开放数据子系统的有序度。假定 $x_{11}, x_{12}, \cdots, x_{1k}$ 是刻画开放子系统的正向指标，即取值越大，开放数据子系统有序度越高。x_{1k+1}, $x_{1k+2}, \cdots, x_{1n_1}$ 为负向指标，即取值越小，开放数据子系统有序度越低。

则有 $u_1(x_{\kappa i}) = \begin{cases} \dfrac{x_{\kappa i} - \beta_{\kappa i}}{\alpha_{\kappa i} - \beta_{\kappa i}}, i \in [1, k] \\ \dfrac{\alpha_{\kappa i} - x_{\kappa i}}{\alpha_{\kappa i} - \beta_{\kappa i}}, i \in [k+1, n] \end{cases}, \kappa \in [1, 2]$

根据上面公式可算出开放数据序参量的有序度。

由上述定义知 $u_1(x_{1i}) \in [0, 1]$，$u_1(x_{1i})$ 越大，x_{1i} 对开放数据子系统的有序度越大。从总体上看，x_{1i} 对开放数据子系统的有序度的贡献可以通过 $u_1(x_{1i})$ 来实现，即：

$$u_1(S_{1i}) = \sum_{i=1}^{n_1} \lambda_i u_1(x_{1i}), \lambda_i \geq 0, \sum_{i=1}^{n_1} \lambda_i = 1,$$

则称 u_1 为开放数据子系统的有序度。

第五步，重复上述过程可以利用 $u_2(S_{2j}) = \sum_{j=1}^{n_2} \lambda_j u_2(y_{2j}), \lambda_j \geq 0$，$\sum_{j=1}^{n_2} \lambda_j = 1$ 计算出数据安全子系统的有序度。

第六步，通过两个系统有序度数值来计算复合系统协同度。设初始时刻为 t_0，开放数据和数据安全子系统的有序度分别为 $u_1^0(S)$ 和 $u_2^0(S)$。在复合系统发展演变过程中的另一时刻为 t_1，开放数据和数据安全子系统有序度分别为 $u_1^1(S)$ 和 $u_2^1(S)$，设复合系统协同度为 C，如下定义：

$$C = sig(\cdot) \times \sqrt{(\mid u_1^1(S) - u_1^0(S) \mid \times \mid u_2^1(S) - u_2^0(S) \mid)} \qquad (6-4)$$

其中 $sig(\cdot) = \begin{cases} 1, u_1^1(S) - u_1^0(S) > 0, u_2^1(S) - u_2^0(S) > 0 \\ -1 \end{cases}$ 。

由上述公式可知，协同度 C 为正值且必须满足一个条件，即开放数据和数据安全子系统在 t_0 时刻的有序度均小于其在 t_1 时刻的有序度。当这两个子系统中任何一个在 t_0 时刻的有序度大于其在 t_1 时刻的有序度时，复合系统协同度 C 就会呈现负值。若只有一个子系统数值较大，则复合系统协同度并不会出现同等程度的提升，因此两个子系统的发展状况才是复合系统协同度模型测度的主要依据，与两个子系统的有序度都有密切关联。由公式（6-4）可知，$C \in [-1, 1]$，协同度数值越高，表明协同效应越好，具体等级划分参照夏业领、何刚[1]的研究，如表6-3所示，最后通过计算数值来判定两者间的协同关系。

表6-3　　　　　　　　　复合系统协同度评价指标

协同度	协同度等级
$-1 \leqslant C < 0$	严重不协同
$0 \leqslant C < 0.4$	不协同
$0.4 \leqslant C < 0.6$	轻度不协同
$0.6 \leqslant C < 0.8$	基本协同
$0.8 \leqslant C < 0.9$	良好协同
$0.9 \leqslant C < 1$	优质协同

三　研究过程

本节选取自建语料库中446条数据类政策文本，并将其分为根政策、干政策和枝政策三个层级[2]。根政策包括全国人大和国务院颁布的19条政策法规，干政策包括国家各部委颁布的41条政策，枝政策包括各省、市、区等地方政府所颁布的386条政策。利用NLPIR-Parser对数据政策文件进行关键词提取，通过分词、去停用词等操作，提取政策文本中名词、形容词、动词等核心词性的词语，再利用LDA进行词语聚类分析，人工

---

[1] 夏业领、何刚：《中国科技创新-产业升级协同度综合测度》，《科技管理研究》2018年第8期。

[2] 汪涛、谢宁宁：《基于内容分析法的科技创新政策协同研究》，《技术经济》2013年第9期。

筛选出和开放数据与数据安全相关的关键词 46 个,把相关关键词按照 Rothwell 和 Zegvold[①] 所提出的供给型、需求型和环境型三类政策工具进行手动划分,在此环节中,采用德尔菲专家调查方法对关键词进行手动分类,如表 6-4 所示。

表 6-4 开放数据和数据安全提取关键词

政策目标\政策措施	供给型	需求型	环境型
开放数据	共享交换、共享使用、共享开放、互联互通、范围边界、共享共用	信息共享、数据共享、信息公开、政务公开、数据开放、条件共享	数据管理、共享平台、开放平台、制度对接、共享评估
数据安全	应急处置、应急预案、突发事件、资源配置、人才培养、国家秘密、商业秘密、数据保密	技术研发、安全保护、职责明确、等级保护、安全保障、权益保护	知识产权、数据立法、舆情监控、风险评估、监督管理、监督检查、监测预警、隐私安全、隐私保护、数据伪造

指标体系是反映系统之间协同发展的重要元素,构建科学合理的指标体系能够使协同度计算更加精准。根据以上政策工具的分析,把供给型、需求型、环境型作为开放数据子系统和数据安全子系统的序参量,把所提取的关键词作为其二级指标构建具体指标体系,如表 6-5 所示。

表 6-5 开放数据子系统和数据安全子系统协同度指标体系

子系统	序参量	二级指标
S_1 开放数据子系统	S_{11} 供给型	x_{11} 共享交换
	S_{12} 需求型	x_{12} 信息共享
		x_{13} 数据共享
	S_{13} 环境型	x_{14} 共享平台
		x_{1i} 开放平台

[①] Rothwell R., Zegveld W., *Reindusdalization and Technology*, London:Logman Limited, 1985, pp. 83-104.

续表

子系统	序参量	二级指标
S_2 数据安全子系统	S_{21} 供给型	y_{21} 应急处置
		y_{22} 国家秘密
	S_{22} 需求型	y_{23} 权益保护
		y_{24} 安全保护
	S_{23} 环境型	y_{25} 知识产权
		y_{2j} 数据立法

本节利用政策文本计算的方法分析 446 条数据政策中开放数据与数据安全主题协同发展关系，通过构建基于序参量的复合系统协同发展模型并计算出有序度和协同度数值，从而对开放数据与数据安全主题间协同发展进行实证研究。

(一) 根政策

根据筛选根政策中的 19 条政策文本，将指标数据代入公式 (6-4) 中复合系统协同度模型测算公式，计算根政策中开放数据和数据安全的有序度及复合系统协同度发展趋势，如图 6-10 所示。

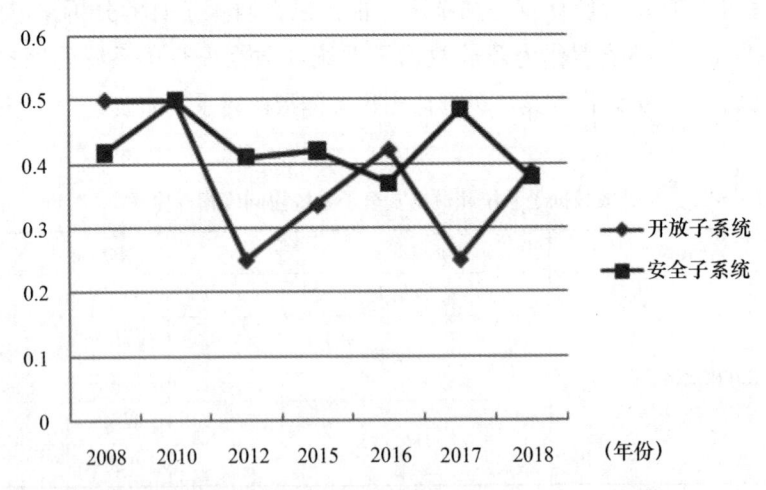

图 6-10 根政策中开放数据子系统与数据安全子系统有序度发展趋势

对全国人大及国务院发布的 19 条数据类政策进行实证研究，并分别计算开放数据和数据安全子系统的有序度和复合系统协同度结果，分析发现：开放数据子系统和数据安全子系统的有序度数值在 [0.2，0.5] 区间震荡，开放数据子系统有序度波动较大。国家在 2008 年施行《中华人民共和国政府信息公开条例》，2010 年发布《国务院办公厅关于做好政府信息依申请公开工作的意见》等政策文件，这也是我国关于开放数据问题较权威的政策文件，因此在 2008 年和 2010 年开放数据子系统有序度为最高的 0.5，而数据安全子系统有序度波动较小，且上升趋势不是很显著。

在根政策中开放数据子系统与数据安全子系统的协同度数值在 [-0.15，0.05] 区间震荡，如图 6-11 所示，虽然整体数值较低，但在 2015 年出现峰值，这是因为 2015 年是我国大数据发展的关键年，国务院接连印发《促进大数据发展行动纲要》《关于运用大数据加强对市场主体服务和监管的若干意见》《关于加快构建大众创业万众创新支撑平台的指导意见》等重要政策文件，在这些政策文件中对开放数据和数据安全问题都有比较明确的阐述，因此该年复合系统协同度数值达到最高为 0.0295，但随后三年出现了大幅度下降趋势，这表明在根政策中开放数据与数据安全间良性协同发展机制尚未形成。

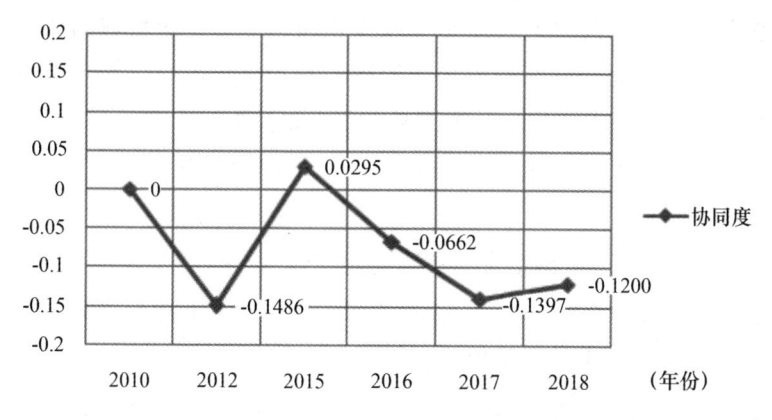

图 6-11 根政策中开放数据子系统与数据安全子系统协同度发展趋势

（二）干政策

根据筛选干政策中的 41 条政策文本，将指标数据代入公式（6-4）

中复合系统协同度模型测算公式,计算干政策中开放数据和数据安全的有序度及复合系统协同度发展趋势,如图6-12所示。

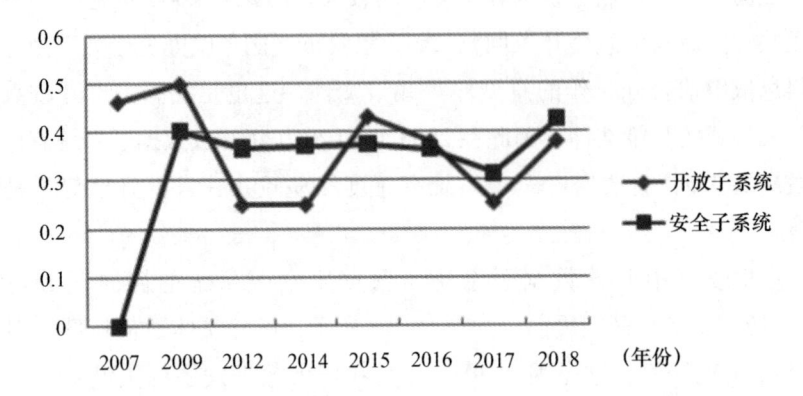

图6-12 干政策中开放数据子系统与数据安全子系统有序度发展趋势

通过国家各部委发布的41条数据类干政策进行数据实证研究,并分别计算开放数据和数据安全子系统间有序度和复合系统协同度,分析发现:开放数据子系统和数据安全子系统的有序度在[0,0.5]区间震荡,开放数据子系统有序度波动较大。其中2007年安全子系统的有序度为0。2007年由商务部办公厅发布关于落实《政府信息公开条例》有关事项的通知中只提及了信息公开、信息开放等相关内容,并未对数据安全问题做明确规范,因此数据偏差较大,2009—2018年数据安全子系统有序度波动较小,相对较为稳定,且上升趋势不是很显著。

在干政策中开放数据与数据安全子系统的协同度数值在[-0.15,0.05]区间震荡,如图6-13所示,整体数值较低,震荡幅度较大。在2018年7月12日,中国信息通信研究院在中国互联网大会上发布了《大数据安全白皮书(2018年)》,白皮书从大数据开放利用角度出发梳理了数据安全威胁及相应的数据安全保障技术的发展情况,该文件为大数据产业和安全技术发展提供依据和参考。因此复合系统协同度数值从2017年的低谷上升到2018年最高的0.1305,虽然2018年数值有所提升,但从整体来看,干政策中开放数据与数据安全间良性协同发展机制也未形成。

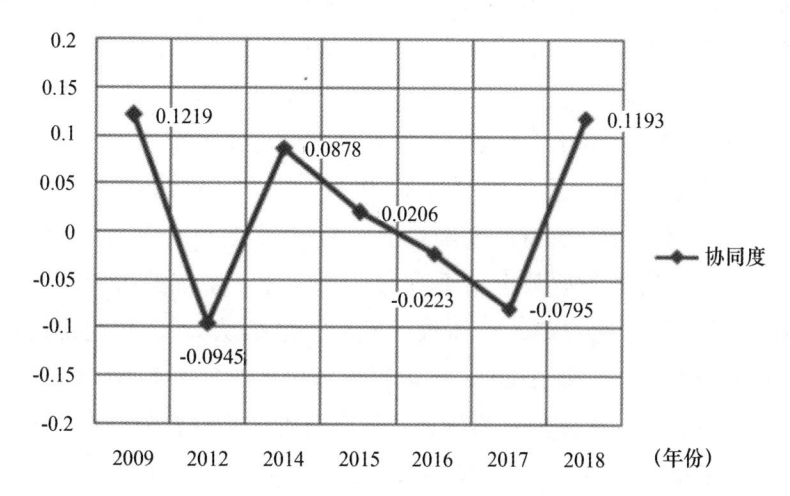

图 6-13　干政策中开放数据子系统与数据安全子系统协同度发展趋势

(三) 枝政策

根据筛选枝政策中的 386 条政策文本,将指标数据代入公式 (6-4) 中复合系统协同度模型测算公式,计算枝政策的开放数据和数据安全有序度及复合系统协同度发展趋势,如图 6-14 所示。

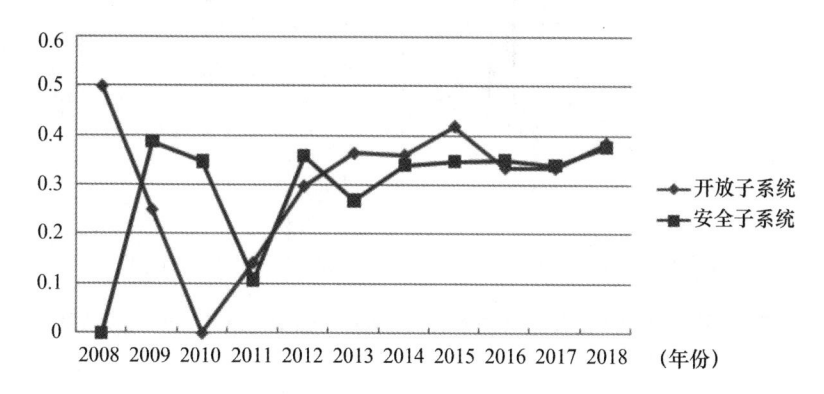

图 6-14　枝政策中开放数据子系统与数据安全子系统有序度发展趋势

通过对各省、区、市发布的 386 条数据类枝政策进行实证研究,并分别计算开放数据和数据安全子系统的有序度和复合系统协同度结果,分析发现:开放数据子系统和数据安全子系统的有序度在 [0, 0.5]

区间震荡，在2008—2010年开放数据子系统和数据安全子系统的有序度波动较大，由于这三年数据类政策发布总计为4条，故参考意义不大。从2011年起到2018年枝政策数量处于上升趋势，通过图6-15发现2011年至2018年开放数据子系统和数据安全子系统的有序度相对稳定，并且曲线类似，数值在[0.2，0.4]这个区间范围波动，只有2015年开放数据子系统有序度略高于0.4，但是政策有序趋势相对较为平稳。在枝政策中开放数据子系统与数据安全子系统的协同度数值在[-0.3，0.1]区间震荡，整体数值较低，但是从2012年起协同度数值就呈现上升趋势，并在2018年达到最高的0.0430，数据表明：在枝政策中各省、区、市政府落实国家层面政策时，步调较为一致，虽然开放数据与数据安全协同度数值较低，但是从2012年起开放数据子系统和数据安全子系统的有序度关联性较好，并且从2011年起复合系统协同度也处于稳步上升的阶段，但该趋势能否持续还需要继续关注后续的发展情况。

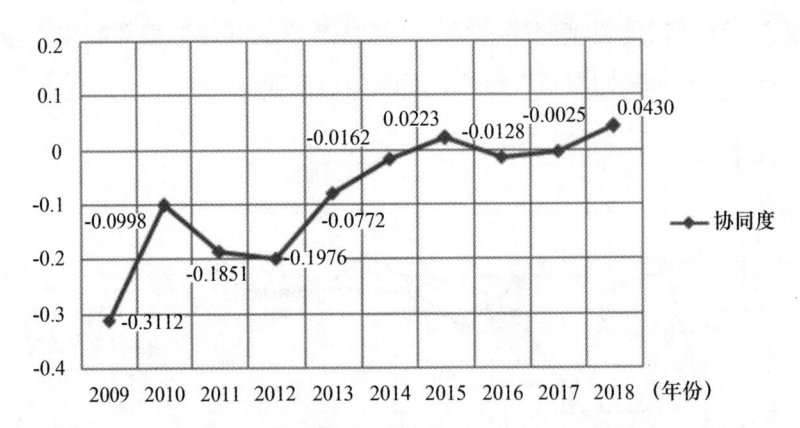

图6-15 枝政策中开放数据子系统与数据安全子系统协同度发展趋势

四 结论与建议

本节通过对数据政策中的开放数据与数据安全子系统的深入分析，在此基础上建立了复合系统协同测度模型，并对其有序度及复合系统协同度进行计算，最终为两者协同发展提供了科学化的理论支撑和数据参考。在实践意义上，政府相关部门可根据该模型实现对我国各省份数据政策中开放数据与数据安全复合系统发展程度的动态监控，为政策制定者优化现有政策提供可资借鉴的客观依据。在政策收集过程中团队虽遵循最大努力原则，但数据采集过程难免会出现遗漏，团队后续会继续收集数据类政策文本并在此研究基础上做持续研究。该模型具有较好的普适性，可用来对我国数据政策中两类主题及两类政策间协同发展程度进行动态监控，为政府推进数据政策有关决策及政策制定提供科学依据和参考。

对446条数据政策复合系统协同度的分析研究表明：在根政策和干政策中开放数据和数据安全子系统的有序度上升趋势不明显，复合系统协同度波动较大，说明子系统间良性协同发展机制尚未形成，但干政策中有序度关联性较好，说明在干政策中两个子系统步调较为一致，未来能否持续需关注后续政策。在枝政策中开放数据和数据安全子系统的有序度关联性较好，这说明各省、区、市政府落实国家层面政策时，两个子系统有着较好的一致性，在枝政策中开放数据与数据安全协同度数值虽然较低，但从2011年起复合系统协同度处于稳步上升的趋势。总体来说，虽然开放数据和数据安全子系统间良性协同发展机制尚未形成，但是干政策、枝政策中主题间有序度和协同度发展趋势较好，也说明了在未来通过政策的进一步调整可能会使开放数据和数据安全有较好的协同关系。结合以上数据实证分析，提出如下对策建议。

（一）构建统一政府数据开放共享平台

政府要从构建统一政府数据开放共享平台的角度着手提升开放数据在政策文件中的权重，该平台不但要用于政府数据的统一汇聚、安全存储、开放共享，还要明确数据标准及数据所开放的领域。在如交通、医疗、卫生、安监、金融、社保、科技、农业、地理、环境等社会公众和市场主体关注度较高的领域，政府数据应当优先向社会开放。在数据开放过程中分为无条件开放和有条件开放两部分。其中无条件开放的政府数据要遵循公开、透明、及时、准确等原则，应当提供给社会各界共享使用；有条件开放的政府数据要确定数据开放的边界、范围、用途等，这些数据仅提供给部分用户共享使用。数据统计表明，以下政策中开放数据主题提及较高：《中华人民共和国政府信息公开条例》《关于印发促进国土资源大数据应用发展实施意见》《贵阳市政府数据共享开放条例》《银川市城市数据共享开放管理办法》和《苏州市大数据产业发展规划》。从开放数据共享角度来说，这些政策文件可为政策制定者提供决策依据。

(二) 构建政府数据安全保障体系

政府要从构建政府数据安全保障体系角度着手提升数据安全在政策文件中的权重，政府应从制度建设、应急管理、安全监管、人才培养、知识产权等方面尽快构建完善的数据安全保障体系，给各行业的营商活动提供安全保障环境。数据安全是开放数据的核心能力，要通过构建数据安全保障体系切实维护公共安全和社会稳定：一是积极推进数据安全立法相关工作，通过政策法规明确数据安全主体责任；二是加强数据安全监管执法的力度；三是运用智能技术手段，真正确保数据的可信性和安全性。数据统计表明，以下政策中数据安全主题提及较高：《中华人民共和国网络安全法》《国务院关于大力推进信息化发展和切实保障信息安全的若干意见》《大数据安全标准化白皮书》《大数据安全白皮书（2018年）》《贵阳市大数据安全管理条例》《深圳市网络与信息安全突发事件应急预案》和《广东省深入实施知识产权战略推动创新驱动发展行动计划》。从保障数据安全角度来说，这些政策文件可为政策制定者提供决策依据。

第三节　算法推荐影响因素系统动力学研究

一　案例背景

算法推荐是基于用户数据构建用户画像，为用户提供个性化和精准化信息服务，帮助用户获取所需要的信息进行决策，其过程融合了用户、数据、智能算法、平台、政府等诸多影响因素，是一个具有复杂性、非线性、动态性等特征的复合系统。由于各个平台对用户隐私安全保护强度不一，平台质量无法保障，以及算法推荐本身的不透明性、不可解释性等问题，造成了大数据杀熟、隐私泄露事件频发，严重威胁用户的隐私安全。为此，2021年我国出台了《互联网信息服务算法推荐管理规定》（以下简称《规定》），旨在对算法推荐风险进行规制，使用户免受其特定数据驱动的算法支配，确保用户隐私和数据安全。但由于我国算法推荐治理起步较晚，相关配套制度尚未建立。面对智能算法的快速迭代升级和用户数据量呈现爆炸式增长的双重挑战，现有制度无法灵活应对动态复杂的算法推荐产生的风险问题。因此，从算法推荐的风险形成和风险治理的整体性、系统性视角构建算法推荐影响因素系统并进行仿真分析具有重要的现实意义。

二 研究框架

本节提出文本计算与系统动力学相融合的方法研究算法推荐风险治理。主要包括：数据采集与预处理、政策与科研主题协同计算、影响因素提取与仿真分析三个步骤。如图 6-16 所示。

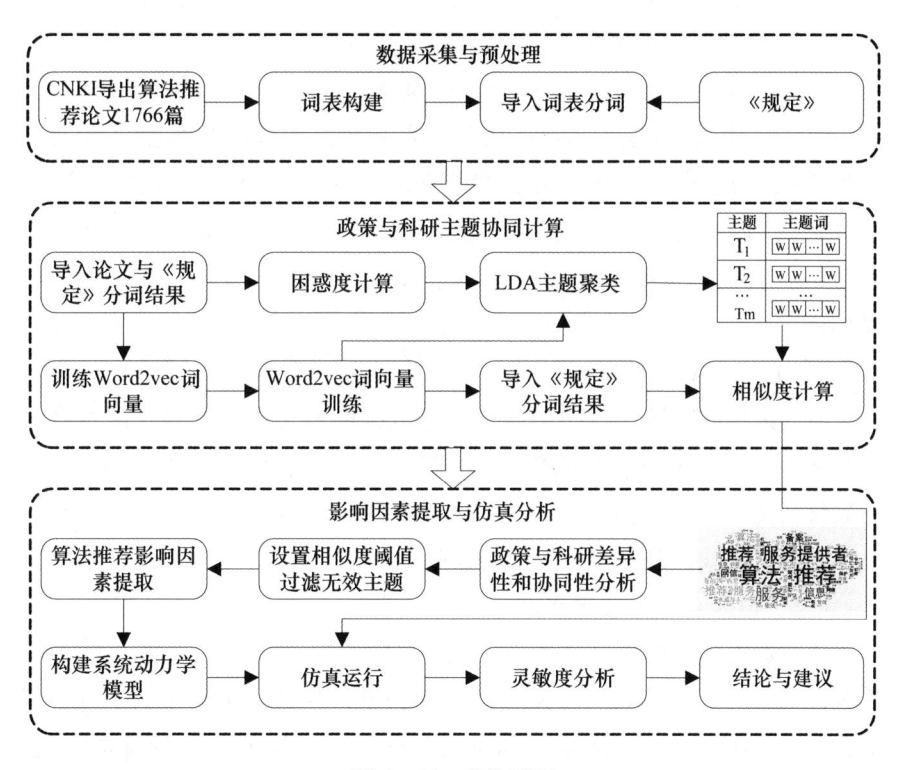

图 6-16 系统框架

首先，选择 CNKI 数据库中算法推荐治理核心期刊论文作为研究对象，使用 LDA 进行主题聚类，然后结合《规定》使用 Word2vec 训练词向量，使用余弦相似度计算每个主题与《规定》之间的相似度，基于政策和科研主题协同性，过滤协同性低的主题，提取出算法推荐影响因素；其次，在此基础上，使用系统动力学构建算法推荐影响因素之间的因果关系图和系统流图；最后，利用 Vensim PLE 软件，结合相似度数值对系统模型进行仿真运行和灵敏度分析，进而对我国算法推荐影响因素变化情况进行探讨。

三 研究实证

（一）数据采集与预处理

鉴于科研成果通常以科研论文的形式呈现，本文选择《规定》和 CNKI 中算法推荐科研论文作为数据源。首先，通过文献调研确定检索式为"算法推荐"OR"推荐算法"，在 CNKI 数据库中进行主题高级检索，提取论文的篇名、摘要和关键词。同时为了聚焦算法推荐风险主题，本文基于《规定》从风险识别和风险治理两个维度进行人工初步筛选，截至 2023 年 2 月，共筛选出 2309 篇；其次，提取科研论文关键词构建算法推荐的特征词表；最后，利用 Python 语言 jieba 工具对由"篇名+摘要"组成的文本进行分词、去停用词等数据预处理操作。

（二）主题数目确定

研究采用困惑度评价指标确定文本数据的最优主题数目。困惑度表示对文档所属主题的不确定性，困惑度越低，说明聚类的效果越好，主题数目最优。为防止过拟合，选取困惑度下降不明显或处于拐点的值，结合困惑度曲线最终确定最优主题数目为 18。

（三）政策与科研主题识别

研究通过相似度探讨政策与科研主题的协同性。首先，使用 LDA 模型对分词后的论文的篇名、摘要及关键词进行主题聚类，生成主题—词的分布；其次，合并《规定》和论文数据，使用 Word2vec 训练词向量；最后，使用余弦相似度计算《规定》与每个主题之间的相似度，主题识别和相似度计算结果如表 6-6 所示。

表 6-6　　　　　　　　　　　　主题识别结果

主题	主题词（部分）	相似度
T1	语义　信息茧房　位置　信息生态　语义分析　信息技术　算法偏差　序列　位置服务推荐　数据	0.17130
T2	算法推荐新闻个人信息　算法推送　区块链　法律　争议　规制　认定　网络平台　网络安全审查	0.35297
T3	算法　主流价值　媒体　隐私保护　舆论引导　算法素养　隐私　伦理风险　算法黑箱　数据脱敏	0.43579
T4	短视频　新媒体　大学生　文化　阅读　读者　高校　校园　形态　不当途径	0.32669
T5	资讯　平台经济　义务　政务信息化　意识形态　反垄断执法　协同治理功能　属性　大数据杀熟	0.55040
T6	推荐　差分隐私　实验　质量　算法传播　推荐系统　失效　网络编辑　互联网平台　算法焦虑　安全性	0.21895
T7	风险防范　媒体融合　网络意识形态　网络治理　通信　算法漏洞被攻击　创新　监管　数字　算法	0.41035
T8	个性化推荐　机遇　今日头条　交互　政策　传播学　场景　言论　司法　透明度	0.23547
T9	网络舆论　短视频　推荐　网络　传统媒体　浏览　虚假数据　生态　互联网　舆论	0.51443
T10	传播秩序　传播　困扰　妨碍　严重威胁　重拳　算法推荐　互联网信息服务　服务提供者　社会秩序	0.65096
T11	推荐系统　隐私保护　受众　数据　协同过滤　侵犯　人工智能个人隐私　新闻生产　监督	0.21245
T12	新媒体时代　个性化服务　用户画像　谣言治理　纳税人　谣言　谣言传播　电子税务局　报税　传播	0.31306
T13	人工智能　政治　协同　价值　隐私安全　智能化　大数据　权力　思想政治教育　信息茧房	0.39989
T14	智能算法推荐　算法　原则　智能时代　意识形态话语权　第三方　智能媒体　社会风险　把关　话语	0.35610
T15	生态治理　网络舆情　孤岛　营销　推荐算法　互联网　学习平台　综合治理　规范　案例	0.56897

续表

主题	主题词（部分）	相似度
T16	推荐算法　协同过滤推荐　伦理风险　协同过滤　社交媒体　教育　选择　技术手段　调查　信息	0.19277
T17	智能算法　大数据　治理　算法　新技术　算法偏见　网络　社会　媒介素养　隐私泄露	0.41219
T18	人工智能算法　信息　互联网　设计　安全风险　引导智能化　规制　风险评估　数据加密	0.44415

（四）政策与科研主题分析

根据表6-6可知，算法推荐在政策与科研主题之间存在差异性和协同性特征，并根据主题的可解释性将0.25作为区分差异性和协同性的相似度阈值。一是差异性（S<0.25），包括：T1、T6、T8、T11、T16五个主题。这类主题与《规定》的差异性特征主要体现在三个方面：①算法推荐文本分析方法，如语义、位置、语义分析等主题词；②算法推荐的方式和过程，如个性化推荐、推荐系统等主题词；③推荐算法的设计，如差分隐私、协同过滤推荐等主题词。二是协同性（S>=0.25），这类主题反映了《规定》和科研论文在算法推荐方面具有一定共性，能够从学术研究和政府治理等多个层面反映出我国算法推荐治理现状。基于此，本节选择与《规定》具有协同性的主题作为算法推荐影响因素的来源。

（五）政策和科研主题协同视角下的系统动力学模型构建

系统动力学可以实现对真实系统的仿真，能够有效地揭示复杂系统在各种因果关系作用下所呈现出的动态变化规律。因此，运用系统动力学方法研究算法推荐问题，能够从系统视角深入地分析算法推荐风险治理的结构、功能与行为之间的动态关系，从而为我国算法推荐治理提供科学化的建议。

（1）系统边界

以《规定》所涉及的风险要素与治理要素作为系统的边界，将LDA主题识别结果划分为算法推荐风险、算法推荐治理、算法推荐主体和信息技术应用四大类。每类中所包含的影响因素取自《规定》与科研论文协同性的主题。针对存在主题词不明确的情况，设定选取规则：若同一主题包含相同含义主题词，则进行补充；若不存在同一主题包含相同含义主题词，则结合数据或算法本体安全治理特征进行整合，结果如表6-7所示。

表6-7　　　　　　　　　算法推荐影响因素

类别名称	算法推荐影响因素
算法推荐风险	T3 伦理风险、T3 算法黑箱、T5 大数据杀熟、T7 算法漏洞被攻击、T9 虚假数据、T12 谣言传播、T13 信息茧房、T17 算法偏见、T17 隐私泄露
算法推荐治理	T2 网络安全审查、T3 算法素养、T3 数据脱敏、T7 风险防范、T13 思想政治教育、T17 媒介素养、T18 数据加密、T18 风险评估
算法推荐主体	T4 大学生、未成年人（《规定》）、老年人（《规定》）
信息技术	T2 区块链、T13 人工智能、T14 智能推荐算法、T17 大数据

（2）模型假设

由于算法推荐系统动力学模型构建涉及影响因素众多，包括用户、数据、智能算法、平台、政府等，为保证模型的正常构建，无法囊括所有因素，故做以下假设：

假设1：采用一种开放的态度，不刻意区分数据与信息，且算法推荐风险形成与风险治理是持续运转的动态过程，要素之间能够互动反馈；

假设2：通过用户隐私安全程度来表征风险治理效果，且仅使用算法推荐风险程度和算法推荐治理程度来衡量；

假设3：算法推荐模型中算法推荐风险程度、算法推荐治理程度及用户隐私安全程度默认初始值为1，并在多次预仿真实验中调整和确定，其余变量赋值通过文本计算方式设定；

假设4：算法推荐模型只受划定系统边界内因素的影响，不涉及平台利益等其他外部因素。

（3）因果关系图

为了刻画出算法推荐治理影响因素之间的逻辑关系和反馈回路，在影响因素识别的基础上，梳理要素之间的因果关系，并从风险形成与风险治理的视角构建算法推荐系统的因果关系图,如图6-17所示。算法推荐风险是指平台基于用户行为数据使用智能推荐算法提供个性化服务过程产生的各种安全风险;从狭义层面理解,算法推荐治理是对算法推荐产生的风险进行治理,以政府网络安全审查为主,包含用户数据保护、平台风险防范等方面。

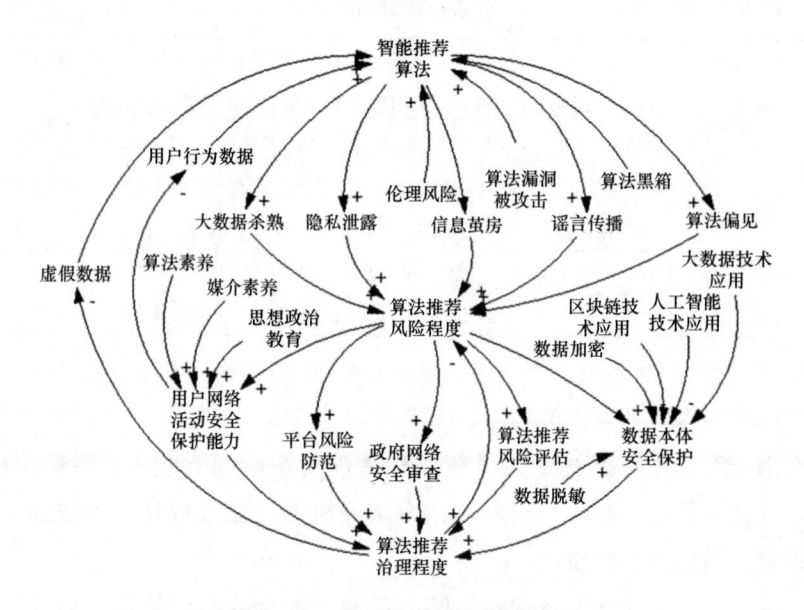

图6-17 算法推荐系统因果关系

研究系统中包括两条重要的回路类型,如表6-8所示:回路类型1从系统层面呈现算法推荐从风险形成到风险治理后,风险降低的过程,在此过程中,虚假数据是算法推荐风险的重要源头,这类数据若被智能推荐算法应用,会产生谣言传播等一系列风险,从而导致算法推荐风险程度增加,进而需要政府开展网络安全审查等治理工作以降低风险,因此,虚假数据所反映出的数据质量问题决定了算法推荐风险的程度。回路类型2主要是从用户行为数据层面呈现算法推荐风险与用户网络活动安全保护能力的关系,用户网络活动安全保护能力越强,用户进行网络活动所产生的行为数据量越少、脱敏程度越高,从而能够降低算法推荐风险的程度。

表6-8　　　　　　　　　　算法推荐系统反馈回路

名称	回路过程要素
回路类型1	L1：虚假数据→智能推荐算法→谣言传播→算法推荐风险程度→用户网络活动安全保护能力→算法推荐治理程度→虚假数据；（负反馈）
	L2：虚假数据→智能推荐算法→谣言传播→算法推荐风险程度→平台风险防范→算法推荐治理程度→虚假数据；（负反馈）
	L3：虚假数据→智能推荐算法→算法偏见→算法推荐风险程度→用户网络活动安全保护能力→算法推荐治理程度→虚假数据；（负反馈）
	L4：虚假数据→智能推荐算法→算法偏见→算法推荐风险程度→平台风险防范→算法推荐治理程度→虚假数据；（负反馈）
回路类型2	L1：用户行为数据→智能推荐算法→大数据杀熟→算法推荐风险程度→用户网络活动安全保护能力→用户行为数据。（负反馈）
	L2：用户行为数据→智能推荐算法→信息茧房→算法推荐风险程度→用户网络活动安全保护能力→用户行为数据。（负反馈）
	L3：用户行为数据→智能推荐算法→隐私泄露→算法推荐风险程度→用户网络活动安全保护能力→用户行为数据。（负反馈）

（4）系统流图

为探究算法推荐风险形成与风险治理之间的内在结构关系及治理机制，研究基于因果关系图，根据实际情况在模型中不断修正并最终确定各子系统中相应变量，最终绘制出算法推荐的系统动力学模型流图，如图6-18所示。

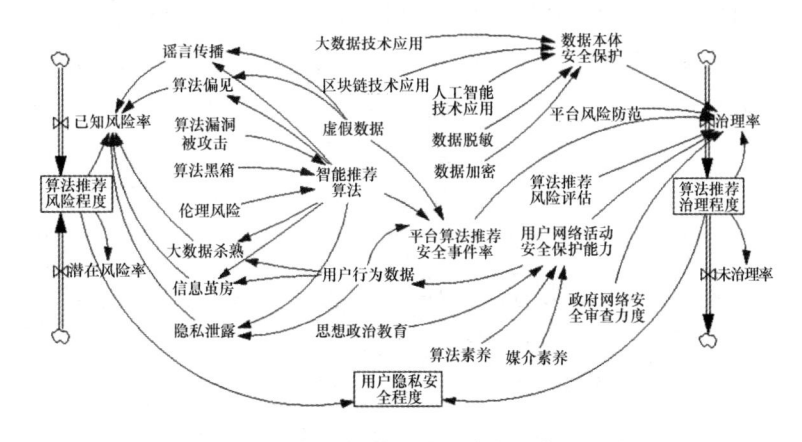

图6-18　算法推荐的系统动力学模型流图

该系统流图包括 3 个状态变量、4 个速率变量、10 个辅助变量和 15 个常量,如表 6-9 所示。

表 6-9　　　　　　　　系统流图的变量类别及变量名称

变量类别	变量名称
状态变量	算法推荐风险程度、算法推荐治理程度、用户隐私安全程度
速率变量	治理率、未治理率、已知风险率、潜在风险率
辅助变量	大数据杀熟、谣言传播、信息茧房、算法偏见、隐私泄露、用户行为数据、智能推荐算法、平台算法推荐安全事件率、数据本体安全保护、用户网络活动安全保护能力
常量	虚假数据、伦理风险、算法漏洞被攻击、算法黑箱、区块链技术应用、大数据技术应用、人工智能技术应用、数据脱敏、数据加密、平台风险防范、算法推荐风险评估、政府网络安全审查、思想政治教育、算法素养、媒介素养

（5）参数设定

《规定》颁布较晚,处理事件产生的数据有限。通过以上分析可知,算法推荐是以"个人—数据—算法—平台—政府"构建的非线性、复杂性、动态性的循环交互系统,影响因素宽泛、复杂。本研究提出文本计算的方法,将影响因素对应的主题与《规定》之间的相似度数值作为参数的初始设定,并乘 0.1 进行数据归一化处理,如虚假数据取自 T9 主题,则其初始值为 $0.51 \times 0.1 = 0.051$。相似度数值反映了《规定》与科研论文的协同性,影响因素选取是概率值较高的主题词,能够反映出算法推荐关注的重点。因此,将相似度数值作为系统仿真数据具备合理性和科学性,主要方程设计及参数说明如表 6-10 所示。

表 6-10　　　　　　　　　方程设计及参数说明

变量名称	方程设计	参数说明
算法推荐风险程度	INTEG (已指风险率 + 潜在风险率, 0.95)	使用积分函数
算法推荐治理程度	INTEG (治理率 - 未治理率, 1)	
用户隐私安全程度	INTEG (算法推荐治理程度 - 算法推荐风险程度, 1)	

续表

变量名称	方程设计	参数说明
大数据杀熟	SMOOTHI（用户行为数据×智能推荐算法，1，0）	数据获取或事件发生，具有一定延迟性，故使用延迟函数，延迟1个单位
谣言传播	SMOOTHI（虚假数据×智能推荐算法，1，0）	
信息茧房	SMOOTHI（用户行为数据×智能推荐算法，1，0）	
算法偏见	SMOOTHI（虚假数据×智能推荐算法，1，0）	
隐私泄露	SMOOTHI（用户行为数据×智能推荐算法，1，0）	
平台算法推荐安全事件率	SMOOTHI［（用户行为数据＋虚假数据）×智能推荐算法，1，0］	
用户网络活动安全保护	SMOOTHI（思想政治教育＋媒介素养＋算法素养，1，0）	
潜在风险率	DELAY1I（算法推荐风险程度×0.05，1，0）	
已知风险率	（谣言传播＋大数据杀熟＋算法偏见发生＋隐私泄露＋信息茧房）/算法推荐风险程度	
治理率	［（数据本体安全保护＋用户网络活动安全保护＋平台风险防范＋政府网络安全审查＋算法推荐风险评估）×（1－平台算法推荐安全事件率）］/算法推荐治理程度	使用线性相关函数
智能推荐算法	（伦理风险＋算法漏洞被攻击）×算法黑箱	
用户行为数据	1－用户网络活动安全保护能力	
数据本体安全保护	（数据加密＋数据脱敏）×（大数据技术应用＋人工智能技术应用＋区块链技术应用）	
虚假数据＝0.051；伦理风险＝0.044；算法漏洞被攻击＝0.041；算法黑箱＝0.044；区块链技术应用＝0.035；大数据技术应用＝0.041；人工智能技术应用＝0.040；数据脱敏＝0.044；数据加密＝0.044；平台风险防范＝0.041；算法推荐风险评估＝0.044；政府网络安全审查＝0.035；思想政治教育＝0.040；算法素养＝0.044；媒介素养＝0.041。		由表6-6相似度数值×0.1处理确定

四 仿真分析

（一）模型仿真分析

对算法推荐模型进行有效性检验，旨在观察通过文本计算获得的仿真数据是否符合真实系统的特点与变化规律，确保模型的有效运行。利用仿真软件 Vensim PLE，将仿真时间限定为 12 个月，时间步长为 1 个月，选取关键变量进行验证，初始状态下仿真结果如图 6-19 所示。

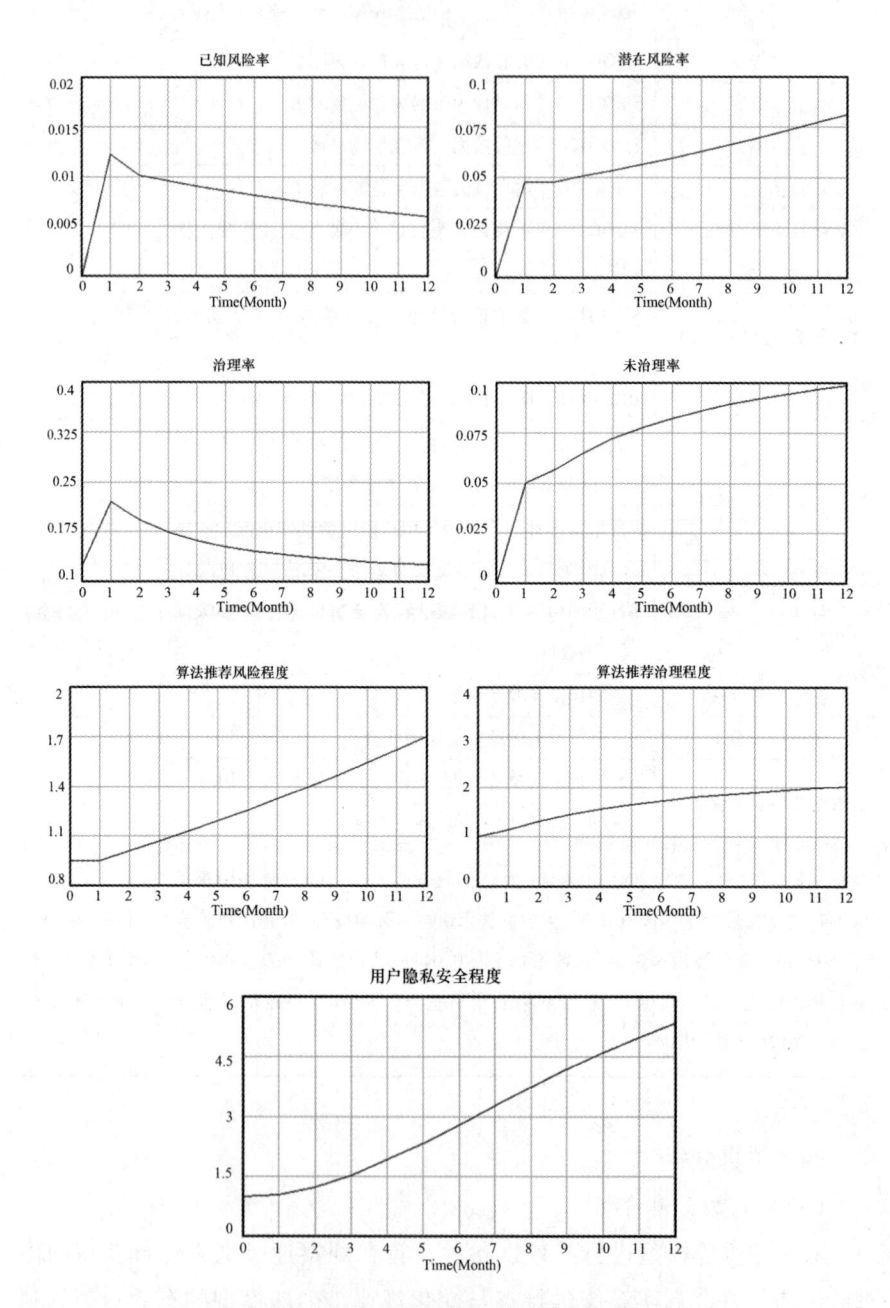

图 6-19　既定参数下模型主要变量仿真结果

(1) 已知风险率和治理率呈先快速增长后逐渐下降的趋势。这是由于算法推荐中产生的隐私泄露等可检测的已知风险，能够通过《规定》等进行规制。因此，在开展算法推荐治理工作的前一个月内，已知风险被快速监测和治理，对应的风险率和治理率快速增长，但随着时间的推移，可治理的已知风险逐渐下降，对应的风险率和治理率也随之下降。

(2) 潜在风险率和未治理率呈先快速增长后逐渐增长的趋势。潜在风险是指由智能算法所导致的算法黑箱、算法共谋、算法操纵等难预测的未知风险。且随着大数据、区块链、人工智能以及元宇宙等技术的发展和场景应用，潜在风险会不断加剧。因此，整体上潜在风险率和未治理率呈增长的趋势，从而导致算法治理程度也呈上升趋势。而在系统中前一个月内潜在风险率和未治理率增长幅度较大可能是由于治理手段均是针对已知风险的治理，而风险的产生是多方面的，且潜在风险转变成已知风险需要一定的时间。

(3) 用户隐私安全程度始终呈持续增长趋势。尽管治理率在后期呈逐渐下降、潜在风险率和未治理率呈增长趋势，但算法推荐经过系统治理，总体上算法推荐风险程度的增长小于算法推荐治理程度的增长，从而使得用户隐私安全程度始终呈持续增长的趋势。因此，以上分析反映出系统仿真变化曲线符合算法推荐治理现实情况，同时也证明了使用文本计算获取的数据的合理性。

(二) 灵敏度分析

通过算法推荐系统因果关系图和系统流图分析可知，数据与算法是两个不可分割的数字世界底层逻辑融合体，平台是数据与算法融合的载体。为探究算法推荐关键变量对系统的影响及影响程度，本节对算法推荐应用过程涉及的影响因素进行灵敏度分析，即从"用户—算法—平台"视角选取算法素养、算法黑箱、平台风险防范3个变量。设定各变量初始值为文本计算得到的数值，根据控制变量法将其中某一个变量上下变化0.02，其他变量数值不变，其中数值变化反映了在某一时间内《规定》发布修订版或该主题论文数量变化情况。以上三个影响因素分别从用户、算法及平台维度探讨算法推荐治理，能够较好地反映对算法推荐系统的影响。

(1) 算法素养

将算法素养分别设置为 Current (0.044)、Current1 (0.024)、Current2 (0.064)，如图 6-20 所示，通过对比三条模拟曲线发现，随着算法素养不断提升，用户隐私安全程度能够得到明显提高，呈正向影响。算法是由数据驱动的，通过系统反馈回路可知，用户行为数据是算法推荐风险产生的关键。因此，提高用户算法素养，进而提高用户网络活动安全保护能力，能起到事前风险防范，从算法推荐风险源头解决问题的作用。此外，与算法素养具有同样作用的还包括媒介素养及思想政治教育。

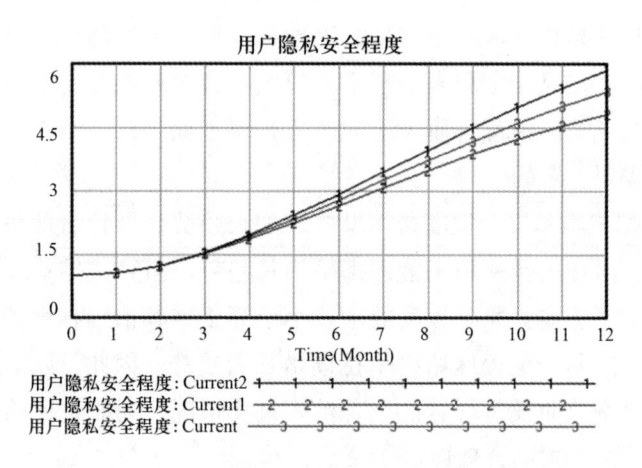

图 6-20　算法素养对用户隐私安全程度的灵敏度变化

(2) 算法黑箱

将算法黑箱分别设置为 Current (0.044)、Current1 (0.024)、Current2 (0.064)，如图 6-21 所示，通过对比三条模拟曲线发现，随着算法黑箱程度的提高，用户隐私安全程度逐渐下降，呈负向影响。但由于系统内部算法推荐治理主要聚焦于用户和制度在系统内对用户隐私安全程度影响，这类风险对用户隐私安全程度表现变化幅度相对较小。由算法的复杂性导致了算法黑箱的形成，这也是技术因素的体现，需要从算法设计本身、算法可解释性层面考虑算法黑箱问题，将安全贯穿到算法的全生命周期内，从而提高算法的鲁棒性和安全性。

用户隐私安全程度

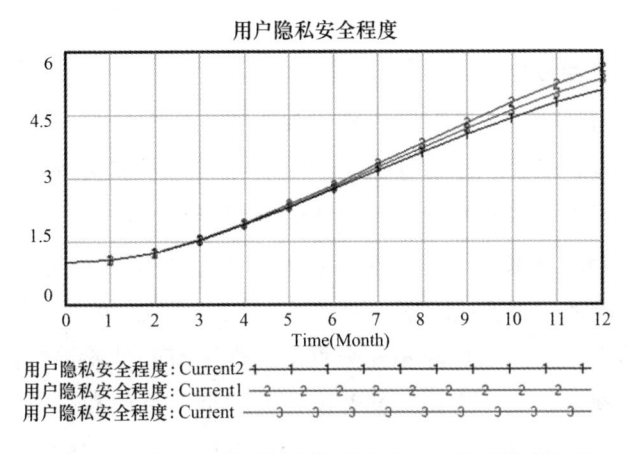

图 6-21　算法黑箱对用户隐私安全程度的灵敏度变化

（3）平台风险防范

将平台风险防范能力分别设置为 Current（0.041），Current1（0.021），Current2（0.061），如图 6-22 所示，通过对比三条模拟曲线发现，随着平台风险防范的提高，用户隐私安全程度能够得到明显提高，呈正向影响，特别是后期增幅显著。政府作为监管者，往往只能起到事后风险问责的作用，而平台作为数据和算法融合的载体，决定了提供用户信息服务的方式和内容。随着政府支持平台参与算法推荐治理，平台的风险防范能力逐渐提高，用户隐私安全程度进一步得到保障。因此，强化平台风险防范可以起到事前风险预防、事中风险监控的作用。

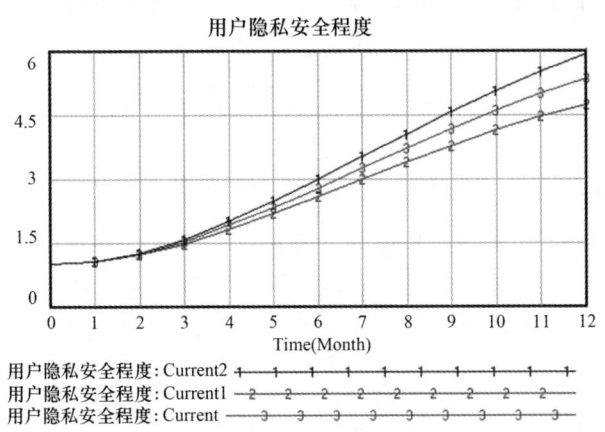

图 6-22　平台风险防范对用户隐私安全程度灵敏度变化

五　结论与建议

本节提出政策文本计算与系统动力学相融合的方法，使用 LDA 模型并结合相似度定量识别出算法素养、大数据技术、算法偏见、网络安全审查等影响因素，在此基础上建立算法推荐治理系统动力学模型，并使用文本计算获取的数据，对算法推荐影响因素作用过程进行系统仿真，并对已知风险率、潜在风险率、治理率、未治理率、算法推荐风险程度、算法推荐治理程度及用户隐私安全程度进行了有效性检验，证明系统仿真表现符合现实情况，为算法推荐治理及政策系统仿真研究提供了方向和理论参考。不足之处在于，影响因素的提取具有一定的经验性，未来将进一步探索主题识别模型并提高影响因素识别的准确性。基于灵敏度分析结果，提出以下建议：

（一）加强算法素养教育，提高个人隐私保护意识

当下，网络已成为日常生活和学习必不可少的组成部分，需要进一步加强算法素养教育，预防信息泄露、谣言传播、大数据杀熟等事件发生。一是建立算法素养评估体系，可以针对不同群体特征，进行算法素养差异性分析，从而有针对性地开展全民算法素养教育，以及对算法素养教育进行反馈评估；二是根据算法素养评估体系开展算法素养教育。对于算法推荐设计者与控制者，需要掌握算法安全专业知识、算法技术伦理规范及法律规范，起到在源头开展算法推荐治理的作用；对于算法推荐治理主体和普通用户，特别儿童、老人等信息弱势群体，可以依托课程设置、网络资源等开展算法知识通识性教育，使人们在特定算法推荐应用情景下，认识算法的存在及其可能带来的风险，提高防范、对抗风险的能力。

（二）建立算法全流程监管机制，提升算法的可解释性

规制算法黑箱问题的重要途径是提高算法的可解释性。而提高算法的可解释性可通过建立算法全流程设计的监管机制，从算法黑箱产生的前中后三方面进行考虑。一是算法设计前：算法的形成是为了从数据中总结出普遍规律和发现新的知识。因此，在保证算法精度的情况下，尽量生成具有可解释性的算法，可通过可视化、异常点排查、代表性样本选择等方法明确训练数据的质量和特点，并通过给算法增加稀疏性、可

加性、单调性等适度降低算法的复杂度，使得算法具有可解释性；二是算法设计中：算法初步形成后，可通过第三方平台进行风险检测，其中可解释性检测可通过对比敏感性分析、LIME、SHAP 等解析方法进行并出具合格报告；三是算法设计后：算法通过第三方平台检测合格后，递交政府进行算法监管沙盒测试，以发现算法在不同真实应用场景中产生变化的原因，从而降低算法重构和应用风险。同时政府建立算法备案机制，便于在算法应用后进行审查和回溯。

（三）建立"制度＋技术"治理机制，提高平台风险防范能力

互联网平台作为发展数字经济的重要服务机构，具有关系多层性、主体多元性、影响跨边性、功能社会性及边界动态性，需要在强化平台风险监管的同时，平衡好安全与创新发展的关系。一是需要以平台为载体，加强数据与算法的协同治理。虽然目前我国出台了《数据安全法》《个人信息保护法》《网络安全法》及《规定》，形成"三法一规"的顶层设计，但以数据为驱动的算法推荐涉及各种风险管理场景，需要解决算法推荐的精准性、个性化与数据安全的平衡问题，围绕"三法一规"构建数据与算法协同的安全标准体系；二是需要政策支持平台参与算法推荐治理，助推平台突破核心技术以提高风险监测和安全评估能力。通过新技术应用风险监管以弥补政府外部问责的监管漏洞，从而将平台真正融入风险治理中，与政府、社会、个人等构建起多方参与、协同共治的风险治理模式，进而保障个人数据安全，引导更为公平、开放的数字竞争市场。

第七章

政策文本解读

本章尝试通过"从《数据安全法》解读数据安全保护体系构建""互联网租赁自行车政策内容分析实证研究""国家社会科学普及促进立法框架构建"三个应用实证完成对单个政策文本和多政策文本的计算，进而实现对政策文本不同视角的解读。

第一节 从《数据安全法》解读数据安全保护体系构建

一 案例背景

在全球信息化进入引领发展的大背景下，数据所呈现出的爆发式增长正影响着人们日常生活方式、工作习惯和思维模式，对数据的研究已逐渐成了当前学术界和产业界的热点。数据在助力经济社会发展的同时，也带来了前所未有的安全风险与挑战，数据量急速增加使得数据安全与隐私保护问题尤为突出，由于数据过度采集所导致的隐私泄露给用户带来严重困扰。事实上，用户面临的威胁并不仅限于个人隐私泄露，在数据存储、处理、传输等过程中还有很多安全风险，这些风险会对政府治理、社会稳定乃至国家安全产生深远影响。2013 年美国"棱镜门"事件曝光后使我国政府也越来越重视数据安全问题。2015 年 8 月《促进大数据发展行动纲要》是国务院发布大数据产业布局的战略性政策，政策中将强化数据安全保障作为主要任务之一。此后，我国在数据安全领域发布了一系列的政策法规，2017 年 6 月 1 日《网络安全法》正式施行，它是保障网络安全，维护网络空间主权和国家安全、社会公共利益，保护公民、法人和其他组织的合法权益的重要法规。2018年10月全国人大开始组成专班针对《数据安全法》进行研讨，2019年5月国家互联网信息办公室发布《数据安全管理办法（征求意见稿）》，对网络运营者在数据收集、处理使用、安全监管等方面提出了要求。2020年4月在中共中央、国务院印发的《关于构建更加完善的要素市场化配置体制机制的意见》中将数据作为一种新型生产要素纳入其中，与土地、劳动力、资本、技术等一并成为市场化改革的重要组成部分。2020年7月《数据安全法》（以下简称《数安法》）在中国人大网公布并面向社会征求意见，这体现出国家对数据安全领域的高度关注。《数安法》的制定是继《网络安全法》之后，在数据保护领域重要的立法，它是我国数据安全保护体系构建的顶层设计，这部统筹数字经济时代"安全与发展"的法规不但是个人数据野蛮掘金时代的结束，还是数字经济加速发展的必要保证。2020年9月国务委员王毅在"抓住数字机遇，共谋合作发展"国际研讨会高级别会议上提出《全球数据安全倡议》，体现我国政府在数据安全问题上兼具国际化视野与全局策略。2021年9月1日起《数安法》正式实施。

二　定性解读

《数安法》全文共7章55条，分别为总则、数据安全与发展、数据安全制度、数据安全保护义务、政务数据安全与开放、法律责任及附则。总则部分提出制定《数安法》的主要目的，并对数据、数据活动、数据安全的概念进行了明确的定义。数据安全与发展、数据安全制度、数据安全保护义务、政务数据安全与开放是《数安法》的核心内容，而法律责任及附则是对前面章节所涉及的法律问题进行说明，以下对《数安法》的四部分核心内容进行解读。

（一）数据安全与发展

该部分确立了国家坚持维护数据安全和促进数据开发利用并重的原则，具体内容框架如图7-1所示。在确保数据安全的前提下，鼓励数据依法合理有效利用，保障数据依法有序自由流动，促进以数据为关键要素的数字经济发展。《数安法》第14条进一步明确了国家发展数据驱动的数字经济的决心，主要包括国家实施大数据战略，各省制定数字经济发展规划。第15条提出国家支持开发利用数据提供智能化公共服务，并且要考虑老年人、残疾人的需求，避免对他们的正常生活造成障碍。第16条提出国家支持数据开发利用和数据安全技术研究、相关技术的推广与创新以及相关产品和产业体系的培育和发展。第17条提出推进数据开发利用技术和数据安全标准体系的建设。第18条提出要依法开展数据安全检测评估、认证等数据活动。第19条提出对数据交易的发展不但要建立健全数据交易管理制度，而且要规范数据交易行为，培育数据交易市场，这与第四章数据安全保护义务和第六章法律责任部分紧密关联。

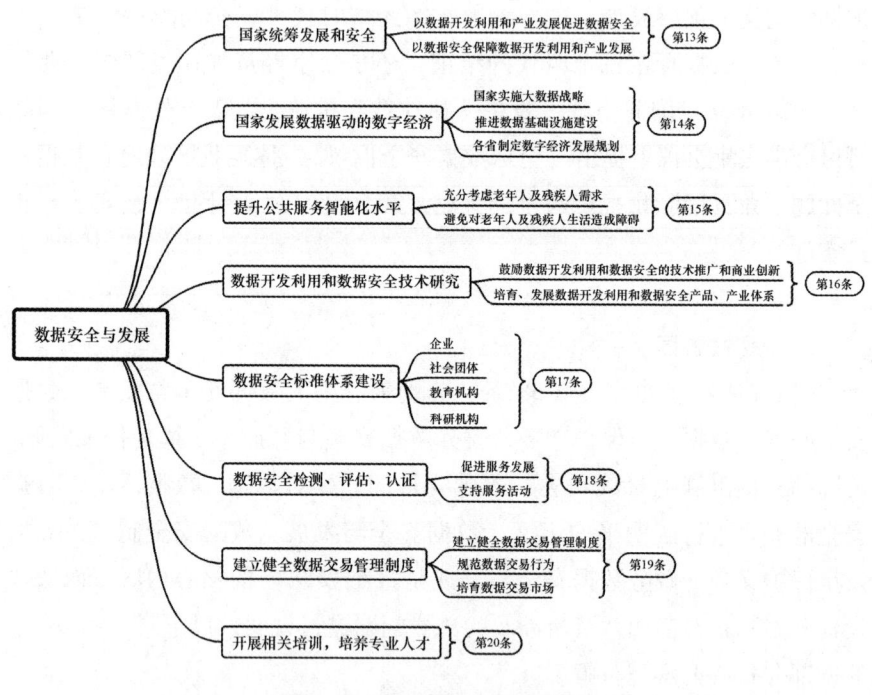

图7-1 数据安全与发展结构

（二）数据安全制度

该部分凸显了数据安全制度建设的重要性，具体内容框架如图7-2所示。《数安法》第21条提出数据实行分级分类保护，国家要根据数据的重要程度以及危害程度对数据实行分类分级保护。数据分级分类保护是数据安全制度建设的基础。与《网络安全法》相比,《网络安全法》主要侧重对技术安全的防护,突出了网络安全等级保护评估的重要作用,但在《网络安全法》中对网络安全内控制度的构建略显薄弱,这就导致一些网络安全事件在内部发生。而《数安法》将数据安全制度单独作为一章进行规定,并且从数据分级分类保护、数据安全风险机制、数据安全应急处理机制、数据安全审查制度、数据实施出口管制、反制歧视性措施等方面提出了规范与要求,弥补了当前重技术而轻内控制度建设的情况,进一步减少因内控制度缺失导致的安全事件。

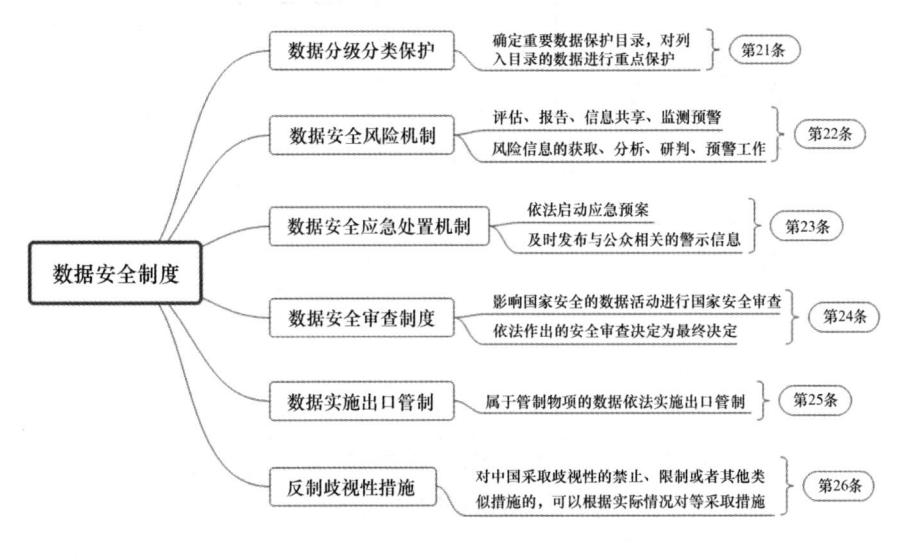

数据安全制度
- 数据分级分类保护 — 确定重要数据保护目录,对列入目录的数据进行重点保护 — 第21条
- 数据安全风险机制 — 评估、报告、信息共享、监测预警;风险信息的获取、分析、研判、预警工作 — 第22条
- 数据安全应急处置机制 — 依法启动应急预案;及时发布与公众相关的警示信息 — 第23条
- 数据安全审查制度 — 影响国家安全的数据活动进行国家安全审查;依法作出的安全审查决定为最终决定 — 第24条
- 数据实施出口管制 — 属于管制物项的数据依法实施出口管制 — 第25条
- 反制歧视性措施 — 对中国采取歧视性的禁止、限制或者其他类似措施的,可以根据实际情况对等采取措施 — 第26条

图 7-2 数据安全制度结构

(三) 数据安全保护义务

该部分确定在开展数据活动中不同主体的数据安全保护义务,具体内容框架如图 7-3 所示,可以看出从第三章到第四章衔接较为紧密,呈现出递进关系。《数安法》第 27 条提出开展数据活动要依照法律法规的要求,建立健全全流程数据安全管理制度,组织开展数据安全教育培训,采取相应的技术措施,以及采取其他必要的措施确保数据安全。该条与第三章国家建立数据安全制度相关联,是对开展数据活动主体设置的安全保护义务。第 33 条提出在数据交易过程中,不仅要说明数据来源,还

要审核交易双方的身份，并留存审核、交易记录。法律责任部分是违反《数据安全法》的规定所需承担法律责任的法律解释，不履行数据安全保护义务或未采取必要安全措施的组织或个人，将会面临组织最高罚款 100 万元，个人最高罚款 10 万元的行政处罚。

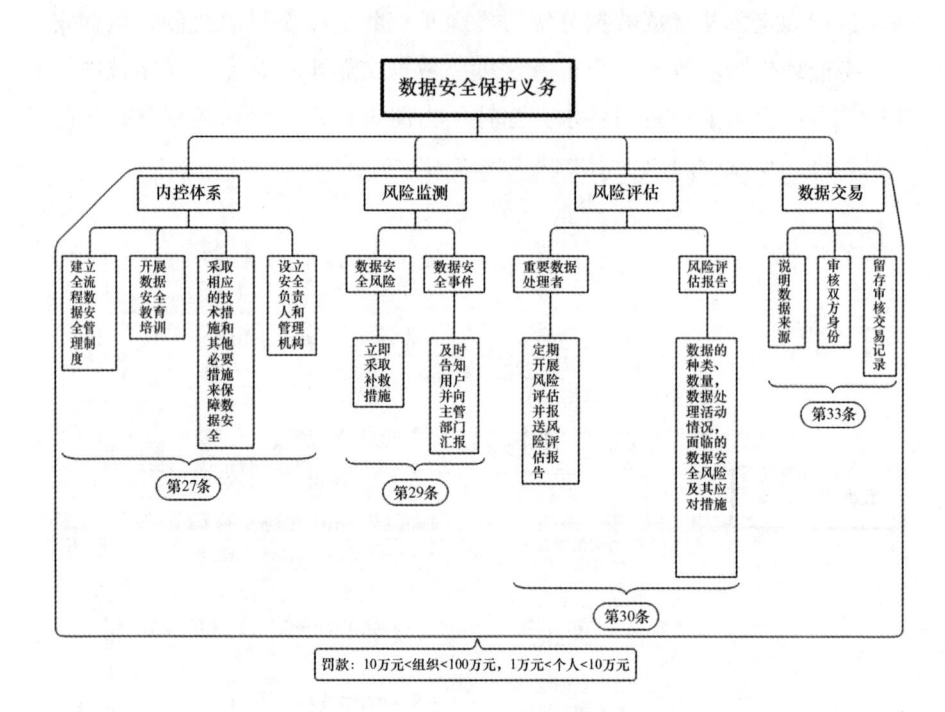

图 7-3　数据安全保护义务结构

（四）政务数据安全与开放

《数安法》将政务数据的安全与开放单独作为一章，充分说明了国家对政务数据安全与开放的重视程度，具体内容框架如图 7-4 所示。从数据的来源看，目前大数据资源主要掌握在政府手中，因此政务数据的安全与开放是充分发挥大数据价值的关键。本章从数据产生与流转的全过程切入，对数据的收集、使用、存储、加工、提供进行了明确的要求。第 39 条要求国家机关也应当建立健全数据安全管理制度，落实数据安全保护责任。第 42 条是对我国政府数据开放制度的进一步细化，明确国家制定政务数据开放目录，构建统一规范、互联互通、安全可控的政务数据开放平台。第 43 条将具有公共事务管理职能的组织，为履行公共事务管理职能开展的数据活动划定为本章的适用范围。

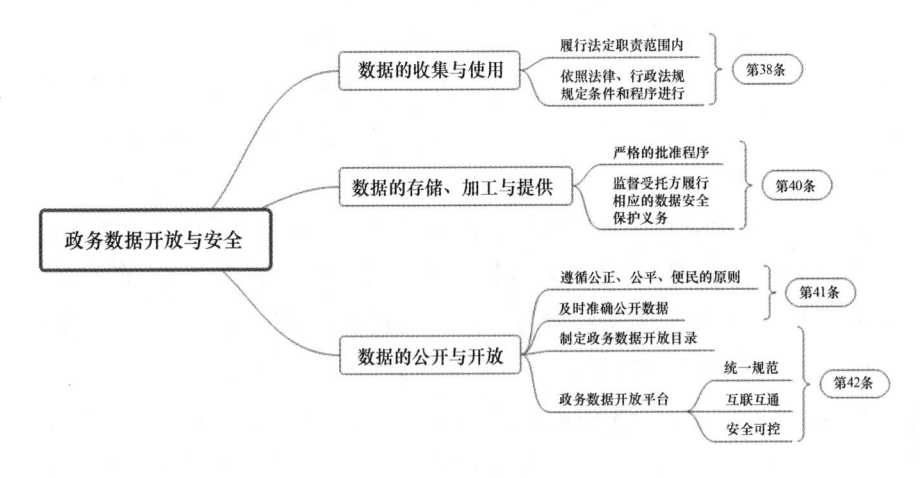

图7-4 政务数据开放与安全结构

三 定量解读

本节利用 NLPIR-ICTCLAS 软件对《数安法》进行新词提取，结合自建语料库进行政策词表导入，利用 Python 中 jieba 模块进行政策文本分词、去停用词等预处理操作，处理后全文共提取词语 457 个（去除重复词语），现对词频及共现强度进行如下分析。

（一）词频分析

通过 Python 中 wordcloud 模块对《数安法》中的词语进行词频分析，除去数据安全、国家、数据、应当、有关、促进等无实际意义词语，数据开发利用、开展数据处理活动、保障是词频最高的词语，其次是数据交易、安全监管、合法权益、风险、评估等关键词。《数安法》中"数据开发利用"出现 12 次，这体现国家对数据开发利用重视程度，第 1、第 16、第 17 条明确了数据安全保护与数据开发利用的关系，即国家坚持维护数据安全和促进数据开发利用并重的原则。加强数据开发利用可以促进数字经济的高质量发展，有助于提升国家治理水平，在确保数据安全的前提下，鼓励数据依法合理有效利用，保障数据依法有序自由流动，促进以数据为关键要素的数字经济发展。"开展数据处理活动"同样出现 12 次，《数安法》首次对数据活动进行了明确的定义，并且所有法律条款是在开展数据活动的前提下有效,确定了适用范围。"保障"出现7次,在《数安法》中将保障数据安全、保护公民和组织的合法权益作为主要目标。第3条中对数据安全的定义是保障数据得到有效保护和合法利用,并持续处于安全状态的能力,说明了国家对保障数据安全和数据安全保护的重要定位。"数据交易"一词出现5次,数据交易是重要的数据活动场景,由于数据交易中数据安全风险较高,因此在《数安法》中对建立健全数据交易管理制度、规范数据交易行为、培育数据交易市场提出明确的要求,对一切非法来源数据交易的行为进行处罚。"安全监管"出现5次,数据安全监管职责是《数安法》的法律依据,第6条第二款明确了行业主管部门对本行业、领域的数据安全监管职责,此规定与《网络安全法》第8条相衔接,更加明确、突出了主管部门对行业数据安全的监管职责。可以预见未来各行业、各领域会相继出台数据安全监管办法。

(二) 共现强度分析

本节利用共现分析法对《数安法》进行计算分析,通过计算词语间的共现强度来分析文本中的热点及主题内容。共现强度如公式(7-1)所示,E_{ij}代表词共现强度,S_i和S_j分别表示词语在文本语句片段的数量,S_{ij}表示两个词语共现在文本语句片段的数量。

$$E_{ij} = \frac{S_{ij}^2}{S_i S_j} \tag{7-1}$$

将《数安法》内容划分为85条语句片段,与数据安全直接相关的语句38条,现对词频较高的词语与数据安全进行共现强度分析,如图7-5所示。通过数据分析发现,数据安全保护的共现强度数值最高为0.3025,《数安法》中数据安全保护义务单独设置为一章,它突出强调重要数据的处理者应当设立数据安全负责人和管理机构,落实数据安全保护责任;数据安全监管的数值为0.1471,《数安法》中重点明确各行业、各领域数据安全监管职责,在出现不履行数据安全监管义务时会依法给予相应处分;数据安全保障的数值为0.1050,提高数据安全保障能力,坚持总体国家安全观,建立健全数据安全治理体系是《数安法》的总体原则和目标;数据安全风险的数值为0.0941,它是影响数据安全的重要因素,建立集中统一、高效权威的数据安全风险评估、报告、信息共享、监测预警机制,加强数据安全风险信息的获取、分析、研判、预警工作是数据安全制度建设的首要任务;数据安全交易的数值为 0,数据交易是数据活动的重要形式之一,在《数安法》中国家主要通过建立健全数据交易管理制度来规范数据交易行为并培育数据交易市场,因此数据安全与交易在《数安法》中尚未体现出共现关系。

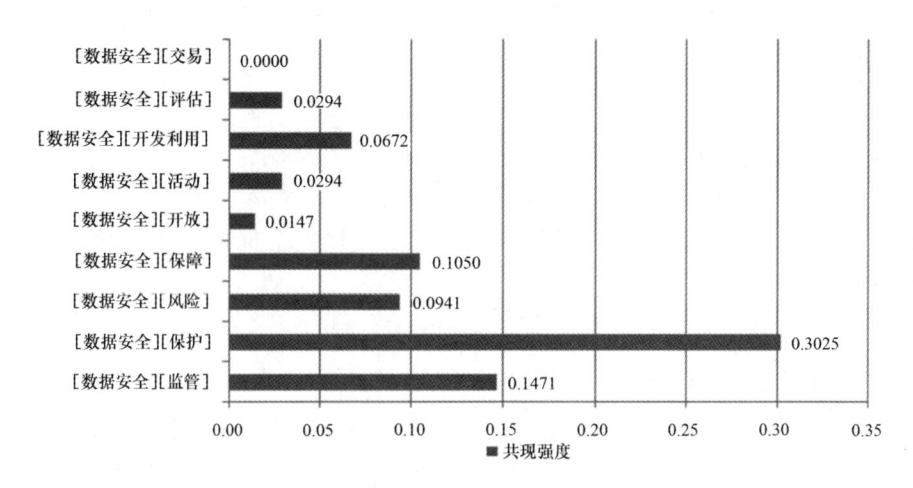

词语对	共现强度
[数据安全][交易]	0.0000
[数据安全][评估]	0.0294
[数据安全][开发利用]	0.0672
[数据安全][活动]	0.0294
[数据安全][开放]	0.0147
[数据安全][保障]	0.1050
[数据安全][风险]	0.0941
[数据安全][保护]	0.3025
[数据安全][监管]	0.1471

图 7-5 《数安法》中词语共现强度分析

(三) 对比分析

对数据安全领域另外两部政策法规《数据安全管理办法(征求意见稿)》《网络安全法》中的词频生成词云图,去除无实际意义的词语后,《数据安全管理办法(征求意见稿)》的词云图显示对个人信息、网络、运营者词频最高,而数据安全、保护、保障、风险、评估、监督、合法权益等词频较高;而《网络安全法》的词云图显示网络安全、网络词频最高,而运营者、保护、保障、风险、评估、监督管理等词频较高。

对比发现,三部政策法规虽然在数据安全监管、数据保护力度,尤其是对重要数据保护和安全风险评估等方面具有较强的一致性,但整体关注的对象和重点差别较大。《数据安全管理办法(征求意见稿)》在继承《网络安全法》原则性规定的基础上,着重规范了网络运营者对于个人信息和重要数据的安全管理义务;而《数安法》是在《数据安全管理办法（征求意见稿）》基础上构建了数据安全保护管理制度，强化了国家数据安全保障能力，直面数据安全给国家安全带来的风险与挑战，切实维护国家主权、安全和发展利益。《数安法》紧紧抓住了国家安全保障和数据要素流通两个关键问题，较好地把握了安全与发展的平衡关系，《数安法》在《网络安全法》对网络数据安全保障的基础上，进一步覆盖了网络数据和非网络数据安全的管理，并在政府数据开放问题研究上有一定的突破。

四 对策建议

本节基于对《数安法》政策文本的分析，从法律体系、保护制度、监管职责、风险评估四个方面对我国数据安全保护体系提出建设思路。

（一）多法规共筑国家数据安全法律体系

《数安法》是国家数据安全立法的顶层设计，为全面维护国家数据安全奠定了重要法律基础。在比较了《网络安全法》和《数据安全管理办法（征求意见稿）》中的词频后发现三部政策法规相互支撑、紧密联系，而《数据安全管理办法（征求意见稿）》中更多提到了关于个人信息的安全管理义务，其内容为《个人信息保护法》提供了借鉴。随着《数安法》《个人信息保护法》的正式发布实施，它们将与《网络安全法》一起从数据、网络数据、个人信息三个维度形成数据安全法律体系，数据安全法律体系的构建将对各行业数据合规工作提出更高、更细的要求。这会使当前较为分散的数据安全政策法规得到新的补充和完善，我国数据安全政策法规将紧紧围绕这三部法律来展开，全面实现以数据开发利用和产业发展促进数据安全法律体系建设的新局面。

（二）完善数据分类分级保护制度

数据分类分级在保障数据安全过程中至关重要，它是数据安全保护的基础，数据分类的目的是明确数据的业务范畴，数据分级要从满足监管要求的角度出发，根据数据敏感制定不同的数据安全保护策略，它是组织内部管理体系编写的基础。做好数据的分类分级是一个长期工程，在不同行业中数据特性不同，数据分类可以按数据行业进行划分；而数据分级应按照对国家安全和重大社会公共利益的危害程度进行划分，首先考虑重要数据，国家要通过建立重要数据目录保护制度来保障数据安全，其次考虑敏感数据和一般数据，敏感数据可能通过与一般数据进行关联形成重要数据，因此敏感数据应受到一定程度的保护。目前重要数据目录保护的确立权属于"本地区、本部门、本行业"，该划分缺乏审慎性和明确性，导致重要数据的划分存在随意、狭窄等问题。由于数据的类型和性质有所不同，国家要根据数据在经济社会发展中的重要程度有计划、有针对性地建立分类分级保护制度。

（三）进一步明确数据安全监管职责

通过构建数据安全监管体系来确立监管原则和目标，明确监管主体及其职责，形成不同区域、不同层级之间监管协调机制，运用监管和社会监督结合、全程监管、科技监管等方法全面保障数据安全。从数据生命周期涉及的全流程构建数据全监管体系，首先要明确行业主管部门对本行业、本领域的数据安全监管职责，其次要明确国家安全机关与公安机关在职权范围内承担的数据安全监管职责，再次要明确各地区、各部门的主体责任并重新划分监管职责，最后针对重要数据和跨境流动数据的安全问题要有单独的数据安全监管职责划分。厘清相关部门监管职责不但能减少网安及公安部门的监管量，还能有效实现国家对数据安全统筹协调与监管作用，这也符合数据安全监管的需求和现状。在现存《数安法》中，虽然对数据安全监管提及较多，但针对不同分类分级数据的安全监管职责与范围尚需进一步细化和明确。

（四）建立数据安全风险评估机制

数据安全风险预警要从源头建立数据安全风险评估机制。国家要建立集中统一的数据安全风险评估、报告、信息共享、检测预警机制，应重点关注以下三点，首先是建立数据安全风险预警机制，找出能够对经济社会发展产生影响的内外部潜在因素，分析潜在因素的风险，明确数据安全风险预警的标准，进而建立风险预警机制。其次是建立数据安全风险识别机制，数据安全风险评估必须识别风险，最重要的是量化不确定性程度和风险可能造成损失的程度，国家要设立持续监察机制，实时关注数据安全风险的变化。最后是建立数据安全风险处置机制，《数安法》中也明确提出建立数据安全应急处置机制，这是在数据安全风险识别的基础上，采取不同措施对已知安全风险进行应急处置。针对重要数据要特别重视,应由国家相关部门建立高效权威的数据安全风险评估专项机制,通过缩短评估周期,最大限度地降低数据安全风险。

第二节 互联网租赁自行车政策内容分析实证研究

一 案例背景

长期以来,国家积极推进政策研究的科学化、民主化,社会民众对政府政策制定的科学性和准确性也提出了更高要求,将政策文献计量、政策文本计算、政策数据可视化等方法应用在政策内容分析领域可以提升政府的决策力。要想提高政策研究水平,创新现有政策内容分析方法是至关重要的,运用现代科学的方法挖掘现有政策及政策相关文本背后的知识、规律及内涵,探寻其在政策中的方法价值与创新意义。基于此,本节提出了一种基于政策文本计算的政策内容分析方法,以互联网租赁自行车(简称"共享单车")政策文本为例,实证了方法的有效性。

二 研究框架

政策文本是政策内容分析的基本出发点和真实凭证,政策文件与政策相关文本是政策行为的具体反映,文本的语义则是政策意图和政策过程尤为有效的客观凭证。本节主要收集三类政策文本:第一是国家政策文件;第二是各地市政策文件;第三是媒体对政策实施过程中的各类评论。本节确立了以语句和词语为主的编码规则,在研究过程中主要采用关键词抽取法、主题分析法和共现分析法相结合的计算方法对政策内容进行分析。

(一)关键词抽取法

关键词抽取是从所收集到的政策文本中抽取出意义最相关的词语,在很多重要的政策中都会有关键词这一项,由于所收集政策文件篇幅较长,内容较多,采取关键词抽取法可以快速提取政策内容结构,再提取词频和权重较高的关键词,抽取形成政策框架。本节根据 K 值及人工筛选的方法来确定有效关键词,详见公式(7-2),*Weight* 表示权重,*Frequency* 表示词频,其中权重和词频通过文中所使用的 NLPIR-Parser 软件可直接计算得出。

$$K = \frac{Frequency}{Weight} \quad (7-2)$$

（二）主题分析法

主题模型是语义分析的利器,本节选取 LDA 主题模型对政策评论提取主题并聚类,该模型主要引入了狄利克雷分布的概念,在满足狄利克雷先验分布的多项式分布基础上,主题对文档,通过迭代,估计出合理的参数。LDA 模型是利用词语与主题、主题与文本之间的三层关系来解决文本聚类中语义挖掘的问题。该模型的联合概率具体表示,如公式（7-3）所示。利用 LDA 模型挖掘出文档中关键词与主题之间的关系,这样就可以通过政策评论的主题分析了解政策实施过程中的问题。

$$p(\theta,z,w \mid \alpha,\beta) = p(\theta \mid \alpha) \prod_{n=1}^{N} p(z_n \mid \theta) p(w_n \mid z_n,\beta) \quad (7-3)$$

（三）共现分析法

共现分析法在科学计量学、文本计算、信息科学和信息检索等领域都得到广泛的应用,到目前为止,该方法已产生了大量的应用成果。本节利用共现分析法对政策及政策评论文本关键词进行计算分析,通过计算关键词间的共现强度来分析政策评论中的热点及主题结构变化[1]。共现强度如公式（7-4）所示,E_{ij} 代表词共现强度,S_i 和 S_j 分别表示词语在文本语句片段的数量,S_{ij} 表示两个词语共现在文本语句片段的数量。

$$E_{ij} = \frac{S_{ij}^2}{S_i S_j} \quad (7-4)$$

（四）基于政策文本计算的政策内容分析方法

本节为实现分析结果最优,选用多种方法结合的方式对政策文件及政策评论进行分析。利用关键词抽取法对政策文件提取政策框架,利用主题分析法对政策评论进行聚类,利用共现分析法对政策文件及政策评论进行关键词分析,最终形成一种基于政策文本计算的政策内容分析方法,如图 7-6 所示。

---

[1] 冯璐、冷伏海：《共词分析方法理论进展》,《中国图书馆学报》2006 年第 2 期。

158 / 下篇 应用实证

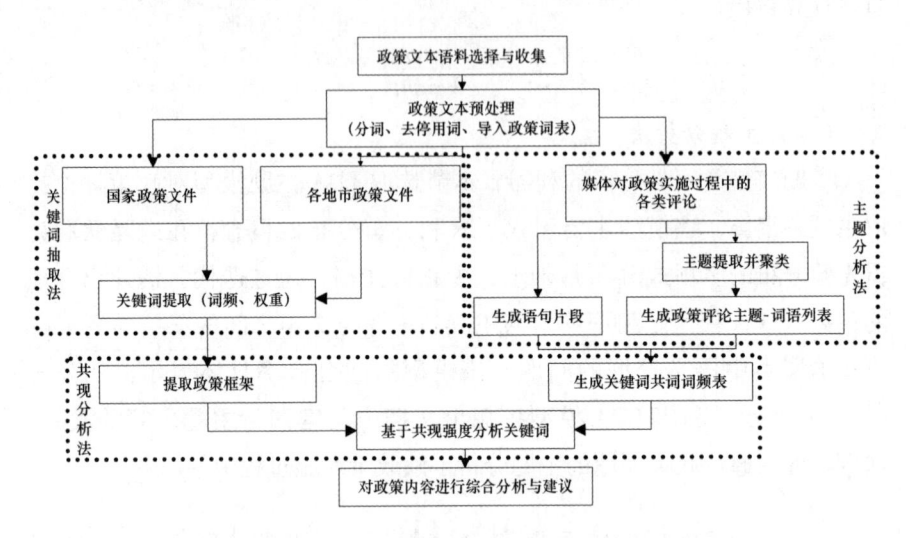

图7-6 基于政策文本计算的政策内容分析方法流程

政策文本语料选取须遵循一定的原则和标准，确保政策文本选取的有效性可提升政策内容分析过程和分析结果的科学性。政策文本编码过程中，横向上以文本、语句、词语方式进行编码划分，纵向上以按照政策文本类型、产生时间进行划分。具体分析过程如下：

①对收集获取的政策文本进行分词、去停用词、导入政策词表等预处理操作，将文本数据转换为可分析处理的格式。由于政策文本是一类较为特殊的文本类型，在计算过程中导入政策词表可提升精准度。文中所提及的政策词表是本团队自建语料库加人工提取政策词语生成的，主要包括共享单车政策相关的251个专用词语。政策文本语料数据预处理是文本计算的最重要环节之一，文本聚类结果的精度及效率都与该过程密切相关，因此政策文本语料的选择—分词—去停用词的每步操作都要保证结果最优，这样才能使实验结果更准确。②利用关键词抽取法对国家和地方的政策文件进行关键词提取处理，通过K值及人工筛选提取重要关键词并形成政策框架，利用所提取关键词把政策文件中相关内容填充到政策框架中。③利用主题分析法对政策评论文本进行聚类，提取主题词及关键词，形成政策文本主题—词语列表。④利用共现分析法对政策框架中内容关键词与政策评论聚类后

的关键词进行共现强度计算分析。⑤对政策文件及政策评论的文本内容进行综合分析。

三 实证研究

本节基于以上分析方法对共享单车相关政策文件及政策评论进行实证分析。2017年8月1日交通运输部等10部门出台了《关于鼓励和规范互联网租赁自行车发展的指导意见》，随后北京、上海、天津、广州等城市相继制定了适合本区域的关于鼓励和规范互联网租赁自行车发展的指导意见，在此前后互联网上出现了大量关于该政策的解读和评论。直到现在关于共享单车的发展还存在很多问题及争议，因此本节基于政策文本计算对该政策及评论进行了详细的分析研究，以期政府部门在政策修订及新政策制定过程中能够科学有效地规避现存问题。

（一）政策文本语料选取与采集

本节收集共享单车相关政策文本有三类：第一是国家对共享单车的政策指导意见；第二是各地市对共享单车的政策指导意见；第三是共享单车的政策实施过程中主流媒体的各类评论。依照最大努力采集原则，通过国家和各地方政府门户网站及不同搜索引擎交叉检索，共获得各类共享单车政策文本352份，其中第一类采集《交通运输部等10部门关于鼓励和规范互联网租赁自行车发展的指导意见》政策文本1份，第二类共采集了地方政府关于互联网租赁自行车发展指导意见的政策文本17份，第三类共采集主要门户网站关于共享单车政策评论334份，在政策词表中总共形成251条政策词语。所收集文本按照政策类型划分：地方政策指导意见17份，政策评论334份；按照产生时间划分，主要集中在2017年和2018年两个年度，政策指导意见2017年发布12份，2018年发布5份；政策评论收集的时间范围是2017年1月1日至2018年4月30日，2017年政策评论有165份，2018年政策评论有169份。2017年8月1日交通运输部等10部门联合出台了《关于鼓励和规范互联网租赁自行车发展的指导意见》，如果按照这个时间点划分，在此时间点前只有石家庄和南京两个城市分别在2017年6月16日和7月20日发布了互联网租赁自行车发展的相关指导意见，其余城市均在10部门发布指导意见后出台的指导意见；收集2017年8月1日前的政策评论总计68条，在此时间点之后的政策评论有 266 条，如图 7-7 所示。依据内容分析编码操作流程，通过提取、整理后标引有效语句编码片段 9167 条，其中 2017 年共 4457 条，2018 年共 4710 条，在 2017 年 8 月 1 日前共 1558 条，在 2017 年 8 月 1 日后共 7609 条，如 7-8 图所示，标准字段总计 30 个。通过图 7-7、图 7-8 数据分析及趋势分析，政策采集样本从数量、类型及产生时间上均有较好的代表性。

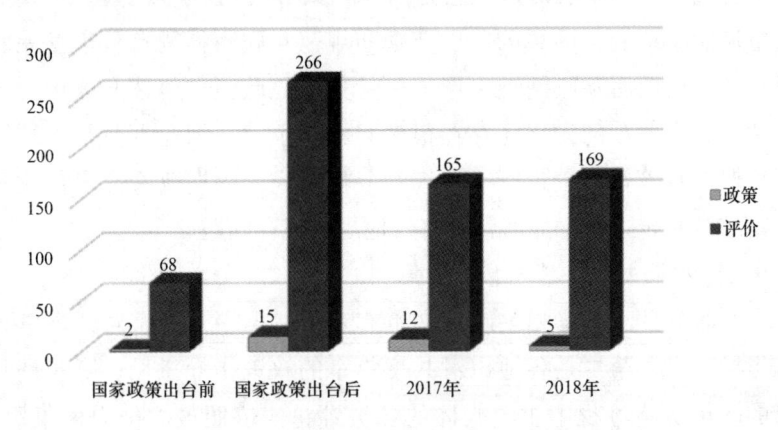

图 7-7　共享单车政策文本时间分布

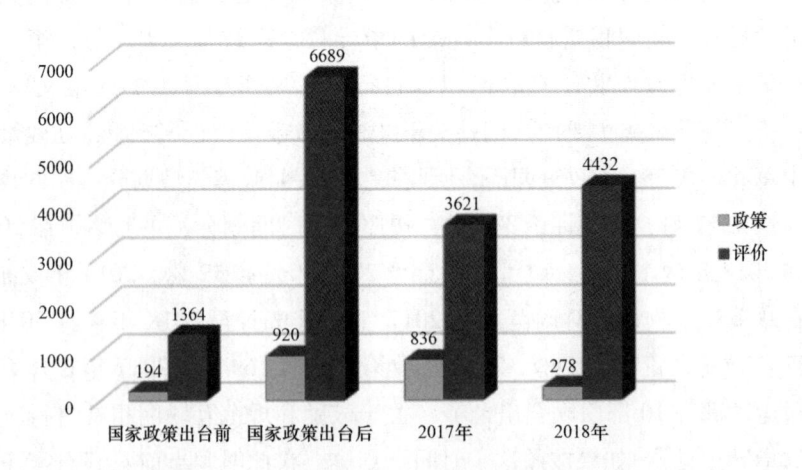

图 7-8　共享单车政策文本语句片段时间分布

（二）数据处理与内容分析

1. 提取政策框架

利用 NLPIR-Parser 对国家及地方共享单车政策指导意见（有效文本18份，语句代码1114条）进行关键词提取，总计提取2044个关键词，该软件会自动提取并计算出关键词、权重和词频，笔者用 Java 自编程序依照公式（7-2）对所提取关键词筛选出 K 值大于 0.75，或词频大于 5 的新词（n_new），K 值及词频的选取视政策文本而定，共筛选 146 个新词，除去"互联网自行车""符合国家""交通运输""有关部门"等出现频率较高且无实际意义的新词，共剩余关键词 96 个，在表 7-1 中人工筛选并提取其中 30 个有代表性的关键词。

表 7-1   政策指导意见提取关键词（部分）

Keyword	Weight	Frequency	Keyword	Weight	Frequency	Keyword	Weight	Frequency
停放秩序	18.95	59	服务能力	10.03	20	联动机制	6.03	5
车辆质量	16.76	8	**违规停放**	9.80	20	赔偿机制	6.00	6
监督管理	13.34	41	乱停乱放	9.55	18	安全隐患	5.82	9
投放数量	12.36	17	**数据接入**	8.93	7	**收取押金**	5.09	10
电子围栏	11.94	22	行业自律	8.53	14	**车辆回收**	5.08	12
违法行为	11.85	29	**卫星定位**	8.41	15	免押金	4.56	11
配套设施	11.33	16	文明用车	7.42	15	使用国产	4.50	7
专用账户	11.32	13	承载能力	6.75	16	加装	4.01	12
投放规模	10.48	13	运力投放	6.30	5	满12	3.85	17
个人信息	10.37	16	废弃车辆	6.13	5	技术状况	3.78	8

按照人工筛选的方式，把表 7-1 中的加粗的词语确定为政策框架关键词并分类，结合国家及地方政策指导意见，利用关键词抽取法在具体政策指导意见内容中进行提取，最终形成共享单车政策框架，如表 7-2 所示。

表 7-2 共享单车政策框架

城市名称	发布部门	资金管理		停放及投放管理				安全管理			信息保护	
		专用账户	收取押金	违规停放	技术状况	投放规模	车辆回收	满12	加装	车辆质量	卫星定位	数据接入	个人信息
国家	10部门	专用账户	鼓励免押金，降低押金，实时退押金	通报并限制投放	电子围栏	有序投放	无明确要求	满12	不得载人不得加装	无明确要求	卫星定位	境内存储	信息保护
北京	多部门	专用账户	鼓励免押金	及时清理	电子地图	有序投放	及时回收	满12	不得载人不得加装	无明确要求	卫星定位	境内存储	信息保护
上海	市政府	专用账户	鼓励免押金，降低押金，实时退押金	及时清理	电子地图电子围栏	有序投放	报废回收	满12	不得载人不得加装	无明确要求	卫星定位	境内存储	信息保护
天津	多部门	专用账户	鼓励免押金，即租即押，即还即退	及时清理	电子围栏	无明确要求	及时回收	满12	不得载人不得加装	无明确要求	卫星定位智能锁	服务器境内	信息保护
南京	市政府	专用账户	鼓励免押金	通报并限制投放	电子围栏	有序投放	无明确要求	满12	不得载人不得加装	无明确要求	卫星定位	服务器境内	信息保护
广州	多部门	专用账户	即租即押，即还即退，信用免押金	通报并限制投放	电子围栏	有序投放	无明确要求	满12	不得载人不得加装	无明确要求	卫星定位国产导航智能锁	服务器境内	隐私保护
厦门	市政府	无明确要求	无明确要求	通报并限制投放	电子围栏	限制投放比例	无明确要求	满12	不得载人不得加装	无明确要求	卫星定位	无明确要求	无明确要求
武汉	市政府	专用账户	按协议退还	限制投放	电子围栏	科学把控投放数量	无明确要求	满12	不得载人不得加装	95%以上	卫星定位	服务器境内	信息保护
杭州	市政府	无明确要求	即租即押，即还即退	通报并限制投放	电子围栏	有序投放	无明确要求	满12	无明确要求	无明确要求	卫星定位国产导航智能锁	无明确要求	隐私保护

第七章 政策文本解读 / 163

续表

城市	发布部门	资金管理		停放及投放管理				安全管理				信息保护	
		专用账户	收取押金	违规停放	技术状况	投放规模	车辆回收	满12	加装	车辆质量	卫星定位	数据接入	个人信息
合肥	市政府	专用账户	鼓励免押金，降低押金	通报并限制投放	无明确要求	有序投放	及时清ների废弃车辆	满12	无明确要求	无明确要求	卫星定位	无明确要求	无明确要求
成都	多部门	专用账户	鼓励免押金，即租即押，即还即退	及时清理	电子围栏	审核投放	及时清理废弃车辆	满12	无明确要求	无明确要求	卫星定位	服务器境内	信息保护
太原	市政府	专用账户	鼓励免押金，即租即押	限制投放	电子地图电子围栏	不超过16万辆	及时回收	满12	不得载人不得加装	无明确要求	卫星定位	无明确要求	信息安全
青岛	市政府	专用账户	鼓励免押金，即租即押，即还即退	通报并限制投放	电子围栏	调控投放	无明确要求	满12	不得载人不得加装	无明确要求	卫星定位	市内存储	信息安全
长沙	市政府	专用账户	鼓励免押金，即租即押，即还即退	及时清理	电子地图电子围栏	有序投放	报废回收	满12	不得加装	无明确要求	卫星定位智能锁	服务器境内	隐私保护
石家庄	单部门	专用账户	无明确要求	纳入信用记录	电子围栏	有序投放	提升处理速度	满12	无明确要求	95%以上	卫星定位国产导航智能锁	无明确要求	隐私保护
保定	市政府	专用账户	鼓励免押金，即租即押，即还即退	无明确要求	电子围栏	限制投放比例	报废回收	满12	不得载人不得加装	无明确要求	卫星定位智能锁	无明确要求	信息保护
三亚	市政府	专用账户	鼓励免押金，即租即押，即还即退	及时清理	电子围栏	有序投放	无明确要求	满12	不得载人不得加装	无明确要求	卫星定位国产导航智能锁	无明确要求	信息保护
荆门	市政府	专用账户	鼓励免押金，即租即押，即还即退	及时清理	电子围栏	限制投放比例	无明确要求	满12	不得载人不得加装	无明确要求	实时定位	无明确要求	信息保护

数据来源：自建语料库。

对表 7-2 进行梳理分析发现，国家层面是由交通运输部等 10 部门联合印发的共享单车政策文件，而上海、南京、杭州等 12 个城市是由市人民政府面向全市各单位发布的文件，北京、天津、广州等城市则是由多部门联合发布共享单车的指导意见，由此说明各城市在政策制定的同时也重点关注了多部门间政策协同执行效率的问题。在共享单车政策框架中主要包含以下四部分内容。

（1）资金管理：无论是国家政策还是地方政策都要求设置资金专用账户，保证专款专用；在共享单车收取押金环节，国家及 12 个城市政策指导意见中都明确提出鼓励共享单车企业采用免押金方式提供租赁服务，且企业应完善押金退还制度，实现"即租即押，即还即退"，其余城市也都在不同程度上对企业资金管理提出要求。

（2）停放及投放管理：国家及多地市政策指导意见中均提出采取对违规停放、不及时清理的企业实行通报并限制投放制度；几乎所有地市都要求利用电子围栏或电子地图等技术手段来规范车辆停放行为；投放规模上只有太原市明确规定在合理有序投放车辆的基础上，实现全市规模调控，但总量不超过 16 万辆，还有部分城市通过要求企业按照车辆投放量比例合理配备线下服务人员来限制车辆投放；废弃车辆的回收方面很多地市政策指导意见中都没有明确要求。

（3）安全管理：所有政策指导意见中明确禁止未满 12 岁儿童使用车辆；国家及多地市在政策中明确禁止使用共享单车载人，禁止加装儿童座椅等；在车辆质量及完好率上只有武汉、石家庄和保定三个城市明确了运营企业要确保共享单车的完好率在 95% 以上；卫星定位管理上，有 5 个城市提出鼓励使用国产导航，有 10 个城市要求共享单车企业加装带有智能通信控制模块的智能锁。

（4）信息保护：有 8 个城市明确要求将服务器设在中国大陆境内，青岛市鼓励企业将运行平台服务器设置在本行政区域内；国家及所有城市政策指导意见中都对网络安全保护、数据安全管理、个人信息保护等方面做了明确要求。

通过对国家及地方共享单车政策指导意见的计算分析，实现了对该类政策内容科学分析与解读。

2. 政策评论主题分析

本节采用 LDA 主题模型对所收集的 334 条共享单车政策评论数据（语句编码片段 8053 条）进行主题分析，实验中使用开源软件 JGibbLDA 来实现，在 LDA 模型中 α 数值设置为 50/k，β 数值设置为 0.01，主题数目 k 从数值 2~10 开始训练，采样数设置为 1000，迭代次数设置为 1000，关键词设置为 30，通过困惑度（Perplexity）指标确定主题为 4，如表 7-3 所示。

表 7-3　　　政策评论主题—特征词分布结果（选取部分）

主题 1	主题 2	主题 3	主题 4
城市 0.0238346340434	押金 0.0261807811604	问题 0.02226586768743	技术 0.010344753424
出行 0.0155216695410	免押金 0.01971276110	保险 0.01805719782752	专利申请 0.009484482
意见 0.0142809285705	退押金 0.00633571964	事故 0.01525141792091	信用 0.009054347592
文明 0.0136605580852	信用 0.0060417187293	全能 0.01335601213831	网络 0.008624212314
执法 0.0117994466295	芝麻信用 0.0057934917	产品 0.01064192236006	车身 0.007763941759
区域 0.0114272243383	资金 0.0051597159951	合格 0.00984027095817	移动 0.007548874120
秩序 0.0109309279501	被告 0.0178233408924	App 0.008838206705813	物联网 0.00733380648
城管 0.0091938905914	监管 0.0133253368817	安全 0.00863779385534	专利 0.0073338064821
文明 0.0084363973775	投诉 0.0127630863804	品牌 0.00863779385534	科技 0.0071187388433
乱停乱放 0.00782907552	账户 0.0116385853777	责任 0.00803655530392	布局 0.0066886035658
现象 0.0075809273298	安全 0.0101392507074	记者 0.00717088350696	芯片 0.0066886035658
停车 0.0067124086504	法律 0.0082650823696	抽查 0.00663366535062	电子围栏 0.005886249
行为 0.0062387830099	消协 0.0075154150345	运营 0.00643325250015	成本 0.0053981977331
行动 0.0062161122622	原告 0.0067657476994	服务 0.00563160109826	风险 0.0049680624556
违规停放 0.0059679640	诉讼 0.0063909140318	安全隐患 0.0056316011	定位 0.0045379271780

通过对政策评论内容聚类结果分析如下：

（1）主题 1（停放管理）：通过政策评论聚类后的敏感词分析（如：乱停乱放、违规停放、文明、秩序、城管等关键词）发现，目前共享单车停放秩序存在较多问题，多城市出现的野蛮停放、违规停放、乱停放侵占公共交通资源的问题也比较突出，结合政策指导意见，部分城市采取技术手段、加大处罚力度、纳入信用评价等方法来治理乱停放问题。

（2）主题2（押金管理）：通过聚类分析会发现押金难退的问题突出，很多用户采取消协投诉、法律诉讼等方式来处理解决此问题，2018年3月全国首例共享单车民事公益诉讼案一审宣判某单车公司必须按承诺退还押金并道歉，这也说明共享单车在运营过程中押金确实是焦点问题之一。在所收集的17个城市指导意见中，有12个城市都明确提出鼓励共享单车企业采用免押金方式提供租赁服务，从政策制定层面可知政府部门已下决心采取相关措施解决共享单车的押金问题，但通过分析政策评论产生时间发现，很多评论都是政策发布后产生的，因此政府部门还要进一步加强对企业押金专用账户、共享单车企业市场准入条件等方面进行管理。

（3）主题3（安全管理）：近两年由共享单车引起的事故频发，市场上共享单车的质量、故障等问题较为突出。通过对该类关键词（如：安全隐患、保险、抽查、故障、事故、合格等关键词）及具体评论分析可以发现很多企业共享单车存在安全隐患，2018年4月国家质检总局公布的共享自行车质量国家监督专项抽查结果不合格产品批次检出率为12.5%，且部分安全指标不符合要求，因此提升安全管理成为未来共享单车政策制定要考虑的重要因素之一。

（4）主题4（科技创新）：此类词语主要集中在电子围栏、物联网、专利申请、定位、移动等关键词，再结合具体评论内容发现，众多企业不断尝试通过创新研发单车产品来解决目前共享单车存在的问题。这些企业以高科技为核心，通过科技创新给用户带来更好骑行体验、使其操作更为便捷。政府也希望企业通过科技创新的方式对车辆停放管理、押金管理、安全管理等方面的问题加以解决，而专利申请成为科技创新后维护企业合法权益的重要手段。

3. 政策词语关系分析

本节把政策指导意见中的关键词及政策评论主题聚类后的词语进行整理，选取其中部分词语进行分析，词语选定可根据不同政策而定。文中主要选择核心词语和科技词语两类，把语句片段进行标注，分析政策及评论之间的关系。

（1）核心词语

通过关键词分析法和主题分析法，对共享单车政策及评论提取"押金""停放""投放""安全""电子"等有效核心词语,并从以下两个层面进行分析。

一是按照政策及评论核心词语来对比,如图7-9所示。在政策指导意见中停放、安全、投放相关的语句编码片段较多、关注度较高,而在政策评论中押金、停放、投放相关的语句编码片段较多、关注度较高。政府在政策制定过程中已重点考虑停放、安全、投放等问题,但是还是出现了很多关于押金、停放、投放的评论,这说明政策制定及政策执行中尚存问题且有较大完善空间。

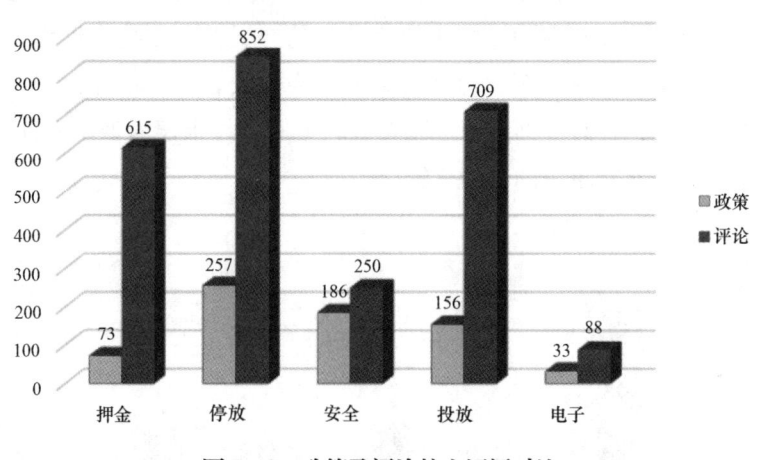

图7-9 政策及评论核心词语对比

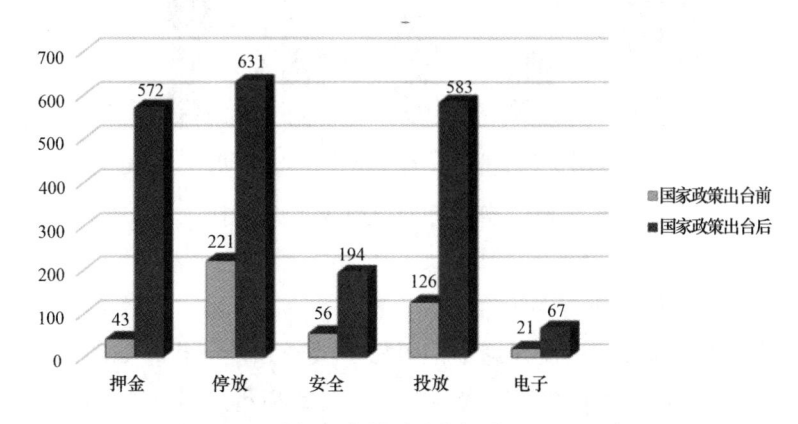

图7-10 政策出台前后政策评论核心词语对比

二是按照政策出台前后政策评论核心词语来对比,如图 7-10 所示。发现长期以来停放、投放、押金一直是政策评论的热点,在国家政策出台前共享单车作为新兴市场经济的代表,用户的关注度并不是很高,但国家政策出台后,对共享单车企业和用户都有了规范,这也使社会对共享单车的问题更加关注,由此对评论较多的词频要重点分析研究,为未来政府制定或修订政策提供有力支持。

(2) 科技词语

通过对 LDA 主题模型中与科技相关的主题词分析,如图 7-11 所示,如"电子围栏""信用积分""芝麻信用""专利申请""GPS"。通过数据计算结果可以发现在信息技术快速发展的今天,众多技术性词语在政策指导意见中并没有体现,但在政策评论中涉及较多,由此说明科技的引入大势所趋,在政策制定中可以尝试对企业在技术层面做出硬性要求,以此来提升对共享单车的科学化管理。

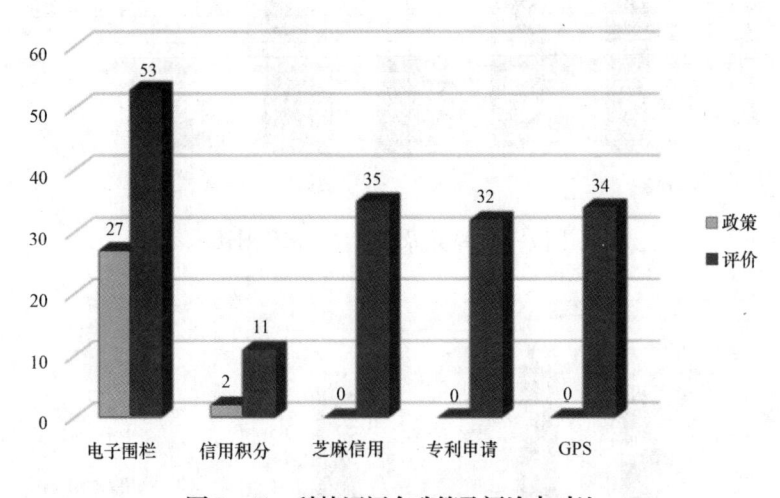

图 7-11 科技词语在政策及评论中对比

4. 共现强度分析

研究中对部分政策及评论中词语做了共现强度分析,如图 7-12 所示,图 7-12 中的数值根据公式 (7-4) 计算所得。通过数据可以发现,乱停乱放的共现强度值在政策及评论中数值均较高,免押金、退押金、安全隐患等词也呈现较高值,由此说明共享单车发展至今,虽然各类政策中提到并规范了共享单车的停放问题，但乱停乱放问题还是最突出；各类押金问题也长期困扰着广大消费者，无法得到满意的解决方案。投放数量、投放规模、限制投放等词的共现强度值较低，而限制投放的共现强度在政策中为0.0076，评论中为0.0001，政策+评论中为0.0010，呈现数值均最低，由此说明，虽然在投放管理方面各地市存在一些问题，但也很难从投放数量、投放规模甚至是限制投放等方面做出规定，因此政府需要考虑在共享经济发展的同时，给予共享单车一定程度上的投放限制。

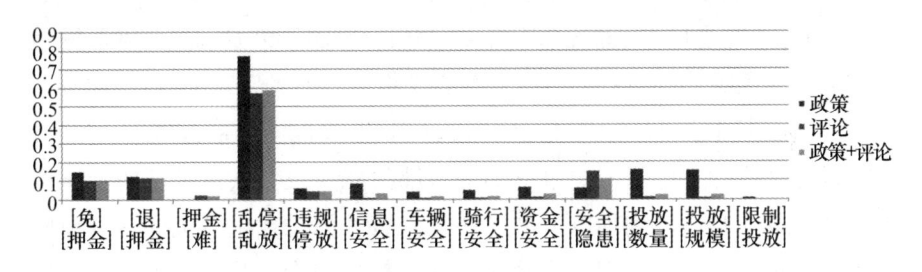

图7-12 政策及评论语句片段中共现强度

（三）政策建议

基于对国家、地方政策指导意见及政策评论内容分析，现从以下几方面对共享单车政策制定及修订提出建议：

1. 通过信用免押金解决押金监管问题

2018年央视315晚会上提及共享单车押金问题，在众多共享单车企业倒闭后，留下了共享单车押金无法退还的问题，这引发了社会公众对单车押金监管政策的质疑。2018年起一些单车企业在全国范围内推行信用免押金服务，且这项服务推出后得到广大消费者的好评，与此同时芝麻信用也在推进免押金行动，由此可见，政府部门应要求企业采用免押金方式来解决共享单车押金管理的系列问题，以此在最大限度上保护消费者权益。

2. 通过科技手段实现精细化管理

目前管理问题集中在停放、投放等环节，各运营平台普遍是根据片区划分配备相应的管理与运维人员，但随着共享单车投放数量的不断增加，即使只做日常巡查也会力不从心，利用现代化技术手段来解决共享单车投放及停放难题将成为趋势。通过对科技词语分析发现，政府积极鼓励共享单车企业采用电子地图、电子围栏等科技手段来解决共享单车管理问题。2018年3月中国信息通信研究院、移动物联网产业联盟发布《共享单车电子围栏技术要求》，明确规定了电子围栏在共享单车终端定位停放、电子围栏施划、共享单车停放管理平台、共享单车用户App等方面的多项标准。基于此，政府部门应对共享单车企业提出技术性要求，以确保共享单车投放混乱及乱停乱放问题继续蔓延。

3. 通过政府部门间协同提升执行效率

2017年8月1日交通运输部等10部门发布关于鼓励和规范互联网租赁自行车发展的指导意见的前后，本节收集了17个城市共享单车的政策指导意见，其中有12个城市是由市人民政府面向全市各单位发布的文件，北京、天津、广州等城市也都是多部门联合发布共享单车的指导意见，由此说明从国家到地方层面在制定政策的同时也重点关注了政府间政策协同的执行效率，但政策评论中所反馈的安全、投放、停放等问题对政府部门间协同提出了更高要求，政府部门间应制定统一行业标准，统一执行，严格市场准入，通过协同治理的方式保证共享单车市场的正常新陈代谢。

四 结论与评述

随着大数据、人工智能等技术的快速发展，政策文本语料日益丰富，基于政策文本计算的政策内容分析方法在政策研究领域也会有广泛的应用前景，综上所述，本节在优化编码规则、通用性分析方法提炼等方面做了一些研究。

第一，优化编码规则有助于提炼精细化的分析结果。政策内容分析的关键在于对政策内容编码的合理性，本节利用语句和词语进行编码。语句层面：通过对政策文件及政策评论进行语句单元划分，提升文本计算的准确性；词语层面：通过对政策文件的词语分析来提取政策框架，对政策评论的词语分析来对政策评论进行聚类。本节对所提炼出来的精细化结果进行政策分析，从而给出针对政策的合理化建议。由于政策文本具有数据量大、规范严谨的特点，通过政策文本计算的方式可快速提取有效信息，实现对大规模政策文本语句片段降维，单纯文本计算所产生的结果会存在较多干扰项，为提升政策内容分析的准确度，建议在分析过程中适当加入人工筛选。

第二，提出了一种基于政策文本计算的政策内容分析方法。政策内容分析是把非结构化的、无序的文本转化为可用来分析的格式化文本的方法，其核心在于分析方法研究。本节所提出的政策内容分析方法有效地融合了关键词抽取法、主题分析法和共现分析法，针对不同的政策文本类别采用不同的方法进行计算分析，利用关键词抽取法对政策文件进行政策框架提取；利用主题分析法对政策评论数据进行聚类分析；利用共现分析法对政策文件及政策评论进行共现强度计算；最后对结果数据进行综合分析，通过实证研究验证了基于政策文本计算的政策内容分析方法的有效性。

大数据分析技术的广泛应用，使得政策文本计算在政策执行过程、政策比较研究、政策预测分析、政策互动评价和政策科学决策等领域起到重要作用。该方法的引入在提升政策预测分析时效性、精确度和改进政策分析研究的精度、深度方面也提供了新思路；通过政策文本计算方法的引入，不仅实现了政策文本与政策语义的对应关联，还实现多维度的政策内容分析，在理论上丰富了传统内容分析方法，在实践中也为研究人员提供了有针对性的案例分析。在未来的工作中，希望有更多的研究者把该方法应用于其他领域，通过不断调整参数的数值使其更优化并具有普适性。

第三节 国家社会科学普及促进立法框架构建

一 案例背景

哲学社会科学是推动历史发展和社会进步的重要力量，其发展水平不但反映了一个民族的精神品格与文明素质，而且体现了一个国家的综合国力和国际竞争力。中共中央2017年印发的《关于加快构建中国特色哲学社会科学的意见》中，明确提出要"加强相关领域立法，保障哲学社会科学工作"。从全国范围来看，长期以来哲学社会科学工作领域存在的体系机制问题已成为影响其繁荣发展的重要因素，因此，制定哲学社会科学普及规划、条例乃至法律，不但能够变革当前哲学社会科学工作体系机制，而且能在法治轨道上推动哲学社会科学事业高质量发展。自2012年起我国已经有18个省级机构的社会科学普及促进地方综合立法，地方立法不仅推动哲学社会科学创新发展，还是深入贯彻习近平总书记关于哲学社会科学工作的重要论述精神的具体实践。本节以18个省级地方法规及其解读文本为元数据，分别从特征词分析、主题聚类及重要主题识别三个视角，递进式地形成了从地方法规框架分析到国家立法框架设计的生成逻辑，提出繁荣发展新时代我国哲学社会科学普及促进的对策建议。党的二十大明确提出"深入实施马克思主义理论研究和建设工程，加快构建中国特色哲学社会科学学科体系、学术体系、话语体系，培育壮大哲学社会科学人才队伍"。以此为契机，我们希望不断强化制度保障，推进哲学社会科学普及促进立法工作，为推进中国特色社会主义共同富裕先行提供思想理论支撑，为全球哲学社会科学普及促进工作贡献中国智慧和方案。

二 研究过程

（一）数据范围

法律法规在经济社会发展中占有重要地位，它决定着执政的路径、社会发展的走势和方向。在全口径科学技术立法领域，时隔将近30年，2021年12月24日第十三届全国人民代表大会常务委员会第三十二次会议第二次修订通过《中华人民共和国科学技术进步法》，但哲学社会科学领域仅有江苏在全国率先开展哲学社会科学综合性立法，2022年7月29日江苏省第十三届人民代表大会常务委员会第三十一次会议通过《江苏省哲学社会科学促进条例》，可见国家层面的社会科学立法尚任重道远。另外，根据《中华人民共和国宪法》规定："国家发展自然科学和社会科学事业，普及科学和技术知识"，自然科学与社会科学应当并重；目前我国仅有2002年颁布的国家层面的《中华人民共和国科学技术普及法》，2022年8月中共中央办公厅、国务院办公厅印发《关于新时代进一步加强科学技术普及工作的意见》，以及2022年8月科技部、中央宣传部、中国科协共同编制发布的《"十四五"国家科学技术普及发展规划》（国科发才〔2022〕212号）等政策文件，国家层面有关社会科学普及的政策法律存在空缺现象。

然而从实践来看，自2012年起，为进一步推进社会科学普及促进工作的发展，我国已有不少省市先后发布了社会科学普及发展规划纲要、社会科学普及规定、社会科学普及条例等地方法规或行政规章，20多年的地方立法实践不仅推动哲学社会科学创新及社科普及快速发展，还是深入贯彻习近平总书记关于哲学社会科学工作的重要论述精神的具体实践。我们认为可以从地方社会科学普及法规起步、推进国家层面社科普及立法，并逐步实现社会科学综合立法。因此，本研究以国家社会科学普及促进立法框架为设计目标，选取现有行文结构相对一致的省级社会科学普及促进规定和条例为研究对象，共收集省级机构社科普及促进地方法规18部及其解读文本19部，去除无效语句后，共2013条语句片段和123914个字符，对省级社科普及促进地方法规分析不但能够体现地方立法的内容，还能对我国社科普及以及社科综合立法起到推动作用。2012年8月宁夏率先发布《宁夏回族自治区社会科学普及条例》，此后广东、山东、河北、福建等先后发布了各区域的社科普及条例。对地方法规准确、主动的把握和解读能避免公众对法规可能存在的误读、不理解，通常来说，法规的解读多是针对重点内容或关键内容进行特殊说明，因此对解读文本分析是提取地方法规中重点内容的有效途径。

（二）研究方法

现将社科普及促进地方法规及其解读文本分析过程划分为两部分，分别为文本处理和文本计算，具体流程如图7-13所示。

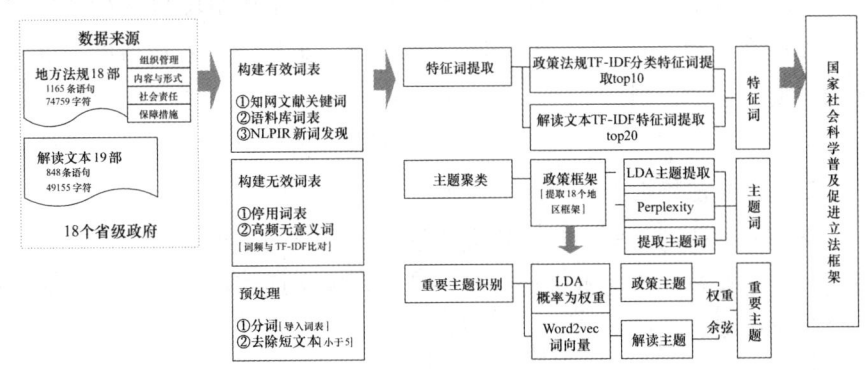

图7-13 社科普及促进地方法规及其解读文本分析流程

（1）文本处理：文本处理是文本分析的关键环节，准确挖掘文本中重要特征是形成法律框架的基础，因此将文本处理分为如下步骤：①构建有效词表。有效词表由三部分组成，一是通过知网获取"社科立法""社科普及""社科促进"相关文献529部，提取关键词；二是获取自建语料库中相关领域词表；三是利用Python调用NLPIR提取新词；以上三步共同形成政策词表687条。②构建无效词表。无效词表由停用词表和高频无意义词构成，其中通过高频词频与TF-IDF对比分析，并反复LDA聚类筛选出现频率高且无实际意义关键词，如"研究""发展"等。③预处理。随后利用Python语言jieba工具对文本进行分词、加载有效词表、去无效词等预处理操作，最后去除超短语句，由于字符小于5的语句对计算的结果影响较大，因此需要去除。

（2）文本计算。为了从社科普及促进地方法规及其解读文本中提取特征关键词及重要主题，从三个视角进行递进分析，并最大限度提取文本的主要特征：①特征词分析。根据TF-IDF值分别对法规及解读文本排名前20的关键词进行排序，以实现特征词提取并分析；②主题聚类。将18部法规进行人工框架提取，去除政策法规中总则和法律责任部分，形成"组织管理、内容与形式、社会责任、保障措施"的主题内容框架，对这四部分文本分别进行LDA主题聚类，利用困惑度计算最优主题，形成主题及主题词，以期能够从语义层面更为精准地识别地方法规文本中的主题。③重要主题识别。解读文本主要针对地方法规中重点内容进行分析，因此本节将19部解读文本与条例中四部分分别进行LDA主题聚类，利用困惑度计算最优主题，将Word2vec词向量模型与LDA中主题词权重相结合，利用Cosine Similarity计算条例与解读文本的相似度，以实现对重要主题的识别。

三　地方法规框架分析

本节从特征词分析、主题聚类、重要主题识别三个维度对社科普及促进地方法规及解读文本进行分析，旨在为国家层面社科普及立法框架设计提供依据。

（一）特征词分析

特征词提取是文本挖掘和信息检索领域的基本问题之一，旨在用量化分析方法从文本中抽取出的特征。本研究选取 TF-IDF 方法来分别提取 18 部社科普及促进地方法规和 19 部解读文本的 TF-IDF 数值,以实现对文本的特征词抽取。TF-IDF 通常用来评估某个词或短语对一个文档的重要程度,TF-IDF 值高则说明该词对这个文档具有较高的重要性[①]。

(1) 地方法规视角

为了更加精准提取文本特征,将 18 部社科普及促进地方法规按照"组织管理、内容与形式、社会责任、保障措施"四个类别划分。分别计算每个类别 TF-IDF 值,提取前 10 个特征词,如表 7-4 所示。①组织管理。"联合会""社会保障""人力资源"的 TF-IDF 数值均较高,这与社会科学联合会主要负责本行政区域内的社会科学普及促进组织管理工作相对应,同时要促使人力资源和社会保障部门将普及社会科学知识作为素质教育和继续教育内容的重要工作。②内容与形式。"社会主义""马克思列宁主义""毛泽东思想"等特征词体现了在社科普及促进内容中马克思列宁主义、毛泽东思想、中国特色社会主义理论体系的重要作用;"音像制品"说明社科普及促进形式主要包括出版社会科学普及图书、音像制品及各类出版物等。③社会责任。"培训""知识"说明将社会科学知识纳入各类职业培训内容是重要社会责任;"宣传栏""橱窗"等特征词说明图书馆、博物馆、文化馆等单位应利用宣传栏、信息橱窗等载体开展社会科学普及促进活动。④保障措施。"经费"的 TF-IDF 数值最高,足以说明经费保障在整个社科普及促进中的重要作用;"优秀成果"的 TF-IDF 数值较高,说明建立社会科学普及与应用成果评价机制也同样重要;"信息化"的 TF-IDF 数值也较高,这和建设社会科学普及促进信息化网络平台过程中运用数字化、信息化技术有关。

表 7-4　　TF-IDF 值排名前 10 的地方法规文本特征词

类别序号	组织管理	内容与形式	社会责任	保障措施
1	联合会	社会主义	培训	经费

[①] 张公让、鲍超、王晓玉等:《基于评论数据的文本语义挖掘与情感分析》,《情报科学》2021 年第 5 期。

续表

序号 \ 类别	组织管理	内容与形式	社会责任	保障措施
2	社会保障	文明	知识	优秀成果
3	人力资源	基本知识	宣传栏	联合会
4	新闻出版	制作	委员会	款物
5	委员会	音像制品	创作	信息化
6	公共	马克思列宁主义	文化馆	截留
7	负责	毛泽东思想	橱窗	开放
8	本行政区域	出版物	出版	基地
9	计划	知识	优势	培训
10	培训	优秀	公共	投资

（2）解读视角

对地方法规解读文本 TF-IDF 数值较高的特征词提取，可以直接反映出法规解读的重点内容，如表 7-5 所示。①立法的必要性。"立法""法制""规范""制度"等特征词说明社科普及促进进入法治化轨道的必要性，通过建立管理规范、管理制度进一步加强和规范社会科学普及促进工作。②保障措施。"经费""基地""平台""培训"等特征词说明建立与经济社会发展相适应的社会科学普及经费保障机制、建设社会科学普及基地，开展社会科学普及培训和经验推广是保障社会科学普及促进工作顺利推进开展的重要条件。③社科普及促进内容。"习近平""社会主义""价值观"等特征词说明从内容上要始终坚持深入学习实践习近平新时代中国特色社会主义思想的价值观，进而全面推进社会科学普及促进工作。

表 7-5　　TF-IDF 值排名前 20 的解读文本特征词

序号	特征词	序号	特征词
1	立法	11	基地
2	经费	12	作用

续表

序号	特征词	序号	特征词
3	法治	13	山西
4	规范	14	价值观
5	社会主义	15	知识
6	制度	16	力量
7	习近平	17	群众
8	科普	18	素质
9	联合会	19	平台
10	云南省	20	培训

（二）主题聚类

将 18 部地方法规进行人工框架提取，形成"组织管理、内容与形式、社会责任、保障措施"的主题框架，对这四部分政策文本进行 LDA 主题聚类，利用困惑度计算最优主题，主题数确定为（6，7，6，8），并且通过主题词对地方法规框架的主题进行识别，如表 7-6 所示。

表 7-6　　　　　　社科普及促进地方法规主题框架

主题框架	主题识别		主题词 [TOP5]
组织管理	主题 1	社科机构	社会保障　人力资源　社会科学界联合会　新闻出版　司法
	主题 2	社科普及培训	委员会　培训　提供　计划　协助
	主题 3	社科组织	社会科学界联合会　负责　社会科学普及基地　日常　解决
	主题 4	社科普及指导对象	委员会　体系　村民　居民　公共文化服务　国民经济
	主题 5	社科计划规划	计划　健康　社会科学界联合会　普及工作　协助
	主题 6	社科普及组织措施	课题　社会科学界联合会　出版　社会科学普及基地　培训

续表

主题框架	主题识别	主题词 [TOP5]
内容与形式	主题1 社科理论	优秀 新时代 中国特色社会主义 文明 理念
	主题2 优秀传统文化	文明 中国特色社会主义 优秀 传统文化 马克思列宁主义
	主题3 社科普及形式	制作 图书 编写 出版 论坛 互联网
	主题4 宗教文化	邪教 封建迷信 危害 伪科学 抵制
	主题5 社科知识	社会科学知识 制作 竞赛 编写 咨询
	主题6 社科普及内容	制作 咨询 出版物 互联网 编写
	主题7 社科出版物	中国共产党 出版物 历史 制作 图书
社会责任	主题1 宣传出版形式	发行 出版 放映 制作 创作 图书
	主题2 社科知识培训	培训 企业 职业道德 心理健康 社会科学知识
	主题3 社科普及成果推广	研究成果 优势 哲学社会科学研究 承担者 项目
	主题4 社科普及群体	团体 国家机关 社会科学知识 对象 工会
	主题5 社科宣传途径	委员会 宣传栏 村民 居民 广场
	主题6 学生素质教育	培训 重点 学生 学校 素质教育
保障措施	主题1 投资保障	投资 信息 财物 设立 评比
	主题2 优秀成果评价	优秀成果 产业 评价 推荐 评选
	主题3 示范基地	管理 完善 示范基地 社会科学界联合会 创建
	主题4 资源免费开放	投资 推广 免费 维修 开放
	主题5 社科普及成果认定	合作 评聘 职务 业绩考核 突出贡献
	主题6 资源开放手段	信息化 平台 资源 社会科学界联合会 网络化
	主题7 培养队伍	指导员 社会科学界联合会 队伍 培养 储备
	主题8 经费预算	经费 投资 安排 财政预算 展示

（三）重要主题识别

将"组织管理、内容与形式、社会责任、保障措施"四部分主题分别与解读文本做相似度计算，形成主题相似度热力图，如图7-14所示，选取相似度数值高的主题以实现对重要主题的识别。其中，组织管理主题相似度数值整体较低，其中组织管理主题6与解读主题3相似度为0.56，该主题突出社科普及组织措施；内容与形式主题相似度数值整体也较低，也可以侧面说明在地方立法中更多突出了地方特色，其中内容与形式主题 2 与解读主题 2 相似度为 0.65，该主题突出中华优秀传统文化；社会责任主题 3 与解读主题 3 相似度为 0.67，该主题为社科普及成果推广；保障措施主题 8 与解读主题 1 相似度为 1，该主题为经费预算。

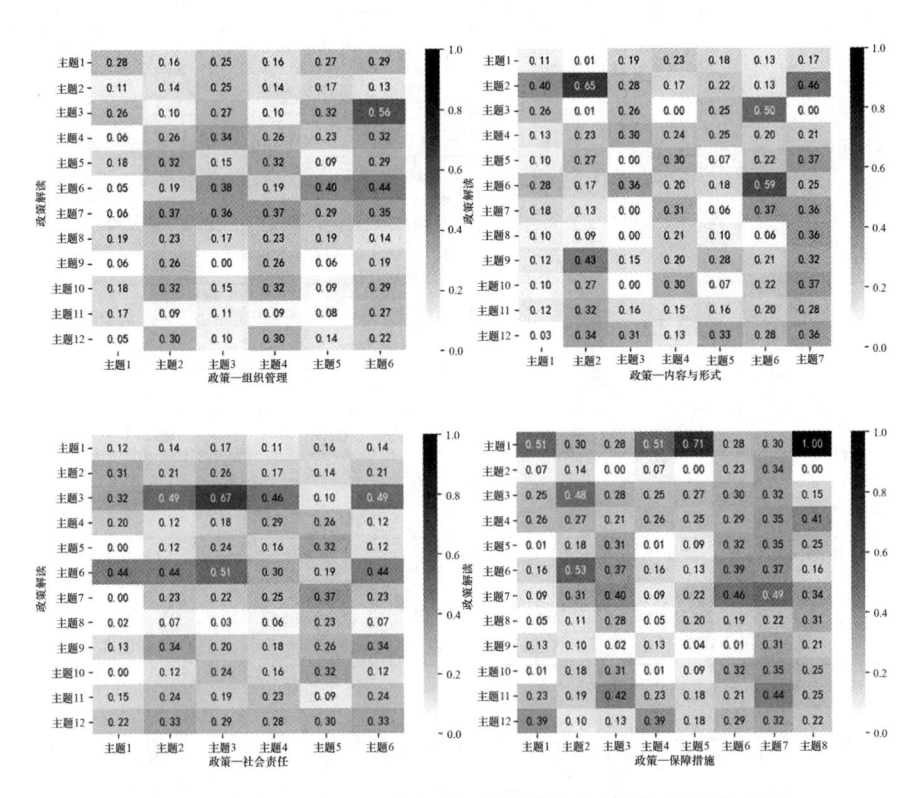

图 7-14　社科普及促进地方法规与解读文本主题相似度热力图

四　国家立法框架设计

通过对社科普及促进地方法规及解读的特征词、主题聚类、重要主题的分析，结合实际法规文本设计社会科学普及促进立法框架，如表 7-7 所示，其中重要主题识别中解读文本与法律法规文本相似度较高的部分确定为框架中重点内容。

表7-7　　　　　　　　　国家社会科学普及促进立法框架

类别	准则	特征词	主题	重点
1. 组织管理	1.1 社科机构	联合会、委员会	主题1、主题3	
	1.2 社科计划规划	培训、计划	主题2、主题5	
	1.3 社科普及组织措施	新闻出版	主题6	★
2. 内容与形式	2.1 社科理论	社会主义、马克思列宁主义、毛泽东思想	主题1	
	2.2 社科知识	文明、基本知识、优秀	主题5	
	2.3 中华民族优秀传统文化	优秀	主题2	★
	2.4 社科普及形式	制作、音像制品、出版物	主题3、主题6、主题7	
3. 社会责任	3.1 社科普及宣传	宣传栏、橱窗、出版	主题1、主题5	
	3.2 社科知识培训	培训、知识	主题2、主题6	
	3.3 社科普及成果推广	优势、公共	主题3	★
4. 保障措施	4.1 经费保障	经费、款物、截流、投资	主题1、主题8	★
	4.2 资源开放和共享	信息化、开放	主题4、主题6	
	4.3 社科人才队伍培养	基地、培训	主题7	
	4.4 社科成果评价	优秀成果	主题2、主题5	

（1）组织管理。政府应当从多角度加强对社会科学普及促进工作的组织与管理。①社科机构。在省级政府中主要包括社会科学实施机构和社会科学研究机构，其中省社科联是社会科学普及促进工作的主要社会力量，承担着社会科学普及促进的实施职能，而社会科学普及促进研究机构包括省社科院、高等院校、省委党校等部门。与省级政府相对应的国家层面中国社科院、高等院校等在我国社会科学普及促进研究过程中发挥了重要作用，但与省社科联相对应的实施机构，国家层面尚未成立"哲学社会科学界联合会"。②社科计划规划。应当将社会科学普及工作纳入国民经济和社会发展规划及年度计划，对社会科学普及工作进行督促检查。同时，社科普及工作机构负责制定并组织实施社会科学普及规划、计划和政策措施，以确保社科普及活动的开展。③社科普及组织措施。

该部分是组织管理中重点，社会科学界联合会是负责社会科学普及工作的机构，加强哲学社会科学领导机构和工作机构的建设，明确工作机构设在同级社科联，同时高等学校、社会科学研究机构等应当结合自身优势，通过研究课题、出版物、培训等开展形式多样的社会科学普及活动。

（2）内容与形式。社会科学普及促进内容与形式是法律框架的重要组成部分，它主要包括以下四个方面：①社科理论。以马克思列宁主义、毛泽东思想、邓小平理论、习近平新时代中国特色社会主义思想为指导，将其深入贯彻于社会科学普及促进工作中去。②社科基础知识。一是全面普及哲学社会科学学科及其交叉学科的基础理论和基本知识；二是普及体现人类社会文明和社会发展规律的社会科学知识。③中华民族优秀传统文化。该部分是内容与形式的重点，充分说明了在社科普及工作中要用中国特色社会主义先进文化、社会主义思想道德占领基层思想文化阵地，同时弘扬中华优秀传统文化、革命文化并传承红色基因。④社科普及形式。一是举办社会科学讲座、培训等活动；二是编写、制作、出版社会科学普及图书、音像制品及各类出版物，制作和发布社会科学公益广告；三是利用图书报刊、广播电视、互联网、新媒体和传统口头传承开展社会科学普及活动；四是利用各类社会科学普及基地举办文化活动。

（3）社会责任。国家机关、事业单位有责任结合实际情况开展社会科学普及促进活动。主要包括以下三个方面：①社科普及宣传。一是做好社会科学普及活动宣传报道；二是将社会科学普及作品纳入出版、发行计划；三是利用各类设施和载体做好社会科学普及宣传。②社科知识培训。一是将社会科学知识纳入各类培训内容。对不同层次人员进行社会科学知识理论与实践相结合的培训，注重提高参与培训人员的思想政治素质和社科文化素质。二是把普及社会科学基础知识作为各类学校素质教育的重要内容，重点围绕社会主义核心价值观和社会公德等方面的内容进行培训。③社科普及成果推广。该部分是社会责任的重点，要多渠道促进社科成果转化为实际生产力，同时要不断开拓社科普及成果推广新形式，这样才能有利于优秀社科成果"飞入寻常百姓家"，实现社科成果的大众科普。

（4）保障措施。明确保障措施是社会科学普及促进顺利推进及可持续性发展的关键环节。主要包括以下四个方面：①经费保障。该部分是保障措施的重点，社会科学与自然科学是科学的两翼，但现实中社会科学与自然科学在普及促进经费方面相去甚远，因此建立完善的经费保障机制是社会科学普及促进的重中之重。从四个方面建立经费保障机制，一是建立与经济社会发展相适应的社科普及经费保障机制；二是将社科普及所需经费列入政府预算；三是随着国民经济和社会事业的发展应逐步增加经费投入；四是重点针对扶持民族地区、边境地区、革命老区、贫困地区等设立专项经费进行社科普及促进活动。②资源开放和共享。一是共享利用现有科技、教育、文化等设施开展社科普及活动；二是政府投资建设的社科普及场馆、设施应该用于开展社会科学普及活动，并且面向社会公众开放；三是通过建立社科普及网络平台促进相关资源的共享与利用。③社科人才队伍培养。一是建立社会科学普及促进人才库，建立专职与兼职相结合的社会科学普及促进队伍。二是建立社会科学人才体系。《国家"十四五"时期哲学社会科学发展规划》中提出，要加强新时代哲学社会科学人才队伍建设，建设种类齐全、梯队衔接、结构合理、专业突出的哲学社会科学人才体系。④社科成果评价。优秀社科成果评选具有"导向标"作用，要从以下方面保障优秀社科成果的展示、转化、推荐和奖励，一是将社科普及促进成果纳入社会科学优秀成果奖评奖范围；二是建立和完善评价与激励机制，发挥社科优秀成果奖的导向与激励作用，并设立哲学社会科学领域的国家级奖励与荣誉。

此外，法律责任也是立法的重要组成部分。要防范以社科普及的名义从事危害国家安全、损害社会公共利益或者他人合法权益的活动，对于构成犯罪的要依法追究刑事责任。同时还要构建教育、预防、监督、惩治相结合的一体化学术诚信体系，加强社会科学科研活动全过程诚信管理。社科研究人员违反学术诚信，存在学术不端行为的，所在单位应当依据有关规定予以处理。

五 结论与建议

深入学习贯彻党的二十大精神，牢牢把握构建中国特色哲学社会科学的战略任务，在新的征程上谱写哲学社会科学繁荣发展新篇章。本节以18部社会科学普及促进政策法规及19部解读文本为元数据，分别从特征词分析、主题聚类及重要主题识别三个视角，递进式地形成了从社科普及地方法规框架分析到国家层面立法框架设计的生成逻辑，以期加快推动我国社会科学普及促进立法工作，最终实现以立法推进哲学社会科学大繁荣、大发展的总体目标。综合对国家社会科学普及促进立法框架生成逻辑的分析提出三方面的对策建议。

（一）进一步推进国家层面社会科学普及促进立法工作

社会科学普及促进立法是贯彻落实党的二十大"加快构建中国特色哲学社会科学学科体系、学术体系、话语体系"的法治举措。当前我国地方政府实现社会科学普及促进立法先行，总结提炼成功经验，着力解决突出问题，有利于在法治轨道上以地方立法倒逼国家社会科学普及促进制定规划、出台条例乃至颁布法律。2022年8月科技部、中央宣传部、中国科协印发《"十四五"国家科学技术普及发展规划》，其中提出推动党校（行政学院）、干部学院、社会科学院等加强科普工作，从机构角度一定程度上体现出社科普及的内涵。基于此，建议国家尽快出台政策法规的同时，内容中应重点包括以下三部分：一是工作机制和保障。国家层面社会科学普及促进立法要积极解决哲学社会科学工作体系不够完善、基层组织不够健全、经费投入保障不够充足等瓶颈问题。二是促进学科建设、学术研究和交流。需要鼓励和支持高校优化哲学社会科学学科专业设置和布局，推动一流学科建设，促进学科之间融合发展，加强哲学社会科学领域学术研究和学术交流。三是社科人才队伍建设。建立社科普及人才库，加强新时代哲学社会科学人才队伍建设，建设种类齐全、梯队衔接、结构合理、专业突出的哲学社会科学人才体系。

（二）加强软实力成立全国社会科学界联合会

提升国家软实力是增强国家综合发展实力的必然选择，哲学社会科学繁荣发展是提升国家软实力的内核，而完善的社会科学组织机构体系是国家层面社会科学各层次立法的重要组成部分。基于对地方法规文本中组织管理的分析发现，当前各地方政府已经建立较为完善的从实施到研究的"社科联—社科院—高等院校"组织机构体系，而国家层面虽有中国社科院、中央直属高等院校作为支撑，但这些均属研究机构，尚缺少国家层面的实施机构。鉴于各地区社会科学界联合会已有长期成功经验，我国已具备了成立国家层面的实施机构的条件，因此加快成立"全国哲学社会科学界联合会"大势所趋，其主要包括三个方面职责：一是主要围绕党和国家决策所面临的重大前瞻性问题进行联合攻关及对策性研究；二是宣传贯彻习近平新时代中国特色社会主义思想，通过社科普及促进工作扎实推进中国学术"走出去"，讲好中国故事，进而构建中国特色的哲学社会科学话语体系[1]；三是以多手段推动哲学社会科学大发展大繁荣。积极塑造高质量社会科学理论普及品牌，同时打造群众喜闻乐见的社会科学普及产品，进一步发挥社会科学教育基地示范的作用。

（三）促进国家设立哲学社会科学最高成果奖

早在2004年中共中央《关于进一步繁荣发展哲学社会科学的意见》就指出繁荣发展哲学社会科学是建设中国特色社会主义的重大任务，社科工作者在新时代中国特色社会主义建设过程中发挥了重要作用，理应得到与自然科学家同等的奖励和荣誉，因此要建立和完善社科评价和激励机制。基于社会科学普及促进条例文本中保障措施的分析，结合当前各省级政府均设立"省社会科学优秀成果奖"的实际情况，建议设立哲学社会科学领域的国家级奖励与荣誉，充分发挥哲学社会科学优秀成果奖的导向与激励作用[2]，有助于挖掘我国社科领域的重大创新成果，同时为国家社科优秀成果普及提供基础素材。成果奖评选标准应遵从四个原则：一是对我国经济社会发展过程中具有原创价值、有世界影响的社会科学成果；二是继承和发扬中华优秀文化、对中华文化走向世界有重大贡献的社科工作者；三是有重大意义的历史文物发现与发掘，以及创建重大文化活动的社科工作者；四是对中华文化在全球的传播有重大贡献的社科工作者。国家级的哲学社会科学最高奖励和荣誉，由党中央和国务院颁发，有利于增强社科工作者的荣誉感与责任感[3]，促进哲学社会科学优秀成果不断形成的同时，为哲学社会科学普及持续提供优秀素材。

---

[1] 王学荣：《构建中国特色哲学社会科学话语体系的路径期成》，《宁夏社会科学》2018年第2期。

[2] 陈霞：《为我国哲学社会科学设立国家级奖励与荣誉的建议》，http：//news.cssn.cn/zx/bwyc/201903/t20190303_4842018.shtml，2019年3月3日。

[3] 沈壮海、张发林：《当前中国高校的哲学社会科学创新：观念与路径——基于全国50所高校的调查》，《中国社会科学》2012年第8期。

第八章

政策文本比较

本章尝试通过"我国大数据政策比较研究""我国人工智能政策比较研究""央地政府知识产权发展规划比较研究"三个应用实证利用文本相似度计算进行政策比较，以期发现不同区域间政策的相似性和差异性。

第一节 我国大数据政策比较研究

一 案例背景

随着技术的进步，文本相似度计算的精确度也在不断提升，并被广泛应用于文献查重、智能机器问答、文本智能分类等领域，对文献调研发现，目前少有研究者把其用于政策比较研究中。自2015年8月31日国务院发布《促进大数据发展行动纲要》（以下简称《纲要》）以来，国家各部委、各地区基于《纲要》内容先后出台了一系列政策来推动大数据产业的发展。虽然大数据政策制定的总体目标相同，但由于区域特色不同，各地区所出台的政策差异较大，因此对国家与各地区间大数据政策的比较研究显得尤为重要，研究不但可以通过政策间的相似性探寻重点关注内容，还可以通过政策间的差异性探寻区域发展特色。目前定性政策研究方法存在效率较低及主观性较强的问题，因此，本节以文本相似度为视角对我国大数据政策进行比较研究，以实现对不同地区间政策文本科学化分析，进而实现为政府决策提供支持的目标。

二 研究过程

本节的主要研究对象有两类：一是《纲要》，该文件是国务院发布大数据产业布局的战略性政策。《纲要》中提到了三大主要任务和十项工程，三大主要任务是大数据政策执行的核心部分，也是各地区制定大数据政策的重要参考，主要包括：加快政府数据开放共享，推动资源整合，提升治理能力（以下简称数据开放）；推动产业创新发展，培育新兴业态，助力经济转型（以下简称创新发展）；强化安全保障，提高管理水平，促进健康发展（以下简称安全保障）。因此，本节将此部分内容提取并形成框架，把其作为比较对象。二是 2013—2019 年我国 22 个地区发布的省级政府层面大数据行动计划或实施方案，将这些政策文件作为被比较研究对象。现对整个研究过程进行分解，如图 8-1 所示。

政策文本采集	确定采集对象 → 人工采集 → 存储元信息及文本信息 → 存储语句片段
文本预处理	提取新词 → 导入政策词表 → 中文分词、去停用词等 → 去除超短语句
相似度计算	调用Gensim中doc2bow方法 → 计算TF-IDF词语关联度数值 → 语句相似度计算 → 提取语句相似度最大值
形成政策框架	以主要任务为基础形成政策框架 → 将相似度数值进行填充 → 寻找相似度最高语句 → 生成比较框架
政策比较研究	相似性比较研究 → 差异性比较研究 → 综合比较研究 → 分析结果并给出建议

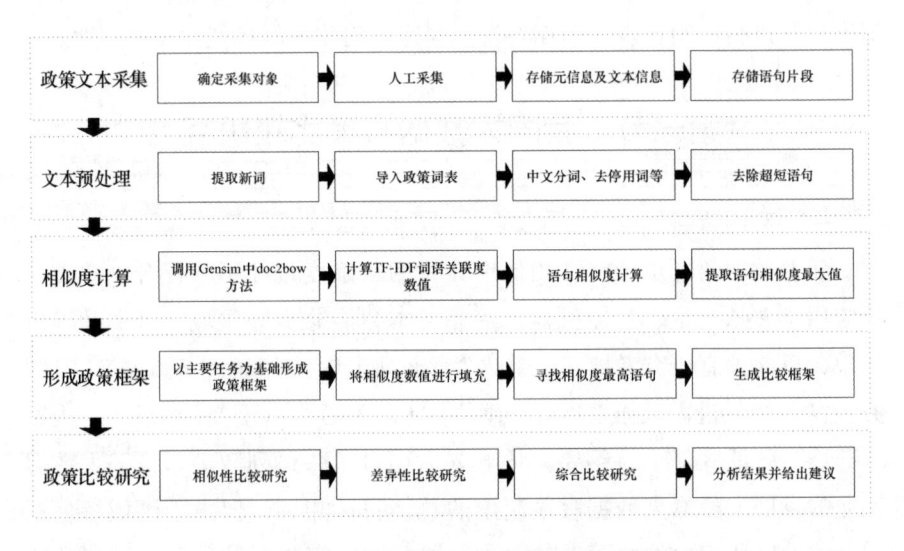

图 8-1　基于文本相似度的政策比较研究过程

（1）政策文本采集

确定采集对象是政策研究的初始环节，把所研究的政策通过人工采集的方式录入自建语料库，将政策文本信息分为三部分进行存储：①元信息：主要记录发布时间、发布机构、有效时间、政策类别等字段；②内容信息：以 *.txt 文本文档（UTF-8 格式）的形式存储在服务器中；③语句片段信息：数据库中会按句子划分进行语句单元存储。

(2) 文本预处理

利用 ICTCLAS 中的新词提取功能对政策文本进行关键词获取，结合自建语料库中原有政策词表，形成 334 条政策词语并导入，通过 Python 语言中的 jieba 工具对文本进行分词、去停用词等预处理操作，将文本数据转换为可分析处理的初始格式。由于超短语句（分词后字符小于 5 的语句）对所计算的结果影响较大，因此需要去除此类无效语句。文本预处理是相似度计算最重要的环节之一，最终计算结果的精准度与该过程密切相关。

(3) 相似度计算

本节将政策文本按语句片段划分为短文本，共分为 5678 条语句，总计 338122 字符数，将其作为比较研究对象，利用 Python 语言 Gensim 工具中的 BOW 模型和 TF-IDF 模型，结合文本相似度计算方法，对《纲要》中三大任务与各地区大数据政策文本进行语句相似度计算。从语句层面看，相似度数值越高，则政策间的共性越大。

(4) 生成政策框架

抽取《纲要》中三大任务形成大数据产业发展任务一级指标，每部分任务的具体内容作为二级指标，由于在文本预处理过程中已经去除无实际意义词语及语句，因此待分析的政策文本语句都具有实际意义，并具有可比性。本节提取相似度最高的语句作为待分析样本，将语句中最大相似度数值填充到框架中来。

(5) 政策比较研究

计算结果在一定程度上可以反映出《纲要》中三大任务与各地区大数据政策文本相似性和差异性。再结合各地区实际情况，对大数据政策进行综合比较研究，最终提出大数据发展科学化的政策建议。

三 实证研究

对我国 22 个地区大数据政策发布时间分析可知，如表 8-1 所示，重庆市和贵州省大数据政策制定时间较早，2013 年和 2014 年先后出台了《重庆市大数据行动计划》和《贵州省大数据产业发展应用规划纲要（2014—2020 年）》，也正是因为这些地区大数据政策的先行，推动了《纲要》的出台。在《纲要》颁布后，贵州省在 2016 年 1 月通过了《贵州省大数据发展应用促进条例》，这是《纲要》颁布后我国首部大数据地方性法规，该条例不仅体现出贵州省奋力开创大数据产业发展新局面的决心，还对各地区大数据政策出台起到了重要的推进作用。随后的2016年到2019年，各地区根据《纲要》中三大任务结合本地区的实际情况陆续出台了大数据实施方案或行动计划，这些政策是各地区推进大数据产业发展的引领性文件，在对大数据产业发展研究上具有代表性。

表8-1　　各地区省级政府大数据政策文本（按时间排序）

年份	地区	政策名称
2013	重庆	重庆市大数据行动计划
2014	贵州	贵州省大数据产业发展应用规划纲要（2014—2020年）
2016	贵州	贵州省大数据发展应用促进条例
2016	北京	北京市大数据和云计算发展行动计划（2016—2020年）
2016	上海	上海市大数据发展实施意见
2016	广东	广东省促进大数据发展行动计划（2016—2020年）
2016	广西	促进大数据发展行动方案
2016	山东	山东省人民政府关于促进大数据发展的意见
2016	浙江	浙江省促进大数据发展实施计划
2016	江苏	江苏省大数据发展行动计划
2016	湖北	湖北省大数据发展行动计划（2016—2020年）
2016	福建	福建省促进大数据发展实施方案（2016—2020年）
2016	海南	海南省促进大数据发展实施方案
2017	山西	山西省大数据发展规划（2017—2020年）
2017	云南	云南省人民政府办公厅关于重点行业和领域大数据开放开发工作的指导意见
2017	江西	江西省大数据发展行动计划
2017	内蒙古	内蒙古自治区大数据发展总体规划（2017—2020年）
2018	河南	河南省大数据产业发展三年行动计划（2018—2020年）
2018	河北	河北省大数据产业创新发展三年行动计划（2018—2020年）
2018	四川	四川省促进大数据发展工作方案
2019	天津	天津市促进大数据发展应用条例
2019	湖南	湖南省大数据产业发展三年行动计划（2019—2021年）
2019	黑龙江	"数字龙江"发展规划（2019—2025年）

资料来源：自建语料库。

(一) 基于《纲要》三大任务的政策比较分析

《纲要》是指导我国大数据产业发展的顶层设计，其中三大任务是大数据产业从理论研究走向实际应用的关键部分，把《纲要》中三大任务的具体内容，与各地区大数据政策文本作比较分析有利于挖掘大数据产业发展过程中的重点任务及区域特色，对三大任务中具体内容分析如下。

1. 数据开放

数据开放过程主要涉及数据共享、数据资源开放、基础设施建设、宏观调控、政府治理、商事服务、安全保障、民生服务八项具体内容。结合表8-2对部分具体内容进行分析。

表8-2　　　　　　　　　数据开放相似度数值对比

年份	地区	任务1：加快政府数据开放共享，推动资源整合，提升治理能力							
2015	国务院	八项具体内容							
		数据共享	数据资源开放	基础设施建设	宏观调控	政府治理	商事服务	安全保障	民生服务
2013	重庆	0.2120	0.7553	0.6372	0.2225	0.2261	0.3458	0.2190	0.2653
2014	贵州	0.3599	0.8611	0.4353	0.2772	0.4198	0.4235	0.2120	0.2836
2016	北京	0.4434	0.8650	0.4966	0.2684	0.7409	0.6102	0.5402	0.3090
2016	上海	0.3278	0.5399	0.4500	0.2248	0.4956	0.3618	0.2332	0.5028
2016	广东	0.3719	0.9221	0.7952	0.6593	0.6858	0.9851	0.7345	0.6296
2016	广西	0.6400	0.6228	0.5383	0.5130	0.3581	0.6072	0.4148	0.5700
2016	山东	0.3623	0.6993	0.5660	0.2324	0.4090	0.4978	0.4384	0.2806
2016	浙江	0.4198	0.7163	0.5739	0.4643	0.4567	0.5631	0.6546	0.4065
2016	江苏	0.4305	0.8329	0.6141	0.3029	0.3105	1.0000	0.1961	0.4415
2016	湖北	0.4815	0.7614	0.5971	0.6355	0.4753	0.5331	0.2986	0.5540
2016	福建	0.3160	0.5930	1.0000	0.5813	0.7032	0.4917	0.2810	0.4666
2016	海南	0.4661	0.7369	0.5246	0.4880	0.3876	0.6502	0.2086	0.3239
2017	山西	0.5941	0.7995	0.5539	0.5130	0.4851	0.4566	0.3432	0.3782
2017	云南	0.2716	0.6746	0.3274	0.1955	0.2035	0.2756	0.4384	0.2896
2017	江西	0.3767	0.4259	0.3707	0.2997	0.6383	0.5643	0.3031	0.2580
2017	内蒙古	0.6494	0.7036	0.5144	0.4040	0.4770	0.4738	0.3725	0.3052

续表

年份	地区	任务1：加快政府数据开放共享，推动资源整合，提升治理能力							
2015	国务院	八项具体内容							
		数据共享	数据资源开放	基础设施建设	宏观调控	政府治理	商事服务	安全保障	民生服务
2018	河南	0.3440	0.4028	0.3078	0.1990	0.2749	0.4587	0.2273	0.2827
2018	河北	0.2950	0.5422	0.4017	0.2681	0.4816	0.4235	0.6261	0.2839
2018	四川	0.4169	0.5486	0.8216	0.4560	0.4424	0.5317	0.2822	0.3840
2019	天津	0.3190	0.6207	0.3333	0.2304	0.2551	0.4903	0.2095	0.6067
2019	湖南	0.4598	0.4051	0.3713	0.2225	0.3207	0.2753	0.2854	0.2236
2019	黑龙江	0.4332	0.4815	0.4388	0.3043	0.4340	0.5306	0.3635	0.5308
	平均值	0.4087	0.6596	0.5304	0.3619	0.4401	0.5250	0.3583	0.3898

（1）数据资源开放。该部分强调要在依法加强安全保障和隐私保护的前提下，稳步推动公共数据资源开放。此部分数值范围是（0.4028—0.9221），其中广东省最为突出，数值为0.9221。广东省在2016年印发的《促进大数据发展行动计划（2016—2020年）的通知》中明确提出在依法加强数据安全保障和隐私保护的前提下，开展公共数据资源开放应用并制订政府数据资源开放的计划、目录和标准规范及安全保护准则，建设全省政府数据统一开放平台，统筹管理可开放的政府数据资源，提供面向公众的政府数据服务。数据分析显示：北京市、贵州省、江苏省等地区数值较高，分别为0.8650、0.8611、0.8329，这些地区的政策中数据资源开放层面提及较为明确。由于政府数据开放是推动大数据产业发展的基础，因此在各地区政策制定中都占重要位置。

（2）基础设施建设。强调要结合国家政务信息化工程建设规划，统筹政务数据资源和社会数据资源，布局国家大数据平台、数据中心等基础设施。此部分数值范围是（0.3078—1），福建省数值最高为1。2016年福建省印发的《福建省促进大数据发展实施方案（2016—2020年）》中明确提出加快构建省市两级基础平台建设及推动国民经济动员大数据应用，对两项政策内容对比发现，该项内容有一部分完全吻合。数据分析显示：四川省、广东省等地区数值较高，分别为0.8216、0.7952，这些地区在政策制定过程中对基础设施建设也比较关注。很多地区把统筹政务数据资源和社会数据资源，布局区域大数据平台、数据中心等基础设施作为区域建设的重点。

（3）商事服务。该部分强调要鼓励政府部门高效采集、有效整合并充分运用政府数据和社会数据，掌握企业需求，推动行政管理流程优化再造，在注册登记、市场准入等商事服务中提供更加便捷有效、更有针对性的服务。此部分数值范围是（0.2753—1），江苏省数值最高为1。在2016年江苏省印发的《关于印发江苏省大数据发展行动计划》中所提出有针对性的商事服务与《纲要》中推进商事服务便捷化完全吻合。数据分析显示：广东省数值也较高，为0.9851，除了江苏省和广东省对推进商事服务便捷化提出了明确界定，其他省市提及较少，由于商事服务依托于区域经济发展状况，这两个地区数值较高与其经济较为发达有着密切的联系。

（4）安全保障。在任务1中单独提出了促进安全保障高效化，在数据开放共享的同时，提高公共安全保障能力，推动构建智能防控、综合治理的公共安全体系也需要重点关注。此部分数值范围是（0.1961—0.7345），数值相对较低，广东省数值最高为0.7345。广东省印发的《促进大数据发展行动计划（2016—2020年）》中提出在法律许可和确保安全的前提下，加强社会治理相关领域的数据流通、数据归集、数据发掘及关联分析，为妥善应对和有效处置重大突发公共事件提供数据支撑。数据分析发现：大多数地区均是在任务3中进行明确要求，而在任务1中多是提出总体性的安全保障要求，因此导致此部分数值较低。而广东省在政策制定层面非常重视数据安全保障，在任务1中提出安全保障也说明政府关注到了数据开放共享与数据安全保障间协同性的问题。

2. 创新发展

创新发展主要涉及工业大数据、新兴产业大数据、农业农村大数据、万众创新大数据、基础研究和核心技术攻关、大数据产品体系、大数据产业链七项具体内容。结合表8-3对部分具体内容进行分析。

表8-3　　　　　　　创新发展及安全保障部分相似度数值对比

年份	地区	任务2：推动产业创新发展，培育新兴业态，助力经济转型							任务3：强化安全保障	
		七项具体内容							两项具体内容	
2015	国务院	工业大数据	新兴产业大数据	农业农村大数据	万众创新大数据	基础研究和核心技术攻关	大数据产品体系	大数据产业链	安全保障体系	安全支撑
2013	重庆	0.3718	0.3544	0.3039	0.2574	0.3943	0.3025	0.7682	0.5000	0.3859
2014	贵州	0.3882	0.3902	0.4111	0.5708	0.3836	0.4185	0.6474	0.5408	0.2756
2016	北京	0.8478	0.6427	0.6493	0.5785	0.2734	0.2921	0.3242	0.7536	0.6763
2016	上海	0.6255	0.7106	0.3947	0.5569	0.4053	0.3102	0.4494	0.5076	0.4295
2016	广东	0.4600	0.6068	0.4354	0.6857	1.0000	0.7654	0.7181	1.0000	0.8511
2016	广西	0.9304	0.3998	0.6850	0.6710	0.3899	0.3094	0.5334	0.3539	0.5354
2016	山东	0.7250	0.3373	0.4993	0.4264	0.3899	0.6113	0.4504	0.4934	0.4246
2016	浙江	0.4635	0.4154	0.7344	0.4264	0.3899	0.4661	0.6348	0.6725	0.5439
2016	江苏	0.7862	0.5289	0.3799	0.6042	0.3589	0.4660	0.6215	0.4096	0.4330
2016	湖北	0.7250	0.4356	0.6812	0.4839	0.3899	0.3383	0.4959	0.6365	0.5622
2016	福建	0.7250	0.8235	0.7611	0.6852	0.5590	0.6914	0.8610	0.7557	0.4200
2016	海南	0.5330	0.3727	0.3903	0.6852	0.3438	0.2788	0.4040	0.5031	0.4200
2017	山西	0.6887	0.5673	0.6085	0.4453	0.4453	0.5630	0.4686	0.9666	0.7076
2017	云南	0.2650	0.4058	0.2960	0.2907	0.3349	0.3359	0.4024	0.4867	0.3845
2017	江西	0.7250	0.6013	0.3947	0.4297	0.4076	0.3652	0.5322	0.5588	0.3552
2017	内蒙古	0.5657	0.4915	0.4444	0.5006	0.4273	0.4984	0.5143	1.0000	0.9393
2018	河南	0.6255	0.5555	0.3199	0.4655	0.4932	0.4278	0.4033	0.4021	0.4252
2018	河北	0.6255	0.4297	0.3947	0.4266	0.3404	0.4464	0.4485	0.5644	0.4414
2018	四川	0.9630	0.6009	0.5004	0.5414	0.5172	0.3274	0.8266	0.7557	0.4546
2019	天津	0.4175	0.4091	0.4407	0.3575	0.2975	0.2584	0.3778	0.6314	0.4415
2019	湖南	0.4876	0.5491	0.4023	0.5006	0.5288	0.5264	0.4798	0.7054	0.4414
2019	黑龙江	0.4419	0.4871	0.5369	0.4849	0.3899	0.3875	0.6384	0.6270	0.6274
	平均值	0.6085	0.5052	0.4847	0.5034	0.4300	0.4267	0.5455	0.6284	0.5080

（1）工业大数据。该部分强调要推动产业创新发展，培育新兴产业，助力经济转型。此部分数值范围是（0.2650—0.9630），数值跨度较大，其中广西壮族自治区和四川省的数值较高，分别为0.9304和0.9630。2016年广西壮族自治区人民政府发布了《关于印发促进大数据发展行动方案的通知》，2018年四川省也发布了《四川省促进大数据发展工作方案》，这两部政策文件对工业大数据应用试点和打造"互联网+智能制

造"工业大数据应用基地关注较多。数据分析显示：北京市和江苏省数值也较高，分别为 0.8478 和 0.7862，这些地区比较重视工业大数据产业的发展。而从数据上看，其他地区政策中对工业大数据提及较少，可以从侧面说明不同地区大数据产业发展定位的差异性。

（2）农业农村大数据。该部分强调要构建面向农业农村的综合信息服务体系，为农民生产生活提供综合、高效、便捷的信息服务，缩小城乡数字鸿沟，促进城乡发展一体化。此部分数值范围是（0.296—0.7611），福建省和浙江省数值较高，分别为 0.7611 和 0.7344。2016 年，福建省发布了《福建省促进大数据发展实施方案（2016—2020 年）》，同年，浙江省也发布了《浙江省促进大数据发展实施计划》，这两部政策法规都明确提出了加快农业农村大数据发展的计划。数据分析显示：广西壮族自治区和湖北省数值次之，分别为 0.6850 和 0.6812，这些地区对农业农村大数据产业的发展非常重视，并且从政策层面对农业农村大数据较为关注，如广西壮族自治区建设的智慧农庄信息管理平台在农业农村大数据、扶贫大数据建设上特点较为突出，并初见成效，这切实体现出区域特色大数据产业的蓬勃发展。

（3）基础研究和核心技术攻关。该部分强调要围绕数据科学理论体系、大数据计算系统与分析理论等重大基础研究进行前瞻布局，开展数据科学研究，引导和鼓励在大数据理论、方法及关键应用技术等方面展开探索。此部分数值范围是（0.2734—1），广东省的数值最高为 1。在广东省发布的《促进大数据发展行动计划（2016—2020 年）》中提出推动大数据核心技术攻关和产业化应用，重点突破大规模数据采集和预处理。数据分析显示：其他地区的数值普遍较低，在 0.27—0.55，这些地区对基础研究和核心技术攻关提及较少，且关注度不高，这主要因为有些地区受限于经济发展状况，并不具备大数据核心技术攻关的综合实力。

（4）大数据产业链。该部分强调要支持企业开展基于大数据的第三方数据分析挖掘服务、技术外包服务和知识流程外包服务，鼓励企业根据数据资源基础和业务特色，积极发展互联网金融和移动金融等新业态。此部分数值范围是（0.3242—0.8610），福建省、四川省、重庆市、广东省这 4 个地区数值相对较高，分别为 0.8610、0.8266、0.7682、0.7181，这些地区在政策中不同程度地提到了完善大数据产业链措施。数据分析显示：其他地区的数值相对较低，在0.32—0.63，对该部分内容提及较少。由于在此部分中，多数地区在政策中对相关内容提及较为宏观，且特征词分散，导致文本相似度数值较低。

3. 安全保障

安全保障主要涉及健全大数据安全保障体系和强化安全支撑两项具体内容，结合表8-3对具体内容进行分析。

（1）安全保障体系。该部分强调要加强大数据环境下的网络安全问题研究和基于大数据的网络安全技术研究，落实信息安全等级保护、风险评估等网络安全制度，建立健全大数据安全保障体系。此部分数值范围是（0.3539—1），广东省、内蒙古自治区、山西省等地区的数值较高，分别是1、1、0.9666，以上3个地区从政策层面凸显了对安全保障体系的重点关注。数据分析显示：虽然个别地区对健全安全保障体系提及较少，但整体来看国家及各地区还是非常关注大数据安全问题的，数据安全是国家安全的重要基础，因此各地区在发展大数据产业的同时对数据安全保障都极为重视。

（2）安全支撑。在该部分中对网络安全及防护提出了明确要求，强调要采用安全可信产品和服务，提升基础设施关键设备安全可靠水平。此部分数值范围是（0.2756—0.9393），广东省、内蒙古自治区数值较高，分别为0.8511和0.9393，其中广东省作为大数据产业的领跑省份，对数据安全支撑方面尤为重视，而内蒙古自治区在2017年发布的《大数据发展总体规划（2017—2020年）》中重点强调了提升大数据安全保障能力，要把网络安全作为大数据发展的重要前提，健全安全保障体系，提升技术支撑能力，切实保障数据安全。数据分析显示：贵州省的数值为0.2756，虽然数值最低，但是贵州省在2019年出台的《贵州省大数据安全保障条例》是我国大数据安全保护省级层面的首部地方性法规，是贵州省大数据产业发展制度保障顶层设计的又一项重要成果。健全大数据安全保障体系和强化安全支撑是相辅相成的，数据安全是数据开放共享的前提条件，因此在大数据产业发展过程中，强化安全支撑是首要任务。

（二）《纲要》三大任务间政策比较分析

通过对《纲要》中三大任务在各地区相似度平均值分析，可以探寻大数据政策重点内容及各地区政策的共性,按照数值将其划分为三档,如图 8-2 所示。

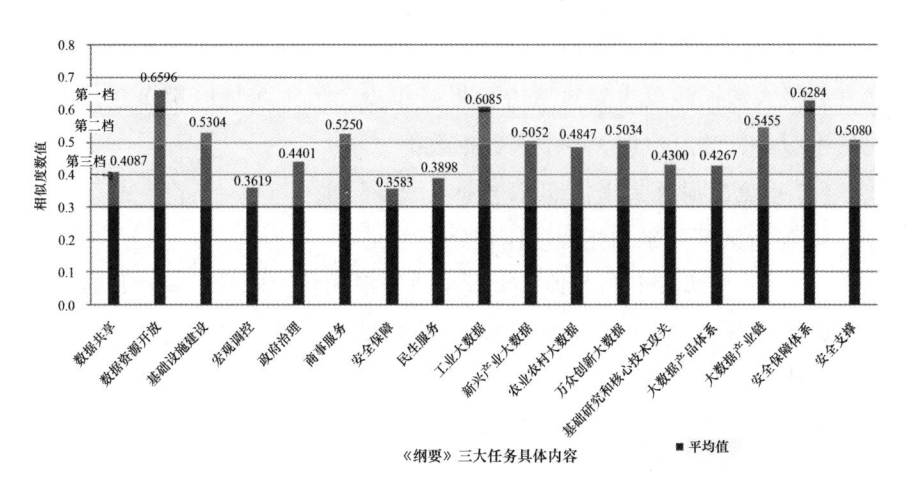

图 8-2　《纲要》三大任务中具体内容相似度平均值

第一档:数值在 0.6—0.7,包括数据资源开放 0.6596、安全保障体系 0.6284、工业大数据 0.6085。数据分析显示:这些内容在各地区政策中关注度最高,在大数据政策制定过程中,数据资源开放共享和安全保障体系的构建长期以来都是政策制定所需要重点关注的对象。工业是国家经济发展的基础,工业大数据创新发展是实现智能制造的重要抓手,因此从政策制定层面多数地区比较重视工业大数据的发展。

第二档:数值在 0.5—0.6,包括基础设施建设 0.5304、商事服务 0.5250、新兴产业大数据 0.5052、万众创新大数据 0.5034、大数据产业链 0.5455、安全支撑 0.5080。数据分析显示:《纲要》中的部分内容相对较宏观且有些任务受地域影响较大,各地区会根据区域特点来制定大数据战略,因此数值波动较大,如在经济欠发达地区,基础设施建设较为落后,新兴产业大数据的发展则相对迟缓。

第三档:数值在 0.3—0.5,包括数据共享 0.4087、宏观调控 0.3619、政府治理 0.4401、安全保障 0.3583、民生服务 0.3898、农业农村大数据 0.4847、基础研究和核心技术攻关 0.4300、大数据产品体系 0.4267。数据分析显示：安全保障、宏观调控、民生服务数值最低，很多地区并没有在数据开放共享部分体现数据安全保障，这并非不重视安全问题，大多数地区是在强化安全保障部分中对数据安全做了明确要求。而宏观调控、民生服务等任务则体现了《纲要》中政策引领性、全面性特点，虽然在省级大数据政策中对这些方面提及较少，但很多地区都单独出台了与民生服务、政府治理等专项大数据政策。

（三）地区间政策比较分析

1. 各地区政策平均相似度比较分析

《纲要》三大任务与各地区大数据政策平均相似度较高可以体现出大数据政策制定的完整性与全面性，将此部分划分为三档，如图 8-3 所示。

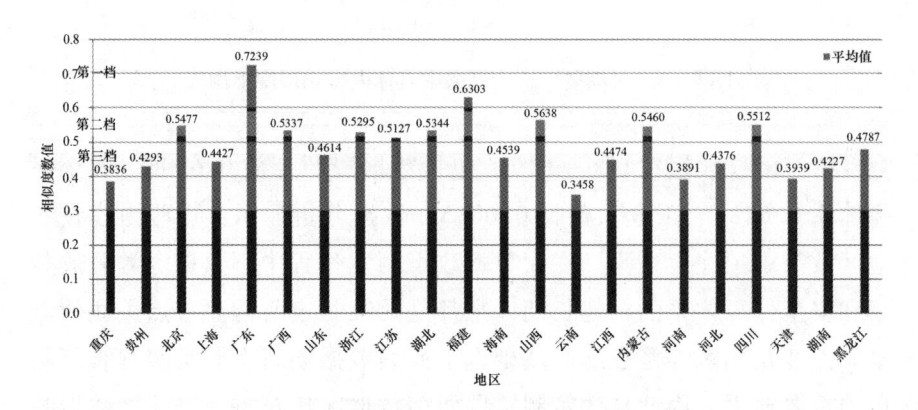

图 8-3　各地区大数据政策平均相似度数值

（1）第一档：数值在 0.6—0.8，以广东省、福建省最为突出，这两个地区主要特点是处于沿海地区，GDP 总值较高，经济较为发达。广东省在 2016 年发布的《促进大数据发展行动计划（2016—2020 年）》与《纲要》中文本相似度比较数值最高为 0.7239。广东省是国内率先关注并推动大数据的地区之一，作为工业、制造业强省，大数据领域企业聚集地，广东省具有发展大数据产业独特的优势。福建省在 2016 年发布了《福建省促进大数据发展实施方案（2016—2020 年）》，相似度数值为 0.6303，仅次于广东省。福建省通过加速"数字福建"的建设来抢占数字经济的前沿，依托高校建立的大数据基础技术研究基地及大数据研究院为区域大数据产业发展提供了强有力的支撑。

（2）第二档：数值在0.5—0.6，主要有北京市、江苏省、浙江省、湖北省、四川省、山西省、广西壮族自治区、内蒙古自治区等地区，这些地区分为两种情况：①根据《中国大数据发展报告》中的大数据发展总指数看[1]，北京市、江苏省、浙江省等地区大数据产业发展较好，但从数值上并未体现出来。②部分地区如广西壮族自治区、内蒙古自治区、四川省等根据区域特点来制定大数据政策。广西壮族自治区搭建智慧农庄信息管理平台，使该地区在农业农村大数据建设层面初见成效。内蒙古自治区通过打造云计算和大数据产业集群，逐步建设成为中国北方大数据中心。四川省德阳市通过发展工业大数据应用与服务，推动建立智能制造集群，形成"互联网+智能制造"工业大数据应用基地。

（3）第三档：数值在0.3—0.5，主要有上海市、天津市、重庆市、山东省、河北省、河南省、湖南省、云南省、贵州省等地区，根据《中国大数据发展报告》和自建语料库中的政策分析将这些地区分为两种情况：①大数据产业发展较好的地区，这些地区基于《纲要》发布了很多大数据专项政策，有些内容在各省级政府大数据政策中并没有全部体现，因此从数据层面表现不足，如上海市、贵州省、重庆市、山东省等。②大数据产业发展相对较缓慢的地区，很多大数据相关基础设施尚无法满足，因此无法从数据层面体现，这主要集中在经济欠发达地区。

进一步对第三档中部分数值较低的地区做如下分析：

贵州省平均值为0.4293，但综合分析贵州省大数据产业发展情况可知，贵州省2013年就走上了大数据之路，如今已经成为大数据时代的领跑者。根据团队自建语料库数据统计，贵州省自2014年起发布省级政府层面的大数据政策10部，各地市共发布大数据相关政策70多部，是全国大数据政策内容制定最细致、最完善、最丰富的地区。本节选取的政策是《贵州省大数据产业发展应用规划纲要（2014—2020年）》，虽然从相似度数值上看较低，但贵州省采取政策群的方式来推动大数据产业在该

---

[1] 连玉明主编：《大数据蓝皮书：中国大数据发展报告》，社会科学文献出版社2019年版，第48页。

地区的发展，并收到了较好的效果。如《贵州省发展农业大数据助推脱贫攻坚3年行动方案（2017—2019年）》《贵州省人民政府办公厅关于深入推进政务服务领域大数据和人工智能集成应用的实施意见》，这些都是单独针对《纲要》中具体任务进行专项部署的政策文件。

重庆市平均值为0.3836，由于重庆市是全国制定大数据政策最早的地区，其政策要早于《纲要》的发布，因此该政策与《纲要》对比数值较低是可以理解的，但这不代表重庆市大数据产业发展速度缓慢。重庆市的大数据智能化产业已经初具规模，建设的大数据产业园、仙桃数据谷已形成了具有国际竞争力的创新生态圈，重庆市在政府管理、智能交通、智能物流等领域的大数据智能化应用水平全国领先。

云南省平均值为0.3458，虽然数值最低，但任务1中数字资源开放的数值较高为0.6746。云南是一个集边疆、山区、贫困等不利因素于一体的省份，因此在大数据发展过程中更多关注数字资源开放工作，2017年云南省人民政府发布的《关于重点行业和领域大数据开放开发工作的指导意见》是省级层面的大数据政策，该政策内容主要以云南省重点行业和领域大数据的开放开发工作为主。

2.《纲要》三大任务与各地政策相似度比较分析

通过《纲要》三大任务与各地区政策相似度分项比较有助于发现地区间政策制定的差异，进而挖掘大数据产业发展的区域特色，数据分析发现任务3安全保障是各地区政策制定中最为关注的内容，具体分析如下：

（1）任务1：数据开放中各地区平均数值为0.4592，数值最低，如图8-4所示，广东省此部分数值较为最高为0.7229，广东省明确提出建设全省统一电子政务数据中心和政务信息资源共享平台的目标。其他地区在不同程度上提及数据开放共享，但是整体数值较低的原因主要是在宏观调控、政府治理等方面平均数值较低，其他地区中对该部分内容的描述都没有广东省颁布的《促进大数据发展行动计划（2016—2020年）》中的内容细致，因此影响了整体数值。

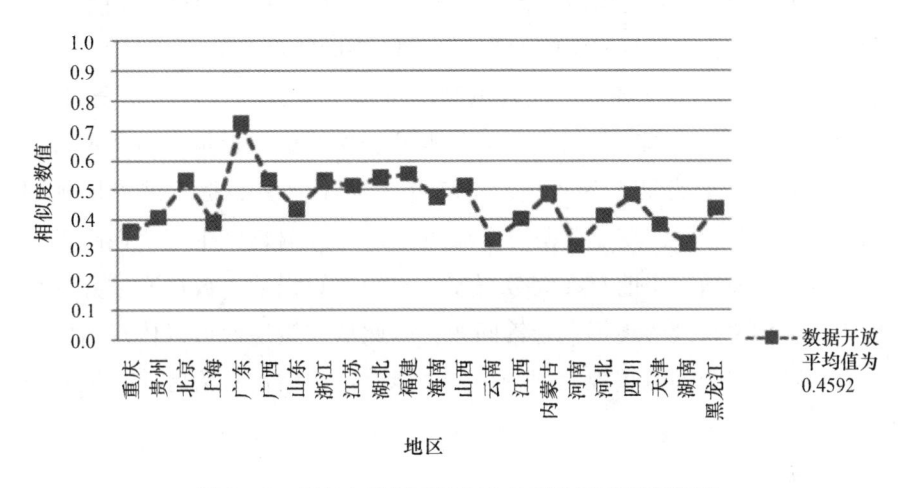

图 8-4 任务 1 数据开放与各地区政策相似度数值

（2）任务 2：创新发展中各地区平均数值为 0.5006，如图 8-5 所示，以福建省（0.7295）、广东省（0.6673）最为突出。由于国家鼓励建设有区域特色的大数据产业，要发挥地区特色，因此各地区关注点有所差别，这成为平均值略低的因素之一，而构建工业大数据、新兴产业大数据、农业农村大数据都需要大数据底层建设基础，福建省、广东省大数据基础设施建设较好，并且建设资金较充裕，在创新发展方面可以投入更多精力来推动大数据产业在新兴行业的发展。

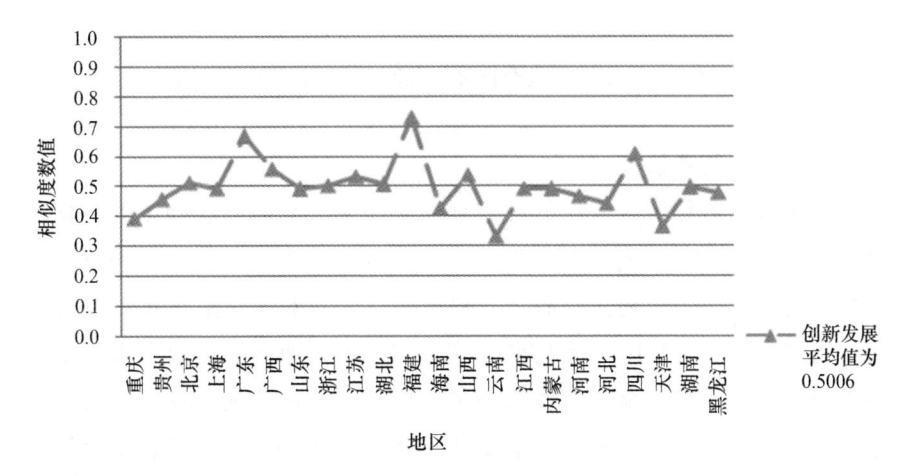

图 8-5 任务 2 创新发展与各地区政策相似度数值

（3）任务3：安全保障中各地区平均数值最高为0.5682，如图8-6所示，以内蒙古自治区（0.9697）、广东省（0.9256）、山西省（0.8371）最为突出，由此可见各地区在政策制定过程中极为重视数据安全问题。以内蒙古自治区为例，作为国家大数据综合试验区，近年来内蒙古自治区对大数据产业发展尤为重视，2017年发布了《大数据发展总体规划（2017—2020年）》，其中数据安全保障体系与《纲要》中安全保障部分相似度高，该地区当前存在大数据安全平台建设滞后、数据开放共享程度不高、相关政策法规不完善等问题，因此从政策层面可以体现出内蒙古自治区对安全保障重视程度较高，也能看出内蒙古自治区建立世界级大数据中心的决心。

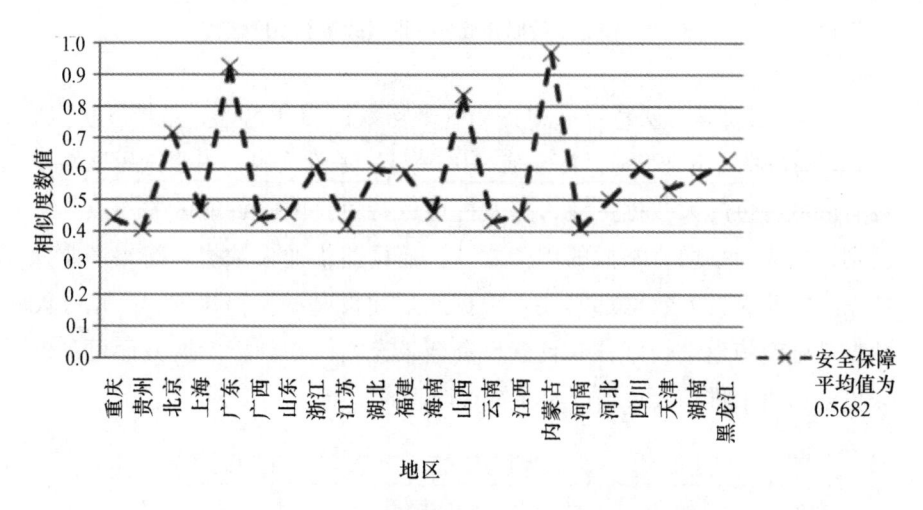

图8-6 任务3安全保障与各地区政策相似度数值

四 结论与建议

本节以文本相似度为视角对《纲要》中三大任务与各地区大数据政策进行了综合比较研究，广东省、福建省从数值上看总体表现最好，从整体情况来看，由于地方政府重视程度较高，大数据产业呈现出发展迅速、重点任务明确、区域特色突出等特点。不同地区的大数据政策中对数据资源的开放和安全保障体系关注度均较高，这体现出各地区大数据政策制定的相似性。图8-4中内蒙古自治区、四川省等地区在安全保障与创新发展中数值较高，这体现出不同地区大数据政策制定的差异性。

在所收集的政策文本中并没有辽宁省、新疆维吾尔自治区、西藏自治区等地区的省级政府层面的大数据文件。结合自建语料库所收集的语料发现，辽宁省各地市大数据政策文件共 104 条，数量上在全国也名列前茅，沈阳市、大连市制定的政策较多，结合数据分析可知，辽宁省的地市大数据规划先行，而省级政府层面大数据规划却相对滞后。基于以上结论，对我国大数据政策提出建议：

（1）提升地方经济水平可以促进大数据产业快速发展

从综合数据来看，广东省和福建省平均值最高，以广东省最为突出，数值为 0.7239。结合自建语料库所收集的政策文本分析发现，近年来广东省共发布数据类政策 117 条，在政策发布数量上领跑全国。广东省作为我国的经济强省，作为国家改革开放的窗口，在中国区域经济发展全面进入城市群引领时代后，拥有广深两座一线城市，在聚集人才、资金、产业的能力上，要领先于其他地区，这也是广东省能够全面快速推动大数据产业创新发展的重要因素之一。福建省通过出台一系列大数据政策来推动实体经济与数字经济携手并进，推动传统产业智能升级，还依托厦门大学、福州大学建立大数据基础技术研究院，这些都为福建省的大数据产业发展提供了有力的支撑。由于大数据基础设施建设、基础研究及核心技术研究会受到地方经济直接影响，而它又是大数据产业发展基础，因此地方经济是影响大数据产业发展的重要因素。

（2）大数据开放共享体系与安全保障体系建设是最重要的基础工程

数据开放与安全保障作为《纲要》中最重要的两大任务，它们在各地区的落实与执行情况至关重要。数据资源开放数值范围是（0.4028—0.9221），平均数值为 0.6596，安全保障体系数值范围是（0.3539—1），平均数值为 0.6284，这说明不同地区都把数据资源开放和安全保障体系作为最关注的内容，也体现了各地区大数据政策制定的相似性。开放共享是大数据的核心价值，数据开放共享的程度是国家数字经济竞争力的决定要素，要加快建立统一的大数据开放共享标准体系，整合大数据资源的数据标准和应用规则。大数据开放共享的同时要加强数据安全防护意识，各地区大数据政策对数据安全关注度较高，但目前尚缺乏完整的政策体系来保障大数据安全。因此，大数据开放共享标准体系建设和数据安全保障体系建设是国家及地方政府最为重视的两项基础工程。

(3) 发挥地域优势构建有特色的大数据产业

我国各地区大数据产业发展不均衡，受地域影响较大，如内蒙古自治区政策整体平均值为 0.5459，相对较低，但任务 3 安全保障的数值高达 0.9697 最为突出。其原因是内蒙古自治区全力建设我国北方地区的云计算和大数据中心，因此自治区对于数据的安全保障尤为重视，从健全大数据安全保障体系和提升大数据安全技术支撑能力两个方面全力保障云计算和大数据中心的数据安全。四川省数值为 0.5512，但工业大数据部分数值为 0.9630，表现最为突出。四川省在政策制定中突出特色，通过区域特色来推进大数据产业的实施，以德阳市为例，该市通过工业大数据应用与服务，推动建立智能制造集群，形成"互联网+智能制造"工业大数据应用基地。贵州省整体平均值仅为 0.4293，虽然数值较低，但贵州省所发布大数据相关配套政策较多，内容完善且覆盖面广，已初具规模，并形成区域大数据政策群，综合分析贵州省大数据产业发展特色鲜明，有引领示范作用。构建有区域特色的大数据产业体现了各地区大数据政策制定的差异性，因此各地区应发挥优势，大力发展有区域特色的大数据产业。

(4) 加快人工智能与实体经济融合来推动大数据产业发展

2017 年 7 月在国务院发布《新一代人工智能发展规划》后，各地区政府先后出台了一系列人工智能相关政策文件。2019 年 3 月"两会"上，国务院总理李克强在政府工作报告中首次提出"智能+"的概念，与此同时，还强调要深化大数据、人工智能等研发应用。"智能+"将正式接棒"互联网+"，这也意味着我国人工智能即将开启和互联网一样的规模化发展之路，在未来几年内将快速在各行业落地。2020 年 2 月习近平总书记在中央全面深化改革委员会第十二次会议中强调要鼓励运用大数据、人工智能等技术，在疫情监测分析、防控救治、资源调配等方面发挥支撑作用。很多地区大数据政策中已不同程度提出人工智能、智慧城市、智慧社会、智能防控等概念，如：广东省、重庆市、贵州省等。在大数据产业应用进程中，各地区应准确把握全球人工智能发展态势，构建基于 5G、大数据、超级计算、传感网等新理论新技术的新一代人工智能创新体系，加强人工智能应用技术研发，大力推动人工智能与实体经济深度融合，培育高端高效的智能经济，最终建设安全便捷的智能社会。这些都为进一步明确未来人工智能视域下大数据产业发展方向奠定坚实基础。

第二节　我国人工智能政策比较研究

一　案例背景

自 1956 年麦卡锡首次提出人工智能概念后，经过 60 多年的演进，直到大数据出现后才加速推动了人工智能的跨越式发展。此后世界各国纷纷通过制定人工智能国家战略加速产业发展，我国也出台了一系列国家层面的人工智能政策文件，其中包括《"互联网+"人工智能三年行动实施方案》、《新一代人工智能发展规划》（以下简称《规划》）、《促进新一代人工智能产业发展三年行动计划（2018—2020 年）》等。顶层设计彰显了人工智能的重要性，在此之后各省市相继发布了本地区关于人工智能产业的发展规划、行动计划、实施方案等政策文件。一系列重磅政策使人工智能受到社会各界的广泛关注，在对人工智能政策研究中发现，虽然人工智能政策制定的总体目标相同，但由于区域特色不同，各地区所发布的政策差异较大，因此对国家与各地区间人工智能政策的比较研究就变得尤为重要，研究不但可以通过政策间的相似性探寻重点关注内容，还可以通过政策间的差异性探寻区域发展特色。本节基于文本相似度计算对我国人工智能政策进行比较研究，以实现对不同地区间政策文本数据化分析，进而为政府决策提供科学化建议。

二　研究过程

文本相似度计算在不同领域具有重要作用并被广泛应用。从文本相似度的共性和差异关系视角可以假定政策文本间相似度值越高，则共性越大，相似度值越低，则差异性越大。现将研究方法与过程分解如下，如图 8-7 所示。

（1）政策文本采集：把人工采集的政策文本录入自建语料库中来，语料库信息分为三部分存储，①元信息：主要记录发布时间、发布机构、

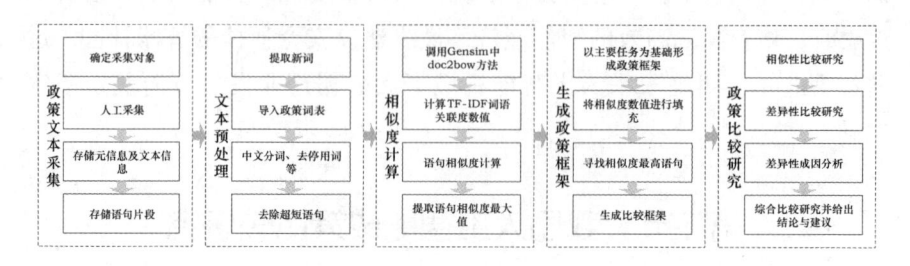

图 8-7　基于文本相似度计算的政策比较研究过程图

有效时间、政策类别等字段；②内容信息：以 *.txt 文本文档（UTF-8 格式）的形式存储在服务器中；③语句片段信息：按句子划分进行语句单元存储。

（2）文本预处理：将与人工智能政策相关的 383 条政策词语导入程序中，利用 Python 语言 jieba 工具对文本进行分词、去停用词等预处理操作，将文本数据转换为可分析处理的初始格式。由于超短语句（字符小于 5 的语句）对所计算的结果影响较大，因此需要去除此类无效语句。

（3）相似度计算：本节将人工智能政策文本按语句片段划分为短文本，共分为 4296 条语句，总计 252185 字符数，利用 Python 语言 Gensim 工具中的 BOW 模型、TF-IDF 模型和余弦相似度，对《规划》中六大重点任务与各地区人工智能政策文本进行语句相似度计算。

（4）生成政策框架：抽取《规划》中六大重点任务形成人工智能产业发展任务一级类目，每部分任务中的具体内容作为二级类目，由于文本已经进行预处理操作，因此可以认为待分析政策文本语句都具有实际意义，并具有可比性，本节提取相似度最高的语句作为待分析样本，将语句中最大相似度数值填充到框架中来，最终形成政策框架。

（5）政策比较研究：计算结果在一定程度上可以反映出《规划》中六项重点任务与各地区人工智能政策文本相似性和差异性，同时通过相关性研究进一步分析差异的成因，再结合各地区人工智能发展的实际情况，进行综合比较研究，最终给出各地区人工智能发展科学化的政策建议。

三 实证研究

(一) 样本选择

本节主要研究对象有两类,均来源于团队自建语料库:一是《规划》,该文件是国务院发布的人工智能产业布局的战略性政策,它描绘了我国新一代人工智能发展蓝图,确立了"三步走目标"和"六项重点任务",其中六项重点任务是人工智能政策执行的核心部分,也是各地区人工智能政策制定的重要依据,主要包括:构建开放协同的人工智能科技创新体系;培育高端高效的智能经济;建设安全便捷的智能社会;加强人工智能领域军民融合;构建泛在安全高效的智能化基础设施体系;前瞻布局新一代人工智能重大科技项目。本节将此部分内容提取并形成框架,将其作为比较对象;二是 2016 年到 2019 年我国 20 个地区发布的省级政府层面的人工智能发展行动计划、实施意见或实施方案,把这些政策文件作为被比较研究对象,详见表 8-4。

表 8-4　各地区省级政府人工智能政策文本（按时间排序）

地区	年度	政策名称	发布机构
贵州	2016	智能贵州发展规划（2017—2020 年）	大数据发展管理局
上海	2017	关于本市推动新一代人工智能发展的实施意见	人民政府
辽宁	2017	辽宁省新一代人工智能发展规划	人民政府
四川	2018	四川省新一代人工智能发展实施方案	人民政府
天津	2018	天津市新一代人工智能产业发展三年行动计划（2018—2020 年）	人民政府
黑龙江	2018	黑龙江省人工智能产业三年专项行动计划（2018—2020 年）	人民政府
吉林	2018	关于落实新一代人工智能发展规划的实施意见	人民政府
广西	2018	广西壮族自治区人民政府关于贯彻落实新一代人工智能发展规划的实施意见	自治区人民政府
广东	2018	广东省新一代人工智能发展规划	人民政府

续表

地区	年度	政策名称	发布机构
山东	2018	山东省新一代人工智能产业发展三年行动计划（2018—2020年）	工业和信息化厅
江苏	2018	江苏省新一代人工智能产业发展实施意见	经济和信息化委员会
安徽	2018	安徽省新一代人工智能产业发展规划（2018—2030年）	人民政府
福建	2018	福建省人民政府关于推动新一代人工智能加快发展的实施意见	人民政府
河南	2018	河南省新一代人工智能产业发展行动方案	人民政府
甘肃	2018	甘肃省新一代人工智能发展实施方案	人民政府
北京	2017	北京市加快科技创新培育人工智能产业的指导意见	人民政府
云南	2019	云南省新一代人工智能发展规划	人民政府
浙江	2019	浙江省促进新一代人工智能发展行动计划（2019—2022年）	经济和信息化厅，科技厅
陕西	2019	陕西省新一代人工智能发展规划（2019—2023年）	发展和改革委员会
湖南	2019	湖南省人工智能产业发展三年行动计划（2019—2021年）	工业和信息化厅

资料来源：自建语料库。

（二）基于《规划》重点任务的政策比较分析

《规划》是国家对人工智能产业发展的顶层设计，其中六项重点任务是人工智能产业从理论研究走向实际应用的关键部分，将《规划》六项重点任务中的具体内容与各地区人工智能政策文本作比较分析有利于挖掘人工智能产业发展过程中的重点关注及区域特色内容，现对重点任务中具体内容分析如下，如表8-5所示：

1. 构建开放协同的人工智能科技创新体系

在重点任务1中主要包括建立新一代人工智能基础理论体系（简称"基础理论"）、建立新一代人工智能关键共性技术体系（简称"关键共性技术"）、统筹布局人工智能创新平台（简称"创新平台"）、加快培养聚集人工智能高端人才（简称"人才队伍"）四项具体内容。

（1）基础理论。该部分数值范围是（0.2272—1），其中安徽省最为突出，数值为1。安徽省在2018年印发《安徽省新一代人工智能产业发

表 8-5　　　　　　　　　　　　　　　任务 1—3 相似度数值对比

年度	地区	任务 1：构建开放协同的人工智能科技创新体系					任务 2：培育高端高效智能经济					任务 3：建设安全便捷的智能社会			
		四项具体内容					四项具体内容					四项具体内容			
		基础理论	关键共性技术	创新平台	人才队伍	新兴产业	产业升级	发展智能企业	创新高地	智能服务	社会治理	公共安全保障	共享互信
2017	国务院												
2016	贵州	0.2464	0.4597	0.4145	0.7379	0.6684	0.7383	0.6685	0.4052	0.9344	0.6564	0.3464	0.1837
2017	上海	0.4312	0.5546	0.3494	0.4136	0.5479	0.4088	0.3933	0.4014	0.4433	0.3781	0.3317	0.1463
2017	辽宁	0.8787	0.8491	0.6753	0.5472	0.8893	0.8406	0.9554	0.7560	0.7138	0.6810	0.6601	0.1889
2018	四川	0.4902	0.5163	0.3645	0.6887	0.6031	0.7033	0.5103	0.6020	0.4342	0.6506	0.2517	0.1654
2018	天津	0.3617	0.5690	0.4045	0.4374	0.6304	0.8103	0.6566	0.3168	0.4130	0.5368	0.4882	0.0971
2018	黑龙江	0.5064	0.4209	0.3680	0.5498	0.2184	0.4926	0.4334	0.3434	0.2914	0.3467	0.1092	0.1149
2018	吉林	0.5106	0.4497	0.5654	0.8331	0.7966	0.8313	0.7010	0.7236	0.9824	0.9646	0.4210	0.1858
2018	广西	0.4547	0.4522	0.2804	0.5444	0.7966	0.5299	0.6143	0.8907	0.6742	0.9221	0.5426	0.2151
2018	广东	0.7129	0.6439	0.6647	0.5913	0.5670	0.6260	0.4411	0.6815	0.7538	0.6455	0.4839	0.1004
2018	山东	0.2685	0.5345	0.4175	0.4761	0.6790	0.5030	0.3711	0.2806	0.2516	0.3394	0.1716	0.1187
2018	江苏	0.3558	0.5881	0.3973	0.5238	0.6724	0.4549	0.5637	0.2906	0.3151	0.1743	0.1089	0.1179
2018	安徽	1.0000	0.9621	0.5234	0.7656	0.8057	0.7901	0.5932	0.7514	0.9873	0.9150	0.6035	0.5500
2018	福建	0.6424	0.6535	0.4279	0.8506	0.7121	0.8490	0.8203	0.5165	0.4649	0.6980	0.3751	0.2128
2018	河南	0.2272	0.3961	0.3369	0.6375	0.4722	0.5153	0.3431	0.3402	0.2670	0.4489	0.1604	0.1168

续表

年度	地区	任务1：构建开放协同的人工智能科技创新体系					任务2：培育高端高效智能经济					任务3：建设安全便捷的智能社会			
		四项具体内容					四项具体内容					四项具体内容			
		基础理论	关键共性技术	创新平台	人才队伍	新兴产业	产业升级	发展智能企业	创新高地	智能服务	社会治理	公共安全保障	共享互信
2017	国务院												
2018	甘肃	0.5343	0.3167	0.4152	0.9595	0.7966	0.8580	0.3896	0.2761	0.7435	0.7095	0.0856	0.1473
2019	北京	0.3880	0.5660	0.2157	0.5511	0.4498	0.6701	0.3789	0.4562	0.5749	0.2339	0.1511	0.1532
2019	云南	0.3632	0.4259	0.4348	0.6745	0.6994	0.5146	0.7298	0.4877	0.7207	0.5903	0.6310	0.1878
2019	浙江	0.4641	1.0000	0.4425	0.4849	0.5851	0.8039	0.4328	0.4218	0.8603	0.8877	0.3629	0.1308
2019	陕西	0.7339	0.5932	0.5329	0.6448	0.7754	0.5627	0.5824	0.6033	0.6864	0.4642	0.1719	0.1089
2019	湖南	0.3395	0.5296	0.3551	0.4098	0.5573	0.4893	0.6680	0.4323	0.5043	0.8907	0.1727	0.1137
	平均值	0.4929	0.5670	0.4285	0.5984	0.6401	0.6465	0.5674	0.4985	0.5974	0.5960	0.3305	0.1693

展规划（2018—2030 年）》中将加强人工智能基础理论和核心技术研发作为重点任务之一，且每年要编制人工智能基础理论和核心技术导向计划，指导企业、高校、科研院所等组织实施人工智能技术重大科技专项。辽宁省为 0.8787、陕西省为 0.7339、广东省为 0.7129，这些地区的政策文本中基础理论层面的内容较为明确，充分发挥高校及科研院所科研优势，实现理论研究的超前布局。

（2）关键共性技术。该部分数值范围是（0.3167—1），其中浙江省、安徽省最为突出，数值分别为 1 和 0.9621。浙江省 2019 年印发《浙江省促进新一代人工智能发展行动计划（2019—2022 年）》，其中在数字经济重大科技专项中分设人工智能专项，以"数据、算法、硬件"为核心，聚焦人工智能关键算法、软硬件协同和专用系统等重点领域，鼓励产学研用相结合。而安徽省则是依托企业、高校、科研院所在人工智能和大数据核心算法方面的研发基础，整合资源，加强核心关键技术的研发。辽宁省为 0.8491，数值也较高，辽宁省在 2017 年《辽宁省新一代人工智能发展规划》中明确对关键共性技术的持续研究，并加强支撑下一代智能技术的前瞻布局。

理论基础和关键共性技术研发是人工智能产业发展的基础，这需要该区域有较好的人工智能前期发展基础并具有一定研发能力，并非所有地区的人工智能政策中都把这部分作为重点内容，因此从数据上呈现地区政策的差异性。

（3）创新平台。该部分数值范围是（0.2157—0.6753），数值整体较低，只有辽宁省、广东省略高，数值分别为 0.6753 和 0.6647。辽宁省在规划中提出要统筹布局人工智能创新平台，并基于地区特点建设工业智能制造管控平台、海陆空智能机器人平台、机器人质量检验与性能测试平台和人工智能软硬件开源平台。广东省在规划中提出要推进人工智能领域建设若干国内领先的开放创新平台，构建开放协同的创新平台体系。由于在《规划》中提出的布局人工智能创新平台是国家总体性部署，各地区会根据区域特点有针对性地进行创新平台建设，因此导致该部分整体数值较低。

（4）人才队伍。该部分数值范围是（0.2833—0.9595），其中甘肃省和福建省最为突出，数值分别为 0.9595 和 0.8506。2018 年甘肃省印发的

《甘肃省新一代人工智能发展实施方案》和福建省印发的《福建省人民政府关于推动新一代人工智能加快发展的实施意见》中都对人工智能人才培养和引进尤为重视，均将其作为该省人工智能发展的重点任务之一。吉林省为 0.8331、安徽省为 0.7656、贵州省为 0.7379，这些地区数值也较高，这些地区的政策文本中均明确提及了培养聚集人工智能高端人才。而数值较低的地区只重点关注《规划》中培养聚集人工智能高端人才中的一部分。

重点任务 1 中安徽省（0.8128）、辽宁省（0.7376）数值较高，如图 8-8 所示。其中安徽省依托中国科学技术大学、中科院合肥物质科学研究院、合肥工业大学、科大讯飞等在人工智能和大数据核心算法方面的研发基础，加强对前沿基础理论的研究并开展核心关键技术攻关，并从加快本地人才培养、加大高水平人才引进力度和加强人工智能领域学科建设方面全力建设高素质人才队伍。辽宁省在政策中提出的建立新一代人工智能基础理论体系、突破人工智能关键共性技术和统筹布局人工智能创新平台，这与《规划》中的内容基本一致，而且辽宁省将人才保障进行单独划分以突出其重视程度，并通过引进、培养和留住人工智能人才的管理办法来推进人工智能领域人才队伍建设。

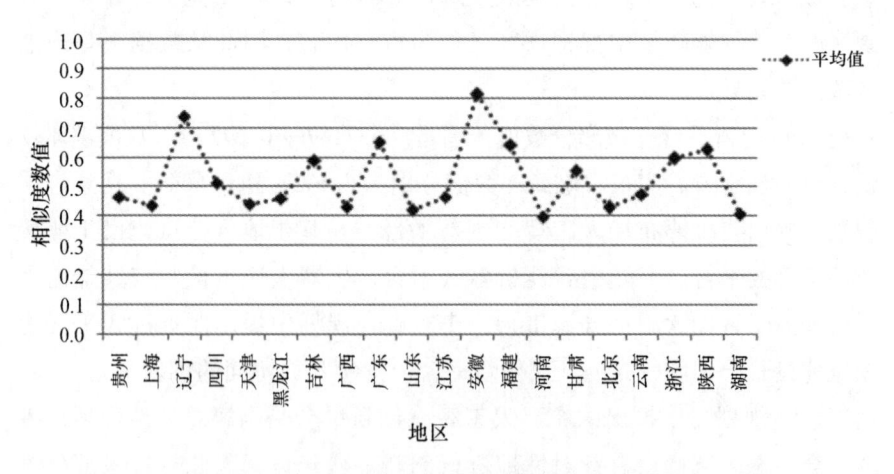

图 8-8　重点任务 1 与各地区政策相似度数值

2. 培育高端高效的智能经济

在重点任务 2 中主要包括大力发展人工智能新兴产业（简称"新兴产业"）、加快推进产业智能化升级（简称"产业升级"）、大力发展智能企业（简称"发展智能企业"）、打造人工智能创新高地（简称"创新高地"）四项具体内容。

（1）新兴产业。该部分数值范围是（0.2184—0.8893），其中辽宁省和安徽省最为突出，数值分别为 0.8893 和 0.8057。辽宁省在主要任务培育高端高效智能经济中将大力发展人工智能新兴产业作为重要内容，提出的智能软硬件、新一代工业机器人、特种智能机器人、智能运载工具、智能终端等建设内容和《规划》中内容基本一致。而安徽省依托重大新兴产业基地良好的产业基础，通过组织开展人工智能创新应用试点示范，推动人工智能成果转化、重大产品集成创新和示范应用，进一步推进新兴产业基地发展。

（2）产业升级。该部分数值范围是（0.4529—0.8580），其中甘肃省和福建省最为突出，数值分别为 0.8580 和 0.8490。甘肃省对大力发展人工智能新兴产业和推动人工智能与各行业融合创新方面较为重视，在智能软件、智能机器人、智能制造、智能农业、智能金融等方面都做了较为明确的要求。而福建省提出强化人工智能示范应用，加速推进人工智能在全省各行业示范应用，大力培育新产业、新技术、新模式和新业态，进而提升经济发展质量和效益，增强公众对人工智能的获得感、幸福感。

（3）发展智能企业。该部分数值范围是（0.3711—0.9554），其中辽宁省和福建省最为突出，数值分别为 0.9554 和 0.8057。辽宁省在大力发展智能企业中将深入实施智能制造工程推动企业智能化升级、加强智能工厂关键技术和体系方法的应用示范作为重要内容，这与《规划》中内容密切相关。而福建省把握新一轮科技革命和产业变革机遇，将人工智能与实体经济深度融合，立足各地产业基础，突出以福州、厦门、泉州、国家自主创新示范区、国家级高新技术产业开发区和省级高新技术产业园区为重要载体，推动各地进行差异化产业布局，抢占先机，形成福建特色人工智能产业优势，推动经济高质量发展。

（4）创新高地。该部分数值范围是（0.2761—0.8907），其中广西壮族自治区和辽宁省最为突出，数值分别为 0.8907 和 0.7560。广西壮族自治区依托广西大学、桂林电子科技大学等高校搭建人工智能领域新型创业服务机构,建设一批低成本、便利化、全要素、开放式的人工智能众创空间,通过完善孵化服务体系来支持人工智能创新创业。而辽宁省全力推动沈阳中国智谷建设,加快大连软件产业园升级发展,全力打造以沈阳和大连为核心的人工智能创新高地。

在重点任务 2 中,新兴产业和产业升级是密切联系的,很多地区都在加快培育人工智能产业的龙头企业,但鉴于多方面因素,只有北京市、上海市、广东省、浙江省、安徽省等地区龙头企业较为突出。北上广坐拥人工智能高科技企业数百家,以百度、腾讯、华为等龙头企业为引领,浙江省的阿里巴巴、安徽省的科大讯飞等企业都在人工智能领域具有国际竞争力。如图 8-9 所示,此部分辽宁省、吉林省、安徽省、福建省、广西壮族自治区综合数值较高,综合分析主要原因有二:一是部分地区出台人工智能政策中明确将培育高端高效智能经济作为重点之一,而其内容与《规划》内容也基本一致,因此数值较高,如辽宁省、吉林省;二是部分地区确实要通过人工智能政策推动产业升级发展,全力打造以关键城市为核心的人工智能创新高地,如:辽宁省、安徽省、福建省、广西壮族自治区。而辽宁省包含以上两方面因素,因此数值最高。

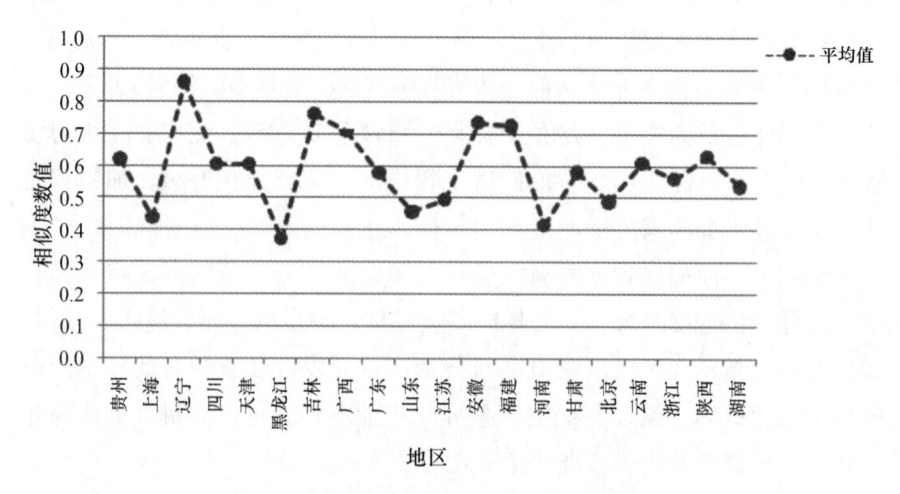

图 8-9 重点任务 2 与各地区政策相似度数值

3. 建设安全便捷的智能社会

在重点任务 3 中主要包括发展便捷高效的智能服务（简称"智能服务"）、推进社会治理智能化（简称"社会治理"）、利用人工智能提升公共安全保障能力（简称"公共安全保障"）、促进社会交往共享互信（简称"共享互信"）四项具体内容。

（1）智能服务。该部分通过加快人工智能创新应用，围绕教育、医疗、养老等迫切民生需求为公众提供个性化、多元化、高品质服务。数值范围是（0.2516—0.9873），其中安徽省、吉林省、贵州省最为突出，数值分别为 0.9873、0.9824 和 0.9344。安徽省在人工智能政策中将拓展人工智能服务领域作为重要内容，推出具有行业特点的专用人工智能软件及服务。重点支持深度学习、语音识别、语法语义分析、图像识别、智能微创、辅助诊疗等云服务发展，吸引应用开发者，开发丰富的行业应用，构建人工智能产业发展生态圈。而吉林省是由于在重点内容中提到的发展便捷高效的智能服务和《规划》中的内容基本一致，因此数值较高。贵州省在《智能贵州发展规划（2017—2020 年）》中对本地区的人工智能发展描绘得非常细致，基于贵州省良好的大数据发展基础，其主要任务明确了推进智能服务业的发展思路，并细化至物流服务、金融服务、商贸服务及其他各类专业的智能服务。

（2）社会治理。该部分数值范围是（0.1743—0.9646），其中吉林省、广西壮族自治区、安徽省最为突出，数值分别为 0.9646、0.9221、0.9150。除吉林省与《规划》内容制定较为一致以外，广西壮族自治区在人工智能政策中提出从智能政务、智慧法庭、智慧城市、智能交通、智能环保、智慧水利等方面开展社会治理智能化应用与示范。安徽省针对传统社会治理领域存在的结构性信息壁垒，综合运用大数据、云计算、物联网等信息技术，提升社会治理的智能化水平。

（3）公共安全保障。该部分数值范围是（0.0856—0.6601），整体数值较低，其中辽宁省、云南省、安徽省数值略高，数值分别为 0.6601、0.6310、0.6035。辽宁省提出构建智能化监测预警与综合应对平台，提高安全事故预警能力，降低安全事故发生率，提高应急决策和重大事故救援和处理能力。云南省为进一步促进人工智能在公共安全领域的深度应用，在全面推进公共服务智能化中提出了数字公安，并积极推动构建公共安全智能化监测预警与控制体系。安徽省结合社会治安综合治理形势提出智能化公共安全保障，使人民群众的安全感不断增强。虽然有些地区的确对该部分内容关注较少，但还有很多地区通过开展公共安全智能化应用与示范对该部分进行了非常细致的部署。

（4）共享互信。该部分数值范围是（0.0971—0.5500），整体数值最低，只有安徽省数值相对略高，为0.5500。社会交往共享互信体系的构建需要人工智能具备一定基础，在理论研发及关键技术攻关层面有较大突破后才能促进共享互信体系的形成，由于《规划》是我国人工智能领域到2030年的战略规划，而部分地区的人工智能规划属是到2020年或2022年的实施方案或行动计划，因此综合分析多数地区并没有在政策中过多关注该部分内容。

重点任务3需要在重点任务1和重点任务2的基础上进行建设，如图8-10所示，在此部分安徽省数值为0.7639，最为突出。综合分析主要原因有二：一是安徽人工智能发展基础较好，产学研紧密结合，以龙头企业为引领，带动地区人工智能产业转型升级，智能服务、社会治理、公共安全保障等具体内容均有所体现；二是安徽在规划制定时以《纲要》为基础并将此部分内容进一步细化为发展人工智能产品和服务、实施"人工智能+"行动计划、建设安全便捷的智能社会三部分，使任务更加明确，进而加快人工智能在社会领域的深度应用。

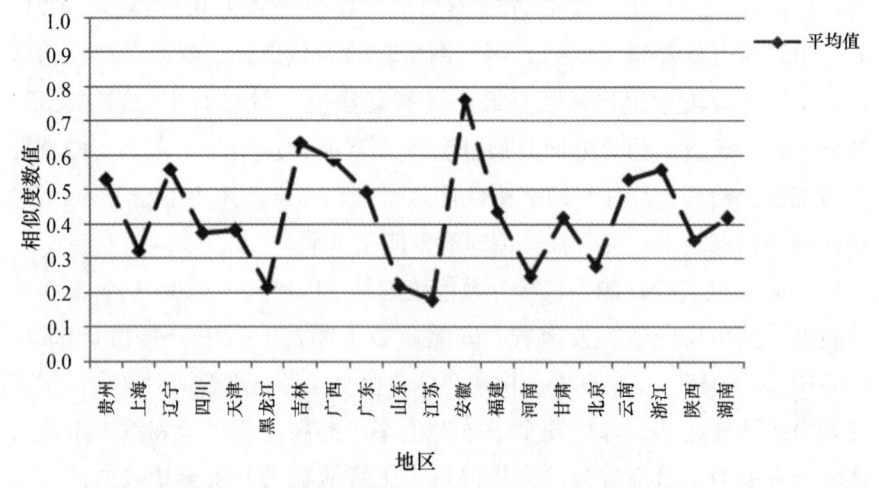

图8-10 重点任务3与各地区政策相似度数值

4. 加强人工智能领域军民融合

重点任务 4 的数值范围是（0.1982—1），此部分跨度较大，如图 8-11 所示，辽宁省、吉林省、广西壮族自治区的数据均为 1，这三个地区的政策军民融合部分与《规划》中对相关内容完全一致。安徽省次之，为 0.7306，安徽省实施智能汽车军民融合发展专项，推动车辆电子控制、雷达、微机电系统等自主知识产权军用技术的转化应用，把军民融合理念融入具体行动计划中来，具有较强的实施性。其他地区的数值相对较低，山东省（0.1982）、江苏省（0.2217）、福建省（0.2237）等地区数值最低，这些地区并未在政策中对人工智能领域军民融合进行专项部署。将军民融合和人工智能发展紧密融合是国家的重要战略部署，从基础理论和核心技术上看，军事智能和通用人工智能具有共通性，而应用技术研究要眼于国家重大需求，尤其是军事需求，研发关键应用技术，进而推动我国人工智能领域的军民融合。

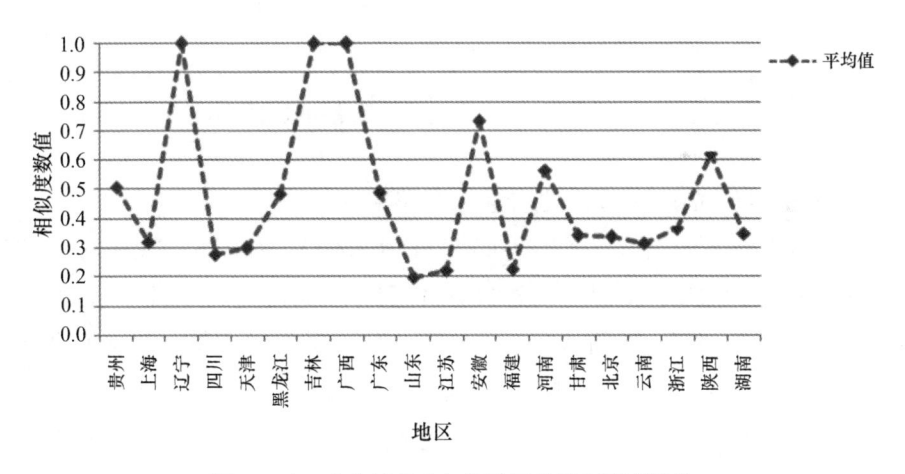

图 8-11　重点任务 4 与各地区政策相似度数值

5. 构建泛在安全高效的智能化基础设施体系

重点任务 5 的数值范围是（0.2250—0.8624），如图 8-12 所示，其中安徽省数值最高为 0.8624，安徽省把强化基础设施保障作为人工智能政策中重点任务之一，提出加快建设信息基础设施、推动数据开放共享、提升信息安全保障能力等具体建设内容。甘肃省数值为 0.8421，甘肃省在政策中明确将加强人工智能基础平台建设作为重点任务之一，同时提到搭建人工智能创新平台、布局人工智能的 5G 增强技术研发及应用和加强大数据基础设施建设等内容。贵州省、辽宁省、吉林省、北京市和云南省在人工智能政策中也不同程度关注此部分内容，但其他地区的确关注较少。

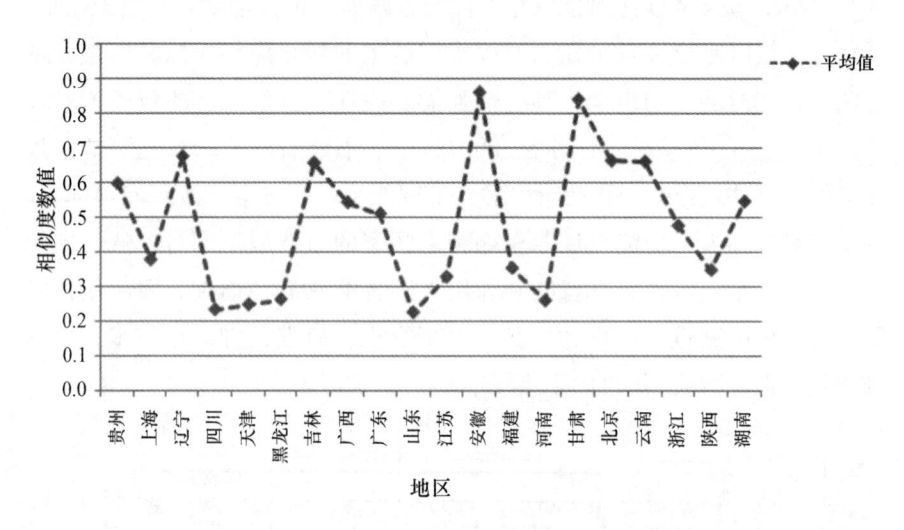

图 8-12　重点任务 5 与各地区政策相似度数值

6. 前瞻布局新一代人工智能重大科技项目

重点任务 6 的数值范围是（0.2453—0.7508），如图 8-13 所示，该部分整体数值偏低，但黑龙江省数值最高为 0.7508。黑龙江省为推动人工智能建设在《黑龙江省人工智能产业三年专项行动计划（2018—2020年）》中明确要培育一批人工智能重点项目，包括产业化项目、孵化培育项目和技术攻关项目。依托哈尔滨工业大学、哈尔滨工程大学等高校先进的人工智能技术，通过产业化项目、孵化培育项目、技术攻关项目等方式引导扶持哈工大机器人集团、大数据集团、中国云谷、哈尔滨科技创新城等创新主体做大做强，形成集聚效应，发挥人工智能产业集群的人才资源汇聚和科技辐射能力，进而带动配套产业发展。甘肃省数值为 0.7020，甘肃省在政策中明确每年实施 1—2 项新一代人工智能科技计划项目用于满足人工智能发展的迫切需求，弥补薄弱环节，形成以重大项目为核心、现有研发布局为支撑的人工智能项目群。

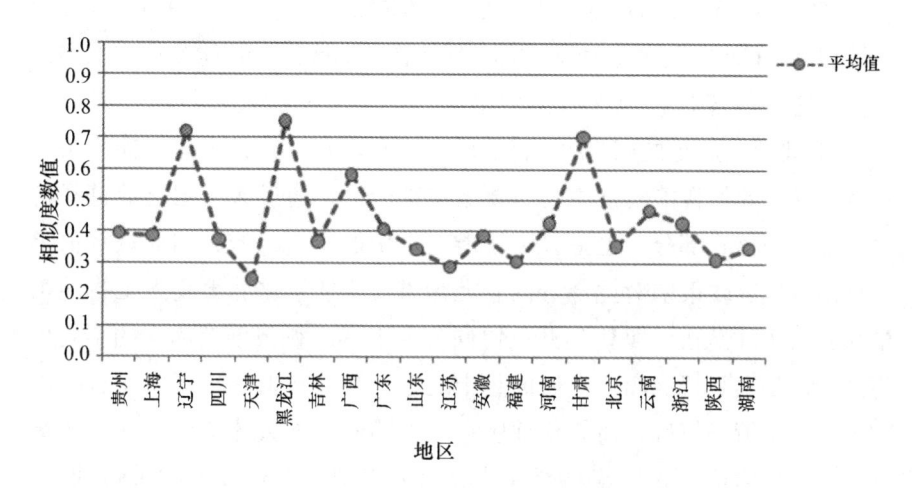

图 8-13 重点任务 6 与各地区政策相似度数值

(三)《规划》六项重点任务间政策比较分析

通过对《规划》中六项重点任务在各地区相似度平均值进行分析,可以探寻人工智能政策重点内容及各地区政策间的共性,也可以勾画出人工智能政策的基本框架。如图 8-14 所示,具体分析如下:

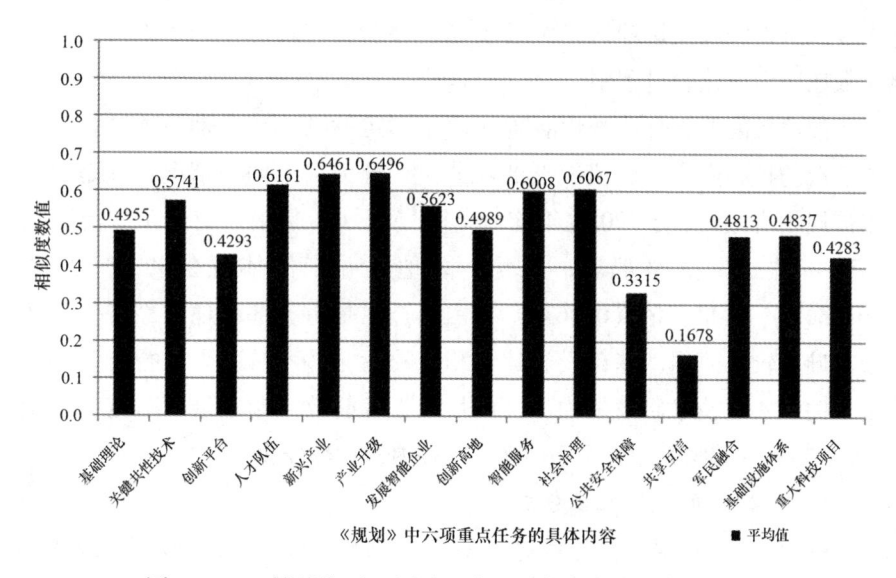

图 8-14 《规划》六项重点任务的具体内容相似度平均值

产业升级（0.6469）、新兴产业（0.6461）、人才队伍（0.6161）、社会治理（0.6067）、智能服务（0.6008）在各地区人工智能政策中平均值较高，这些内容是各地区政策中的核心。大力发展人工智能新兴产业（新兴产业）、加快推进产业智能化升级（产业升级）是人工智能政策中培育高端高效的智能经济中的重要组成部分，是通过人工智能促进经济社会发展的核心部分，也是人工智能政策中的主要内容，因此从数值上呈现出各地区政策中对此部分内容尤为重视。加快培养聚集人工智能高端人才（人才队伍）是构建开放协同的人工智能科技创新体系的主要内容之一，是人工智能产业发展的重中之重，在经济发达地区人工智能高端人才聚集情况较好，而其他地区存在着不同程度人才流失与缺失的情况，因此如何培养并聚集高端人才成为人工智能产业发展的关键问题。发展便捷高效的智能服务（智能服务）和推进社会治理智能化（社会治理）是建设安全便捷智能社会的主要内容，智能社会建设是以提高人民生活水平和质量为目标，智能化服务会有效提升全社会智能化水平，会使人们能够最大限度享受高质量服务和便捷生活。社会治理智能化水平是智能社会的另一个重要体现，行政管理、司法管理、城市管理、环境保护等社会治理的热点、难点问题是各地区社会治理智能化的重点建设内容。虽然经济发达地区已经逐步构建社会治理智能化的各类应用，但多数地区尚属建设过程中。

数值较高的部分反映出各地区政策制定的共性，也是各地区人工智能政策的核心内容。数值较低的部分主要分为以下两类情况：一是由于多数规划有效时间到 2022 年前后，而《规划》是国家对人工智能直到 2030 年的长期战略部署，因此很多地区并未能体现公共安全保障（0.3315）、共享互信（0.1678）等内容。二是由于部分地区经济信息产业基础均较为薄弱，基础设施建设相对滞后，并不具备人工智能基础理论及关键共性技术研发能力，因此从人工智能政策制定层面对基础理论（0.4955）、基础设施体系（0.4837）等内容关注较少。

（四）地区间政策比较分析

《规划》中重要任务与各地区人工智能政策平均相似度较高可以体现出人工智能政策的完整与全面，也凸显出不同地区人工智能产业发展的区域特色，如图 8-15 所示，具体分析如下：

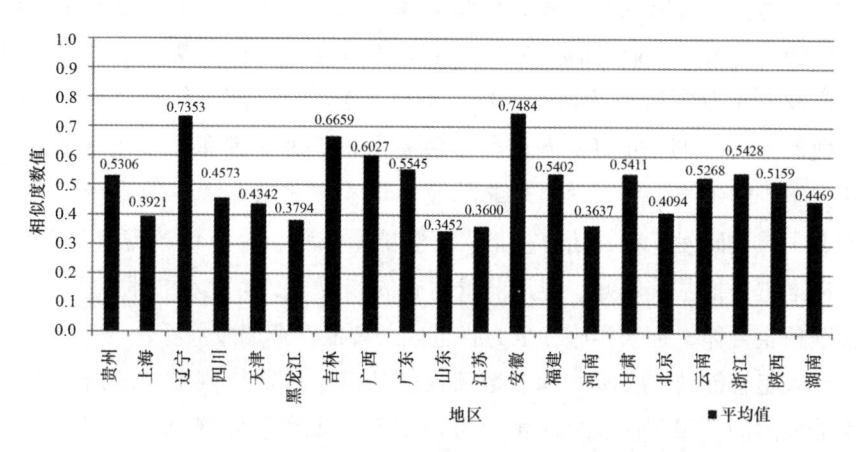

图 8-15　各地区人工智能政策平均相似度数值

从数值上看安徽省和辽宁省数据较高，其中《安徽省新一代人工智能产业发展规划（2018—2030年）》较为全面地体现了该地区的人工智能产业发展思路及特点。安徽省人工智能产业发展势头较好，将中国声谷作为安徽人工智能产业发展核心区，创立了产学研用相结合的创新体系，科大讯飞、华米科技等骨干企业实现省内产业应用落地，中科大、合肥工大等知名高校实现教学、科研双轨并行，这使安徽省语音产业快速地由技术研发高地向全国语音产业发展高地转变，已经逐渐成为产业特色鲜明、产业集群优势突出、产业规模和影响居国际前列的产业园。辽宁省拥有东软、新松机器人、沈阳机床厂、中科院沈阳自动化研究所等优秀人工智能技术、应用企业和科研院所，并拥有东北大学和大连理工大学两所优秀高校，大连培育千亿级人工智能产业集群，推动人工智能研究领域产业发展和技术成果应用等取得较大突破。辽宁省形成了以沈阳市和大连市为"两点一线"的人工智能发展产业群，以此带动辽宁省人工智能产业的快速发展。这两个地区人工智能产业发展路径较有特色，且取得了一定效果，在国内具有一定的示范效应。

甘肃省在2018年发布的《甘肃省新一代人工智能发展实施方案》是到2030年的长期规划，整体数值为0.5411，但任务5和任务6的数值均相对较高，分别为0.8421和0.7020，甘肃省建设的三维大数据物联网智能制造产业园项目是推进工业大数据应用示范，在甘肃省逐渐形成以重大项目为核心、以现有研发布局为支撑的人工智能项目群，以此推动该区域的人工智能产业发展。黑龙江省在 2018 年发布的《黑龙江省人工智能产业三年专项行动计划（2018—2020 年）》是一部三年行动计划，整体数值为 0.3794，但任务 6 的数值最高为 0.7508。黑龙江依托哈尔滨工业大学、哈尔滨工程大学、东北林业大学、东北农业大学等高校，发挥专业领域及研发优势，培育一批人工智能重点项目，以市场需求为牵引，积极推进一批基础较好、应用前景明确的产业化、孵化和技术攻关项目，实现校企合作，加快实施，全力推进人工智能产业的发展。

人工智能政策文本相似度数值仅能从某个层面体现地方政府对人工智能发展的重视程度，并不能全方位展示人工智能发展总体情况。北京市、上海市、广东省、浙江省、江苏省这些地区的政策文本相似度数值并不突出，但从实际情况上来看，这些地区人工智能产业基础较好、人才体系健全、科研实力雄厚，已经形成了较好的企业孵化环境和产业生态环境。而其他地区由于信息产业发展相对滞后，优势产业也不突出，且缺少良好的产业发展环境，因此这些地区需通过探寻区域特点及优势资源来形成具有特色的人工智能产业发展道路。

（五）相关性分析

不同省域人工智能政策相似度存在差异，为了进一步明确差异的成因，本节探索性引入政策发文时间（time）、文本长度（textlength）、省域所处位置（region）、省域经济（provincial GDP）、中国人工智能学会会士人数（prof）、中国人工智能学会在各省的分支机构数（branch offices）、中国人工智能学会在各省的分会数（regional association）、中国人工智能学会会员单位在各省的数量（member units）、政策类型（policy types）等 9 个自变量。具体分析如图 8-16 所示。

我们先从下三角单元格（在主对角线下方的单元格）开始解释这幅图形。从左下指向右上的斜杠表示单元格中的两个变量呈正相关，从左上指向右下的斜杠表示变量呈负相关，色彩越深，饱和度越高，说明变量相关性越大，相关性接近于 0 的单元格基本无色。

从图中含阴影的单元格中可以看到，textlength、similarity 和 region 相互间呈正相关，policy types、provincial GDP、branch offices、member units 和 prof 相互间也呈正相关。textlength、similarity、region 都与 time 呈负相

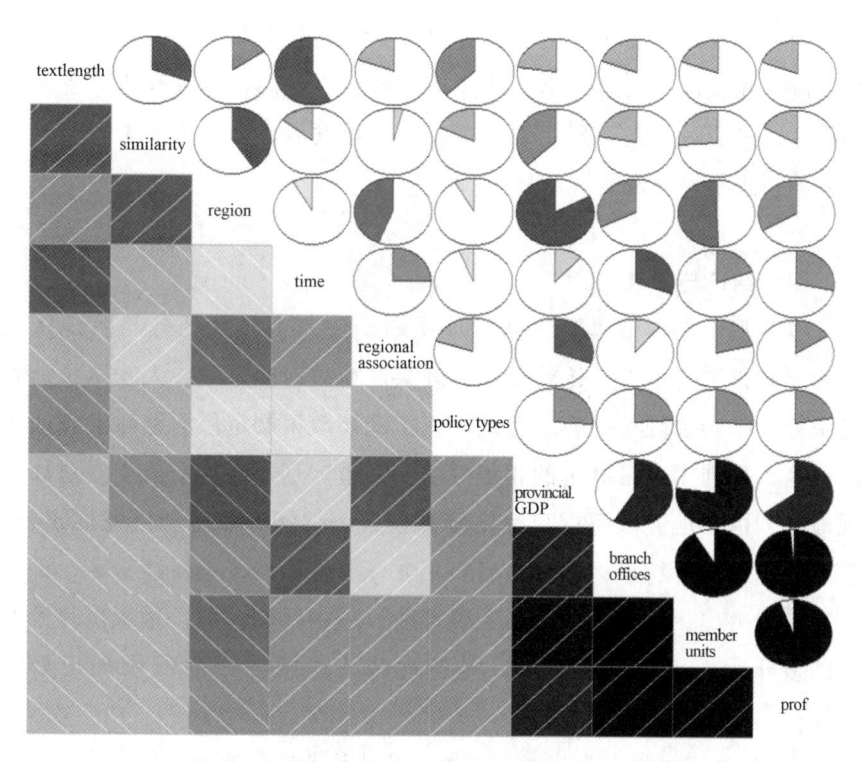

图 8-16 人工智能相关性分析

关,还可以看到 region 和 time、region 和 policy types、time 和 provincial GDP 以及 regional association 和 branch offices 四组变量间的相关性很弱。textlength 和 time、region 和 provincial GDP、branch offices 和 prof、member units 和 prof 四组变量之间的相关性很强。上三角单元格用饼图展示了相同的信息,颜色的功能同上,但相关性大小由被填充的饼图的大小来展示。正相关性将从 12 点钟处开始顺时针填充饼图,而负相关性则逆时针方向填充饼图。综上,可以发现各省人工智能政策相似度与所处地域有很强的正相关性,相似度越高体现出人工智能政策制定越完整全面,也凸显出各省域人工智能政策因地制宜,结合区域特色发展;各省人工智能政策的相似度与中国人工智能学会在各省的分会数呈一定正相关,体现了各省的人工智能学会数量在人工智能政策的制定上贡献了一定力量;

政策类型与人工智能相似度呈负相关性，可以看出"方案意见"型政策对于推进人工智能政策的制定影响力不如"方案"型政策；中国人工智能学会在各省的分支机构数、会员单位、学会会士都与各省的人均GDP呈高度正相关性，可以看出当地经济发展水平越高，越有利于分支机构的设立，进而吸引人工智能领域企业的合作发展，有助于人工智能领域人才的引进与培养发展。

四 结论与建议

本节基于文本相似度计算对《规划》中六大重要任务与各地区人工智能政策进行了综合比较研究，新兴产业、产业升级、人才队伍、智能服务、社会治理等内容在各地区人工智能政策制定层面整体受到的关注最高，呈现出政策制定的相似性。安徽省、辽宁省从数值上看总体表现最好，由于地方政府重视程度较高，人工智能产业呈现出发展迅速、重点任务明确等特点；而甘肃省、黑龙江省作为经济欠发达地区，部分内容较为突出，逐渐形成人工智能产业发展的区域特色，呈现出政策制定的差异性。基于以上结论，对各地区人工智能产业发展提出如下建议：

（一）应加强人工智能基础理论及关键技术研发能力

基础理论及关键技术研发是人工智能产业发展的核心基础。在《规划》中提出的三步走原则：到2020年技术和应用与世界先进水平同步；到2025年基础理论实现重大突破，部分技术与应用达到世界领先水平；到2030年理论、技术与应用总体达到世界领先水平。在这些基础理论及关键技术研发部分数值较高的地区，都充分发挥了知名高校及科研院所的科研优势，在人工智能专业领域基础理论及关键技术方面取得了一定突破。人工智能的基础理论和关键技术研发应作为人工智能产业发展的重要环节，各地区要根据实际情况利用区域优势资源来推进人工智能技术理论与关键技术的突破，要以区域知名高校及科研院所为依托，通过建立高水平人工智能研究实验室，培育一批符合区域发展特色的人工智能基础理论与关键技术重大科技专项，重点支持有潜能的研究团队，进而推动区域人工智能产业的发展。

（二）应加快培养并聚集人工智能领域高端人才

人才队伍是各地区人工智能政策中最为重视的内容之一，而加强人工智能领域学科建设是夯实人才培养的基础。要通过以下方面实现培养聚集人工智能领域高端人才。一是要鼓励各区域高水平大学积极设置人工智能相关专业，形成"智能+"的复合专业培养新模式，加强产学研合作，鼓励高校、科研院所与企业等机构合作开展人工智能学科建设。二是加大人工智能领域高端人才的引才力度，完善引进人才创新环境。通过引导高校、科研院所和企业建设人工智能创新团队、搭建领军梯队的方式，为本地青年科研人员创造良好的环境。三是加强对人工智能相关研究的支持力度，着力培养本地的人工智能高端人才。2019年年初安徽省在全国率先开设人工智能本科专业，以中科大、合肥工大等院校为首，初步形成了人工智能人才培养的体系。此外，东北大学、大连理工大学、哈尔滨工业大学、西安交通大学、兰州大学等高校都开设了人工智能专业，高水平大学可以促进区域培养并聚集人工智能高端人才。

（三）培育特色龙头企业能带动区域人工智能产业发展

培育特色高水平企业是人工智能区域发展的关键，应加大对区域高水平企业的政策倾斜与扶持。以数值较高的安徽省为例，科大讯飞是特色高水平企业带动区域人工智能产业发展的典范，安徽省重点打造科大讯飞在语音识别领域的突出优势，使成立20年的公司迅速成为国内乃至国际人工智能领域的龙头企业，其语音识别的核心技术已经保持国际领先，同时基于企业传统语音识别的技术优势，近几年在机器翻译、医学影像、人脸识别、自然语言理解等领域发展迅速。其他地区也重点发展并打造区域龙头人工智能企业，如辽宁省东软集团将人工智能应用拓展到了健康、交通等领域。尹丽波[①]在人工智能发展报告中提出，北京市、上海市、广东省、浙江省是人工智能产业发展较好的地区，不仅人工智能企业超过百家，而且均有人工智能龙头企业作为地区的引领，如百度、阿里巴巴、腾讯、华为、京东等企业，这些企业利用技术优势在人工智

---

① 尹丽波：《人工智能发展报告（2018—2019）》，社会科学文献出版社2019年版，第40页。

能领域快速发展。有些地区具有专业特色的企业也发挥了重要作用，如华大基因的智能医疗、海康威视的智能安防、小米科技的智能家居等均为行业智能化的领跑者。

(四) 应加强人工智能安全保障及共享互信体系建设

大数据作为新一代人工智能的重要支撑，两者是相互促进密不可分的，人工智能基础理论和关键技术发展到一定阶段后，所带来的安全问题会变得尤为重要。人工智能是一把"双刃剑"，随着人工智能技术的发展，数据分析和挖掘能力不断增强，不但会使数字基础设施遭到攻击的可能性大幅增加，还会使数据泄露、深度伪造等事件发生概率大幅提升，而这些问题会对公民权益、社会稳定乃至国家安全带来深远的影响，因此要高度关注人工智能带来的安全风险，通过构建有效的风险防控保障体系来实现人工智能的安全保障。2019年10月习近平总书记在中央政治局第十八次集体学习时强调加快推动区块链技术和产业创新发展，协作与共识机制是区块链技术的核心理念，通过促进区块链与人工智能技术的融合，对当前人工智能与大数据间协同性的研究，构建新型社会的协作与共识机制，进而形成共享互信体系，最大限度降低人际交往成本和风险。

第三节 央地政府知识产权发展规划比较研究

一 案例背景

近年来，知识产权保护工作已经提升为国家战略高度。2020年12月，中央政治局第二十五次集体学习时，习近平总书记对知识产权保护工作提出了重要要求。2021年3月，《中华人民共和国国民经济和社会发展第十四个五年规划和2035年远景目标纲要》中提出实施知识产权强国战略，实行知识产权保护制度，完善知识产权相关法律法规，这为未来一段时间知识产权事业发展指明了方向。2021年9月，中共中央、国务院印发《知识产权强国建设纲要（2021—2035年）》，这也是知识产权强国建设纲领性文件。2021年10月，国务院印发《"十四五"国家知识产权保护和运用规划》（以下简称《规划》）。进入2021年，国家密集地发布了一系列的政策文件，已经初步形成我国知识产权政策的顶层设计。与此同时，我国各地区政府为落实国家知识产权强国战略也已先后出台一系列规划来推动知识产权事业的发展。虽然各地区发展规划制定的总体目标相同，但由于区域特色不同，各地区所出台的发展规划差异较大，因此，对中央与地方政府间知识产权发展规划的比较研究显得尤为重要，研究不但可以通过政策文本间的相似性探寻重点关注内容，还可以通过政策文本间的差异性挖掘区域发展特色。本节以文本相似度计算为视角对我国知识产权发展规划进行比较研究，以实现对不同地区间政策文本科学化分析，进而实现为政府决策提供支持的目标。

二 研究过程

现将研究方法与过程分为政策文本采集、文本预处理、相似度计算、政策框架构建、政策比较研究五部分。具体流程如图8-17所示。

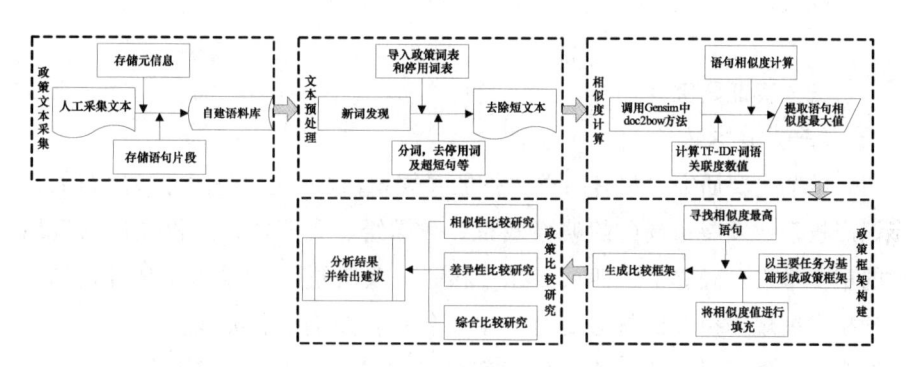

图8-17 基于文本相似度的知识产权发展规划比较研究

（1）政策文本采集：从中央、地方政府网站采集已发布的关于"十四五"知识产权规划的政策文件（包括征求意见稿），并将文本录入自建语料库中，存储到语料库的信息分为元信息、内容信息和语句片段信息。

（2）文本预处理：首先形成与知识产权发展规划相关的政策词表352条，随后利用Python语言jieba工具对文本进行分词、去停用词过滤等预处理操作，最后去除超短语句。由于字符小于5的语句，对所计算的结果影响较大，因此，需要去除。

(3) 相似度计算：本节将知识产权发展规划文本按语句片段进行划分，共分为 3796 条语句，总计 169305 字符，利用 Python 语言 Gensim 工具中的 BOW 模型、TF-IDF 模型和余弦相似度，分别计算出《规划》中的五项任务与 13 个地区"十四五"知识产权发展规划文本的语句相似度，生成相似度矩阵。

(4) 政策框架构建：抽取《规划》中五项任务形成知识产权发展规划一级类目，将每部分任务中的具体内容作为二级类目。本研究认为待分析政策文本语句都具有实际意义，并具有可比性，因此提取相似度最高的语句作为待分析样本，并将语句中最大相似度数值填充到政策框架中来。

(5) 政策比较研究：文本间相似度计算结果在一定程度上可以反映出《规划》中五项任务与各地区"十四五"知识产权发展规划文本的相似性和差异性，再结合各地区知识产权保护和运用的实际情况，进行综合比较研究。

三　实证研究

(一) 样本选择

本节主要研究对象有两类。一是《规划》，该文件是国务院发布的知识产权事业发展布局的战略性政策，它描绘了我国知识产权保护与运用的重要举措，确立了"四项目标"和"五项任务"，其中五项任务是知识产权发展规划执行的核心部分，主要包括：全面加强知识产权保护，激发全社会创新活力（简称"知识产权保护"）；提高知识产权转移转化成效，支撑实体经济创新发展（简称"知识产权转移转化"）；构建便民利民知识产权服务体系，促进创新成果更好惠及人民（简称"知识产权服务"）；推进知识产权国际合作，服务开放型经济发展（简称"知识产权国际合作"）；推进知识产权人才和文化建设，夯实事业发展基础（简称"知识产权人才和文化建设"）。本节将五项任务进行内容提取并形成框架，作为比较对象。二是 13 个地方省级政府结合本地区实际发展情况发布的省级政府层面知识产权发展规划，本节把这些规划作为被比较的研究对象，详见表 8-6。

表8-6　　　　　　　　地方省级政府知识产权发展规划文本

日期	省市	政策名称
2021.4	天津	天津市知识产权"十四五"规划
2021.5	广东	广东省知识产权保护和运用"十四五"规划（征求意见稿）
2021.5	浙江	浙江省知识产权发展"十四五"规划
2021.6	吉林	吉林省知识产权保护和运用"十四五"规划
2021.7	新疆	新疆维吾尔自治区知识产权"十四五"规划
2021.7	山东	山东省"十四五"知识产权保护和运用规划
2021.7	北京	北京市"十四五"时期知识产权发展规划
2021.8	云南	云南省"十四五"知识产权发展规划
2021.8	江苏	江苏省"十四五"知识产权发展规划
2021.9	陕西	陕西省"十四五"知识产权发展规划
2021.10	辽宁	辽宁省"十四五"知识产权保护和运用规划
2021.10	甘肃	甘肃省"十四五"知识产权保护和运用规划
2021.11	贵州	贵州省知识产权"十四五"规划和2035年知识产权强省建设远景目标纲要

资料来源：自建语料库。

（二）基于《规划》任务的政策比较分析

《规划》是国家对知识产权保护和运用的顶层设计，其五项任务与《知识产权强国建设纲要（2021—2035年）》中提升知识产权创造、运用、保护、管理和服务水平相对应，两部政策主要内容及目标相互呼应，互为协同。将《规划》五项任务中的具体内容与各地区知识产权政策文本作比较分析尤为重要，不但有利于挖掘知识产权保护与运用过程中的重点关注内容，更有助于凸显知识产权区域特色，具体分析如下：

1. 知识产权保护

任务1主要包括完善知识产权法律政策体系（简称"政策法律体系"）、加强知识产权司法保护（简称"司法保护"）、加强知识产权行政保护（简称"行政保护"）、加强知识产权协同保护（简称"协同保护"）、加强知识产权源头保护（简称"源头保护"）五项具体内容。在任务 1 中广东省（0.6239）、江苏省（0.5545）、吉林省（0.5241）数值较高，如图 8-18 所示。

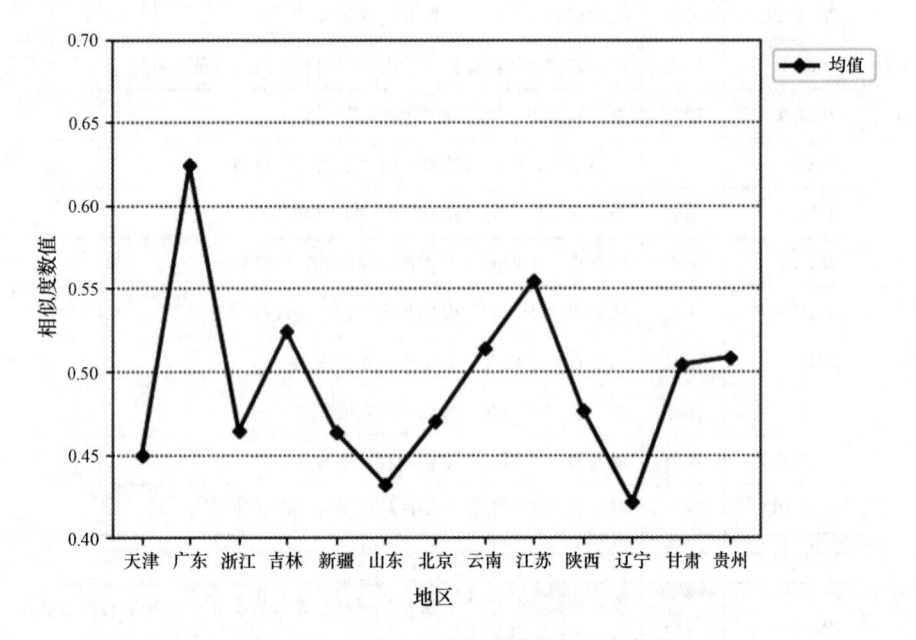

图 8-18 任务 1 与各地区政策相似度数值

（1）广东省（0.6239）。《广东省知识产权保护和运用"十四五"规划（征求意见稿）》中司法保护（0.7129）、协同保护（0.6490）、源头保护（0.7277）等内容相似度数值较高。该规划中提出三点内容：①严厉打击知识产权犯罪行为，严格施行惩罚性赔偿制度，充分运用司法救济和制裁措施，为培育稳定公平透明的营商环境提供有力司法服务和保障。②加强知识产权保护协调配合，健全知识产权纠纷解决渠道，加大知识产权维权援助力度，加快建立知识产权快速协同保护机制。③突出了粤港澳大湾区知识产权保护和运用，强化"双城联动"引领助推区域协调发展，统筹推进知识产权领域国际合作和竞争。

（2）江苏省（0.5545）。《江苏省"十四五"知识产权发展规划》中政策法律体系（0.5516）、协同保护（0.7301）等内容相似度数值较高。该规划中提出两点内容：①加强知识产权地方立法，制定出台《江苏省知识产权促进和保护条例》，并积极落实《市场监督管理行政处罚程序暂行规定》《专利侵权纠纷行政裁决办案指南》《商标侵权判断标准》《江苏省文化市场综合行政执法管理办法》等规定。②健全知识产权诚信体系，推动"正版正货"承诺推进计划提档升级，出台《江苏省实体市场知识产权管理规范》地方标准。

（3）吉林省（0.5241）。《吉林省知识产权保护和运用"十四五"规划》中在司法保护（0.8024）、协同保护（0.6127）等内容上均体现了与国家政策较高的相似性。该规划中提出两点内容：①修订《吉林省专利条例》，发布《吉林省专利行政执法指引》，制定《电子商务平台知识产权保护规则（参考文本）》。②加大知识产权领域刑事打击力度和行政执法力度，加强知识产权司法资源配置，构建布局均衡的知识产权审判体系，深化知识产权审判领域改革，更好发挥长春知识产权法庭示范引领作用。

2. 知识产权转移转化

任务2主要包括完善知识产权转移转化体制机制（简称"转移转化体制机制"）、提升知识产权转移转化效益（简称"转移转化效益"）两项具体内容。在任务2中吉林省（0.7015）、广东省（0.6913）、山东省（0.6870）数值较高，如图8-19所示。

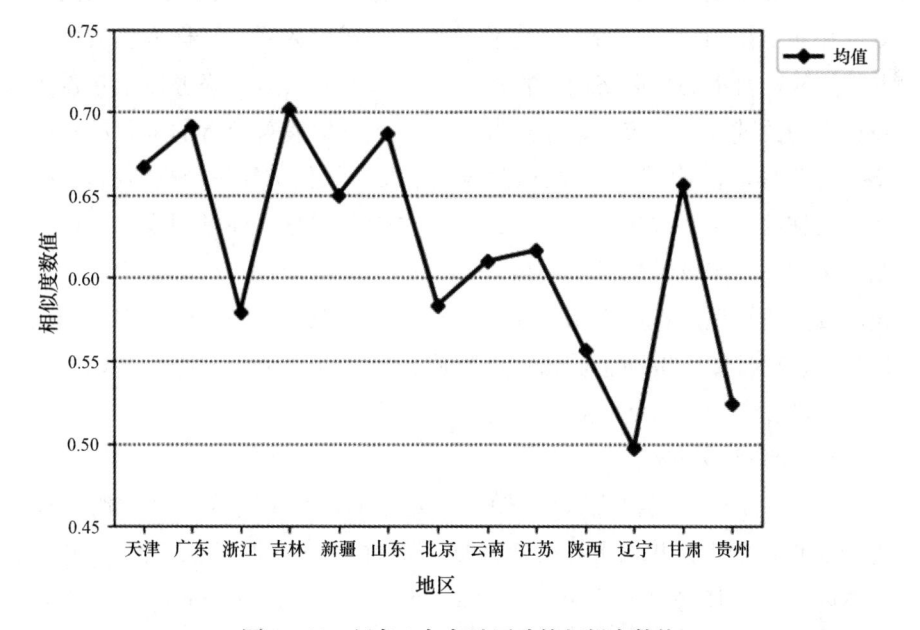

图8-19 任务2与各地区政策相似度数值

(1) 吉林省（0.7015）。吉林省在推进知识产权权益分配制度改革、完善知识产权转化运用激励政策、提高知识产权转化运用能力、实施专利转化促进工程等方面采取了一些措施。①通过建立高价值专利库，利用大数据手段筛选"沉睡专利"，组织相关机构与企业对接提升知识产权转化运用效益。②通过强化知识产权对吉林特色现代农业的运用与支撑作用，提升现代农业领域专利技术转化应用水平，加强农产品商标及地理标志品牌建设，高度重视养殖、种植技术创新与保护，助力乡村振兴战略。

(2) 广东省（0.6913）。广东省知识产权转移转化整体发展态势较好，因此在《广东省知识产权保护和运用"十四五"规划（征求意见稿）》中主要提出三点内容：①推动知识产权与创新资源、金融资本、产业发展的有效融合，构建知识产权市场运行机制。②发挥知识产权作为联通创新和市场的纽带作用，推动知识产权的高效转化运用，推动知识产权价值实现，促进经济创新发展。③发挥产学研单位、知识产权服务机构、资本市场合力，协同推动知识产权转化运用，构建开放合作、多元共生的知识产权转化运用生态。

(3) 山东省（0.6870）。《山东省"十四五"知识产权保护和运用规划》中重点提出三点内容：①完善知识产权运营体系。高标准建设山东知识产权运营中心，以济南、青岛、烟台知识产权运营服务体系建设重点城市为关键节点，布局设立运营分中心，搭建覆盖全省的运营服务网络，打造东北亚国际知识产权运营服务平台。②促进知识产权转移转化。积极实施国家专利转化专项计划，探索实施专利开放许可制度和运行机制，拓宽知识产权转化运用供需渠道，依托山东知识产权运营中心，建设高校院所知识产权运营库。③优化知识产权金融服务。建立知识产权质押融资项目库，做好企业知识产权质押融资需求调查，筛选知识产权工作基础扎实、信用良好的中小微企业入库。

3. 知识产权服务

任务3主要包括提高知识产权公共服务能力（简称"公共服务能力"）、促进知识产权服务业健康发展（简称"服务业健康发展"）两项具体内容。在任务3中甘肃省（0.6825）、广东省（0.6694）、贵州省（0.6427）数值较高，如图8-20所示。

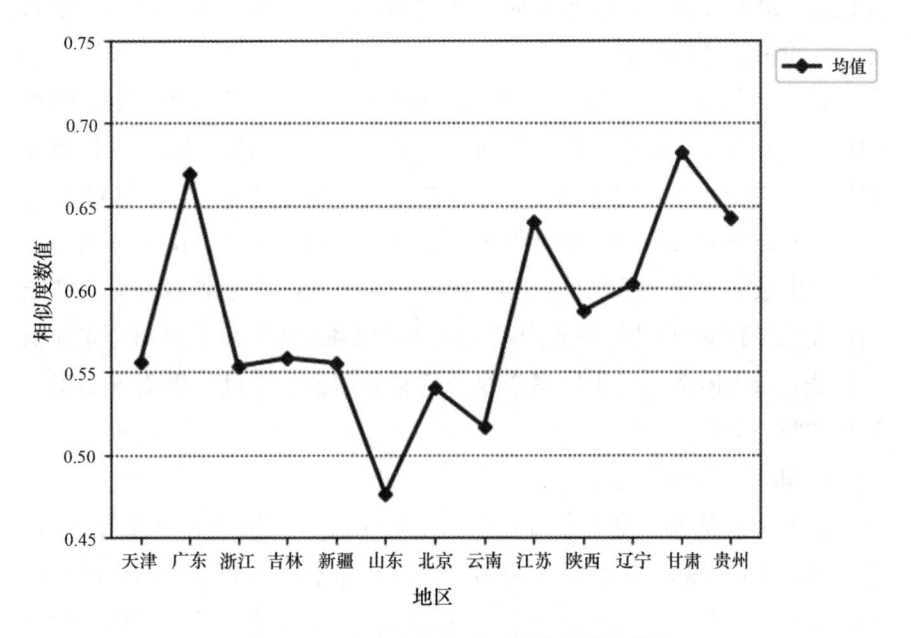

图 8-20　任务 3 与各地区政策相似度数值

（1）甘肃省（0.6825）。《甘肃省"十四五"知识产权保护和运用规划》重点提出三点内容：①特别设立"专栏 6 知识产权公共服务提升行动"，计划到 2021 年年底实现省级知识产权信息公共服务机构全覆盖，到 2023 年地市级综合性知识产权公共服务机构全覆盖。②制定知识产权服务业集聚发展示范区管理办法，推动知识产权服务业集聚区建设，创建国家知识产权运营服务体系建设重点城市。③大力吸引国内外知名知识产权服务机构和高端人才入驻丝绸之路国际知识产权港，打造具有影响力和竞争力的服务企业和品牌，提供全生命周期的"一站式"知识产权服务。

（2）广东省（0.6694）。《广东省知识产权保护和运用"十四五"规划（征求意见稿）》重点提出两点内容：①建立便民利民的知识产权公共服务体系，加强知识产权服务业监管，特设"专栏 18：知识产权'放管服'工程"和"专栏 19：实施知识产权公共服务能力提升工程"，计划到 2025 年实现珠三角地区"一窗通办"全覆盖并建成广东省知识产权大数据中心和粤港澳知识产权大数据综合服务平台。②加强知识产权服务业监管，鼓励知识产权服务业向专业化和高水平发展，引导知识产权服务业向价值链高端衍生。

(3) 贵州省 (0.6427)。为贯彻习近平总书记视察贵州重要讲话精神和省委省政府关于知识产权工作重大决策部署，贵州省制定了《贵州省知识产权"十四五"规划和 2035 年知识产权强省建设远景目标纲要》，其中公共服务能力部分相似度数值为 0.7695，最为突出。由于贵州省有较好的大数据基础，因此在该政策中设立"专栏 8：知识产权公共服务能力建设"，特别提出建设知识产权信息公共服务节点网点、推动建立知识产权公共服务体系、强化知识产权公共服务职能，并设立贵州省知识产权公共服务中心。

4. 知识产权国际合作

任务 4 主要包括主动参与知识产权全球治理（简称"全球治理"）、提升知识产权国际合作水平（简称"国际合作水平"）、加强知识产权保护国际合作（简称"国际合作"）三项具体内容。在任务 4 中整体相似度数值较低，其中广东省 (0.4528)、江苏省 (0.4119) 数值相对较高，如图 8-21 所示。

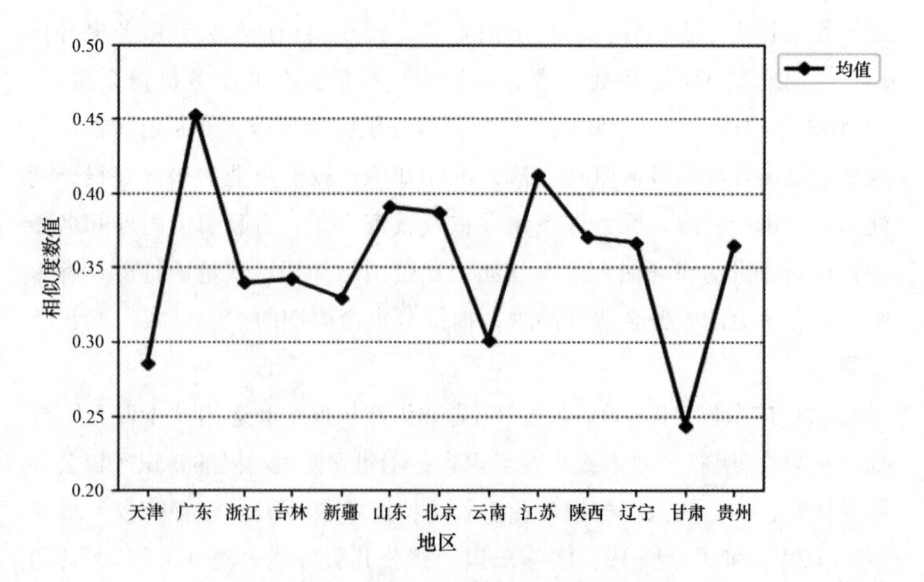

图 8-21　任务 4 与各地区政策相似度数值

(1) 广东省 (0.4528)。《广东省知识产权保护和运用"十四五"规划（征求意见稿）》中对加强知识产权保护国际合作较为关注，其相似度数值为 0.6646。以粤港澳大湾区为代表，粤港澳大湾区发展已经上升到国家战略高度，粤港澳知识产权国际合作需要进一步深化，要充分发挥湾区区位和资源优势，与世界知识产权组织以及新加坡、东盟、"一带一路"等国家、地区知识产权合作交流深化务实，一批地理标志进入中欧地理标志保护与合作协议。

(2) 江苏省 (0.4119)。《江苏省"十四五"知识产权发展规划》中国际合作相似度较高，为 0.7095，该政策主要提出两点内容：①深化与美国、欧盟、日本、韩国等国家和地区，及"一带一路"沿线国家、RCEP 国家（区域全面经济伙伴关系协定国家）、新兴市场国家的知识产权交流与合作，优化务实合作机制。②积极推进江苏自贸试验区，以及中以、中美、中韩、中瑞等创新产业园建设，加快中欧知识产权转移中心、中美泰州医药专利服务中心等合作平台建设。

5. 知识产权人才和文化建设

任务 5 主要包括加强知识产权人才队伍建设（简称"人才队伍建设"）和加强知识产权文化建设（简称"文化建设"）两项具体内容。在任务 5 中人才队伍建设整体数值高，而文化建设数值相对较低，山东省（0.5796）、陕西省（0.5595）、云南省（0.5422）数值相对较高，如图 8-22 所示。

(1) 山东省 (0.5796)。《山东省"十四五"知识产权保护和运用规划》中人才队伍建设相似度数值较高为 0.6899，该政策主要提出两点内容：①鼓励引导部门、教育机构、行业协会等加大对知识产权保护专业人才培训力度。②大力推动知识产权学历教育，在省内部分高校增设知识产权学院或专业。③加快推进省级知识产权培训基地建设，开展知识产权产学研人才联合培养，持续推进知识产权远程教育。④培养涉外知识产权高端人才，提高企业海外知识产权纠纷应对能力。

(2) 陕西省 (0.5595)。《陕西省"十四五"知识产权发展规划》关于任务 5 重点提出两点内容：①特设"专栏 6 知识产权人才培养工程"来加强知识产权专业技术人才队伍建设，从知识产权专业技术人才职称评定和专业技术资格考试两方面进一步提升知识产权技术人才专业素质

234 / 下篇 应用实证

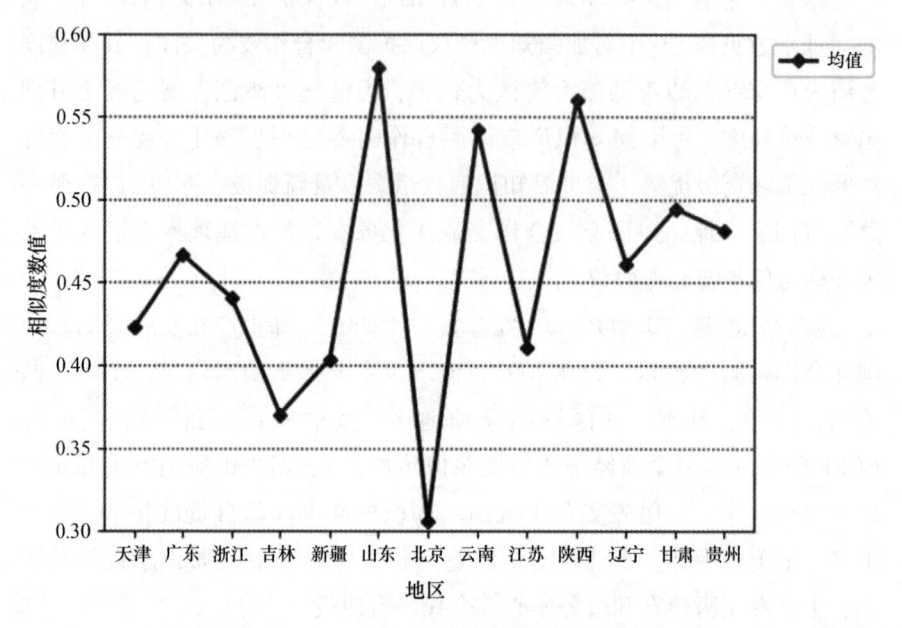

图 8-22 任务 5 与各地区政策相似度数值

和能力水平。②陕西作为文化大省，在加强知识产权文化建设方面借鉴国内外知识产权文化普及推广经验，宣传推介具有陕西特色的品牌产品，讲好陕西知识产权故事，以打造区域知识产权文化特色。

(3) 云南省 (0.5422)。《云南省"十四五"知识产权发展规划》中人才队伍建设的相似度数值最高，为 0.7828。该政策特设"专栏 10 知识产权人才培养工程"，可见云南省对知识产权人才队伍建设的重视程度。云南省从优化知识产权人才发展环境、建设高水平人才库、加强知识产权专业技术人才队伍建设、进一步提升知识产权技术人才专业素质和能力水平等方面全面加强知识产权人才队伍建设。

(三)《规划》任务间政策比较分析

为深入探寻知识产权发展规划重点内容及各地区规划间的共性，尝试勾画出知识产权发展规划的基本框架，本节采用清晰直观、信息反映全面的箱形图来分析《规划》中五项任务在各地区的相似度情况，重点通过其相似度均值并结合中位数进行分析，如图 8-23 所示。矩形框内横线为中位数，三角形为均值，矩形框外圆圈代表异常值，表示某地区的某一任务内容相似度数值特别高于或低于其他地区,此项数值有助于发现区域特色。其中各地区知识产权发展规划任务中均值和中位数均较高的内容有:转移转化体制机制(均值 0.6708,中位数 0.6630)、人才队伍建设(均值 0.6235,中位数 0.6590)、公共服务能力(均值 0.5968,中位数 0.5964),这些内容是各地区最为关注的核心,具体分析如下:

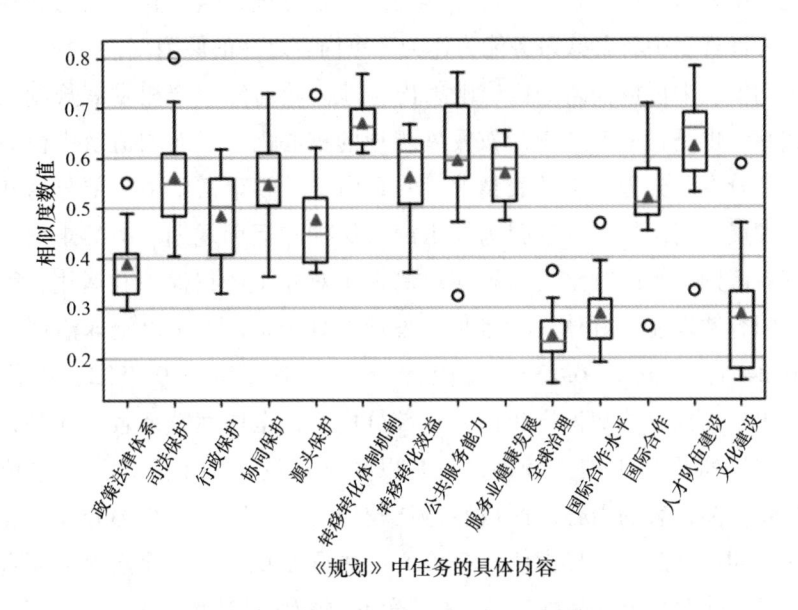

图 8-23 央地发展规划具体内容相似度分析

(1)转移转化体制机制(均值 0.6708,中位数 0.6630)。"沉睡专利"一直为人所诟病,如何让"沉睡专利"成为市场的"金"专利就需要进一步完善知识产权转移转化体制机制,它是深化知识产权领域改革、加快知识产权强国建设中亟待解决的问题,因此各个地区均把此项内容作为知识产权发展的主要内容之一。

(2)人才队伍建设(均值 0.6235,中位数 0.6590)。人才队伍建设是知识产权可持续发展的核心,当前我国知识产权人才队伍建设面临着高端人才短缺、知识产权人才发展环境有待提升等问题,因此各地区政府在发展规划中对加强知识产权人才队伍建设问题尤为重视,均将其视为重点内容之一。

(3) 公共服务能力（均值 0.5968，中位数 0.5964）。公共服务能力是知识产权服务社会的重要体现，习近平总书记在主持中央政治局第二十五次集体学习时强调要形成便民利民的知识产权公共服务体系，让创新成果更好惠及人民。2021 年 7 月国家知识产权局印发《知识产权公共服务能力提升工程工作方案》，提出大力实施知识产权公共服务能力提升工程，加快推动知识产权强国建设，提高知识产权公共服务能力，这足以说明中央对知识产权公共服务能力的重视程度，这也直接成为各地区政府发展规划中将公共服务能力作为重点内容之一的原因。

均值及中位数较高的内容映射出各地区政府知识产权发展规划制定的共性，也是各地区知识产权发展规划的核心内容。而均值及中位数较低的部分主要分为以下两类情况：一是由于所收集样本中一部分为知识产权发展规划，另外一部分为知识产权保护和运用规划，两类规划侧重点略有区别，而所对比的《规划》侧重于对知识产权保护和运用，因此部分内容并未能很好体现到各地区发展规划中来；二是以全球治理（均值 0.2464，中位数 0.2341）、国际合作水平（均值 0.2892，中位数 0.2719）为代表的知识产权国际化部分内容，全局性特征较为典型，因此仅在国家规划中提及较多；三是以文化建设（均值 0.2900，中位数 0.2782）为代表的内容，区域性特征较为明显，因此仅在部分地区受到关注，如：陕西省（异常值 0.5882）在加强知识产权文化建设方面宣传推介具有陕西特色的品牌产品，打造知识产权区域特色。

（四）地区间政策比较分析

《规划》中五项任务与各地区知识产权发展规划相似度均值和中位数均在 0.45 以上，整体相似度较高，可以体现出各地区知识产权发展规划制定的完整与全面，其中广东省（均值 0.5809，中位数 0.6426）和江苏省（均值 0.5245，中位数 0.5590）数值显著较高，如图 8-24 所示，具体分析如下：

（1）广东省（均值 0.5809，中位数 0.6426）。《广东省知识产权保护和运用"十四五"规划（征求意见稿）》虽然是征求意见稿，但较为全面地体现了该地区的"十四五"知识产权发展思路及特点，从以下三方面体现出广东省知识产权发展势头较好：广东省 2021 年在中央对地方的知识产权保护考核中获得优秀等级，其中获中国专利奖总数连续 5 年位

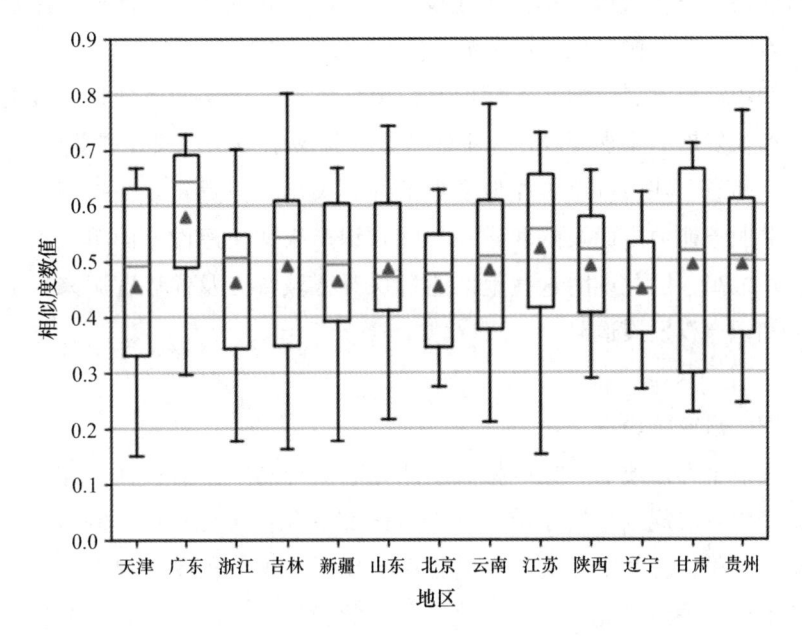

图 8-24 各地区知识产权规划相似度分析

居全国第一，知识产权综合发展指数连续 8 年位居全国第一，区域创新综合能力连续 4 年位居全国第一，"深圳—香港—广州科技集群"创新指数位居全球第二；粤港澳大湾区建设是国家重大发展战略，广东省抢抓历史机遇深入开展粤港澳大湾区知识产权的合作，充分发挥粤港澳综合优势，推动粤港澳大湾区知识产权高质量发展；2021 年 11 月《广州市知识产权保护和运用"十四五"规划》出台，广州也是较早发布"十四五"知识产权规划的市级政府。这些均充分体现了广东省深入推进引领型知识产权强省建设的决心。

（2）江苏省（均值 0.5245，中位数 0.5590）。江苏省在顶层设计和知识产权创造、保护、运用、管理等方面都走在了全国前列。江苏早在 2016 年《江苏省建设引领型知识产权强省试点省实施方案》中就提出建设引领型知识产权强省，力争成为知识产权强国建设的示范引领区；2021 年 4 月《江苏省知识产权发展与保护状况白皮书》发布，数据显示，引领型知识产权强省试点成效明显，综合实力位居全国前列；江苏省还将加快《江苏省知识产权促进和保护条例》立法进程，强化全链条保护，还将启动知识产权保护示范区建设，在全国率先创建知识产权保护示范区，着力打造全国知识产权保护最优地区。

知识产权发展规划文本相似度数值仅能从某个层面体现地方政府对知识产权发展的重视程度，并不能从全方位展示知识产权发展总体情况。如：贵州省、陕西省总体相似度数值并不突出，但贵州省在提高知识产权公共服务能力方面及陕西省在加强知识产权文化建设方面单项相似度数值均最高，因此说明这些地区通过探寻区域特点及优势资源来形成特色的知识产权发展道路。

四 研究结论

本节全方位地基于文本相似度计算对《规划》中五项任务与各地区知识产权发展规划进行了综合比较，研究发现：转移转化体制机制、人才队伍建设、公共服务能力等内容在各地区知识产权发展规划制定层面整体受到的关注最高，呈现出政策制定的相似性。广东省和江苏省从相似度数值上看总体表现最好，由于地方政府重视程度较高，知识产权事业发展呈现出发展迅速、重点任务明确等特点，而贵州省、陕西省部分任务内容较为突出，形成了知识产权事业发展的区域特色，呈现出政策制定的差异性。单从数据分析结果上看，部分地区的数据并不能反映出知识产权事业的实际发展水平，这需要进一步结合区域发展实际情况进行综合分析。在当前知识产权事业发展中对技术及应用层面关注较多，但对知识产权事业发展过程中所带来的安全问题关注较少，随着未来更多地区知识产权发展规划的发布，将会有更多学者在央地知识产权风险与协同方面做前瞻性研究，以期为政府决策提供支持。

第九章

政策内容协同

本章尝试通过"我国档案政策法律协同性研究""开放数据与数据安全政策协同度研究""基于实体识别的数据政策文本协同性计算"三个应用实证利用文本相似度计算、主题抽取、知识图谱等方法对政策内容间的协同性进行分析,旨在探寻政策内容间的内在联系。

第一节 我国档案政策法律协同性研究

一 案例背景

全球正处于大数据变革的新时代,2020年4月国家将数据作为新型生产要素写入文件。在此背景下,影响档案事业发展的因素日益增多,档案工作内外部环境也不断发生变化。为了推进档案事业高质量发展,国家需要不断通过政策法律来规划和引导档案工作发展路径,2020年6月修订版的《中华人民共和国档案法》(以下简称《档案法》)发布,2021年6月中共中央办公厅、国务院办公厅印发了《"十四五"全国档案事业发展规划》(以下简称《新规划》)。这两部政策法律成为新时期我国档案工作的顶层设计,不但为档案工作提供法律保障,还为档案事业发展做出了总体规划,尤其是《新规划》指出了"十四五"时期面临的形势与挑战,提出了档案事业未来发展的总体要求和主要任务,并给予相应的保障措施。整体而言,《新规划》为未来五年我国档案事业的高质量发展规划了路线。2021年3月浙江省印发了我国首部地方档案事业发展"十四五"规划,未来将会有更多地区基于《档案法》和《新规划》发布符合区域特点的政策法规文本,因此对两部政策法律间的协同性研究就变得尤为重要，这不但有助于档案工作者准确把握新时代国家档案工作总体设计方向，还能使地方政府正确贯彻执行国家档案工作的方针政策和法律。

二 研究框架

本节选取自建语料库中档案事业发展的两部重要政策法律《档案法》（代表性法律）和《新规划》（代表性政策），政策文本语句片段共 484 条，字符数共 19954 个，利用 ICTCLAS 新词提取结合自建语料库中政策词表，提取 87 条政策词语。将两部政策进行文本预处理操作，从两个方面对该政策法律进行协同研究，一是通过 LDA 主题聚类对政策主题进行协同性研究，分别对两部政策法律进行主题聚类，通过调用 Log_Perplexity 方法计算不同主题对应的困惑度数值，困惑度最小值为最优主题数，在确定最优主题后，对主题词进行识别，并通过计算主题相似度来分析档案政策法律中主题的协同关系；二是通过对两部政策法律中的语

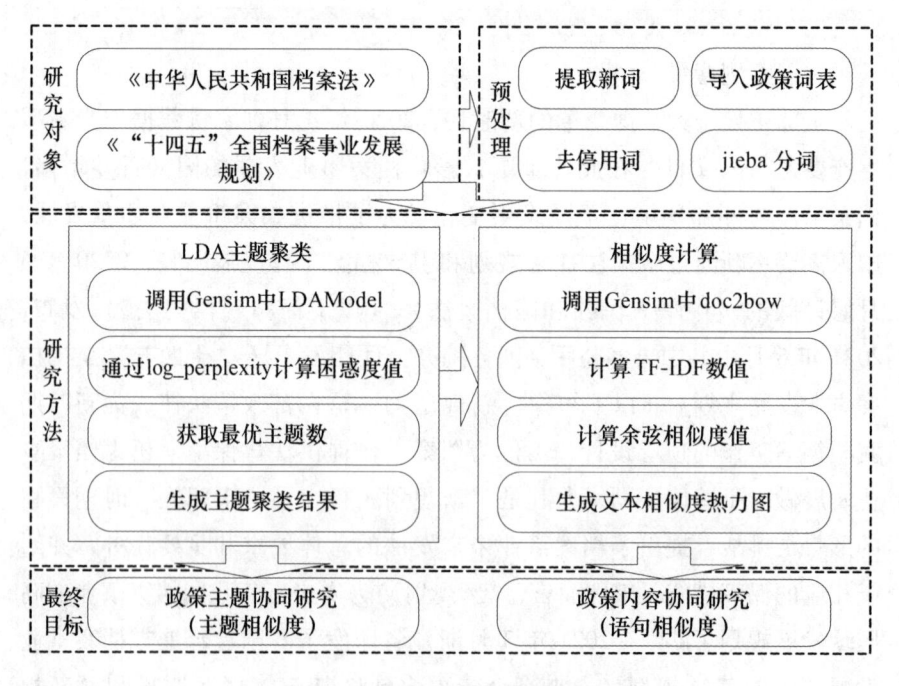

图 9-1 档案政策法律协同框架

句内容进行提取，进行语句相似度计算，去除短语句（长度小于5）。由于政策法律的每段语句均有较强的指向性，语句相似度计算能揭示其内容间的协同关系，相似度数值越大说明协同性越显著。最后采用热力图实现档案政策法律协同性的可视化呈现。研究框架如图9-1所示。

三 实证分析

本节基于《档案法》法律文本和《新规划》政策文本从主题协同和内容协同两个角度对其协同性进行分析，最后针对政策法律协同一致性和差异性进行了举例阐释。

（一）主题协同

1. 《档案法》主题分析

《档案法》的修订有助于进一步发挥档案和档案工作在推进国家治理体系和治理能力现代化中的基础性作用，为新时代档案事业高质量发展提供坚强法治保障。通过对《档案法》文本进行困惑度计算得到最优主题数为10，主题基本覆盖了档案法中关注的主要内容。主题1：档案违法行为处罚。对违法行为进行处罚是法律实施的重要手段，它是《档案法》核心内容之一，《档案法》中明确了对于违反该法规定的单位或个人处罚的标准。主题2：档案出境。国家禁止擅自运送、邮寄、携带出境或通过互联网传输对国家和社会具有重要保存价值或应当保密的档案及其复制件出境。主题3：档案移交。档案移交是档案机构的重要工作内容之一，相关组织应当按照国家有关规定定期向档案馆移交档案。主题4：档案开放与利用。国家鼓励和支持档案馆向社会开放档案，使用者持有合法证明可以利用已经开放的档案。主题5：档案收集整理、利用与保护。该主题所涉及的内容是档案管理的主要工作，也是《档案法》的主要目标。主题6：档案安全管理。《档案法》不但视健全档案安全工作机制、加强档案安全风险管理、提高档案安全应急处置能力为重要任务，而且明确了保障电子档案、传统载体档案等资源的安全这一要务。主题7：档案组织与工作人员。《档案法》第八条到第十条明确了档案工作组织机构及其工作职责，尤其是提升了档案馆定位，突出了档案馆的价值；《档案法》还提出加强档案工作人才培养和队伍建设，提高档案工作人员业务素质。主题8：档案归档与电子档案。对国家和社会具有保存价值的材料应当纳入归档范围,《档案法》规定符合条件的电子档案与传统载体档案具有同等效力,提升了电子档案的效力。主题9:档案投诉。单位和个人可以向档案主管部门投诉不按规定开放利用的档案馆。主题10:档案服务与利用。《档案法》提出不但要积极推进档案信息资源共享服务平台建设,推动档案数字资源跨区域、跨部门共享利用,而且要创新服务形式,强化服务功能,提高服务水平。

2.《新规划》主题分析

《新规划》擘画了未来五年档案事业发展蓝图,为档案事业高质量发展提供了行动指南。通过对《新规划》文本进行困惑度计算得到最优主题数为8,主题基本覆盖了"十四五"期间档案事业发展规划中关注的主要内容。主题1:电子档案与档案归档。《新规划》中尤其提出要建立健全电子文件归档、电子档案移交相关制度,强化各领域电子文件归档工作。主题2:档案服务与利用。《新规划》中提出档案利用服务达到新水平,实现以数字档案馆为中心的可信电子档案体系建设。主题3:档案治理体系。《新规划》中首要任务就是全面推进档案治理体系建设,提升档案治理效能,"十三五"期间国家就将档案治理体系和治理能力现代化作为主要任务,《新规划》延续该项任务的同时,也将重点放到了治理效能层面。档案信息资源共享、平台一体化建设、实现全国档案信息共享以及利用"一网通办"是提升档案治理效能的重要手段。主题4:档案人才培养与继续教育。加快推进档案人才培养,提升档案智力支撑能力是《新规划》的主要任务之一,其中加强继续教育师资队伍建设,建设国家档案人才培养基地并完善人才评价机制是主要手段。主题5:档案信息化。加快推进档案信息化建设是《新规划》主要任务之一,其中电子档案与档案归档、数字档案馆、档案信息资源共享平台都是档案信息化建设的具体工作内容。主题6:档案工作协同机制。健全档案管理体制机制,档案工作监管均强调部门协同、区域协同、行业协同,通过协同创新管理体系机制和监管机制。主题7:世界记忆项目。世界记忆项目是加强档案文献遗产影响力的重要途径,在《新规划》中提出通过参与联合国教科文组织世界记忆项目推进档案对外交流合作,提升国际影响力和贡献力,尤其是发挥北京中心、福建中心、苏州中心的档案资源优势。主题8:档案工作制度创新。《新规划》中有24处提及档案工作制度,以改革精神推动档案实践、理论、制度全面创新是《新规划》的工作原则，而完善档案法规制度和标准规范是推进档案治理体系建设的主要工作之一。

3. 主题协同分析

对《档案法》与《新规划》主题相似度进行计算，如图9-2所示，颜色越深代表主题相似度越高，提取相似度大于等于0.30的主题并进行如下分析①。

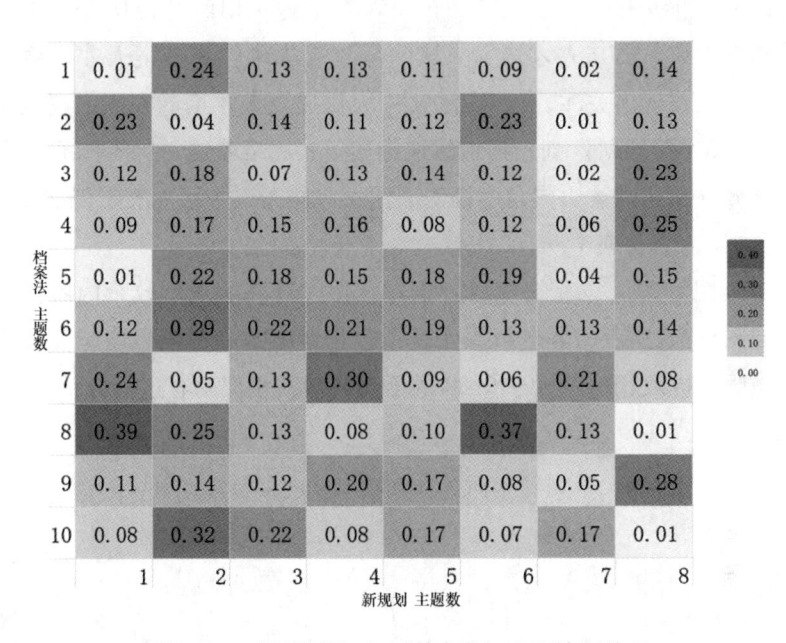

档案法主题数 \ 新规划主题数	1	2	3	4	5	6	7	8
1	0.01	0.24	0.13	0.13	0.11	0.09	0.02	0.14
2	0.23	0.04	0.14	0.11	0.12	0.23	0.01	0.13
3	0.12	0.18	0.07	0.13	0.14	0.12	0.02	0.23
4	0.09	0.17	0.15	0.16	0.08	0.12	0.06	0.25
5	0.01	0.22	0.18	0.15	0.18	0.19	0.04	0.15
6	0.12	0.29	0.22	0.21	0.19	0.13	0.13	0.14
7	0.24	0.05	0.11	0.30	0.09	0.06	0.11	0.08
8	0.39	0.25	0.13	0.08	0.10	0.37	0.13	0.01
9	0.11	0.14	0.12	0.20	0.17	0.08	0.05	0.28
10	0.08	0.32	0.22	0.08	0.17	0.07	0.17	0.01

图9-2 《新规划》与《档案法》主题协同关系

（1）《档案法》主题8与《新规划》主题1相似度为0.39，主题内容为电子档案与档案归档。电子档案是档案信息化建设的重要组成部分，它是赋能数智化转型的"最后一公里"，其重要性不言而喻，《档案法》和《新规划》针对电子档案和档案归档的规定相互呼应，分别从电子档案效力和规范电子档案相关制度方面推进电子档案的建设工作，该主题呈现一定协同性。

---

① 刘自强、王效岳、白如江：《多维度视角下学科主题演化可视化分析方法研究——以我国图书情报领域大数据研究为例》，《中国图书馆学报》2016年第6期。

(2)《档案法》主题 10 与《新规划》主题 2 相似度为 0.32，主题内容为档案服务与利用。《档案法》提出档案馆应积极推进档案信息资源共享服务平台建设，而《新规划》的内容较为具体，突出以数字档案馆为中心的可信电子档案体系建设，旨在通过信息化手段使档案的服务与利用更加具体化。两部政策法律对档案馆的定位较为清晰，该主题呈现一定协同性。

(3)《档案法》主题 7 与《新规划》主题 4 相似度为 0.30，主题内容为档案工作人员与人才培养。这两部政策法律均对档案人才培养与继续教育领域表现出关注，《档案法》中大量提及人才培养和队伍建设工作相关内容，《新规划》则较为细致地论述了人才培养这一"十四五"期间的主要任务，从政策协同角度说明了国家对档案人才培养的重视程度。

(二) 内容协同

对《档案法》与《新规划》语句相似度计算能揭示政策内容协同关系，如图 9-3 所示，颜色越深代表主题相似度越高，相似度越高代表协同性越强，提取相似度大于 0.50 的语句并对其相似内容进行分析。

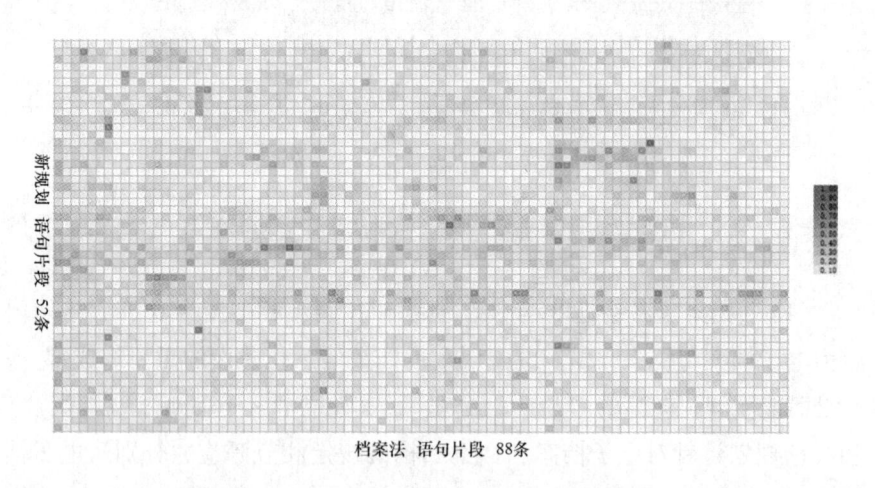

图 9-3 《档案法》与《新规划》语句协同关系

(1) 档案信息资源共享，语句相似度为 0.74。《档案法》与《新规划》均将推进档案信息资源共享平台建设作为档案信息化建设的重点工作之一，由此可见，在顶层规划中国家将档案信息资源共享平台建设作为促进档案事业发展的重要手段。

（2）档案接收与移交，语句相似度为 0.60。档案接收与移交是档案管理的重点工作之一，《档案法》中明确了不按规定接收与移交的法律措施，而《新规划》中提出应规范接收与移交的流程并完善其工作制度。

（3）档案开放与安全，语句相似度为 0.58。其中档案安全风险管理具有较强的协同性。《档案法》中第十九条重点强调了档案安全风险管理重要性，而《新规划》将通过档案开放提升档案服务能力和推进档案安全体系建设作为主要任务。

（4）档案保障机制，语句相似度为 0.55。《档案法》突出的是档案信息化建设和信息安全保障，而《新规划》的重要任务是将完善档案信息化发展保障机制纳入档案信息化建设中。

（5）档案人才培养，语句相似度为 0.54。《档案法》将加强档案工作人才培养和队伍建设，提高档案工作人员业务素质作为重要内容，而《新规划》将加快推进档案人才培养，提升档案智力支撑能力作为主要任务之一。

（6）档案科学研究与技术创新，语句相似度为 0.54。《档案法》提出国家鼓励和支持档案科学研究和技术创新，推动档案科技进步。《新规划》明确提出积极探索知识管理、人工智能、数字人文等技术在档案信息深层加工和利用中的应用。

通过以上分析可见，在国家顶层设计层面，档案信息资源共享、档案接收与移交、档案开放与安全、档案保障机制、档案人才培养、档案科学研究与技术创新等内容上都具有较强协同性，档案信息资源共享、档案开放与安全等都是档案信息化建设的重要内容，《新规划》更是突出了档案信息化建设，并将其作为近五年档案事业发展的重要任务。

（三）《档案法》和《新规划》的协同性关系表现

由于《档案法》和《新规划》属于不同类型文本，因此存在差异是必然的，该差异性表现在表述性、针对性、强制力等方面，但这并不代表它们不具有协同性，也恰恰说明了它们能够相互促进、互为支撑。从主题协同和内容协同分析结果中发现，目前两部文本的协同性存在以下两种关系：

（1）协同一致性。协同一致性是指《档案法》和《新规划》关注内容与角度在表述性、针对性、强制力等方面均有较强的一致性。如档案信息资源共享,其主题相似度和内容相似度均较高,《档案法》提出国家推进档案信息资源共享服务平台建设,而《新规划》同样提出推进档案信息资源共享平台建设,两部政策法律在内容与角度上具有较强一致性,这说明档案信息资源共享不但是近五年工作重点,而且是档案事业发展长期建设内容。

(2)协同差异性。协同差异性是指《档案法》和《新规划》关注内容一致但角度不同。《档案法》侧重法律规制性,注重顶层设计,而《新规划》侧重政策引导性,注重短期目标,这也符合法律与政策间自上而下的协同一致性。从三个角度分析其差异性,一是档案接收与移交,《档案法》关注的重点在于不按规定接收或移交档案的处罚措施,《新规划》关注的重点在于规范档案移交进馆和接收工作,制定实施细则,细化档案移交接收流程,明确档案移交接收要求。作为档案馆的重点工作内容之一,《档案法》和《新规划》更加明确了档案接收与移交的重要性,也使该项工作趋于规范与细化。二是档案馆发展方向定位,《档案法》第三十四条重点突出档案馆应开发利用馆藏档案进行爱国主义教育、中国特色社会主义教育等,《新规划》则更为具体地明确了教育内容,包括庆祝中国共产党成立100周年、党史学习教育、纪念中国共产主义青年团成立100周年等。三是电子档案管理,《档案法》对电子档案管理要求较为宏观,而《新规划》突出了电子档案管理五年内要完成的具体目标,如提出中央和国家机关传统载体档案数字化率达到80%、中央企业总部传统载体档案数字化率达到90%、全国县级以上综合档案馆应数字化档案数字化率达到80%等明确的数值化要求。

四 研究结论

国家档案政策法律协调一致、形成合力,能促进档案事业跨越式发展,因此提高政策法律协同性是解决当下档案发展问题的关键。《档案法》是国家在法律层面上的约束,而《新规划》是对某一项工作具体实施层面的阐释,与《档案法》相互呼应。本节通过对文本相似度计算来探寻《档案法》和《新规划》间的协同性,分析发现:主题层面,《档案法》与《新规划》在电子档案与档案归档、档案服务与利用、档案工作人员与人才培养三个方面具有一定协同性,能够实现政策与法律之间相互协调、共同发展。内容层面，二者在档案信息资源共享、档案接收与移交、档案开放与安全、档案保障机制、档案人才培养、档案科学研究与技术创新等方面相似度数值均大于 0.50，因此具有较强协同性，其中电子档案、档案服务与利用、档案信息资源共享、档案开放与安全都是档案信息化建设的重要内容。通过对主题及内容协同性对比发现，档案信息化建设、档案人才培养将是未来一段时间内档案事业发展的重点工作之一。在数据成为重要生产要素背景下，档案数据也逐渐受到社会关注，其中档案数据理论研究、档案数据安全治理、档案数据开发与利用以及建设可信社会记忆基础设施也应成为档案学术研究和事业发展的重点工作。

第二节 开放数据与数据安全政策协同度研究

一 案例背景

随着数字化经济时代的到来，数字化转型已经成为现代社会继信息化转型后的新一波浪潮，大数据将成为推动经济社会快速发展的关键因素。数据被誉为新时代的石油，是 21 世纪最为珍贵的财产，在全球信息技术快速发展的背景下，对大数据的掌握和运用能力将成为国家竞争力的重要体现。欧美发达国家出台了一系列和大数据相关的战略规划，以促进大数据产业在本国的快速发展。美国在 2016 年发布的《联邦大数据研发战略计划》中提出技术研发、数据可信度、基础设施、数据开放与共享、隐私安全与伦理、人才培养以及多主体协同七个维度的系统顶层设计，打造面向未来的大数据创新生态。英国在 2018 年专门发布的《产业战略：人工智能领域行动》报告中提出要立足引领全球人工智能和大数据发展，从鼓励创新、培养和集聚人才、升级基础设施、优化营商环境及促进区域均衡发展五大维度提出一系列举措。此外，法国、俄罗斯、加拿大等国家也纷纷通过政策法规积极推动大数据产业的快速发展。

二 研究框架

在研究过程中将框架分为样本层、框架层、算法层、目标层四部分，如图 9-4 所示。

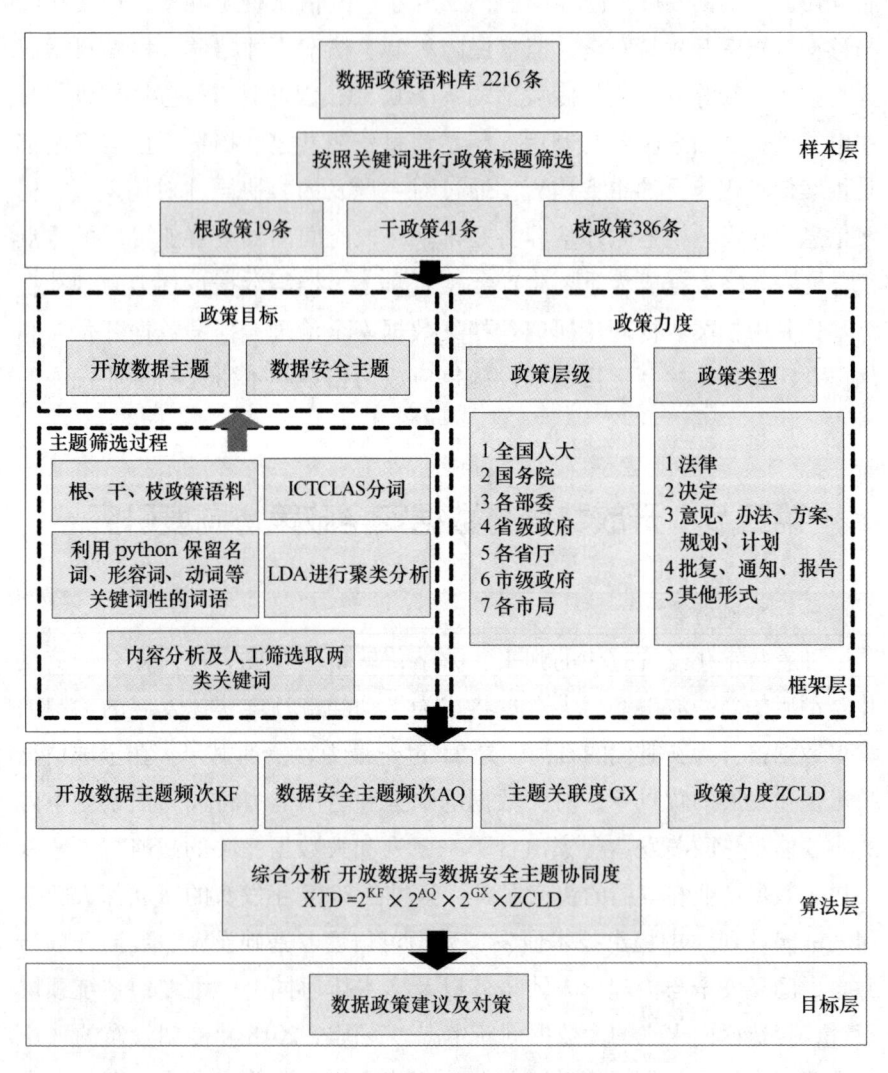

图 9-4 基于开放数据与数据安全主题协同度框架

样本层是以自建语料库中数据政策为样本，按照一定标准及规则筛选政策文本 446 条（根政策 19 条、干政策 41 条、枝政策 386 条），并确定为最终研究对象。框架层主要包括政策目标和政策力度两部分，把所提取的开放数据和数据安全主题词作为政策目标，在主题词提取过程中首先要对所选取的政策文本进行编码及预初始化，在编码过程中，横向上以文本、语句、词语方式进行编码划分，纵向上以政策文本类型、产生时间进行划分；在预初始化过程中，将文本数据转换为可分析处理的格式，用 Python 自编程序提取动词、名词、形容词等有效词性的关键词语，再用 LDA 主题模型对预初始化后的政策文本进行聚类，形成政策文本主题—词语列表，最后用关键词分析及人工筛选的方法确定开放数据和数据安全主题关键词。政策力度主要包括政策层级和政策类型两部分。算法层是运用数学算法对开放数据及数据安全主题协同度进行计算，主题协同度是主题关联关系、共现强度和政策力度加权计算所形成的数值。目标层是研究的最终环节，采用定量定性分析相结合的方式，结合实际政策文本把主题协同度计算的结果，形成政策主题协同的对策及建议。

三 研究过程

本节将开放数据与数据安全主题词间的关系视为研究其协同度的重点，通过框架层中的方法筛选开放数据与数据安全关键词 46 个，如表 9-1 所示。随后利用两类主题词在政策文本语句片段中的共现关系与政策力度进行加权，最终计算出开放数据与数据安全主题协同度数值，协同度数值的高低是反映主题关系强弱的重要指标，具体协同度数值计算步骤如下。

表 9-1　　　　　　　开放数据和数据安全所提取关键词

政策目标	关键词
开放数据	信息共享、数据共享、信息公开、政务公开、数据开放、数据管理、共享交换、共享平台、开放平台、条件共享、共享使用、共享开放、共享评估、互联互通、制度对接、范围边界、共享共用等
数据安全	应急预案、突发事件、知识产权、资源配置、技术研发、隐私安全、隐私保护、国家秘密、商业秘密、人才培养、安全保护、安全保障、权益保护、监督管理、监督检查、数据保密、数据伪造、职责明确、等级保护、监测预警、应急处置、舆情监控、风险评估、数据立法等

（一）计算主题分布

通过选择表 9-1 中开放数据和数据安全主题关键词来计算主题分布情况，设置 n_1 为开放数据主题词的个数，n_2 为数据安全主题词的个数，m

为政策语料的数量。

第一步,根据开放数据和数据安全两个主题构建主题矩阵 X_1 和 X_2,具体如下:

$$X_1 = \{x_{11}, x_{12}, \cdots, x_{1i}\} \ (i = 1, 2, 3, \cdots, n_1) \quad (9-1)$$

$$X_2 = \{y_{21}, y_{22}, \cdots, x_{2j}\} \ (j = 1, 2, 3, \cdots, n_2) \quad (9-2)$$

第二步,设文本总容量为 Z:

$$Z = \{z_1, z_2, z_3, \cdots, z_m\} \quad (9-3)$$

第三步,分别计算主题 X_1 和 X_2 在 m 篇文档中出现的频次 $P_{x_{1i}}$ 和 $P_{y_{2j}}$,与文本总容量 z 进行比值计算,结果设为 C_1 和 C_2,计算公式如下:

$$C_1 = \frac{P_{x_{1i}}}{z_\gamma} (i = 1, 2, \cdots, n_1; \gamma = 1, 2, \cdots, m) \quad (9-4)$$

$$C_2 = \frac{P_{y_{2j}}}{z_\gamma} (j = 1, 2, \cdots, n_2; \gamma = 1, 2, \cdots, m) \quad (9-5)$$

第四步,把开放数据主题出现频率 C_1 作为 X 坐标,把数据安全主题出现频率 C_2 作为 Y 坐标,形成主题关系分布图。

第五步,重复第一步分别形成根政策、干政策、枝政策主题关系分布图。

(二)计算主题间共现关系

第一步,根据矩阵 X_1 和 X_2 中语句之间共现关系来交叉计算求和形成 T。

$$T = X_1^T \cdot X_2 = \begin{pmatrix} x_{11}y_{21} & \cdots & x_{11}y_{2j} \\ \vdots & \ddots & \vdots \\ x_{1i}y_{21} & \cdots & x_{1i}y_{2j} \end{pmatrix} = \begin{pmatrix} t_{11} & \cdots & t_{1j} \\ \vdots & \ddots & \vdots \\ t_{i1} & \cdots & t_{ij} \end{pmatrix} \quad (9-6)$$

可以计算出矩阵 T 的行列式,记作 $|T|$。

第二步,形成矩阵 T_m,T_m 为 m 篇政策文本中语句共现矩阵。

第三步,共现强度如公式(9-7)所示,E_{ij} 代表词共现强度,S_i 和 S_j 分别表示词语在文本语句片段的数量,S_{ij} 表示两个词语共现在文本语句片段的数量。

$$E_{ij} = \frac{S_{ij}^2}{S_i S_j} \quad (9-7)$$

（三）政策力度

政策力度是由政策层级和政策类型构成的。政策层级是决定政策力度强弱的重要因素之一，层级越高则政策力度越强，反之则越弱[①]。本节将现有政策法规分为根政策、干政策和枝政策三个层级[②]。根政策是宏观战略层面的政策，是涉及国家发展的总体目标和战略部署，在本节中包括全国人大和国务院颁布的19条政策法规；干政策是中观战术层面的政策，是在某一领域中具体的目标及工作部署，在文中包括国家各部委颁布的41条政策；枝政策是微观执行层面的政策，是对干政策提出领域目标的落实，在文中包括了各省、市、区县等地方政府所颁布的386条政策。

根据发布政策行政机构级别做如下层级细分：第一级，全国人大颁布的政策法规；第二级，国务院发布的政策；第三级，各部委发布的政策，如果政策联合发布部门越多则协同关系越紧密，其权重值也高于单部门发布的政策；第四级，各省级政府为落实上级目标所发布的政策；第五级，各厅局发布的文件，如果文件联合发布部门越多则协同关系越紧密，其权重值也高于单部门发布的政策；第六级，各市级政府为落实上级目标所发布的政策；第七级，各市局发布的文件，如果文件联合发布部门越多则协同关系越紧密，其权重值也高于单部门发布的政策；第八级，各县级政府为落实上级目标所发布的政策；第九级，各县局发布的政策，如果文件联合发布部门越多则协同关系越紧密，其权重值也高于单部门发布的政策；从第一级到第九级政策权重值是依次减小的，依据以上规则最终形成政策层级权重表，如表9-2所示。

表9-2　　　　　　　　　政策层级权重

政策力度	权重值
第一级，全国人大	1
第二级，国务院	0.9

[①] 杨艳、郭俊华、余晓燕：《政策工具视角下的上海市人才政策协同研究》，《中国科技论坛》2018年第4期。

[②] 汪涛、谢宁宁：《基于内容分析法的科技创新政策协同研究》，《技术经济》2013年第9期。

续表

政策力度	权重值
第三级，各部委	0.8×n/（0.9×n+0.1）
第四级，省级政府	0.7
第五级，各厅局	0.6×n/（0.9×n+0.1）
第六级，市级政府	0.5
第七级，各市局	0.4×n/（0.9×n+0.1）
第八级，各区县	0.3
第九级，各区县局级单位	0.2×n/（0.9×n+0.1）

政策类型是决定政策力度强弱的另一个重要指标，现将法律法规、决定、意见、办法、通知、公告等由强到弱进行排序，如表9-3所示。

表9-3　　　　　　　　政策类型权重

政策类型	权重值
法律法规	1
决定	0.9
意见、办法、方案、规划、计划	0.8
批复、通知、报告	0.7
其他	0.6

定义政策层级为ZCCJ，政策类型为ZCLX，政策力度ZCLD，其计算公式如下：

$$ZCLD = ZCCJ * ZCLX \qquad (9-8)$$

（四）主题协同度

定义主题协同度为XTD，开放数据主题频次为KF、数据安全主题频次为AQ、两者间共现关系为GX、政策力度为ZCLD，把四者加权形成公式（9-9），从而计算出主题协同度数值。

$$XTD = 2^{KF} * 2^{AQ} * 2^{GX} * ZCLD \qquad (9-9)$$

四 实证研究

(一) 文本语料的选取

从自建语料库中筛选和数据政策直接相关文本,把检索条件设置为(标题 = "数据") or (标题 = "信息") or (标题 = "网络") or (标题 = "知识"),共检索出 446 条政策文本,语句片段 53302 条,其中覆盖了 22 个部委和 30 个省份。

(二) 元数据分析

(1) 按年代划分。把根政策、干政策、枝政策按照年代划分,如图 9-5 所示。

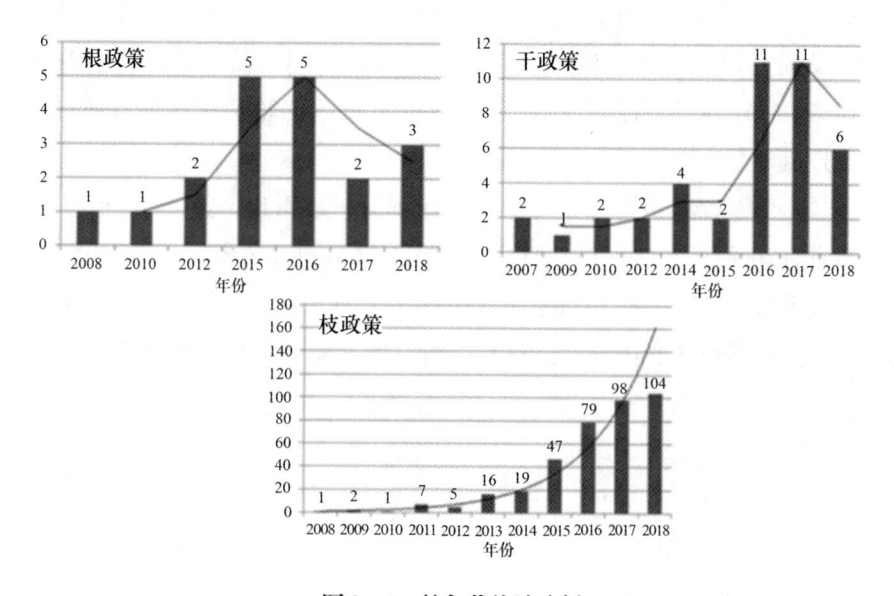

图 9-5 按年代统计分析

对 19 条根政策分析发现,2015 年之前发布的根政策共 4 条,2015 年和 2016 年发布的政策法规的数量占到了 50% 以上,2017 年和 2018 年政策发布数量有所减少。其中 2 条是全国人大发布的法规,其余 17 条是国务院发布的政策。在政策效力上来说,以全国人大发布的法规最为权威,国务院发布的政策意见、办法、方案、规划、计划次之。在 2013 年年底,随着美国"棱镜"事件的曝光,世界各国提高对数据安全的重视程度，数据开放共享后的安全问题成了研究热点。我国也逐渐开始重视数据安全问题，2015年国务院发布了《促进大数据发展行动纲要》，2016年全国人大通过了《网络安全法》，这两部文件是开放数据与数据安全政策研究中极具代表性的政策法规，在此之后我国从顶层设计层面开始对开放数据应用及数据安全有了明确要求。对41条干政策的分析发现，2016年和2017年政策发布数量最多，都是11条，而2018年政策发布数量有所减少。由此可见，《促进大数据发展行动纲要》和《网络安全法》出台后的1—2年，国家各部委在根政策的基础上结合本领域实际情况发布大量的政策文件，根政策和干政策的趋势线说明干政策的制定与发布在时间上与根政策存在着紧密联系，国家各部委制定干政策时有较强的执行力度。对各省、市、区县的386条枝政策分析发现，2008年起，政策发布数量呈现出快速上涨趋势，在2016—2018年发布的政策占总数的75%，由此可见数据政策在地方政府层面扩散速度较快。

(2) 按地域划分。从枝政策的地域划分可以看出，如图9-6所示，贵州省（70条）和广东省（43条）政策分布数量要远超过其他省份，占总政策数量的30%，可以说这两个省份十分重视大数据产业在本区域的发展。贵州省作为我国云计算及大数据发展战略布局中的重要省份，由

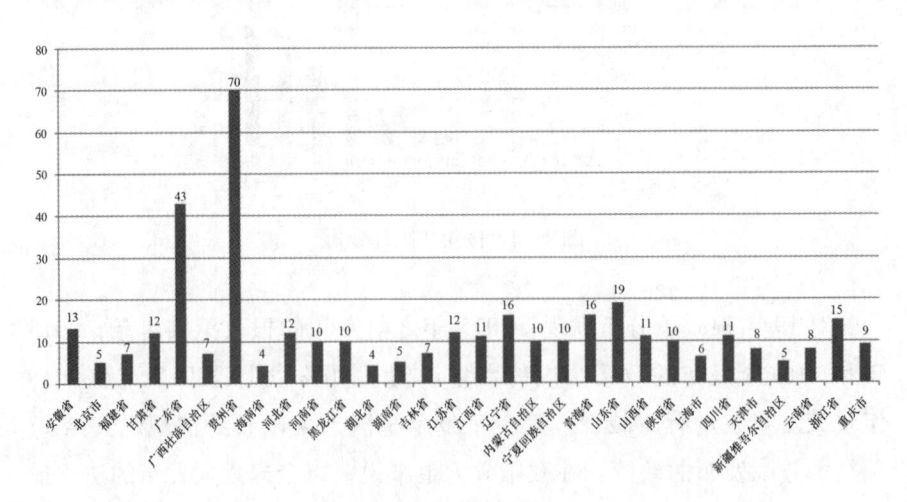

图9-6 枝政策按地区统计

于地缘与环境上具有得天独厚的优势，且省、市、区县政府都有较强的执行力，大数据政策在贵州省的各级政府中落实较好。目前国家大数据中心及国内众多优秀互联网企业的数据中心都相继落户贵州，因此完善的政策体系也促使了大数据产业在贵州省的快速发展。2019年《大数据蓝皮书：中国大数据发展报告》显示，广东省虽然下降到第二位，但大数据依然属于全面领先型，大数据发展优势明显[①]。

（3）按类型划分。从数据政策的发布类型划分可以看出，如图9-7所示，实施意见（134条）、实施方案（114条）和通知（112条）的数量要远超过其他类型，数据表明在数据政策的制定过程中，要多发布操作性、实施性较强的政策，避免出现所制定的政策与现实社会偏差较大、难以实施的情况。

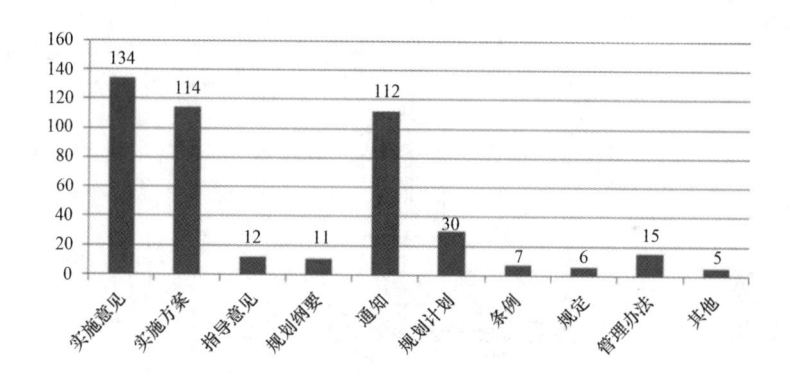

图9-7 按政策文件发布类型划分

（三）主题关系分析

（1）主题分布。利用研究过程中相关公式分别计算数据政策中根政策、干政策、枝政策主题间的分布情况，如图9-8所示。在根政策中开放数据和数据安全主题比较分散，《政府信息公开条例》中提及开放数据主题最多，数值为0.0083。在《网络安全法》中提及数据安全主题最多，数值为0.0063，《网络安全法》是我国网络安全及信息安全领域最重要的

---

① 连玉明：《大数据蓝皮书：中国大数据发展报告》，社会科学文献出版社2019年版，第48页。

法规，在这部法规中并没有提及开放数据主题，因此针对单文本主题而言，其协同关系较弱。《促进大数据发展行动纲要》和《关于运用大数据加强对市场主体服务和监管的若干意见》中开放数据主题和数据安全主题数值分别是（0.0042，0.0024）和（0.0037，0.0024），从数据呈现上看两个主题关系表现相对较均衡。在《促进大数据发展行动纲要》中把加快政府数据开放共享和强化安全保障作为两大重要任务，更是把推动数据资源开放共享作为核心，从数据上也验证了该政策主题间的关联关系。

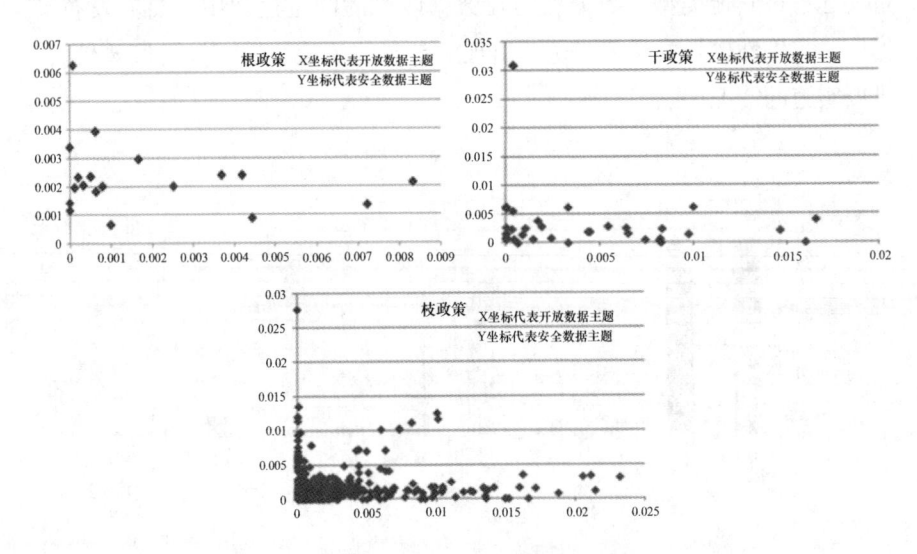

图 9-8 主题间分布散点示意

在干政策中开放数据和数据安全主题集中在底部，说明数据安全主题的比重较小，只有《关于知识产权服务民营企业创新发展若干措施的通知》和《知识产权服务民营企业创新发展若干措施》中提及数据安全主题最多，数值分别为 0.0311 和 0.0309。这两部政策文件都是国家知识产权局发布的，由于此两项政策中对知识产权保护内容提及较多，在主题聚类过程中，知识产权保护被划分为数据安全主题范畴，因此两项政策数据安全主题数值较高。《关于推进中央企业信息公开的指导意见》是提及开放数据主题最多的政策文件，其数值为 0.0165。该文件是国资委在 2017 年发布的关于企业信息公开的最权威的政策，政策中明确了企业信息公开工作的主要任务和保障措施。从数值上来看，其他干政策特点并不突出。

在枝政策中开放数据和数据安全主题相对集中且数值较低，《贵阳市政府数据共享开放条例》对开放数据主题提及最多，数值为0.0231。该条例由贵阳市政府在2017年发布，是全国首部政府数据共享开放地方性法规，包括数据采集汇聚、数据共享、数据开放、保障与监督、法律责任等部分，填补了贵阳大数据方面的法规空白。在《关于印发广东省深入实施知识产权战略推动创新驱动发展行动计划的通知》中提及数据安全主题最多，其数值为0.0278。该政策是2015年由广东省人民政府颁布的，该政策把知识产权保护作为重点行动计划的内容之一，并在保障措施中强调不断完善知识产权保护政策体系，并且对知识产权保护进行立法研究。而在《锦州市推进公共资源配置领域政府信息公开实施方案》和《辽宁省推进公共资源配置领域政府信息公开实施方案》中开放数据主题和数据安全主题数值分别为（0.0100，0.0117）和（0.0100，0.0126），这两部政策具有内容较少、相似度较高的特点，文件中都提出要坚持"公开为常态，不公开为例外"原则，政府信息应当依法及时予以公开，并对国家秘密、商业秘密和个人隐私内容作了明确界定，因此可说明开放数据和数据安全主题确实存在一定关联性。

在根政策、干政策、枝政策中开放数据和数据安全主题数值整体较低、分布较分散，部分政策存在单一主题数值较高的情况，只有少部分政策中同时提及开放数据和数据安全主题。在根政策中开放数据和数据安全主题分布数值要低于干政策，而干政策数值要低于枝政策，侧面说明根政策和干政策作为战略规划层面的政策提及的内容相对宏观，枝政策作为实施层面的政策提及的内容更为具体。

（2）共现强度。利用研究过程中相关公式对政策文件中开放数据和数据安全主题共现情况进行计算，从而得出两者间的共现强度散点图（如图9-9所示，X轴为政策数量，Y轴为共现强度值）。

在根政策中，《促进大数据发展行动纲要》《促进和规范健康医疗大数据应用发展的指导意见》中开放数据和数据安全主题的共现关系较强，共现强度数值分别是0.45和0.56。这两部文件都是国务院发布的重要政策，是推进大数据产业快速发展的重要支撑。2015年8月国务院发布的

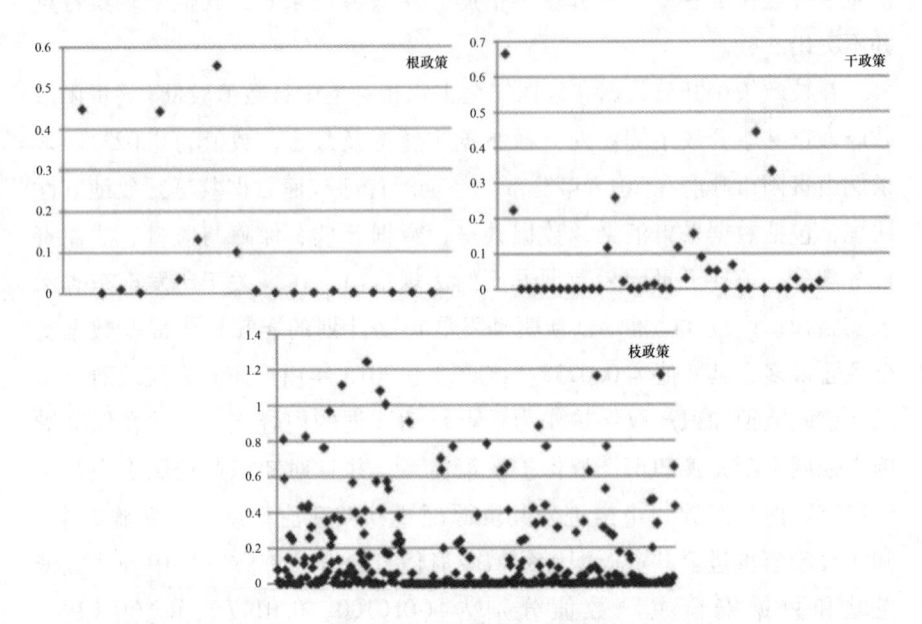

图 9-9 开放数据与数据安全共现强度散点图

《促进大数据发展行动纲要》是指导我国未来大数据发展的纲领性文件，其中推动数据资源共享开放和强化数据安全保障是该纲要的两个重要任务。2016年6月国务院办公厅发布的《促进和规范健康医疗大数据应用发展的指导意见》是规范和推动健康医疗大数据融合共享的重要文件，推动健康医疗大数据资源开放共享和加强健康医疗数据安全保障是该政策的重点内容。这两部政策都重点关注了数据的开放共享和安全保障，因此从数值呈现和内容分析上来看有着较强的关联性。

在干政策中，《大数据产业发展规划（2016—2020年）》《国家健康医疗大数据标准、安全和服务管理办法（试行）》中开放数据和数据安全主题共现关系较强，共现强度数值分别是0.67和0.44。2018年1月工信部印发的《大数据产业发展规划（2016—2020年）》中单独在专栏6和专栏8对大数据产业发展过程中的数据开放和数据安全提出了明确要求。在2018年9月国家卫生健康委员会印发的《国家健康医疗大数据标准、安全和服务管理办法（试行）》中，把制定健康医疗大数据开放标准、确保健康医疗数据的安全作为其核心内容。在该政策安全管理部分非常细致地提出了具体执行要求,可见健康医疗大数据在开放共享过程中,对数据的安全管理十分重视。

在枝政策中,《南宁市大数据建设发展规划(2016—2020)》和《银川市城市数据共享开放管理办法》中开放数据和数据安全主题共现关系较强,共现强度数值分别是 1.24 和 1.17。这两部政策比较有代表性。2016 年 10 月南宁市印发的《大数据建设发展规划(2016—2020)》是该市大数据建设和发展的纲领性文件,规划中把建立公共数据开放机制,建立新一代大数据安全技术保障体系,健全大数据信息安全相关制度作为主要工作任务。2018 年 4 月银川市印发的《银川市城市数据共享开放管理办法》中提出为确保城市数据共享开放安全可控,建立一系列的安全管理制度和安全检查机制。

数据分析表明:在现有政策中开放数据和数据安全主题共现强度数值整体较低,多数政策中没有体现出主题共现关系,但通过对根政策和干政策中共现强度数值较高的政策内容分析发现,在大数据产业整体发展规划和健康医疗大数据产业的发展规划中对开放数据和数据安全主题格外关注。

(3)政策力度。政策力度是由政策层级和政策类型加权组成的,它的范围是 [0.1,1],通常政策层级决定了政策力度的大小,政策层级越高政策力度就越强,反之则越弱。在现有政策中政策层级范围是 [0.2—1],根据表 9-2 和表中的数值对比,数值最高的是全国人大颁布的法律法规,最小的是区县政府发布的政策,其中《网络安全法》和《关于加强网络信息保护的决定》政策层级数值为 1,政策力度数值分别是 1 和 0.9,其他政策数值集中在 0.4—0.6,占比 75%。

(4)主题协同度。分别计算根政策、干政策、枝政策主题协同度数值(如图 9-10 所示,X 轴为取值范围,Y 轴为政策数量)。在根政策中,协同度值超过 0.8 的政策有 5 条。分别是《促进大数据发展行动纲要》《关于加强网络信息保护的决定》《关于促进云计算创新发展培育信息产业新业态的意见》《网络安全法》《关于促进和规范健康医疗大数据应用发展的指导意见》,它们是我国开放数据和数据安全政策领域具有引领性的政策法规。此外,其他政策协同度都集中在 0.7—0.75。数据表明,在根政策中协同度数值大于 0.8,则主题协同关系较强,如果协同度数值小于 0.7，则主题协同关系较弱。

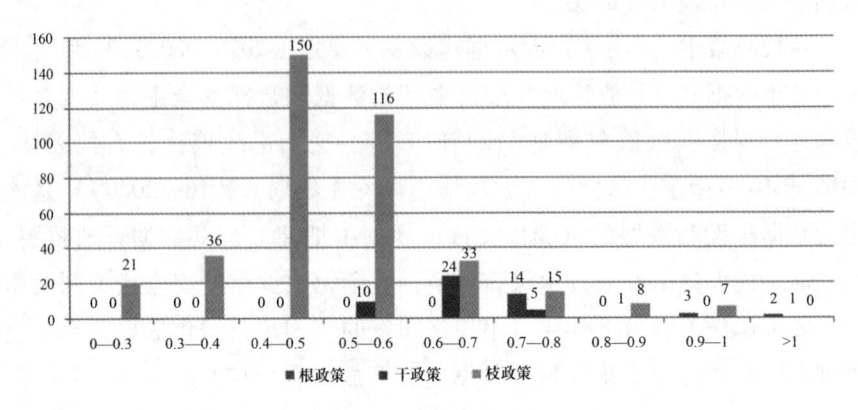

图 9-10　枝政策主题协同柱状

在干政策中，协同度值超过 0.8 的政策仅 2 条。分别是《工业和信息化部关于印发大数据产业发展规划（2016—2020 年）的通知》《国家卫生健康委员会关于印发国家健康医疗大数据标准、安全和服务管理办法（试行）的通知》。共现强度数值与协同度数值一致性较强，也证实了这两部文件的重要作用。干政策协同度值在 0.5—0.7 的政策占了 83%。数据表明，在干政策中协同度数值大于 0.8，则主题协同关系较强，如果协同度数值小于 0.5，则主题协同关系较弱。

在枝政策中，协同度值超过 0.9 的政策为 7 条，分别是《北京市大数据和云计算发展行动计划（2016—2020 年）》《江苏省大数据发展行动计划》《南宁市大数据建设发展规划（2016—2020）的通知》《贵州省关于加快大数据产业发展的实施意见》《青海省关于促进和规范健康医疗大数据应用发展的实施意见》《江苏省大数据发展行动计划》《江西省大数据发展行动计划》，从词频及共现角度来说，开放数据和数据安全是数据政策中重要的两个主题，两者之间是有着紧密联系的，以上政策协同度数值超过部分根政策和干政策，由此可见，这些政策在各省市制定政策的过程中具有重要参考价值。在枝政策中《惠济区运用云计算大数据开展综合治税工作实施办法》《垫江县关于运用大数据加强对市场主体服务和监管的实施意见》《惠水县大数据与实体经济深度融合实施方案》的数值较低，都在 0.3 以下，主要是因为在政策力度层面所发布的政策为区县级，政策所覆盖范围较小，因此取值较低。这些地区县级政府都有独立的大数据发展规划，可见这些区域大数据发展状况较好，而且政府执行力度较强。枝政策协同度值在 0.4—0.6 的政策共 266 条，占比接近 70%。数据表明：在枝政策中协同度数值大于 0.9，则主题协同关系较强；如果协同度数值小于 0.4，则表明主题协同关系较弱或政策实施范围较小。

五　结论与建议

本节在政策采集过程中，遵循最大努力原则，基于所采集的数据利用政策文本计算方法，从主题协同度的视角对现有数据政策中开放数据和数据安全主题关系进行分析，最终计算出现有数据政策中主题协同度的取值范围，并提出以下对策与建议，希望能为政府制定政策起到参考借鉴作用。

第一，以核心的根、干政策为主体，继续完善数据政策网络体系。目前我国数据政策网络体系已经粗具规模，并形成了以根、干、枝三级政策相融的格局。在庞大的政策网络体系中要重点围绕《促进大数据发展行动纲要》《关于运用大数据加强对市场主体服务和监管的若干意见》《关于促进和规范健康医疗大数据应用发展的指导意见》《关于加快构建大众创业万众创新支撑平台的指导意见》等政策文件，继续加强国家各部委、各省市、各区县配套政策的制定，逐渐丰富并完善数据政策网络体系内容。

第二，借鉴政策主题协同度较高地区的经验，加快实现区域间大数据产业均衡发展。如贵州省、广东省在数据政策数量上、分布上表现非常出色。贵州省在政府环境、经商环境、社会环境和自然环境等方面具备了大数据快速发展得天独厚的条件，现今，贵州省把大数据作为后发赶超的路径选择，政策颁布过程中，在横向层面，大数据在政务服务、工业融合、经济融合、社会治理等领域掀起一场技术换代、理念更新的深刻变革；在纵向层面，省、市、区县政府步调统一，注重大数据建设向纵深推进，大数据与实体经济加快融合，政府数据共享开放加快推进，大数据新业态、新模式加速构建，贵州省大数据建设发展已经进入新阶段。各地区应向贵州、广东这样的省份借鉴经验，挖掘区域特色，加快大数据产业在本地区的快速落地。

第三，构建数据开放共享和数据安全保障体系。现有数据政策中开放数据和数据安全主题间协同度数值较低，只有部分政策表现较好，多数政策中主题协同关系较弱。政府应通过规范数据开放平台中所提供数据的质量，为用户获取和利用提供有效保障，在开放共享的同时要加强数据安全防护意识，部分数据政策虽然提及有关个人隐私和数据安全的问题，但还是缺乏完整的政策体系来保障政府数据安全。基于此，我国政府不仅要继续完善现有数据政策体系结构，还应该制定一系列与开放数据和数据安全相关的配套政策，为政府在数据利用过程中的安全稳定提供保障。

第三节　基于实体识别的数据政策文本协同性分析

一　案例背景

近年来，伴随着人工智能技术的飞速发展以及政策文本信息激增的趋势，针对政策文本在特定应用场景下的语义自动提取方法应用研究逐渐成为热点和难点，其挑战在于如何运用情报学、计算机科学、文献信息学综合的研究方法完成人机自动交互的政策文本分析过程。当今世界各国对数据价值的认知不断提升，欧美国家制定了一系列与大数据相关的政策，如：美国出台了《联邦大数据研发战略计划》，英国出台了《产业战略：人工智能领域行动》等。2015年8月31日，我国出台了《促进大数据发展行动纲要》，随之而来的是针对政府数据政策的分析成为研究热点，那么如何应用一种非介入式的、非精确性的政策文本计算研究方法，实现计算机对数据政策中的数据开放与数据安全的智能语义识别是我们需要考虑的问题。知识图谱作为新一代人工智能的核心技术，不但可以用图结构的方式进行信息的知识表示，而且可以对信息的知识单元进行语义解析，因此知识图谱得到了学术界普遍关注。本节尝试以数据类政策文本为研究对象，以数据开放与数据安全的协同性问题为分析切入点，探索知识图谱方法在政策文本智能语义解析中的应用。

二 模型构建

本研究按照数据政策知识图谱的本体构建、数据采集与预处理、知识抽取模型训练以及面向数据政策的协同案例应用分析四个阶段展开。

（一）本体构建

本体（Ontology）是指对数据的描述和定义的"元"数据，也被称为知识体系（Schema）。本节首先对应用场景构建知识框架，即根据数据政策中"边开放边保护"重要原则，自定义数据政策中"数据开放"与"数据安全"两类实体类型；随后设定实体类型分别为：B-open，B-safe，构建以数据政策的"数据开放"与"数据安全"概念，以及"协同"关系的知识图谱本体；最后完成对政策文本统一的知识本体表示。

（二）数据采集与预处理

本节选择 CNKI、北大法宝、政府网站中关于数据政策的文本作为数据源，筛选后得到数据开放政策文件 76 份、数据安全政策文件 25 份，经过人工多次抽取后提取"数据开放"关键词以及语料语句 591 对、"数据安全"关键词以及语料语句 295 对。完成数据开放与数据安全主题词典的词性标注，扩充 Jieba 分词词表 Opendata。针对筛选后的语料进行 BIO 标记类别的索引化，经过政策文本语料预处理后作为模型算法训练输入。

（三）知识抽取模型

知识抽取包括实体抽取、关系抽取等，其中实体抽取和分析是支持知识图谱构建和应用的重要技术。根据实际分析需要，构建固定"协同"关系下数据领域知识图谱，因此，知识抽取阶段主要完成实体抽取的模型训练。具体为选择 BiLSTM + CRF 命名实体算法完成数据政策文本的实体抽取任务，总体思路为：第一，通过 Word2vec 训练词向量，运用 BiLSTM 对输入的政策文本中词向量序列上下文信息完成特征自动提取，再作为特征供给 CRF 模型处理 tag 之间的依赖关系信息，选出最适合的预测 tag 序列完成命名实体识别。第二，进行结果预测，即训练好模型后，重新加载模型，输入新的预测文本，然后识别出政策文本中的命名实体。这里首先要加载字符词典并加载模型，其次将输入文本预处理成字符序列，模型预测每个时刻的输出实体类别，再次添加并导入数据，根据训练好的词向量，通过 Word2vec 查找得到对应词向量，搭建 BiLSTM + CRF

模型，计算损失函数，优化损失函数，最后更新模型参数，测试模型函数，调整数据格式以适应模型输入，评估模型的训练效果。

（四）应用分析

知识图谱应用分析理论框架来源于本体的定义。本体为数据政策中数据开放与数据安全实体、协同关系下的知识图谱构建研究，研究中利用知识图谱构建协同关系的实体抽取算法，完成数据政策文本协同性自动识别计算模型的训练，即训练一种可以从数据政策文本信息中自动解析数据开放与数据安全协同关系的模型。该方法可以解决数据政策同类型的其他文本协同性分析问题。本研究以《促进大数据发展行动纲要》为例完成案例分析。

三 研究过程

（一）实验模型

本节根据领域政策特征，设计面向政策文本命名实体识别模型训练体系架构，如图 9-11 所示。该体系架构由 3 层组成：look-up 层、双向 LSTM 层和 CRF 层。该模型使用 Bakeoff-3 评测中的 BIO 标注集，经过特征表示、模型训练、模型分类 3 个步骤，输入是一组关于数据政策语料词（字符）向量，输出是一组预测 tag 序列。以下按照政策文本特征表示、模型训练以及模型分类的 3 个方面阐述训练过程的关键问题。

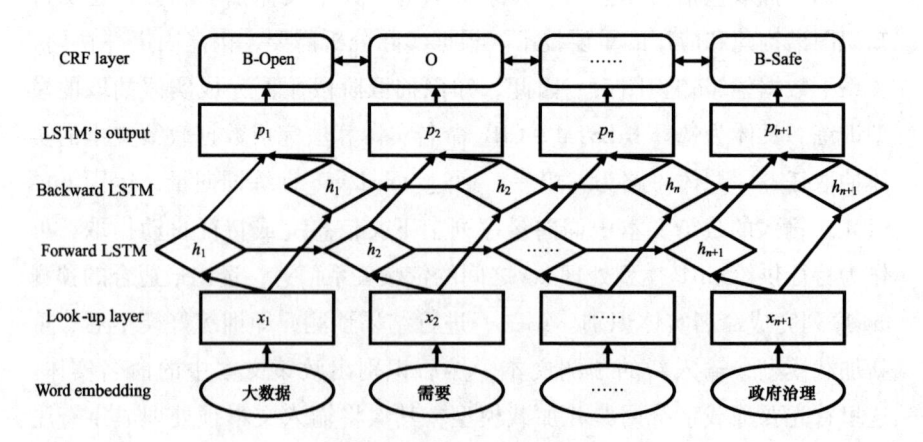

图 9-11 数据政策文本知识图谱的实体抽取模型

(1) 特征表示

在神经网络模型执行之前,需要将输入的数据政策语料转换成数据。首先,以句子为单位,将每句中的数据开放、数据安全构成词用 one-hot 编码组成 Word Embedding 向量层,在 look-up 层中,利用预训练或随机初始化的 Embedding 矩阵将句子中的每个字由 one-hot 向量映射为低维稠密的字向量,即设计和搭建神经网络模型并将文字的符号特征表示为分布式特征信息;与传统 LSTM 不同,BiLSTM 同时考虑了过去的特征(通过前向过程提取)和未来的特征(通过后向过程提取)。后向过程相当于将原始序列逆向输入 LSTM 中,例如正向 LSTM 将输入序列 $(x_1, x_2, \cdots, x_t, \cdots, x_n)$ 表示成 $(\overrightarrow{h_1}, \overrightarrow{h_2}, \cdots \overrightarrow{h_t}, \cdots, \overrightarrow{h_n})$,再利用逆向的 LSTM 将输入序列 $(x_1, x_2, \cdots, x_t, \cdots, x_n)$ 表示为 $(\overleftarrow{h_1}, \overleftarrow{h_2}, \cdots \overleftarrow{h_t}, \cdots, \overleftarrow{h_n})$,$\overrightarrow{h_t}$ 与 $\overleftarrow{h_t}$ 的拼接作为 x_t 最终的结果。

(2) 模型训练

利用 BiLSTM 编码后的拼接向量作为特征表示 h_t 进行 softmax 分类,得到每个字的标签,将每个字的表示获得的 K 维向量(K 为标签的数量)进行拼接得到输入 P,P 为 n×k 维的矩阵,统一作为特征输入 CRF 模型中。每个句子的得分如公式(9 – 10)所示:

$$S(x,y) = \sum_{i=0}^{n} A_{y_i,y_j} + \sum_{i=1}^{n} p_{i,y_j} \qquad (9-10)$$

其中,A 是一个转移矩阵,A_{y_i,y_j} 代表了标注序列上一个 y_i 标签转移到下一个 y_j 标签的概率。需要训练的参数有:BiLSTM 中的参数与 CRF 中转移概率矩阵 A。BiLSTM + CRF 训练时采用监督学习方法,通过最大化预测为真实标记序列的概率(将概率取对数再取负,然后用梯度下降算法优化)来更新 BiLSTM 中的参数与 CRF 中转移概率矩阵 A。开始训练时"真实标记序列不会对应最大的概率值",但通过样本的连续迭代优化,最终会实现"真实标记序列应该对应最大的概率值";在 BiLSTM + CRF 测试时,直接根据训练好的参数求出所有可能的预测序列对应得分,最后取对应最大得分的序列作为最终预测结果。

(3) 模型分类

利用训练好的神经网络模型,对待分类的政策文本进行分类。首先利用 BiLSTM 对输入文本进行特征表示,然后将其输入 CRF 中,对政策中细颗粒的数据开放与数据安全的句子进行分类,分类标签为实体类型和 BIO 三种标签组合,最终输出分类结果,即确定词性与词的边界,从而完成政策文本分析的命名实体识别。

(二)实验结果分析

(1)评测指标

神经网络评估体系中三个重要的指标包括准确率 Precision、召回率 Recall 与调和平均值 F1,具体公式(9-11)、(9-12)、(9-13)如下所示:

$$精确率(Precision,简称 P 值) \quad P = TP/(TP + FP) \quad (9-11)$$
$$召回率(Recall,简称 R 值) \quad R = TP/(TP + FN) \quad (9-12)$$
$$调和平均值 \quad F1 = 2 \times P \times R/(P + R) \quad (9-13)$$

其中,TP 代表政策文本模型正确识别实体个数,FP 代表错误识别的实体个数,FN 代表未识别出的实体个数,TP + FP 为识别出的实体总数,即 FP + FN 为该类命名实体总数。P 代表预测结果中正确识别的实体数量占全部识别出实体的比率,R 代表实体被正确识别到的比例。F1 代表精确率 P 与召回率 R 的调和平均值,P 与 R 同时较高时,才能得到较高的 F1 值。

(2)评测效果

train.log 训练日志信息显示政策文本实体识别实验结果,如表 9-4 所示。在未加入人工特征的条件下,深度学习模型迭代 46 次,dev 集合中模型被保存,其精准度 P 值、召回率 R 值与调和平均值 F1 对照实验 CRF++机器学习算法对应评测指标综合指标调和平均值指标显著提升。

表 9-4   政策文本实体识别模型实验结果

算法	P 值	R 值	F1 值
BiLSTM + CRF 模型	82.76%	92.31%	87.27
CRF + + 模型	66.54%	75.00%	70.52

四 实证研究

为了验证数据政策文本协同知识图谱应用的有效性,本节以《促进大数据发展行动纲要》为例,完成了数据政策文本的协同性分析。

本研究应用 Flask + Uwsgi 组合,从 web 应用服务器请求 NRE 模型的 API 数据接口完成政策文本分析应用请求,根据政策中不同主题的命名实体识别频次形成图谱球径,运用 Vue2.0 + Echarts + elementUI 实现可视化平台交互前端显示界面。启动数据政策文本计算模型进行自动解析案例文本,在《促进大数据发展行动纲要》政策文本中识别出"数据开放"实体对象 433 个、"数据安全"实体对象 77 个。

根据《促进大数据发展行动纲要》的实体识别,结合"数据开放"与"数据安全"的协同关系分析可见:一是该文件在强调大数据开放共享的同时,一定程度上兼顾了数据安全问题的重要性,做到了遵循数据政策"边开放边保护"的原则。二是由"数据开放"与"数据安全"的语义比例,以及其协同关系的程度分析可知,在该政策文本中数据开放与数据安全的协同性显现出不均衡分布。

五 研究结论

本节应用自然语言处理、深度学习以及知识图谱构建技术,探索了一种面向数据政策文本知识图谱构建的方法,同时选择典型数据政策对"数据开放"与"数据安全"协同性进行分析。研究过程如下:构建数据政策文本知识图谱与应用逻辑框架,并遵循数据政策的"边开放边保护"的重要原则,定义"数据开放""数据安全"概念本体,以二者的协同关系为关系本体,完成数据获取与预处理后,采用实体抽取构建模型。本研究还以《促进大数据发展行动纲要》为例进行协同性的应用实证分析。此外本节实证尚存在一些局限,未来需要引入更多政策文本的同时,对政策文本中关注的知识关系抽取进行探索研究。

第十章

政策主题演化

本章尝试通过"大数据政策主题分析及发展动向研判""人工智能政策主题抽取及演化分析""数据安全政策主题演化研究"三个应用实证实现对政策主题识别、主题抽取及主题演化的研究,旨在挖掘政策文本中深层次的政策知识,以进一步实现政策发展趋势预测。

第一节 大数据政策主题分析及发展动向研判

一 案例背景

大数据驱动下新一轮科技革命催生出新的产业模式和服务业态给全球社会发展和人类生产生活带来了翻天覆地的变化,世界各国不断通过制定政策的方式来促进大数据产业发展。2015年8月国务院颁布的《促进大数据发展行动纲要》是我国大数据发展的顶层设计和总体部署,此后国家各部委、地方政府先后出台了一系列政策来推动大数据产业的落地。进入2020年,在数据正式成为新型生产要素的催化下,大数据成为推动我国经济高质量发展的新动能。2021年3月国家公布的"十四五"发展规划中"数据"相关表述达到53处,这表明推动大数据产业发展是国家中长期战略的重要组成部分,而制定具有中国特色的大数据战略不仅可促进大数据产业的可持续发展,还可提升我国在大数据领域的国际话语权和规则制定权。随着2021年5月《安徽省大数据发展条例》的实施,我国大数据政策还将掀起新一轮规划高潮,因此对我国大数据政策未来发展动向进行研判具有重要的现实意义。

二 研究框架

(一) 研究过程

由于广义上的大数据政策包含信息、数据、知识、情报等关键词，但这些政策在聚类时会导致主题过于分散，因此本节在选取样本时精确查找团队自建语料库中标题带有"大数据"字样的367条政策文本，政策发布时间范围为2013—2020年，主要包括规划纲要、实施意见、实施方案、条例、管理办法、通知、规定等，政策文本语句片段共47485条，字符数共2784216个，利用ICTCLAS新词提取结合自建语料库中政策词表形成1078条政策词语。本节选用Gensim中LdaModel函数建立主题模型，将预处理后的文本数据进行主题聚类，拟定2—30区间内的整数作为候选主题数，通过调用LDA主题模型的Log_Perplexity方法得出不同主题对应的困惑度数值，困惑度最小值为最优主题数，在确定最优主题后，提取最优主题所生成的"主题—词"及"文档—主题"两个概率分布，通过"主题—词"的分布，确定各个主题出现概率较高的关键词，计算每个主题中关键词在所有政策文本语句片段中的共现强度，形成主题词矩阵，导入Gephi中生成主题词共现矩阵图，在该软件中词与词之间的连线越粗代表其共现强度值越大，以此综合识别大数据政策中的主题内容。研究从政策发布时间和层级两个维度，利用LDA主题聚类、主题词共现强度计算、主题相似度计算等方法对大数据政策进行主题识别、主题时空扩散分析及主题演变分析，不同阶段大数据政策主题相似度计算能揭示其相似性和差异性。根据已有文献研究[①]，确定0.3为相似度阈值，如相邻阶段主题相似度越大主题间演进关系越显著，本节采用桑基图实现大数据政策主题演进路径的可视化呈现。基于对大数据政策主题综合分析结果，最终对我国大数据政策未来发展动向做出研判，研究框架如图10-1所示。

(二) 研究对象

(1) 时间维度。对我国大数据政策年代划分可以挖掘不同时间阶段

---

① 刘自强、王效岳、白如江：《多维度视角下学科主题演化可视化分析方法研究——以我国图书情报领域大数据研究为例》，《中国图书馆学报》2016年第6期。

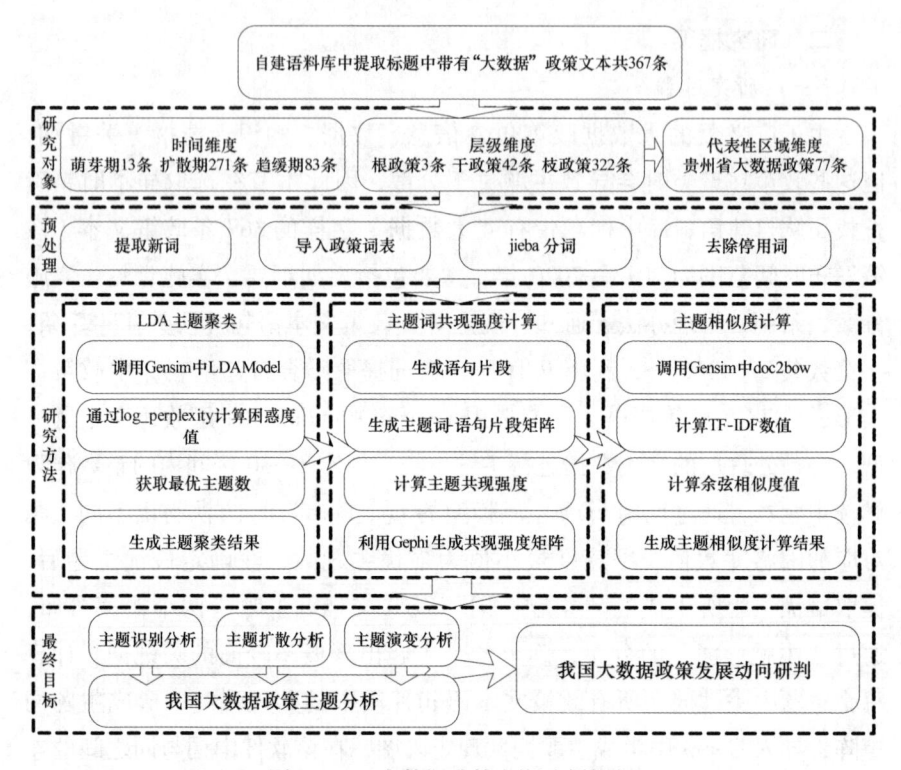

图 10 - 1　大数据政策主题分析框架

的政策关注主题,通过不同阶段政策主题的发展变化,可以对当前大数据政策演变及扩散进行分析[①]。将 367 条大数据政策按照年代划分为三个阶段,萌芽期(2013—2014)共 13 条政策,该阶段政策发布较为稀疏,是大数据政策发展的初始阶段;扩散期(2015—2017)共 271 条政策,该阶段政策发布较为密集,从政策发布数量上看呈现快速扩散趋势,该阶段政策占总数的 73.84%;趋缓期(2018—2020)共 83 条政策,该阶段政策数量逐渐下降,尤其是近两年大数据政策发布数量较少。大数据政策从时间维度看,在萌芽期,上海、广东、贵州、重庆等地区纷纷发布大数据规划政策,由此推动了国家大数据政策的出台,这符合创新政

---

① 赵蓉英、张心源、张扬等:《我国"五计学"演化过程及其进展研究》,《图书情报工作》2018 年第 13 期。

策自下而上的吸纳辐射扩散模式①。而进入扩散期,扩散效应较为明显,趋缓期政策逐渐减少,趋于平稳,政策扩散曲线大致呈 S 形分布,符合政策创新扩散的一般规律。

(2) 层级维度。按大数据政策发布机构的层级划分可以挖掘不同层级的政策关注主题,通过对不同政策层级主题相似度计算揭示政策扩散的内容和规律,从而对当前大数据政策主题扩散进行分析。将现有大数据政策分为根政策、干政策和枝政策三个层级②,根政策是宏观战略层面的政策,是涉及国家发展的总体目标和战略部署,在文中是指国务院颁布的 3 条政策法规;干政策是中观战术层面的政策,是某一领域的具体目标及工作部署,在文中是指国家各部委颁布的 42 条政策;枝政策是微观执行层面的政策,是对某一领域中具体目标的执行与落实,在文中是指各省、市、区县等地方政府所颁布的 322 条政策,从政策数量上看符合自上而下层级扩散模式。

(3) 代表性区域维度。从枝政策的地域划分可以看出,如图 10 - 2 所示,贵州省(77 条)、广东省(33 条)政策发布数量要远超过其他省份,这符合不同发展水平区域间政策跟进扩散模式。贵州省十分重视大

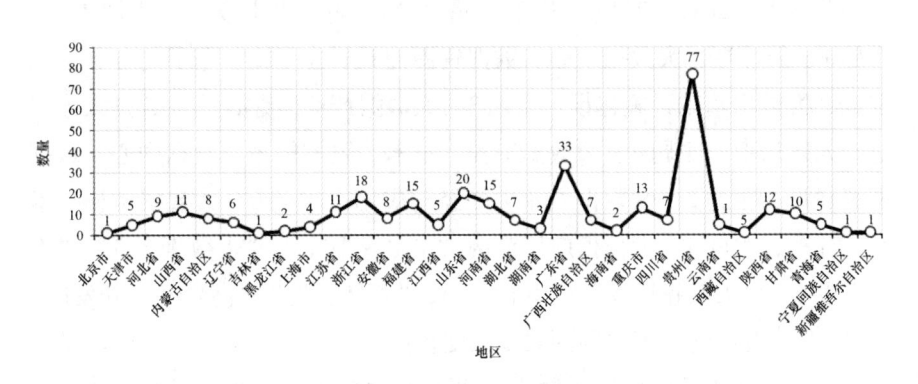

图 10 - 2　大数据政策发布地区

---

① 王浦劬、赖先进:《中国公共政策扩散的模式与机制分析》,《北京大学学报》(哲学社会科学版)2013 年第 6 期。

② 汪涛、谢宁宁:《基于内容分析法的科技创新政策协同研究》,《技术经济》2013 年第 9 期。

数据产业在本区域的发展，作为我国云计算及大数据发展战略布局中的重要省份，由于地缘与环境上具有得天独厚的优势，且省、市、区县政府都有较强的执行力，大数据政策在贵州省的各级政府中落实较好。目前国家大数据中心及国内众多优秀互联网企业的数据中心都相继落户贵州，因此完善的政策体系也促使了大数据产业在贵州省的快速发展[①]。由于贵州省大数据政策文本较为齐全，本节也将贵州省政策作为主题分析对象。

三 实证研究

本节从政策发布时间和层级两个维度对我国大数据政策进行分析，这既可以实现对政策主题识别及主题演化的研究，又可以实现对政策主题时空扩散的研究。

（一）政策时间维度

1. 主题聚类及共现强度分析

对萌芽期、扩散期、趋缓期的政策文本困惑度进行计算，得到最优主题数分别为6、10和7。

萌芽期（2013—2014）政策数量为13，主题数量为7，主题如下：主题1、云计算、大数据中心、数据资源建设；主题2、电子商务、信息安全、大数据基础设施建设；主题3、大数据产业园建设、大数据人才引进、人才培育；主题4、大数据工程、技术、服务体系、数据中心、数据资源建设；主题5、大数据农业生产经营应用；主题6、大数据工程技术行业标准；主题7、大数据应用范例。在主题中除去"大数据产业""大数据发展""大数据服务"等共性词语，"智慧旅游""高新技术开发区""广东省应用范例"等主题词共现强度较高。数据分析显示：此阶段是大数据政策发展初始阶段，大数据政策发布数量相对较少，只在上海、广东、贵州、重庆等地区出台大数据发展相关规划，主题集中在大数据基础设施、数据资源、大数据技术服务体系、云计算、大数据中心等内容，尚未呈现扩散趋势。其中2013年7月上海市科委发布的《上海推进大数

[①] 安小米、白献阳、洪学海：《政府大数据治理体系构成要素研究——基于贵州省的案例分析》，《电子政务》2019年第2期。

据研究与发展三年行动计划》（2013—2015 年）在所收集的政策中发布时间最早，属萌芽期中较有代表性的政策。

扩散期（2015—2017）政策数量为 271，主题数量为 10，主题如下：主题 1、大数据技术服务体系、数据资源建设；主题 2、大数据公共服务监管与创新；主题 3、大数据安全与保护、技术标准实施；主题 4、建立并完善大数据信用与失信机制；主题 5、健康医疗大数据；主题 6、农业大数据助推脱贫攻坚、扶贫；主题 7、政务大数据与网上办事大厅；主题 8、大数据市场主体服务和监管；主题 9、大数据综合治税；主题 10、大数据人才引进与奖励。在主题中除去"大数据产业""大数据发展""大数据服务"等共性词语，"健康医疗""移民搬迁""市场主体""失信惩戒""综合治税涉税信息"等主题词共现强度较高。数据分析显示：扩散期的大数据政策除了持续关注大数据技术服务体系、数据资源建设等内容，还更加关注数据安全与保护，并且逐渐向健康医疗、农业农村、综合治税等领域迈进。2015 年起在国务院发布的《促进大数据发展行动纲要》《关于运用大数据加强对市场主体服务和监管的若干意见》《关于促进和规范健康医疗大数据应用发展的指导意见》和工信部发布的《大数据产业发展规划（2016—2020 年）》等政策引领下，政策发布数量及政策主题呈现中央向地方快速扩散趋势。此阶段政策扩散趋势与"地方政府的政策扩散受中央政府影响，中央政府可以通过强制或激励推进政策扩散"现象较为契合①。

趋缓期（2018—2020）政策数量为 83，主题数量为 6，主题如下：主题 1、智能制造、智慧城市、大数据与区块链；主题 2、大数据技术服务体系、政府大数据开放与共享；主题 3、人工智能、大数据与工业大数据；主题 4、健康医疗大数据；主题 5、交通运输大数据、军民融合大数据；主题 6、大数据安全与技术服务标准、数据泄露。在主题中除去"大数据产业""大数据发展""大数据服务"等共性词语，"健康医疗""网信军民融合"等主题词共享强度较高。数据分析显示：随着各地区纷纷建立并完善大数据政策，2018 年起政策发布数量逐渐减少，部分地区大

---

① 丁文姚、张自力、余国先等：《我国地方大数据政策的扩散模式与转移特征研究》，《大数据》2019 年第 3 期。

数据3—5年规划接近尾声，大数据政策扩散进入趋缓期，但大数据产业发展已经是大势所趋。近年来，新兴信息技术、军民融合等关键词不断在大数据政策中涌现，人工智能与大数据在各行各业发挥了重要作用，数据正式成为新型生产要素，这将极大促使新兴技术与大数据深度融合并在各领域中发挥重要作用。

2. 主题相似度

通过对不同阶段政策主题相似度的计算以揭示其相似性和差异性，以此发现大数据政策主题的演化过程。

图10-3左为扩散期—萌芽期主题相似度图，该阶段主题相似度数值较低，主题间差异性较大，其中扩散期主题10和萌芽期主题3的相似度最高为0.6523。扩散期主题10中主要提及贵州省大数据人才引进与奖励、大数据创新服务平台建设等，萌芽期主题3中主要提及贵阳市大数据产业园建设、大数据人才引进等，这两个不同阶段的主题对大数据人才引进都尤为关注。扩散期主题1和萌芽期主题4的相似度为0.4100，扩散期主题1中主要提及大数据技术服务体系、数据资源建设，萌芽期主题4中提及大数据资源建设，呈现一定相似性。数据分析显示：大数据人才引进与培育及大数据资源建设主题相似性相对较高，这说明了不同发展阶段的大数据政策中对该主题关注的延续性。

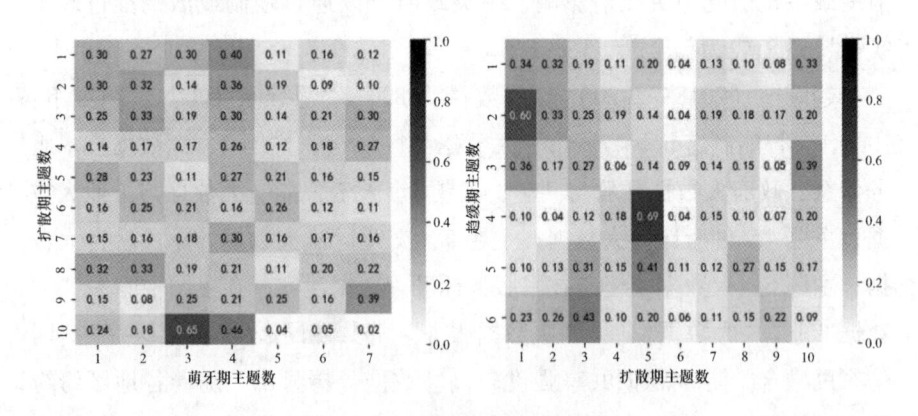

图10-3 不同阶段主题相似度

图10-3右为趋缓期—扩散期主题相似度图，该阶段主题相似度数值要高于扩散期—萌芽期，扩散期主题5与趋缓期主题4相似度最高为

0.69，它们的主题均为健康医疗大数据。扩散期主题1与趋缓期主题2相似度为0.60，其中扩散期主题1为大数据技术服务体系、数据资源建设，趋缓期主题2为大数据技术服务体系、政府大数据开放与共享，在大数据技术服务体系方面具有一定相似性。扩散期主题3与趋缓期主题6相似度为0.43，其中扩散期主题3为大数据安全与保护、技术标准实施，趋缓期主题6为大数据安全与技术服务标准、数据泄露等，在大数据安全与保护方面呈现出相似性。数据分析显示：国务院发布《关于促进和规范健康医疗大数据应用发展的指导意见》后，健康医疗大数据成为行业重点关注内容，在应对突发公共卫生事件过程中，健康医疗大数据发挥了重要作用，而大数据技术服务体系建设、大数据安全与保护也是《促进大数据发展行动纲要》发布后持续关注的主题。

3. 综合分析

从政策主题扩散视角来看：2015—2017年，随着一系列中央政策的出台，我国大数据政策经历了快速扩散阶段，从2018年起大数据政策发布数量逐渐减少，进入平稳阶段，但是在此过程中人才培养与引进、大数据技术服务体系是持续关注的主题。在人才培养与引进方面：贵阳市早在2015年就发布《关于加快大数据产业人才队伍建设的实施意见》，提出要创新大数据人才培养、引进和储备、集聚机制，大力加强大数据产业人才队伍建设，由此可见，贵阳市对大数据人才的重视程度。而其他领域或地区大数据政策都将人才培养与引进加入重点保障措施中来。在大数据技术服务体系方面：技术是大数据产业发展的重要因素，大数据政策中对关键核心技术的研发与攻关尤为重视，其中贵州省在2020年6月发布的《贵州省大数据标准化体系建设规划》是大数据技术服务体系建设中较有代表性的政策，该政策提出要提高大数据标准供给能力，提升大数据标准化水平，为大数据发展及融合应用提供技术支撑。

从政策主题演变视角来看：不同阶段关注的主题有所区别，但大数据资源建设是长期关注的主题，尤其是数据正式被纳入新型生产要素范围后，数据成为基础性资源和战略性资源，数据资源建设的重要性凸显。在扩散期国务院发布一系列大数据政策后，大数据安全与技术服务标准、健康医疗大数据、大数据安全与保护成为政策中主题关注热点。对趋缓期主题分析发现，工业大数据、智能制造、人工智能、区块链等新兴技术与大数据深度融合，军民融合大数据等将在未来一段时间内成为大数据政策的发展趋势。

（二）政策层级维度

1. 主题聚类及共现强度分析

由于根政策数量较少，分别为《促进大数据发展行动纲要》《关于运用大数据加强对市场主体服务和监管的若干意见》《关于促进和规范健康医疗大数据应用发展的指导意见》，且主题较为明确。因此本节主要对干政策、枝政策和贵州省的政策文本困惑度进行计算，得到最优主题数分别为10、14和14。

干政策数量为42，主题数量为10，主题如下：主题1、国土资源大数据与地质灾害防治；主题2、智慧城市、时空大数据云平台建设；主题3、智慧城市建设、大数据安全、数据泄露与隐私保护；主题4、交通运输大数据联防联控；主题5、农业农村大数据、健康医疗大数据、生态环境大数据；主题6、智慧城市建设、测绘地理信息；主题7、大数据安全技术标准、气象大数据；主题8、工业大数据；主题9、大数据安全与隐私保护；主题10、大数据技术、服务创新体系、水利大数据。在主题中除去"大数据产业""大数据发展""大数据服务""大数据技术"等共性词语，"地质灾害防治""国家战略""智慧城市""云平台""联防联控"等主题词共现强度较高。数据分析显示：在国务院发布3部根政策后，大数据政策快速扩散到健康医疗、生态环境、农业农村、交通运输、气象、工业、水利等领域，未来大数据将会在更多领域发挥重要作用，其中大数据安全与隐私保护、数据资源建设在很多主题中都不同程度出现，这也是大数据应用过程中主要关注的问题。

枝政策数量为322，主题数量为14，主题如下：主题1、大数据创新创业产业园区；主题2、大数据综合治税；主题3、大数据人才培养与引进；主题4、大数据安全保障；主题5、区块链与大数据社会信用体系监管；主题6、工业大数据；主题7、公共服务、数据资源、大数据开放与共享；主题8、农业农村大数据；主题9、健康医疗大数据；主题10、农业大数据助推脱贫攻坚；主题11、大数据在物流、旅游、电子商务、智能制造的应用；主题12、加快大数据与实体经济相融合；主题13、大数据技术服务创新、数据资源建设；主题14、运用大数据加强市场主体服务和监管。在主题中除去"大数据产业""大数据发展""大数据服务""大数据技术"等共性词语,"建立机制""综合治税涉税信息""资源共享""健康医疗""移民搬迁"等主题词共现强度较高。数据分析显示:枝政策中涉及的主题领域较为广泛,较为全面地识别了当前我国各地区大数据政策主题分布情况,在主题 5 中主题词包含贵州省、贵阳市、贵安、区块链、信用大数据等关键词,这说明贵州省大数据政策发布的数量在全国范围内占比较高。

贵州省政策数量为 77,主题数量为 14,主题如下:主题 1、大数据安全与保护;主题 2、大数据资源建设、数据开放与共享;主题 3、健康医疗大数据;主题 4、5G 通信服务、军民融合大数据;主题 5、大数据产业融合创新;主题 6、主题大数据与人工智能、物联网、区块链等新技术深度融合、农业产业脱贫攻坚;主题 7、大数据技术研发、服务体系建设;主题 8、推进大数据社会信用体系;主题 9、大数据人才培养;主题 10、大数据综合治税;主题 11、大数据在物流、旅游、电子商务、智能制造的应用;主题 12、大数据人才队伍建设;主题 13、工业大数据;主题 14、政府大数据聚集共享开放。在主题中除去"大数据产业""大数据发展""大数据服务""大数据技术"等共性词语,"违反条例""云平台""开放共享""健康医疗""医疗卫生""农业产业脱贫攻坚""实体经济深度融合""重点实验室战略""人才培养""智能制造"等主题词共现强度较高。数据分析显示:由于贵州省大数据政策占政策枝政策的 23.9%,因此枝政策中主题 1 和主题 5 分别从不同程度上体现出贵州省大数据政策的主题。贵州省是大数据政策制定的领跑者,在大数据规划、开放与共享、数据安全保障、人才培养、智能制造、新兴技术融合等领域制定的政策都早于国内其他地区,示范性较强,因此对贵州省大数据政策主题分析具有一定意义。

2. 主题相似度

通过对不同层级政策主题相似度的交叉计算,揭示了不同层级主题演化的相似性和差异性,以此发现不同层级政策主题扩散的范围及演化过程。

图 10 - 4 左为干政策—枝政策主题相似度图,该阶段主题相似度数值较低,干政策中主题 8 和枝政策主题 6 的相似度为 0.56,主要关注工业

大数据。2020年4月工业和信息化部发布《关于工业大数据发展的指导意见》，该意见将在未来几年在促进我国工业数字化转型、激发工业数据资源要素潜力、加快工业大数据产业发展过程中发挥重要作用。干政策主题5和枝政策主题9的相似度为0.49，这两个主题中只有健康医疗大数据的内容具有一定相似性。数据分析显示：由于干政策和枝政策属于不同层级的政策，虽然部分主题中呈现一定相似性，但总体来说政策关注的范围有所差别，因此整体相似性较低。

图10-4右为枝政策—贵州省主题相似度图，贵州省的大数据政策主题虽然从数量上和枝政策的主题相同，而且部分主题相似性较高，但是从主题关注内容上看差异性较大。枝政策中主题11和贵州省主题11的相似度为0.87，关注主题为大数据与物流、旅游、智能制造等行业深度融合；枝政策中主题9和贵州省主题3的相似度为0.63，关注主题为大数据在健康医疗、医疗卫生等领域应用；枝政策主题2和贵州省主题2的相似度为0.62，其中关注主题是贵阳市贵安新区委员会关于大数据的举措，贵安新区是南方数据中心核心区、全国大数据产业集聚区、全国大数据应用与创新示范区、大数据与服务贸易融合发展示范区、大数据双创示范基地、大数据人才教育培训基地。数据分析显示：枝政策和贵州省的政策主题数相同，主题内容也具有较高的相似性。大数据在物流、旅游、智能制造、健康医疗、医疗卫生等领域的应用是各地区政策中共同关注的主题。

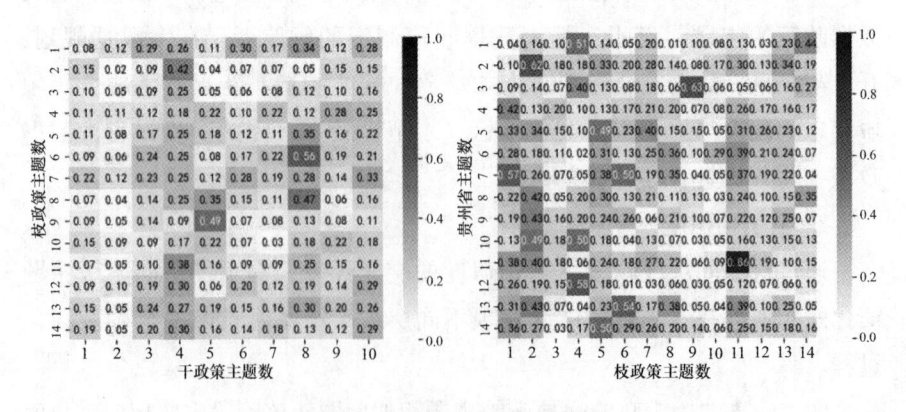

图10-4 政策层级主题相似度

3. 综合分析

从政策主题扩散视角来看：数据安全在各阶段主题词中关注较高，而健康医疗大数据在两个阶段主题相似度计算中数值较高，因此在数据安全、健康医疗等领域大数据政策扩散效果较好。数据安全主题：在国务院发布的3部根政策中都将数据安全保障作为重要部分，这足以凸显其重要性；2017年起全国信息安全标准化技术委员会连续两年发布《大数据安全标准化白皮书》，白皮书给出了大数据安全标准框架；2019年8月贵州省发布的《贵州省大数据安全保障条例》是全国首个省级层面大数据安全保障法规，在很多方面进行了积极尝试和有效探索。健康医疗大数据主题：2016年国务院发布《关于促进和规范健康医疗大数据应用发展的指导意见》后，国家卫健委印发了《国家健康医疗大数据标准、安全和服务管理办法（试行）》，各省市地区共发布33条关于健康医疗大数据的政策，由此可见，政府通过强制或激励推进健康医疗大数据政策得到较好的扩散效果。

从政策主题演变视角来看：干政策和枝政策在工业大数据、健康医疗大数据、农业农村大数据等主题延续性较好，但也存在干政策中大数据在国土资源、地质灾害防治、生态环境、交通运输联防联控等领域的应用演变到枝政策中大数据在综合治税、信用体系监管、物流、旅游等领域的应用。由不同政策层级的主题演变可以发现干政策中的主题多为国家整体规划层面的政策，而枝政策的主题多为区域实施落实层面的政策。枝政策和贵州省从主题数量到主题内容上一致性均较好。贵州省大数据政策在数据开放与共享、数据安全与保护、大数据与各领域创新融合、人才队伍建设、大数据技术研发等方面具有完善的体系结构。贵州省既集成了枝政策的主题，又在大数据与新兴技术产业创新融合、军民融合大数据等主题与枝政策有所差别，因此贵州省的大数据政策对我国未来大数据政策发展研判有一定借鉴意义。

（三）发展动向研判

基于大数据政策文本内容及政策主题分析结果对我国大数据政策未来发展动向做出以下六个方向的研判。

1. 数据安全将成为大数据政策发展的核心问题

基于对政策主题时空扩散的研究发现，数据安全主题在政策扩散期和各层级的大数据政策中均为关注热点。长期以来我国政府高度重视数据安全问题，2015年8月国务院发布的《促进大数据发展行动纲要》是我国大数据产业布局的战略性政策，政策中将强化数据安全保障作为主要任务之一。此后我国发布的一系列大数据政策中，数据安全都作为政策中重要内容，它成为大数据政策发展演变过程中不变的主题。2017年7月正式实施的《网络安全法》、2021年发布的《数据安全法》和《个人信息保护法》，从网络数据、数据及个人信息三个维度构建我国数据安全保护体系的顶层设计，未来各领域各地区将围绕三部法规在大数据隐私保护制度和安全审查制度、大数据分级分类保护制度建设与完善等方面出台相应政策。2020年9月国务委员王毅在"抓住数字机遇，共谋合作发展"国际研讨会高级别会议上提出《全球数据安全倡议》，体现我国政府在数据安全问题上兼具国际化视野与全局策略，一系列举措足以凸显我国政府在未来一段时间内对数据安全的战略布局。因此数据安全与隐私保护将成为大数据政策中的核心关切。

2. 大数据与各领域深度融合将成为政策发展新方向

从政策层级的主题演变视角分析发现，我国大数据政策在农业、交通运输、健康医疗、工业、气象、水利、旅游、物流等领域发挥了重要作用，未来大数据与各领域的深入融合将成为政策发展的新方向。其中从政策时空演变和扩散角度看，健康医疗大数据主题关注度较高。突发公共卫生事件使健康医疗大数据在智能诊治、物资调配、药物研发等领域发挥了重要作用，进而加速了健康医疗大数据的发展。而在政策层级的主题演变中，工业大数据主题有较好的延续性。工业大数据是智能制造的基石，2020年5月工信部在发布的《关于工业大数据发展的指导意见》中明确了工业大数据是推动制造业数字化、网络化、智能化发展的关键生产要素。随着中国制造2025战略的推进，大数据与智能制造技术融合发展将推进工程生产过程智能化，进而全面提升企业研发、生产、管理和服务的智能化水平。随着大数据基础设施的完善和大数据分析技术的成熟，大数据除在原有领域继续深度融合外，还将在社会信用、综合治税、军民融合等更多领域发挥其重要的价值。

3. 关键核心技术研发与攻关将是大数据政策的持续关注点

基于对大数据政策时间维度的主题分析发现，大数据技术服务体系是持续受到关注的主题，而在趋缓期智能制造、人工智能、区块链等主题词不断涌现，这将使新兴技术与大数据深度融合后关键核心技术研发与攻关成为未来政策持续关注点。随着物联网、人工智能、大数据、区块链等新一轮科技革命和产业变革给全球发展和人类生活带来翻天覆地的变化，我国也通过制定新兴技术国家战略加速新业态、新产业的发展。在《关于构建更加完善的要素市场化配置体制机制的意见》中将数据作为一种新型生产要素，而人工智能、区块链等则是新型生产工具，将新型生产要素和生产工具相融合，关键核心技术研发与攻关是首要任务，这些关键核心技术源于基础研究，但又具有多学科综合、高度复杂的特征，只有把这些关键核心技术牢牢掌握在自己手中，才能从根本上解决大数据产业发展过程中的瓶颈问题。政府要从政策保障、产权保护、项目驱动、合作研发等方面发挥知名高校、科研院所的科研优势，以问题为导向全面增强技术创新能力，进而实现关键共性核心技术体系的构建。

4. 推动以大数据智能化为引领的军民融合深度发展

基于对大数据政策时间维度趋缓期和贵州省的大数据政策分析发现，军民融合是主题之一。军民融合发展过程中产生的海量数据具备大数据特征，将大数据技术应用于军民融合工作，既是国家战略和国家安全的需要，也是军民融合发展的必然趋势。国家应以大数据人工智能为引领，要着力建设军民融合创新示范体系，细化军民融合深度发展的组织管理体系、工作运行体系、政策制度体系。其中2018年8月天津市委网信办发布的《关于加快推动大数据产业发展和网信军民融合配套政策及实施细则》较有代表性，政策较为全面地从培育壮大军民融合产业、大力推动军民融合发展、加快引进军民融合培育人才、优化对军民融合企业的服务、加强军民融合发展统筹协调等方面制订大数据与军民融合的发展计划。未来我国政府要充分发挥军民融合与大数据对国防建设和经济社会发展双向支撑拉动作用，形成全要素、多领域、高效益的军民融合深度发展格局。

5. 跨领域的大数据人才培养将是政府关注重点

人才队伍建设贯穿于大数据政策主题的时空维度分析中，在《促进大数据发展行动纲要》《大数据产业发展规划（2016—2020年）》等重要政策中都明确指出要加强大数据人才培养，推动建立健全多层次、多类型的大数据人才培养体系。大数据人才的突出特征是具备复合能力，具有跨领域思维。因此国家要继续加大大数据人才培养的顶层设计，加强战略扶持且适当的政策倾斜，我国大数据专业建设要有跨领域、跨学科视野，这对培养新一代大数据专业人才意义重大。各行业、各地区要营造跨领域大数据人才成长所必需的学术环境和较好的生活环境，充分发挥高校、科研院所的优势，加强大数据学科专业一体化建设，实现大数据与不同领域的产学研一体化，进而形成健全的跨领域大数据人才培养体系。在培养大数据人才的同时，政府要积极促进大数据产业高质量发展吸引人才留住人才，而人才加盟也将进一步推动各行业、各地区大数据产业的高质量发展。因此，跨领域的人才培养与引进是政府关注的重点。

6. 构建以大数据为支点的联防联控与应急管理协同机制

在干政策中灾害防治、交通运输联防联控是大数据政策关注的主题之一，这些都是应急管理的重要组成部分。在突发公共卫生事件处理上，应急管理部门在数据监测、物资供给等方面能够联防联控、及时调配，大数据都发挥了重要作用。早在2019年4月国务院安全生产委员会办公室、国家减灾委办公室、应急管理部在联合印发的《关于加强应急基础信息管理的通知》中提出构建一体化全覆盖的全国应急管理大数据应用平台。2020年2月国家卫健委提出利用大数据技术对疫情发展进行实时跟踪、重点筛查、有效预测，为科学防治、精准施策提供数据支撑。同年3月习近平总书记指出要鼓励运用大数据、人工智能、云计算等数字技术，在疫情监测分析、病毒溯源、防控救治、资源调配等方面更好发挥支撑作用。近两年一系列重磅政策凸显国家对基于大数据的应急管理的重视程度。长远来看，应用大数据是把我国应急管理制度优势转化为治理效能的重要支点，要利用大数据技术深入研究突发事件发生发展规律，构建完善趋势分析、应急预测、动态演化模型，加快建立大数据自动预警平台，加快建立以大数据为支点的联防联控与应急管理协同机制。

四 研究结论

数据要素是经济长期增长的重要动力，在一定程度上决定未来经济发展的质量。当前以大数据为代表的信息资源正在朝着生产要素的形态演进，这助推了我国大数据政策持续发展的趋势。本节通过构建以政策发布时间和层级为纵轴，以主题聚类、主题词共现强度、主题相似度为横轴的二维分析框架来对我国大数据政策进行综合分析，最终从六个方向对大数据政策发展动向进行研判：数据安全将成为大数据政策发展的核心问题；大数据与各领域深度融合将成为政策发展新方向；关键核心技术研发与攻关将是大数据政策的持续关注点；推动以大数据智能化为引领的军民融合深度发展；跨领域的大数据人才培养将是政府关注重点；构建以大数据为支点的联防联控与应急管理协同机制。通过对大数据政策发展动向的研判，以期为政府制定具有中国特色的大数据战略提供决策支持，并促使我国大数据产业的可持续发展。

第二节 人工智能政策主题抽取及演化分析

一 案例背景

在大数据、算法和计算能力三大核心要素和经济社会发展强烈需求的共同驱动下，人工智能进入了高速发展阶段。世界各国已经把发展人工智能作为提升国家竞争力的重大战略，我国也高度重视人工智能发展，不断通过出台国家战略来推动人工智能的发展，其中2017年国务院发布的《新一代人工智能发展规划》（以下简称《规划》）是我国人工智能发展的顶层设计，该政策为未来我国人工智能发展指明了方向。在此之后各地区密集制定并出台了关于人工智能产业发展的发展规划、行动计划、实施方案等政策文件。在2019年3月政府工作报告中首次提出"智能+"概念后，人工智能快速与经济社会各领域相融合。2021年3月国家公布的"十四五"发展规划中"智能""智慧""机器人"相关表述达到59处，这表明以人工智能为代表的新一代信息技术将成为推动我国经济高质量发展的重要技术保障和核心驱动力，而制定具有中国特色的人工智能战略不仅可促进人工智能产业的可持续发展，还可提升我国人工智能领域的国际话语权和规则制定权。因此，对我国人工智能政策主题抽取及演化趋势分析具有重要的现实意义。

二 研究框架

(一) 研究过程

在选取样本时精确查找团队自建语料库中标题带有"智能""智慧""机器人"字样的138条政策文本，政策发布时间范围为2010—2021年，政策主要包括规划纲要、实施意见、实施方案、条例、管理办法、规定、标准等，政策文本语句片段共22436条，字符数共1271680个，研究过程如图10-5所示。

图10-5 人工智能政策主题研究过程

(1) 研究对象：将138条人工智能政策按政策发布时间和层级划分。

(2) 预处理：利用ICTCLAS新词提取结合自建语料库中政策词表提取852条政策词语，去除"发展""建设"等一些无实际意义的高频词语，利用jieba分词，形成待分析文本。

(3) LDA主题聚类：利用Python中Gensim库LdaModel函数建立主题模型，将预处理后的文本数据进行主题聚类，将2—20区间内的整数作为候选主题数，通过调用LDA主题模型中Log_Perplexity方法得出不同主题对应的困惑度数值，将困惑度最小值确定为最优主题数，实现主题抽取。

(4) 主题相似度计算：利用Python中Gensim库BOW模型和TF-IDF模型对不同维度主题相似度进行计算，主题相似度数值越高，则相似性越大，数值越低，则差异性越大。为便于发现主题演化走向，利用Python中PyeCharts库生成桑基图形成可视化效果，线条较粗代表主题间相似度高，线条较细代表主题间相似度较低，通过桑基图可以清晰发现不同阶段人工智能政策主题的演化路径。

（二）研究对象分析

（1）政策发布时间。按年代分段可以实现对我国人工智能政策主题演化分析，发展阶段分期主要是基于标志性事件进行判断，本节将《规划》出台和新冠肺炎疫情视为影响我国人工智能发展的重要事件，由此划分为三个阶段。第一阶段萌芽期（2010—2016）共 26 条政策，该阶段是人工智能政策发布的初始阶段，虽然政策发布数量较为稀疏，但总体呈现缓慢上升趋势；第二阶段发展期（2017—2019）共 99 条政策，自 2017 年《规划》颁布后人工智能政策发布进入了密集阶段，2018 年政策发布数量达到顶峰，但随后 2019 年政策发布数量开始下降；第三阶段趋缓期（2020—2021）共 13 条政策，很多人工智能行动计划、规划纲要都是三年期限（多在 2020 年前后结束），使得近两年人工智能政策发布数量大幅减少，但随着各行业人工智能不断升温及国家"十四五"规划的正式发布，新一轮人工智能实施规划又将开始，政策将继续推动人工智能产业发展。在萌芽期，广东、江苏、辽宁等地区都较早制定了人工智能发展规划，这也直接推动了一系列国家层面人工智能政策的出台，这是创新政策中自下而上吸纳辐射扩散模式的体现，进入发展期后政策扩散效应较为明显，趋缓期政策逐渐减少，趋于平缓，符合政策创新扩散的 S 形规律。

（2）政策发布层级。将现有人工智能政策分为国家战略、各部委战略、行业规范和地方政策四个层级，如表 10-1 所示。

表 10-1　　　　　　　　人工智能部分政策

类型	时间	名称	部门
国家战略	2017 年 7 月	新一代人工智能发展规划	国务院
部委战略	2016 年 4 月	机器人产业发展规划（2016—2020）	工业和信息化部、国家发展改革委、财政部
	2016 年 5 月	"互联网+"人工智能三年行动实施方案	国家发展改革委、科技部、工业和信息化部、中央网信办

续表

类型	时间	名称	部门
部委战略	2016年9月	智能硬件产业创新发展专项行动（2016—2018）	工业和信息化部、国家发展改革委
	2016年9月	智能制造工程实施指南（2016—2020）	工业和信息化部
	2016年12月	智能制造发展规划（2016—2020）	工业和信息化部、财政部
	2016年12月	移动智能终端应用软件预置和分发管理暂行规定	工业和信息化部
	2017年9月	智慧城市时空大数据与云平台建设技术大纲（2017年版）	国家测绘地理信息局办
	2017年12月	促进新一代人工智能产业发展三年行动计划（2018—2020）	工业和信息化部
	2018年4月	高等学校人工智能创新行动计划	教育部
	2018年11月	新一代人工智能产业创新重点任务揭榜工作方案	工业和信息化部
	2019年6月	新一代人工智能治理原则——发展负责任的人工智能	科技部
	2019年8月	国家新一代人工智能开放创新平台建设工作指引	科技部
	2019年11月	关于促进林业和草原人工智能发展的指导意见	国家林业和草原局
	2019年11月	智慧城市时空大数据平台建设技术大纲（2019年版）	自然资源部
	2020年2月	智能汽车创新发展战略	国家发展改革委等11部门
	2020年7月	国家新一代人工智能标准体系建设指南	国家标准化管理委员会等5部门
	2020年9月	国家新一代人工智能创新发展试验区建设工作指引（修订版）	科技部
	2021年1月	智能网联汽车道路测试与示范应用管理规范（试行）	工业和信息化部、公安部、交通部

续表

类型	时间	名称	部门
行业规范	2018年7月	人工智能深度学习算法评估规范	中国电子技术标准化研究院
	2019年8月	人工智能数据安全风险与治理报告	赛博研究院、上海观安信息技术股份有限公司
	2019年8月	人工智能数据安全白皮书（2019）	中国信息通信研究院
	2021年1月	人工智能伦理安全风险防范指引	全国信息安全标准化技术委员会
地方政策	2010—2021年	其26个地区115部，此部分政策省略	

资料来源：自建语料库。

国家战略是指国务院在该领域的总体目标和战略部署，在文中是指国务院颁布的《规划》；各部委战略是指在某一领域中具体目标及工作部署，在文中是指国家各部委颁布的18条政策；行业规范是指在行业范围内统一的技术标准，主要用于规范和指导行业的行为，在文中是指部分行业组织制定的4条标准；地方政策是指各地区对某一领域中具体目标的执行与落实。

地方政策是指各省、市、区县等地方政府所发布的115条政策，如图10-6所示，广东省（15条）、江苏省（12条）政策发布数量排在前列。广东省早在2010年就发布了《关于加快发展物联网建设智慧广东的实施

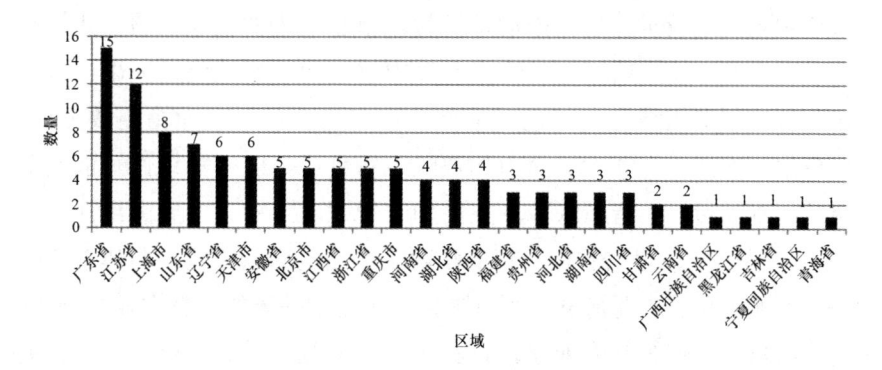

图10-6 人工智能政策发布地区

意见》，人工智能在制造、政府、物流、教育等领域得到了快速发展，广州、深圳两地作为广东人工智能主要集聚地备受关注。江苏省是全国人工智能产业创新发展的重要基地，省内基本形成以南京和苏州为核心的人工智能发展格局，中国（南京）智谷、中国（南京）软件园、苏州人工智能产业园等人工智能产业集聚区粗具规模。从政策发布数量上看，上海市、山东省、辽宁省、天津市、安徽省、北京市等地区对人工智能发展也十分重视。

三 实证研究

（一）人工智能政策主题抽取

对萌芽期（2010—2016）、发展期（2017—2019）、趋缓期（2020—2021）的人工智能政策文本主题聚类，并计算困惑度数值得到最优主题数分别为9、12和8。

1. 萌芽期主题抽取

萌芽期政策数量为26，主题数量为9，如表10-2所示。通过对相似主题整合后关注到以下热点：①智能制造：主题1、主题3、主题7均属于智能制造。以《中国制造2025》为总体部署，2015—2016年智能制造、机器人是国家重点发展领域，相关部门不断通过发布政策加速驱动人工智能与制造业相融合。②智慧城市：主题2、主题4、主题6均属于智慧城市建设。数据开放共享体系是推进新型智慧城市建设的核心，而项目资金是智慧城市建设基础保障。广东、江苏、湖北、辽宁等地区智慧城市规划制定较早，进而推动了智慧城市在国内的快速发展。③航空新城：在主题5航空新城中，陕西省汉中航空智慧新城建设突出了智慧城市与智能制造相结合的特色，重点以"三机一场"产业为主攻方向，积极搭建"军工+"平台，全力加快陕飞特种机、航空零组件智能制造升级技改等项目。④智慧农业：在主题8智慧农业中，主要突出江西省运用PPP模式推进智慧农业，打造江西农产品电商新模式，构建集科研创新、产业孵化、农业博览、休闲体验等功能于一体的智慧农业综合体，助力乡村振兴，使智慧农业建设走在了全国前列。⑤智能化服务、智能技术创新：在主题9中突出智能化服务和智能技术创新两部分，在萌芽期政策中无论是智慧城市建设还是智能制造业的发展都将技术创新作为重点，将服务民生作为人工智能与应用领域融合的目标。

表 10-2　　　　　　　　萌芽期（2010—2016）主题

主题	主题描述	主题词
主题 1	智能终端	应用软件　智能终端　信息　企业　用户　互联网　提供　生产　预置　服务提供者　相关　软件　通信　服务
主题 2	数据共享体系	数据　平台　城市　信息　资源　管理　项目　服务　建立　统一　政府　系统　智慧　共享　体系　整合　企业　业务　大数据　政务
主题 3	智能机器人	支持　智能机器人　企业　超过　资金　中关村　万元　给予　创新　机器人　服务　国家　管委会　研发　比例　平台
主题 4	智慧城市	信息　服务　智慧　城市　平台　推进　管理　重点　资源　物联网　推动　网络　加快　系统　技术　企业
主题 5	航空新城	航空新城　支持　工作　省级　工业　加快　公司　集团　中航　企业　陕飞　汉中市　航空　重点　相关　资金　配套　项目　基础设施
主题 6	项目资金	项目　资金　扶持　申报　支持　电局　市信　企业　信息化　管理　单位　评审　相关　情况　智慧城市
主题 7	智能制造	智能制造　工业　重点　企业　系统　装备　智能　制造　标准　平台　推进　制造业　基础　创新　软件　技术　体系　领域　园区　行业
主题 8	智慧农业	农业　智慧　平台　农产品　信息　服务　智能硬件　企业　推进　系统　中心　物联网　电商　重点　智慧城市　工作　示范　引导
主题 9	智能化服务、智能技术创新	智慧　服务　机器人　技术　企业　产品　智能　领域　大数据　创新　工业　提升　平台　研发　重点　人工智能　智能化

2. 发展期主题抽取

发展期政策数量为 99，主题数量为 12，如表 10-3 所示。通过对相似主题整合后关注到以下热点：①智慧城市：主题 1、主题 5、主题 10、主题 11 均属于智慧城市，包括广东惠州潼湖生态智慧区和贵州省智能化建设。其中潼湖生态智慧区项目是以构建生态与智慧并重的创新之城为智慧城市建设理念，是广东惠州实施创新驱动发展战略的重要举措。贵州省智能化建设源于大数据发展起步较早,人工智能与大数据具有密切联系,贵州省持续推动云计算与大数据、人工智能、区块链技术和服务的融合发展与创新应用,打造贵阳、贵安新区等智能终端产业集聚区。②智能制造:主题2属于智能制造主题,智能制造业伴随着人工智能政策的发布在2017—2019年经历了快速发展阶段,尤其是智能技术创新及人才培养作为此阶段中政策重点主题。③林草人工智能:主题3为林草人工智能,在2019年国家林业和草原局发布的《关于促进林业和草原人工智能发展的指导意见》中提出要实现林草人工智能理论、技术与应用总体达到世界领先水平。④智能化服务、智能技术创新:主题4、主题6、主题12均属于智能化服务、智能技术创新,人工智能产业发展离不开技术创新,2018年教育部发布《高等学校人工智能创新行动计划》使人工智能人才培养与技术创新紧密结合。⑤智慧农业:主题7为智慧农业主题,继江西省开展智慧农业之后,山东、江苏、浙江等地区的部分城市也发布了智慧农业发展规划,这使得智慧农业得到了持续发展。⑥人工智能安全:主题8和主题9属于人工智能安全,随着人工智能的发展,人工智能数据安全、深度学习算法安全问题被凸显,在行业内部先后出台了《人工智能深度学习算法评估规范》《人工智能数据安全风险与治理报告》《人工智能数据安全白皮书》等文件,这表明了人工智能的安全问题已经引起关注。

表10-3　　　　　　　　发展期(2017—2019)主题

主题	主题描述	主题词
主题1	智慧生态保护	总体规划　生态　规划　潼湖　智慧　管理城市　批复　提高　人民政府　实施　综合　区域　社会　控制保护　平台　特色
主题2	智能制造	企业　智能制造　人工智能　支持　工业　装备　智能　平台　重点　万元　服务　推进　创新　行业　给予　技术　政策　系统　推动
主题3	林草人工智能	行业　人工智能　技术　智能　智能化　数据　绿化　市容　生态　草业　环境　体系　智慧　监测　创新　林草人工智能　林业　湿地

续表

主题	主题描述	主题词
主题4	智能技术创新与人才培养	人工智能 智能 创新 技术 领域 推动 教育 企业 智能语音 服务 科技 体系 高校 人才 相关 重点 国家 人才培养
主题5	智慧城市	服务 数据 平台 大数据 智慧 管理 信息 城市 云 系统 资源 政府 体系 基础 企业 建立 共享 智慧城市
主题6	智能技术创新服务	智能 技术 创新 服务 企业 人工智能 平台 推动 科技 领域 农业 系统 推进 信息 重点 智能制造
主题7	智慧农业	农业 农产品 物联网 系统 智能 智慧 智能化 信息 服务 平台 生产 质量追溯系统 信息化 技术 推进 项目 监控
主题8	人工智能数据安全	人工智能 数据 数据安全 技术 训练 模型 治理 隐私 用户 系统 风险 保护 企业 算法 相关 信息 学习 标准 智能
主题9	智能算法评估	算法 评估 学习 深度 可靠性 阶段 影响 目标 需求 数据集 样本 分析 数据运行 指标 工作 活动 生成 标准 功能 检测
主题10	贵州省智能化	贵州 贵阳 智能化 推进 建设项目 智能 能源 扶贫 遵义 贵安 贵安新区 农业 智能制造 技术 工业 物联网 区块链
主题11	项目资金	项目 资金 申请 机构 合作 补贴 法律 服务业 测试 支持 律师 组织 单位 万元 专项 申报 管理局
主题12	智能化服务、智能技术创新	人工智能 智能 技术 创新 企业 领域 平台 研发 支持 重点 推动 智能化 推进 系统 服务 加快 研究 产品 机器人

3. 趋缓期主题抽取

趋缓期政策数量为13，主题数量为8，如表10-4所示。通过对相似主题整合后关注到以下热点：①智能创新技术、智能化服务：主题1、主题8均属于人工智能技术创新、智能化服务领域，该主题从萌芽期、发展期到趋缓期具有一定的持续性，也可以说明在人工智能发展过程中技术创新与应用服务是两个重要主题。②智能网联汽车：主题2、主题5均属于智能网联汽车，智能网联汽车属于智能制造的应用之一，智能网联汽车技术在国家社会经济发展中具有重要的战略作用，2020年3月国家11部门联合印发《智能汽车创新发展战略》是智能网联汽车领域的顶层设计，凸显了国家促使全产业链齐发力推动智能汽车发展的决心。2021年工信部发布《智能网联汽车道路测试与示范应用管理规范》进一步规范了智能网联汽车道路测试与示范应用。发展智能网联汽车在确保人员安全、改善交通拥堵、降低燃料排放等方面具有重要作用，并符合国家"十四五"总体战略规划，因此在未来几年内各行业、地区将围绕智能网联汽车陆续出台相应政策。③智能制造：主题6为智能制造，智能制造经历一个长期发展的过程，智能制造是产业变革的重要驱动力量，对于促进制造强国建设、实现高质量发展具有重要意义，随着关键核心技术的不断突破，智能制造发展将持续升温。④人工智能创新试验区：主题4为人工智能创新试验区，在2020年《国家新一代人工智能创新发展试验区建设工作指引（修订版）》中提出鼓励人工智能技术成果转化，在人工智能技术研发基础上，围绕自身特点利用人工智能技术提升各区域服务水平，有效地服务经济高质量发展和社会民生改善，特色与引领将成为带动人工智能发展的新方向。⑤人工智能技术标准：主题3、主题7均属于人工智能技术标准，在2020年发布的《国家新一代人工智能标准体系建设指南》中提出到2023年初步建立人工智能标准体系，重点研制数据、算法、系统、服务等急需标准，在人工智能技术发展与应用的同时，标准体系与制度规范建设将受到关注。

表10-4　　　　　　　趋缓期（2020—2021）主题

主题	主题描述	主题词
主题1	智能技术创新、智能化服务	人工智能　智能　创新　技术　推动　加快　企业　平台　智慧　推进　服务　领域　支持　研发　示范　经济　重点　数据　智能化
主题2	智能网联汽车	道路测试　示范　车辆　相关　测试　智能网联汽车　自动驾驶　主体　申请　驾驶　主管部门　政府　市级　区域　行驶　路段　条件

续表

主题	主题描述	主题词
主题3	智能技术标准、算法评估	标准 人工智能 智能 技术 重点 数据 规范 研制 模型 产品 计算 评估 行业 基础 算法 语音 交互 识别 接口 测试
主题4	人工智能创新试验区	人工智能 支持 企业 创新 万元 补助 政策 试验区 给予 国家 研发 领域 地方 相关 新一代 平台 鼓励 超过
主题5	智能汽车基础技术体系	智能 汽车 基础 体系 完善 系统 能力 推动 平台 建立 标准 服务 企业 管理 技术 创新 网络 基础设施 无线通信
主题6	智能制造	智能制造 智能 技术 制造 智能化 人工智能 装备 企业 产品 服务 生产 系统 支持 风险 工业 示范 重点 研究
主题7	智能技术标准	标准 人工智能 智能 技术 领域 重点 数据 平台 服务 模型 规范 研制 系统 计算 管理 创新 产品 企业 基础 体系
主题8	人工智能服务创新	人工智能 创新 支持 智能 企业 平台 推进 智慧 工业 一批 项目 推动 加快 培育 服务 示范 领域 行业 实施 教育

(二) 人工智能政策主题演化分析

1. 主题相似度计算

对不同阶段人工智能政策主题相似度计算可以揭示其相似性和差异性, 根据已有文献研究①, 确定 0.3 为相似度阈值, 如相邻阶段主题相似度大于 0.3, 则确定为主题间具有演化关系, 且属于同一主题演化路径。本研究采用桑基图实现人工智能政策主题演化的可视化呈现, 如图 10-7 所示。

(1) 萌芽期 (2010—2016) 至发展期 (2017—2019)。该阶段主题相似度数值相对较高, 现整理出线条较粗的 5 条演化路径。①萌芽期主题 9 和发展期主题 12 相似度最高为 0.6002, 该路径对智慧服务、智能技术创

---

① 刘自强、王效岳、白如江:《多维度视角下学科主题演化可视化分析方法研究——以我国图书情报领域大数据研究为例》,《中国图书馆学报》2016 年第 6 期。

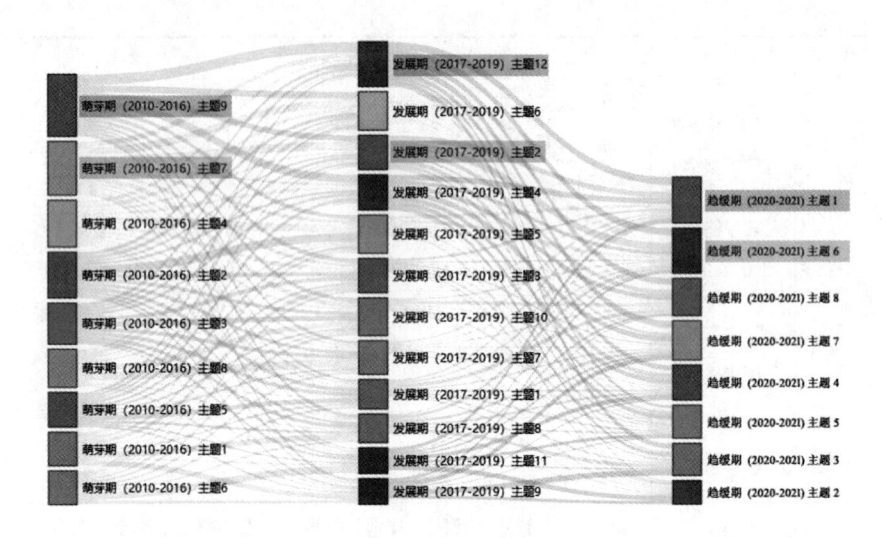

图 10 - 7　不同发展阶段相似度桑基图

新主题较为关注。②萌芽期主题 8 和发展期主题 7 相似度为 0.4955，该路径主要关注智慧农业主题。③萌芽期主题 7 和发展期主题 2 相似度为 0.4984，该路径主要关注智能制造主题。④萌芽期主题 4 和发展期主题 5 相似度为 0.4791，该路径主要关注智慧城市主题。⑤萌芽期主题 6 和发展期主题 11 相似度为 0.4326，该路径主要关注智慧城市中的项目资金主题。

（2）发展期（2017—2019）至趋缓期（2020—2021）。该阶段主题相似度数值要低于萌芽期—发展期，现整理出线条相对较粗的 4 条演化路径。①发展期主题 12 与趋缓期主题 1 相似度最高为 0.4370，该路径延续了对智慧服务、智能技术创新主题的关注。②发展期主题 2 与趋缓期主题 6 相似度最高为 0.4338，该路径延续了对智能制造主题的关注。③发展期主题 9 与趋缓期主题 3 相似度为 0.3186，该路径中对智能算法评估呈现一定相似性。④发展期主题 4 与趋缓期主题 7 相似度为 0.3181，该路径对人工智能技术标准呈现一定相似性。

2. 主题演化分析

通过对主题相似度计算发现，智能制造和智能技术创新、智能化服务这两个主题在不同阶段具有持续演化关系，而随着人工智能技术发展及服务深化，智能技术标准研制、人工智能创新发展试验区建设将成为人工智能发展过程中新兴主题。下面对我国人工智能政策主题演化做如下分析：

(1) 继续发展智能制造产业

萌芽期主题7—发展期主题2—趋缓期主题6这条演化路径体现了人工智能政策对智能制造领域关注的延续性。智能制造是工业转型升级的主旋律，我国对智能制造产业发展尤为重视，《中国制造2025》是国家实施制造强国战略第一个十年的行动纲领，对智能制造业的发展具有重要的引领作用。此后在各地区人工智能政策中均对智能制造的发展进行重点部署，从主题内容结合实际发展情况分析有两个方向：①加速推进智能制造重点细分领域。智能制造覆盖行业类别较广，从不同阶段政策主题内容看将会加速推进智能制造重点细分领域，使应用加速落地，由制造向服务延伸。如：趋缓期中出现的智能网联汽车主题是智能制造领域重要应用，尤其是近年来兴起的自动驾驶。目前很多地区发布智能网联车政策，这加速了智能网联汽车产业的快速发展和应用。2021年"两会"期间李彦宏建议"国家进一步加强政策创新，支持自动驾驶商用和智能交通普及，满足百姓美好出行需求，早日实现交通领域碳达峰的目标"。可见未来一段时期智能网联汽车规范及技术设计将是政策关注的重点内容。②提升智能制造创新设计能力。智能制造离不开创新设计，然而创新设计却是智能制造业最大的短板。当前我国加工、制造能力已有很大提升，却仍然缺乏创新能力、尤其是产品创新设计能力，而创新设计能力的提升要依托资源、人才、机制等多方面因素，因此在智能制造领域要出台提升创新设计能力的配套政策。

(2) 智能技术创新催生智能化服务应用

萌芽期主题9—发展期主题12—趋缓期主题1这条演化路径体现了不同阶段人工智能政策中对智能技术创新的重点关注。①智能技术创新：习近平总书记在中央政治局第九次集体学习时指出"要主攻关键核心技术，以问题为导向，全面增强人工智能科技创新能力，加快建立新一代人工智能关键共性技术体系"。围绕人工智能核心领域打好技术基础，对智能关键共性技术进行攻关研发，尤其是要破解"卡脖子"问题是智能技术创新的重点。当前人工智能领域关键共性技术有二：一是深度学习算法。在 MEET2021 智能未来大会上中国工程院谭建荣院士指出"人工智能应用得再好，核心算法不行，创新能力就不行"。当前深度学习算法主要依赖国外框架，近年来，虽然在该领域国内研究进展迅速，但尚存在提升空间。优质算法可以有效提高信息识别、处理、学习过程中的准确性，为人工智能技术落地产品提供先决条件，因此未来加强对算法技术与制度层面的创新研究是政策发展方向。二是 AI 芯片。芯片一直是人工智能底层最为关键的核心技术之一，提高运算能力、减少运算实践、降低运算功耗是未来的发展方向。关键核心技术的自主创新研发能够有效降低产品的成本，提升企业竞争力，人工智能底层硬件技术自主创新研究也是政策发展方向。未来从人工智能政策层面要逐渐构建由企业、高校、科研院所共同组成的研发梯队，加强人工智能产业化基础设施建设，促进形成开放的智能技术创新体系。②智能化服务：萌芽期在各地区规划中提出利用人工智能技术改善民生领域服务与完善服务体系，《规划》中明确将发展便捷高效的智能服务和推进社会治理智能化作为主要内容。随着新技术发展成熟和应用创新，人工智能基础设施不断完善，推动了诸多民生服务领域的信息化、智能化转型升级，从而大幅增强了社会的整体公共服务能力。近两年湖北省、河南省都在制定的人工智能政策中提出推进城市治理精细化和民生服务便利化，运用人工智能提高公共服务和社会治理水平。虽然趋缓期阶段政策数量逐渐减少，但服务社会、服务民生始终是人工智能的发展目标，因此人工智能政策会持续关注该主题。

（3）推进智能技术标准研制

智能技术标准研制是人工智能产业发展的核心基础，它是发展期—趋缓期阶段新兴主题之一。在《规划》中提出到 2025 年基础理论要实现重大突破，部分技术与应用达到世界领先水平的目标。标准研制是规范人工智能技术的重要手段，从以下两个方面进行分析：①建立人工智能标准体系。支持企业、机构和行业协会牵头制定高质量国家、行业和地区的人工智能技术标准，进而体系化。随着技术的不断应用，技术标准研发不断升温，2020 年国家标准化管理委员会等五部门发布的《国家新一代人工智能标准体系建设指南》凸显了国家对人工智能标准体系建设的重视程度，指南中明确提出重点研制数据、算法、系统、服务等急需标准,并率先在制造、交通、金融、安防、家居、养老、环保、教育、医疗健康、司法等重点行业和领域进行推进,因此人工智能标准研制将确保人工智能产业健康有序发展。②建立人工智能技术安全体系。技术的使用势必会给社会带来安全风险,因此要从制度标准层面对人工智能技术安全进行规制。2021年初在全国信息安全标准化技术委员会发布的《人工智能伦理安全风险防范指引》中已经重点关注了人工智能所带来的伦理安全风险,除此之外国家应在各行业各领域建立对人工智能数据、算法等安全风险的应对措施,重点建立识别、防范、化解安全风险的标准与规范,下一阶段人工智能技术安全规范将成为政策演化的主题之一。

(4)加快人工智能创新试验区建设

人工智能创新试验区建设作为发展期—趋缓期中重要主题之一,是国家推进人工智能产业发展的重大战略。2020年科技部在《国家新一代人工智能创新发展试验区建设工作指引(修订版)》中提出通过建设试验区形成人工智能与经济社会发展深度融合的典型模式。国家新一代人工智能创新发展试验区是依托地方开展人工智能技术示范、政策试验和社会实验,在推动人工智能创新发展方面先行先试、发挥引领带动作用的区域,它是国家培育人工智能创新发展样板区域,加快促进人工智能产业集聚的重要手段。我国人工智能经历了快速发展后,出现了各地区发展不均衡的情况,试验区建设以促进人工智能与经济社会发展深度融合为主线,以解决人工智能科技和产业化重大问题为导向,创新体制机制,深化产学研用结合,发挥高校、科研机构科技创新中的积极作用,促进科技、产业、金融集聚,构建有利于人工智能发展的良好生态,全面提升人工智能创新能力和水平,重点打造区域特色的和可复制可推广模式的示范区样板,探索智能社会建设新路径,引领带动我国人工智能产业健康发展。目前国家积极推进创新发展试验区和创新发展实验平台建设,人工智能创新发展试验区有北京、上海、合肥、杭州、德清(县)等13个市县,人工智能开放创新平台有百度自动驾驶、科大讯飞智能语音、华为基础软硬件、京东智能供应链等,它们主要依托人工智能开展特色高效技术攻关与示范推广。下一阶段国家新一代人工智能创新试验区建设、示范、推广等方面将成为人工智能政策重点主题之一。

四 研究结论

大数据的产生，智能算法的优化、计算能力的提升及基础设施持续完善将驱动人工智能加速发展，随着人工智能技术及产业的成熟，其应用领域也将取得明显的突破。单从对人工智能政策主题分析结果上看的确具有一定演化特征，未来我国人工智能政策不但会持续关注智能制造、智能技术创新、智能化服务等主题，还将会从智能技术标准研制、人工智能创新试验区建设等方面加快推进人工智能的发展。2021年3月在全国人大通过的"十四五"规划和2035年远景目标中"完善智能制造标准体系""加大关键核心技术攻关力度""建设便民惠民智慧服务圈""积极推进数字技术标准制定"等内容与人工智能政策主题演化方向相吻合，这证实了分析结果符合国家总体战略规划。

第三节 数据安全政策主题演化研究

一 案例背景

进入数字经济时代，数据正逐渐成为驱动经济社会发展新的生产要素，在此过程中数据安全问题逐渐凸显。数据安全是数字化经济发展的重要影响因素和制约条件，渗透到数据活动各环节中，由数据引发的安全风险需全面、严肃、及时地应对，而政策正是数据安全治理重要手段之一，因此，了解数据安全政策所关注的重点主题及其演化规律是一项至关重要的任务。近年来，数据安全政策数量上的增加以及数据挖掘技术的不断发展，使我们具备了以客观的方式发现数据安全政策中主题演变规律及趋势的条件。鉴于此，本节从团队自建语料库中选取547部数据安全政策作为样本，采用NMF主题模型和Word2vec词向量模型从主题内容演化和主题强度演化两个视角进行可视化处理与分析，以揭示我国数据安全政策的发展全貌、演化脉络及研究重点趋势。

二 研究过程

(一) 研究框架

本节所设计的研究框架如图10-8所示。具体步骤主要包括：一是获取自建语料库中"数据安全"相关政策文本;二是对所获取的政策文本进行预处理;三是通过 NMF 进行主题建模,运用主题一致性指标确定模型最优主题数目;四是根据主题模型聚类出各阶段主题—主题词的分布,并进行主题过滤;五是通过计算主题相似度的方式判定阶段主题间的相关关系、构建和识别主题演化路径,并对主题内容演化进行可视化分析;六是根据模型聚类结果进行共现分析、提取核心主题,并对主题强度演化进行可视化分析,旨在揭示数据安全政策的发展全貌、演化脉络及研究重点趋势。

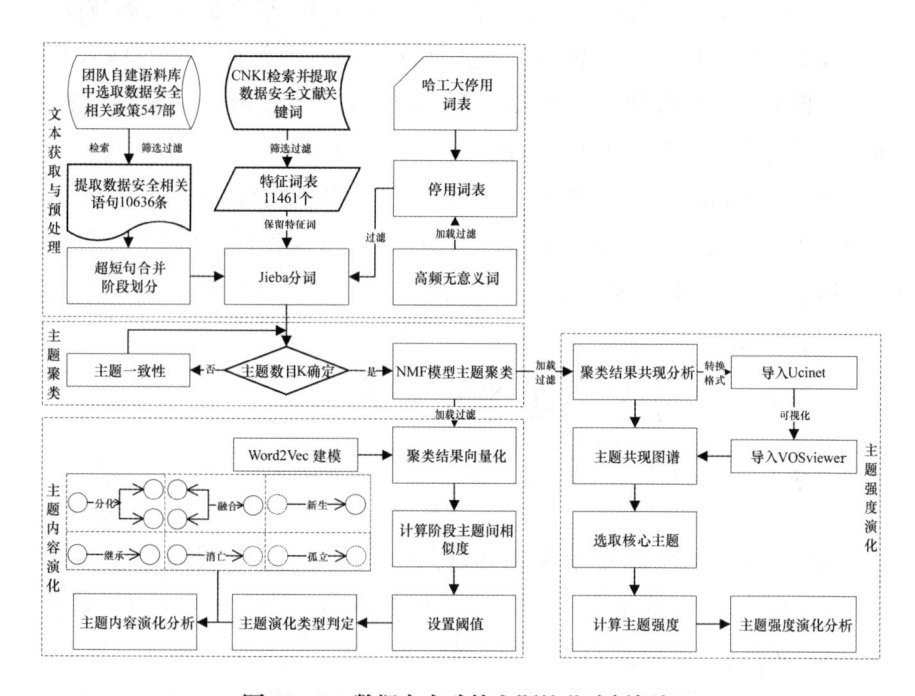

图 10 - 8 数据安全政策主题演化分析框架

(二) NMF 模型

非负矩阵分解 (Nonnegative Matrix Factorization,NMF) 是一种用于降低非负矩阵维数的无监督方法,可以生成易于解释的文本数据聚类。在本节中处理数据安全政策文本数据时,可以将主题识别问题转化为约束最优化问题来解决,通过矩阵分解的计算实现主题识别[1],其中将聚类解释为主题,每个文档被视为多个重叠主题的累加组合,若设 X 为文档—词项矩阵,由 m 行(词项)和 n 列(文档)组成。如果簇的数量是 k,NMF 将 X 分解成矩阵 U 和 V^t,如公式(10-1)所示:

$$X = UV^t \tag{10-1}$$

其中 U 是 $m \times k$,为文档—主题矩阵,V 是 $n \times k$,为主题—词项矩阵,V^t 是 V 的转置矩阵,矩阵 U 和 V 均为非负。NMF 度量 V 和 U 是通过简单迭代获得,其中更新初始矩阵 U_0 和 V_0,V 中的每个 k 维列向量对应于一个文档,V 的每个列轴表示该簇的一个主题。NMF 通常被视为参数固定且可以获得稀疏解的 LDA 模型,虽然 NMF 模型的灵活性不如 LDA 模型,但是该模型可以很好地处理短文本数据集,而本节正是按照数据安全政策语句进行拆分,因此选用该方法。

为确定文档最优主题数目,本书借鉴已有研究文献基于 Word2vec 提出通过主题语义一致性辅助确定[2],即描述由高度相似主题词组成的主题,通过向量之间的相似性定义,使其在语义上更加连贯,如公式(10-2)所示:

$$Coh(T) = \frac{1}{k}\sum_{i=1}^{k} \frac{1}{\binom{t}{2}} \sum_{j=1}^{t-1} \sum_{j+1}^{t} cos(w2v(w_{i,j}), w2v(w_{i,j+1}))$$

$$\tag{10-2}$$

其中,k 表示主题模型主题数目,$T = [t_1, t_2, \cdots, t_k]$,$t_i = [w_{i,1}, w_{i,2}, \cdots, w_{i,t}]$,$t_i$ 表示与第 i 个主题最相关的前 t 个词的集合。$cos(w2v(w_{i,j}), w2v(w_{i,j+1}))$ 表示词向量 $w2v(w)$ 间的余弦相似度,根据实验文本设定 K 范围 $[K_{min}, k_{max}]$ 一致性曲线图的最大值确定最优主题数目。

(三)主题相似度计算

本节通过 Word2vec 测量主题词向量间的相似性来评估两个对应主题与同一主题的相关程度,进而判断主题间的关系。首先,采用预处理后

---

[1] 吕璐成、周健、王学昭等:《基于双层主题模型的技术演化分析框架及其应用》,《数据分析与知识发现》2022 年第 Z1 期。

[2] Greene D., Cross J. P., "Exploring the Political Agenda of the European Parliament Using a Dynamic Topic Modeling Approach," *Political Analysis*, Vol. 25, No. 1, 2017.

的语料作为词向量训练数据，使用 Python 语言 gensim 包中 Word2vec 库中自带的函数来训练词向量，构建词向量模型；其次，对 NMF 模型聚类得到的主题，利用训练好的 Word2vec 模型生成主题中每个主题词的词向量；最后，利用余弦相似度计算相邻阶段主题间的相似度数值，构建阶段主题间相似度矩阵，如公式（10-3）所示：

$$Similar(T_i, T_j) = cos(T_i, T_j) \tag{10-3}$$

（四）主题关系判定

通过计算主题间相似度后，本节选择设置阈值梯度的方式判断主题之间的相关程度，以便进一步追踪主题在不同时间窗口下的演化类型，如公式（10-4）所示：

$$\sigma \leqslant Similar(T_{t-i/t+1}, T_t) \leqslant 1 \tag{10-4}$$

其中，$\sigma \in [0,1]$，$\sigma 1$ 为阈值，其值通过文献和实验结果来确定，根据主题间是否具有相关关系以及主题在不同时间窗口呈现情况，将主题演化类型分为分化、融合、继承、消亡、新生及孤立六种[1]，其判定条件如表 10-5 所示：

表 10-5　　　　　　主题演化类型判定说明

演化类型	判定条件说明
分化	当 $\sigma \leqslant Similar(T_{t-i}, T_t)$ 时，且上一个阶段中某个主题能够在当前阶段中分裂成多个主题
融合	当 $\sigma \leqslant Similar(T_{t-i}, T_t)$ 时，且上一个阶段中多个主题能够在当前阶段中融合成一个主题
继承	当 $\sigma \leqslant Similar(T_{t-i}, T_t)$ 时，且上一个阶段中某个主题仅与当前阶段某个主题具有相关性

---

[1] İlhan N., Şule G. Ö, "Predicting Community Evolution Based on Time Series Modeling", Proceedings of the 2015 IEEE/ACM International Conference on Advances in Social Networks Analysis and Mining, Paris, France, August 25-28, 2015.

续表

演化类型	判定条件说明
○—消亡→⋯	当 $Similar(T_{t-i},T_t)<\sigma$ 时，且上一个时间窗口中的主题在当前阶段不存在
⋯—新生→○	当 $Similar(T_{t-i},T_t)<\sigma$ 时，且当前主题在上一个阶段中不存在
⋯—孤立→⋯	当 $Similar(T_{t-i},T_t)<\sigma$ 和 $Similar(T_{t+1},T_t)<\sigma$ 时，且当前主题在上下两个阶段中均不存在

（五）主题强度

主题强度是表达数据安全政策主题受关注程度的指标，即该主题在不同时间窗口下的贡献程度，主题强度越大，则该主题在当前时期受关注程度越高。因此，研究主题在不同时间窗口下主题强度的变化情况，能够把握不同时期我国数据安全政策关注的变化，同时对数据安全政策主题内容演化路径的选取起到辅助参考作用，并对分析数据安全政策主题的演变趋势具有重要意义。

（1）识别核心主题：在 NMF 各阶段聚类"主题—主题词"的结果上，使用共现分析法识别核心主题，并进行可视化图谱呈现，如公式（10-5）所示：

$$CI(T_{i,j}) = \frac{S_{i,j}^2}{S_i S_j} \quad (10-5)$$

其中，$CI(T_{i,j})$ 是指主题共现强度；S_i 与 S_j 是指主题词在主题簇中出现的频次；S_{ij} 是指相同主题词共现在主题簇中的频次。

（2）主题强度计算：确定核心主题后，结合实验数据和量化指标，选择数据安全政策文本语句支持量来衡量主题在各时间窗口下的主题强度，如公式（10-6）所示：

$$SI(T_{t,d}) = \frac{\sum_{d=1}^{D_t} \theta_T^d}{D_t} \quad (10-6)$$

其中，$SI(T_{t,d})$ 是指主题在时间窗口下的主题强度，θ_T^d 为政策语句 d 中主题 T 所占比例，D_t 为时间窗口 t 下的政策语句集合。

三 实证研究

（一）数据采集

由于数据具有流通、使用、交易、分配等特点，所以数据安全问题具有广泛性和突变性，除少部分为数据安全条例等专项政策之外，大部分数据安全政策均嵌套于数据应用条例、数据共享管理办法、数据发展纲要等政策中，因此，为了更多地获取数据安全政策内容，同时避免不相干政策内容聚类会导致主题过于分散，本节在选取样本时精确查找自建语料库中内容带有"数据""安全"字样的政策文本547部，政策发布时间范围为2013—2022年，并在此基础上以"安全"字样进行人工筛查，提取带有"安全"的政策文本语句片段共10636条，共885515个字符数作为研究样本，利用自建语料库中政策词表并结合CNKI中核心期刊"数据安全"相关文献的关键词，共形成11461个政策词语，并对语料库进行数据清洗、分词、去除停用词等数据预处理工作。此外，根据政策文本数据量分布情况，以两年作为一个时间窗口划分阶段，共划分五个阶段，如表10-6所示。从政策数量和语句数量可以看出，数据安全一直是数据类政策关注的重点内容，在2015年8月31日国务院印发《促进大数据发展行动纲要》后，国家和地方政府对数据安全问题就尤为重视，政策呈现出逐年上升趋势，到2017—2018年与数据安全相关政策数量达到285篇，语句达到5176句，此后政策数量逐步下降。

表10-6　　　　　时间阶段划分政策及语句数量

阶段	2013—2014年	2015—2016年	2017—2018年	2019—2020年	2021—2022年
政策数量	11	119	285	63	59
语句数量	238	2545	5176	1207	1469

资料来源：自建语料库。

（二）主题聚类

（1）确定最优主题数目

本节使用主题一致性评价法确定不同阶段最优主题数目，根据实验数据将 $k \in [10, 22]$。图10-9依次展示了五个阶段及全局数据安全政策不同主题数目下的主题一致性变化情况，结果表明不同时间窗口下主题一致性大小与主题数目的整体变化呈现先上升后下降趋势，依次选取各阶段主题数目 K 为 14、15、12、15、16、17 时其主题一致性数值最大。

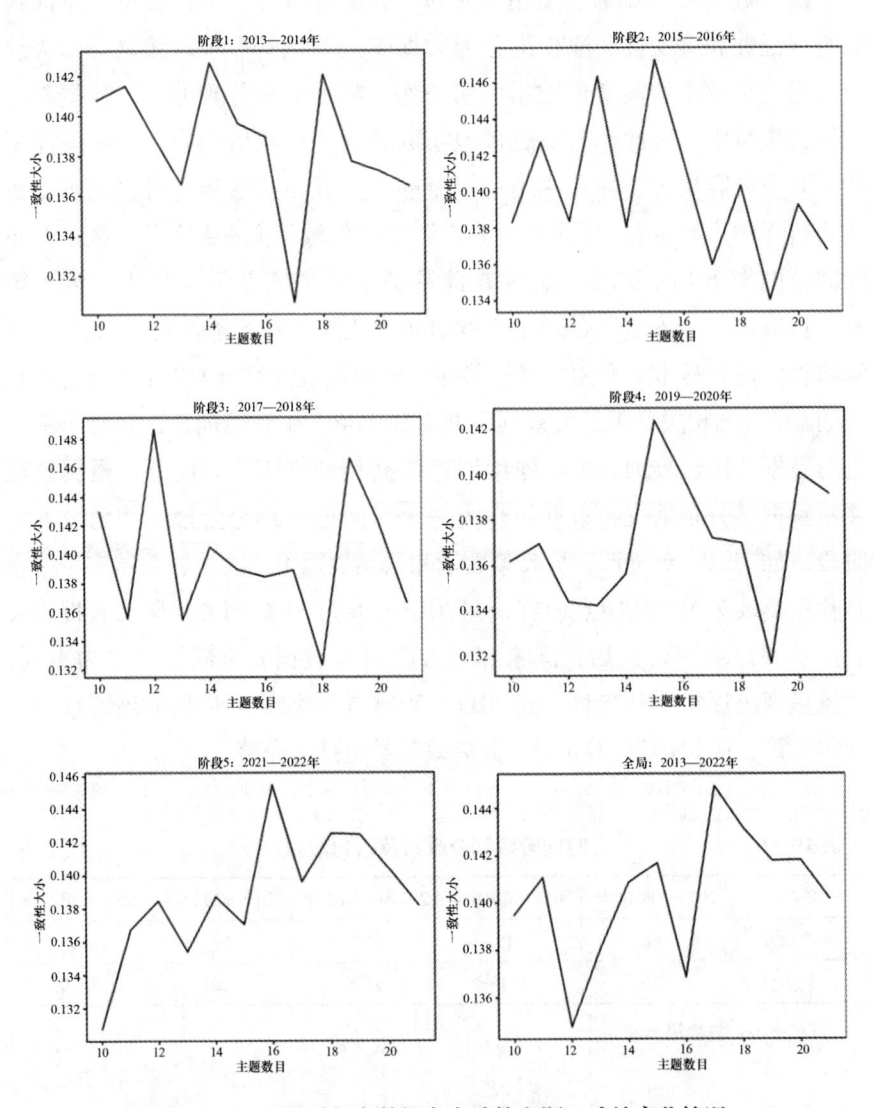

图 10-9　不同时间窗数据安全政策主题一致性变化情况

（2）NMF 模型训练

在确定各阶段最优主题数的基础上，借助 Python 的 Sklearn 库对预处理的政策文本进行 NMF 模型训练,参数设置 NMF (n_components = topics,max_iter = 200),其余参数选择默认值,分别进行阶段和全局主题聚类,然后判断阶段与全局主题的一致性,过滤掉无效主题,并可视化呈现描述每个主题含义权重较高的前 10 个主题词,各主题词按权重从大到小排序,结合主题词对该主题进行标识。通过余弦相似度来辅助判断阶段主题与全局主题间的一致性程度,将相似度阈值设置为 0.25,以实现过滤各时间窗口的主题与全局主题相似度数值低于阈值的主题,从而更精确地挖掘出各阶段主题之间的关系,如表 10 - 7 所示:

表 10 - 7　　　　NMF 模型训练结果(过滤后)

阶段	主题—主题词(部分)
Stage1 (2013—2014)	T1(网络　信息安全　指挥部);T2(个人隐私　信息　敏感数据);T3(社会秩序　公共利益　国家安全);T4(信息安全保障体系　集中统一　保障);T5(物联网　生产　节能);T6(监管　食品　食品药品);T7(开放　数据资源　数据开放);T8(认证　基础性　大数据环境);T9(应急　处置　信息安全　网络);T10(信息　传播　谣言);T11(导致　信息系统假冒);T12(大数据产业　能力　安全保障);T13(示范　工程　食品安全);T14(大数据平台　大数据安全　预警)
Stage2 (2015—2016)	T1(开放　数据资源　共享);T2(网络　信息安全　突发事件);T3(网络安全　信息共享　防护);T4(大数据安全　保障体系　支撑体系);T5(云计算　服务　安全评估);T6(应急　处置　预警);T7(信息化　负责　领导小组);T8(食品药品　监管　领域);T9(保障　能力　数据安全);T10(信息　保护　个人隐私);T11(信办　省网　安全厅);T12(产品　安全可靠　技术);T13(电子政务　外网　业务);T14(大数据　安全保障　创新);T15(制度　信息安全等级保护　落实)
Stage3 (2017—2018)	T1(信息安全　网络　突发公共事件);T2(政务信息　资源共享　资源);T3(服务　领域　智能);T4(大数据安全　技术　标准化);T5(开放　存储　数据采集);T6(网络安全　制度　落实);T7(评测　安全性　可靠性);T8(应急　处置　预警);T9(保障　能力　数据安全);T10(管理　数据　电子政务);T11(大数据　贵州　云计算);T12(信息化　管理局　负责)

续表

阶段	主题—主题词（部分）
Stage4 （2019—2020）	T1（开放 法规 法律）；T2（应急 处置 能力）；T3（政务数据 资源 共享）；T4（人工智能 评估 伦理）；T5（大数据安全 保障 责任人）；T6（负责 政务数据安全 网信）；T7（数据安全 应急预案 制定）；T8（机构 服务 公共）；T9（数据 确保 传输）；T10（公共数据 主体 数据利用）；T11（秘密 商业秘密 保护）；T12（管理 原则 保障）；T13（网络安全 政务 政务云）；T14（公共数据开放 安全管理 制定）；T15（技术 区块链 产品）
Stage5 （2021—2022）	T1（公共数据 公共 资源）；T2（数据安全 制度 数据处理）；T3（法律 法规 遵守 国家安全）；T4（开放 无条件 协议）；T5（机构 服务 公共管理）；T6（处置 应急 应急预案）；T7（数据 全生命周期 授权）；T8（大数据 人民政府 体系）；T9（政务数据 政务数据安全 政务部门）；T10（原则 安全可控 导向）；T11（网络安全 信息化 县级）；T12（保障 能力 保护 必要措施）；T13（负责 职责 网信）；T14（监测预警 机制 数据安全风险）；T15（数据处理者 承担 多个）
Global （2013—2022）	T1（开放 公共数据 政务数据）；T2（网络 信息安全 应急）；T3（大数据安全 保障体系 体系）；T4（制度 落实 信息安全等级保护）；T5（网络安全 信息共享 机制）；T6（数据安全 应急预案 制定）；T7（个人隐私 保护 商业秘密）；T8（政务信息 资源共享 资源）；T9（保障 能力 增强）；T10（评测 安全性 可靠性）；T11（监管 领域 食品药品）；T12（技术 产品 云计算）；T13（大数据 创新 大数据产业）；T14（负责 信息化 工业）；T15（数据 授权 全生命周期）；T16（存储 数据采集 传输）；T17（管理 电子政务 外网）

（三）主题内容演化

（1）主题相似度计算

将相邻阶段主题做相似度计算，形成主题相似度热力图，如图10-10所示，并基于相似度设定阈值判定主题间的演变类型。其中，阈值选取是基于不断实验迭代测试所获得的，当阈值为 $\sigma = 0.39$ 时主题可解释性较强，能够清晰地展现主题演化类型。

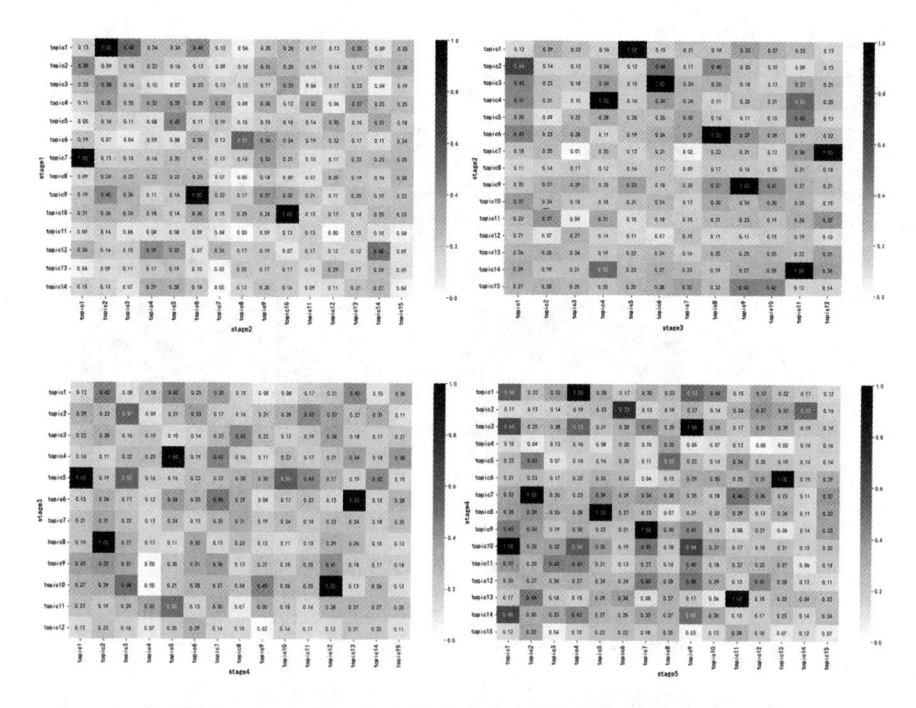

图 10-10　不同时间窗数据安全政策主题间相似度矩阵

（2）主题演化路径分析

根据主题间的相似度绘制数据安全政策主题演化桑基图，如图 10-11 所示，直观展示了数据安全政策 5 个阶段政策主题的分布情况、演化路径及其主题演化类型。基于此，本节从横纵两个维度对数据安全政策主题变化情况展开分析。

一是纵向维度：主要通过政策主题内容来判断主题演化能力，一般来说融合性或分化性越强且关联性越高，则主题演化能力越高，主题影响力越大。从图 10-11 可知，数据安全政策在不同时间段主题分布情况和演化能力具有明显差异。阶段 1：2013—2014，属于数据安全政策的萌芽阶段，以分化、继承和消亡类型主题为主。S1—T1、S1—T9、S1—T12 属于分化型主题，这类主题如网络信息安全、应急、安全保障等是数据安全综合性较强的主题，具有较高的演化能力；S1—T2、S1—T5、S1—T6、S1—T7、S1—T10 属于继承型主题，这类主题如个人隐私、物联网、谣言传播等聚焦性较强，不易分化；其余主题属于消亡型主题，与阶段 2

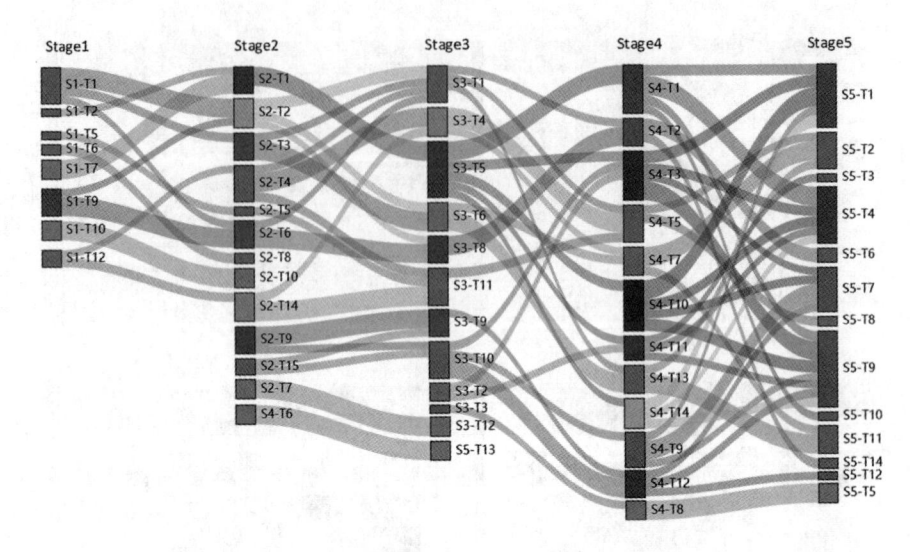

图 10-11　数据安全政策主题演化桑基图

主题关联性不高，演化能力相对较低。阶段 2：2015—2016 和阶段 3：2017—2018，属于数据安全政策的生长阶段，国家对于数据安全问题重视程度提高，数据安全政策相继出台，新生型主题较为突出。此外，S3—T5 具有较强的分化能力，对相邻阶段的其他主题具有较大的影响力，主要关注数据开放和数据处理过程中的安全问题。阶段 4：2019—2020 和阶段 5：2021—2022，属于数据安全政策的发展阶段，以分化、融合型主题为主，除 S4—T4 是消亡型主题，演化能力较弱外，其余主题演化能力均较强。其中，S5—T9 是由阶段 4 中多个主题融合而来的，反映出政府对于政务数据安全问题的重视；S5—T15 是新生的热点主题，主要围绕多元主体参与数据安全治理。

二是横向维度：根据主题演化类型抽取数据安全政策主题重要性较高的路径进行分析，以主题演化能力为主要参考依据，选择以下三条重要的演化路径进行分析：

路径一，继承型：S1—T5→S2—T5→S3—T11→S4—T5→S5—T8，该路径为数据安全技术相关主题。随着新兴技术的不断推动，数据服务产业快速发展，以国家大数据（贵州）综合试验区展示中心为代表，国家对数据安全技术尤为重视，但同时技术的深度应用也加剧了数据安全风险的程度和复杂性。为确保物联网应用场景中实时感知数据、云数据、大数据等技术应用产生的数据的安全,政府一直将平衡技术发展与安全作为政策重点关注内容,尤其是数据安全领域中的《数据安全法》《网络安全法》《个人信息保护法》(以下简称"三法")。"三法"规定通过数据安全检测评估与认证、责任落实、采取相应的加密、去标识化等安全技术措施等治理手段来防范数据安全风险,为数据产业发展提供了支撑和保障,使得数据安全技术主题呈继承性持续演进。

路径二,融合型:通过纵向阶段主题演化类型可知,融合型主题较多且多集中在第五阶段,鉴于此选择主题影响力较大的 S5—T9 主题进行分析。(S4—T1、S4—T3、S4—T9、S4—T10、S4—T11、S4—T12)→S5—T9,该路径主要为政务数据相关主题,主要由数据全生命周期风险防范与治理相关主题演化而来。《数据安全法》第五章明确规定了政务数据安全与开放相关制度,使得数据安全治理在政务数据领域更加聚焦,同时也反映出在《数据安全法》顶层设计下,数据安全治理内容出现融合发展趋势。

路径三,分化型:通过纵向阶段主题演化类型可知,分化型主题较多,鉴于此选择主题影响力较大的 S3—T5 主题进行分析。S3—T5→(S4—T1、S4—T2、S4—T3、S4—T10、S4—T11、S4—T14),该路径为数据开放主题演化成数据开放与安全问题相关主题,主要包括开放原则、开放领域和治理手段三个方面。开放原则是指在数据开放过程中需确保个人隐私、个人信息、商业秘密等安全;开放领域主要聚焦在政务数据、公共数据,但进入 2022 年后部分地区发布数据条例,数据开放范围逐渐向宽口径过渡,也体现了国家数据开放的决心。但在数据开放过程中,数据安全问题同时要关注,数据安全治理手段主要包括完善数据开放制度与协议及提高数据开放中突发事件的应急处置能力。随着我国数字经济的发展,数据作为国家基础战略性资源和重要生产要素,数据开放是挖掘数据价值、发展数字经济的必然选择,因此,数据开放中的安全问题成为政府关注的焦点。

(四)主题强度演化

主题强度演化能够反映数据安全政策主题随时间变化的强度差异,通过对各阶段主题聚类结果进行共现分析,选取核心主题进行主题强度演化分析。具体通过 Python 对聚类结果进行共现，然后使用 Ucinet 将共现矩阵转成 Pajek 格式，导入 VOSviewer 可视化分析软件，生成共现图谱，如图 10-12 所示，圆圈大小代表主题的影响程度，圆圈越大主题词影响力越大。本节基于每个类别，选择一个或两个影响程度较大的主题词表征主题，主要包括：网络安全、应急处置、安全保障、个人隐私、主管部门、服务、技术、数据开放、风险评估、安全可控、监测预警、公共数据等主题。

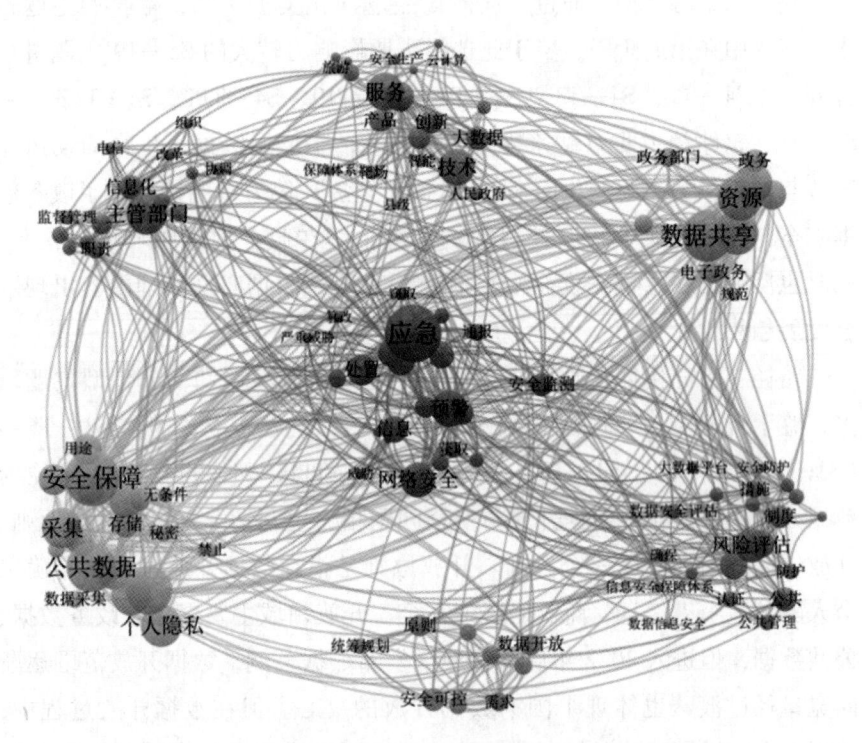

图 10-12　数据安全政策主题共现图谱

根据主题共现图谱确定上述核心主题后，根据公式（10-5）计算出各时间阶段内核心主题共现的政策语句数量，然后根据公式（10-6）计算各个核心主题在不同时间窗口下的主题强度，绘制主题强度趋势图，如图 10-13 所示。根据主题强度趋势可以划分为三类：

一是主题强度先上升后下降，但主题强度总体上维持在较高的水平，主要包括：网络安全、安全保障、服务、技术主题。主题强度趋势表明

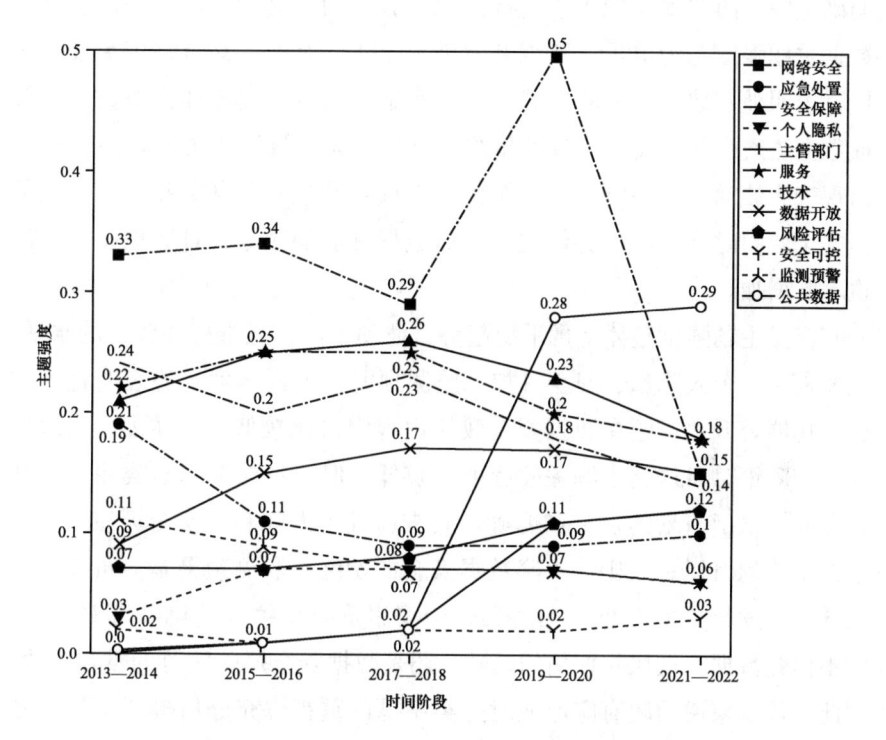

图 10-13　数据安全政策主题随时间的强度变化趋势

这类主题虽然呈下降趋势，但仍是数据安全工作的重要组成部分，具体表现为明确网络安全审查要求、完善数据安全保障措施、发展数据安全服务与技术等受政策持续关注，但内容更为具体、明确、细化。其中，网络安全主题强度在 2019—2020 年出现较大波动，表明网络安全作为数据安全的环境支撑，随着 2016 年《网络安全法》的出台，其主题强度在数据安全政策中一直处于较高水平，反映出政府在数据安全治理中对网络安全的重视程度。但随着《数据安全法》的出台，逐渐细化数据安全与网络安全的关系，网络安全审查要求更加明确，导致在 2021—2022 年其主题强度出现急速下降的情况。

二是主题强度总体上呈现上升趋势。主要包括：数据开放、公共数据、风险评估、主管部门、应急处置。主题强度趋势表明这类主题演化能力强，是政府持续关注的主题，预计未来几年将逐步上升，具体表现为将持续推动数据开放、扩展数据安全范围、开展数据安全风险评估、明确主管部门的安全职责、提高应急处置能力。其中，数据开放和公共数据主题强度尤为突出，数据开放涉及个人、企业，甚至是国家安全问题，表明随着数字经济的发展，政府在制定政策时逐渐加强对数据开放或数据流通中数据安全问题的重视；公共数据主题强度在2019—2020年出现较大波动，反映出数据安全由早期政府数据—公共数据—广义上数据安全，同时该演进趋势体现了政府数据开放的决心，且数据安全范围也不断增加。

三是主题强度整体呈现平稳趋势，波动较小，且维持在较低的水平，主要包括：个人隐私、安全可控、监测预警。主题强度趋势表明这类主题演化能力低，主题在数据安全政策内容中占比较低，具体表现为政府在制定政策时对这类主题关注程度也较低。但"三法"对这类主题从法律层面给出了清晰的定义和明确的要求，且个人隐私、安全可控主题是数据安全的目标和原则，贯穿数据安全的始终；监测预警是对可能引发或导致突发数据安全事件的各种危险要素进行持续地监测并客观分析，它不但是数据安全风险评估的基础，还是数据安全风险防范的重要手段。因此，该现象说明政府应加强对这类主题的重视，充分衔接"三法"顶层设计，发布专项细化政策，完善监测预警机制，夯实数据安全治理基础。

四 研究结论

本节从团队自建语料库中选取547部数据安全政策作为样本，采用NMF主题模型和Word2vec词向量模型从主题内容演化和主题强度演化两个视角进行可视化处理与分析，结果表明：在主题内容演化方面：阶段1和阶段2除了基础性主题外大部分主题受关注程度较低，消亡型主题整体占比较多，主题间演化能力适中。随着数据安全政策不断增多及《促进大数据发展行动纲要》等政策发布，阶段3主题逐渐广泛，新生型主题整体占比较多，主题间演化能力和主题影响力逐渐增强。阶段4和阶段5随着"三法"出台，数据安全顶层设计逐渐完善，分化和融合型主题整体占比较多，主题间演化能力和主题影响力较强，主题演化更加聚焦，演化路径更为丰富。在主题强度演化方面：提取核心主题进行主题强度分析和趋势预测，其中，网络安全、安全保障、服务、技术等主题的强度呈现下降趋势，但整体较高；数据开放、风险评估、主管部门、应急处置相关主题的强度呈现上升趋势，主题发展逐渐受到重视；个人隐私、安全可控、监测预警相关主题的强度呈现平稳趋势，且整体较低应与"三法"充分衔接，形成联动，提高对这类主题的重视，促进数据建议安全与发展协同。

第十一章

政策文本分类

本章尝试通过"数据开放监管政策分类研究""数据安全政策分类及评估研究"两个应用实证将词向量模型、主题模型、神经网络模型相结合,通过监督学习的方式对政策文本内容标注,以期实现对政策文本分类的研究。

第一节 数据开放监管政策分类研究

一 案例背景

政府数据是政府或政府控制实体生产或持有的数据和信息。政府开放数据是由政府生成的、可供利益相关者从专用互联网门户下载获取、重用或无限制地重新分发的、结构化的、机器可读的数据集。政府数据作为公共资源,不仅可以为政府部门做出科学、合理和快速的决策提供依据,还可以通过数据开放与共享对公众的学习、生活、工作产生积极的影响,使数据得到最大限度的利用,并发挥其更大的公共价值。以习近平同志为核心的党中央高度重视数字化发展,明确提出数字中国战略。为迎接数字时代,需要激活数据要素潜能,加快建设数字经济、数字社会、数字政府,以数字化转型整体驱动生产方式、生活方式和治理方式变革。但目前政府数据开放利用尚存在诸多不足之处,不能完全支撑数字化发展的现实需求(对政府数据开放利用进行有效的监管,有利于数字化发展进程的高效推进)。本节拟构建基于 Word2vec 和 CNN 的政府数据开放监管政策分类模型,利用该模型对我国国家层面政府数据开放监管相关政策进行分类研究,以期能够为我国政府数据开放监管政策体系的构建提供借鉴。

二 研究框架

本节设计了一个基于 Word2vec 和 CNN 的政策文本分类模型，详见图 11-1，模型包括政策文本预处理模块、政策特征词表和噪声词表构建模块、政策文本特征词提取模块、政策文本分类模块四个部分。

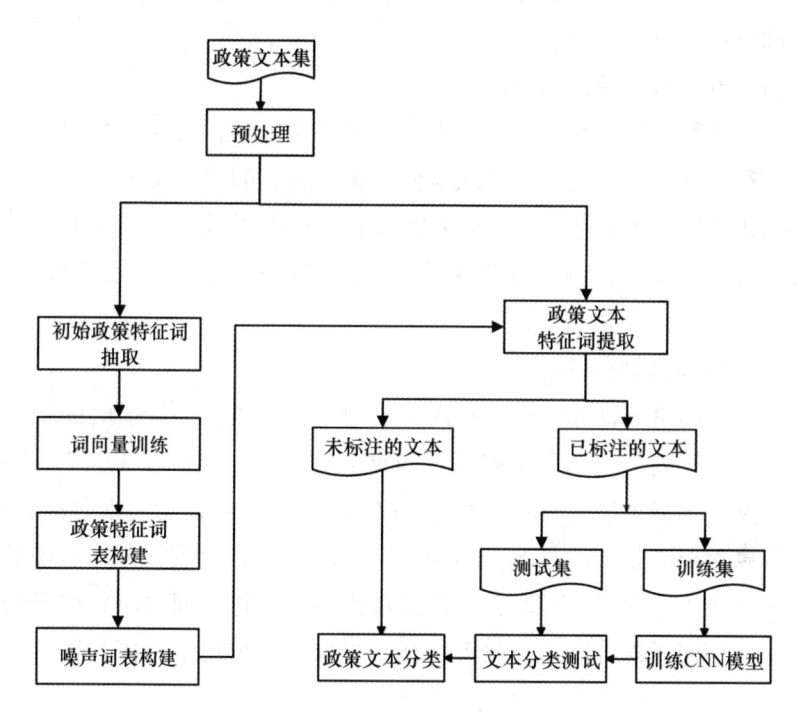

图 11-1 基于 Word2vec + CNN 的政策文本分类模型

（一）政策文本预处理

在政策文本中往往存在一些无意义的文本，这些文本中不包含任何特征词，因此过滤掉这些无用的政策文本有利于减少噪声干扰、提高政策文本分类和特征词提取的准确率。由于中文不像英文以空格作为单词之间的分隔符，中文词汇之间没有明确的界限，因此需要先对政策文本进行中文分词和词性标注，以词作为政策文本的组成要素。政策文本分词和词性标注完毕后，还要借助停用词表去除政策文本中的无效词，常见无效词包括"突然""立刻""不但""而且""我们"等与政策特征、分类无关的一些词。

(二)政策特征词表和噪声词表构建

1. 政策特征词表构建

政策特征词是指描述政策某一主题的相关词汇,以"数据安全"主题为例,"基础设施""分类分级""网络安全"等均属于该政策主题的特征词。政策特征词表是构建噪声词表的依据,政策特征词表构建分为三个部分:

(1)初始政策特征词抽取

由于多数政策文本的特征词为名词和名词短语,而高频名词和名词短语往往是真正的特征词,因此本节对预处理后的政策文本中的名词和名词短语进行词频统计,人工从中抽取前 m 个与政策特征相关的高频名词和名词短语作特征词,将这些特征词按照政策特征的类别进行分类,构成初始政策特征词表 T_s。

(2)词向量训练

利用词向量可以方便地计算词向量的余弦距离作为词语间的相似度度量,因此词向量表示了语料中词与词之间的深层语义联系。Word2vec是以由文本数据构建的词汇表为训练数据,然后学习词的高维向量表示,即将词映射至有限维的高维空间中。Word2vec 工具对进行分词处理后的政策文本集进行训练,可以获得词向量模型以及每个词的指定维度的向量表示。词向量既可以用于政策特征的提取,也可用于卷积神经网络的输入。

(3)政策特征词表的生成

描述同一政策主题的特征词可能不只一个,例如"数据安全"主题的特征词有"基础设施""分类分级""网络安全"等,因此要想获取较为全面的特征词,就需要对特征词进行聚类。本节使用 Word2vec 训练获得的词向量模型计算政策文本集中不同词与初始政策特征词表 T_s 中的每个特征词之间的相似度,选择与每个政策特征词相似度较高的前 n 个与政策特征相关的词来扩充初始政策特征词表 T_s,进而完成政策特征词表 T 的生成。

2. 噪声词表构建

由于从政策文本中提取的特征词中可能不全是特征词，其中包含一部分与政策特征无关的词，本研究认为这部分词是噪声词，会对基于政策特征的政策文本聚类过程产生干扰，所以本节通过构造噪声词表的方式来过滤从政策文本中提取的特征词序列，去除其中的噪声词进而正确地提取政策文本特征词。噪声词表构建过程如下：

输入：政策特征词表 T 和政策文本集 D 经过 Word2vec 训练后得到的词向量模型。①从 T 中读取任意特征词 w_i。②计算与 w_i 相似度较高的前 n 个词。③从这 n 个词中寻找和政策特征无关的词加入噪声词表 Z 中。④重复①、②和③，直到 T 中的每一个政策特征词都处理完成。

输出：噪声词表 Z。

（三）政策文本特征词提取

本节中政策文本特征词提取方法基于 Skip-gram 模型实现，其过程如下：

输入：预处理后的政策文本集 $D = \{S_1, S_2, \cdots, S_m\}$。

①读取 D 中的任意一条政策文本 S_k，其中（$k = 1, 2, \cdots, m$），$S_k = \{w_1, w_2, \cdots, w_i, \cdots, w_{nk}\}$，针对 S_k 中的每个词 w_i，计算其 $p(w_j | w_i)$，其中 $j = 1, 2, \cdots, nk$。

②针对 S_k 中的每个词 w_i，计算 $p(S_k | w_i)$，如公式（11-1）所示。

$$p(S_k | w_i) = p(w_1, w_2, \cdots, w_{nk} | w_i) = \prod_{j=1}^{nk} p(w_j | w_i) \quad (11-1)$$

③将 S_k 中所有词的 $p(S_k | w_i)$ 降序排列，排好序的前 n 个词选择作为 S_k 的特征词。

④重复①②和③，直到 D 中的所有政策文本都完成特征词提取，形成政策文本特征词列表 D_{key}。

⑤使用噪声词表 Z 过滤政策文本集 D 所对应政策文本特征词列表 D_{key}，最终获得去除噪声的政策文本特征词列表 D_c。

输出：政策文本集 D 所对应政策文本特征词列表 D_c。

（四）政策文本分类

政策文本分类模块包括 CNN 模型训练和测试及政策文本类别分类两部分：

（1）CNN 模型训练和测试

本研究选择 CNN 作为政策文本的分类器，如图 11-2 所示，CNN 模型由输入层、卷积层、池化层和全连接层组成。

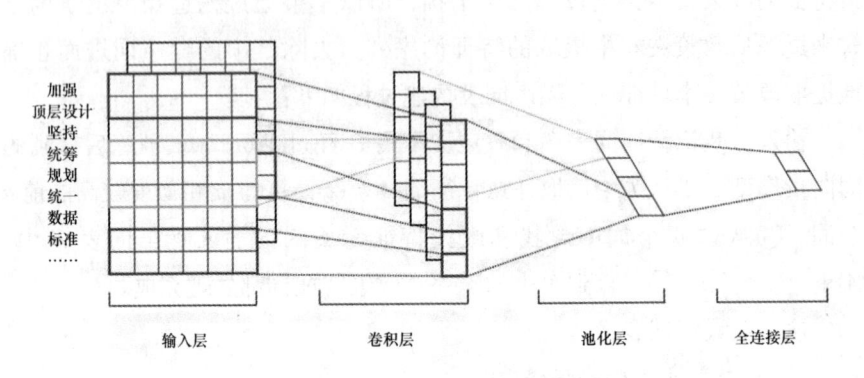

图 11-2　CNN 模型结构

从政策文本集 D_w 中提取部分政策文本数据作为训练集，进行 CNN 模型的分类训练。训练集中的样本已通过人工标注形式添加了类别标签，使用 CNN 模型计算得到训练样本的类别标签，并与已有类别标签比较，利用计算误差不断对模型参数进行调整。从政策文本集 D_w 中提取另一部分政策文本数据作为测试集，分类训练完成后，使用测试集对 CNN 模型的类别分类效果进行评价，即利用 CNN 模型计算得到测试集中政策文本的类别标签，并与其人工标注的类别标签比较。

（2）政策文本类别分类

CNN 模型完成训练和测试以后，可以将政策文本集 D_w 中未做类别标注的文本进行类别分类，为每一条政策文本添加类别标签。

三　研究实证

（一）政策文本预处理

本节收集我国国家层面政府数据开放监管政策 50 篇，政策语句约 4200 条，将以上述政策文本集为例进行模型应用和结果分析。首先，对一些无意义的政策文本进行清洗，最终过滤后的政策语句集约 3000 条。其次，文中实验采用 Python 语言的 jieba 分词包对政策文本集中的文本进行分词并标注词性。最后，以哈工大停用词表为基础，通过对分词后的政策文本集中的词进行词频统计，选择高词频的与政策主题无关的词来构建适合政策文本的停用词表，并使用该停用词表对分词后的政策文本集进行去停用词处理。

（二）政策特征词表和噪声词表构建

（1）词向量训练

本节利用分词处理后的政策文本集作为词向量训练语料，使用Python语言的gensim包中的Word2vec库中自带的函数来训练词向量，构建词向量模型。表11-1中显示的是政策文本集中部分词的词向量表示。

表11-1　　　　　　　词向量列表（部分）

词	词向量			
数据安全	0.07609541	-0.13807327	0.25621387	0.29703042
算法	0.09874295	-0.03673985	0.11389225	0.035392404
标准规范	0.15327896	-0.07812313	0.18407252	0.1988192
质量	0.09593287	-0.04660688	0.17629395	0.14754134

（2）政策特征词表和噪声词表的生成

首先对预处理后的政策文本集中的名词和名词短语进行词频统计，并抽取其中前200个与政策主题相关的高频名词和名词短语作为初始政策特征词，将这些特征词按照政策主题的类别进行分类，形成初始政策特征词表，详见表11-2。

表11-2　　　　　　　初始政策特征词表（部分）

政策主题	初始政策特征词
数据安全	网络\ 基础设施\ 风险\ 保密\ 分级分类
数据标准	目录\ 标准规范\ 国家标准\ 指标\ 行业标准
数据伦理	人工智能\ 义务\ 算法\ 责任制
数据质量	质量\ 机制\ 时效性\ 完整性\ 权威性

其次使用 Python 语言的 Gensim 包中的 Word2vec 所自带的函数 most_similar（）来计算政策文本集中的名词和名词短语与初始政策特征词之间的相似度，在与政策特征词相似度较高的前 50 个词中选择与政策主题真正相关的词来扩充初始政策特征词表，计算与特征词"数据安全"相似度较高的前 100 个词，结果见表 11-3。

表 11-3　　"数据安全"特征相关的候选特征词（部分）

候选词	相似度	候选词	相似度
系统漏洞	0.9146044	敏感数据	0.8435162
网络产品	0.9274251	重点防护	0.8617324
隐患	0.9463130	数据保护	0.8828452
访问控制	0.8813806	数据备份	0.8694245
保障机制	0.8856333	网络日志	0.8727611

再次从表 11-3 中选择与"数据安全"相关的词扩充到初始政策特征词表中，最后生成政策特征词表，详见表 11-4。

表 11-4　　　　　政策特征词表（部分）

政策主题	政策特征词
数据安全	网络＼基础设施＼风险＼保密＼分级分类＼漏洞＼敏感数据＼数据备份＼网络日志＼访问控制＼隐患＼数据保护
数据标准	标准＼规范＼目录＼标准规范＼国家标准＼指标＼行业标准＼元数据＼要素＼参数
数据伦理	职责＼制度＼人工智能＼义务＼算法＼责任制＼开发者＼责任＼推荐者＼问责制＼透明度
数据质量	质量＼机制＼时效性＼完整性＼权威性＼准确性＼可控性＼框架

最后在政策特征词表基础上构建噪声词表，详见表 11-5。

表 11-5　　　　　　　　噪声词表（部分）

政策主题	噪声词
数据安全	技术\ 内容\ 能力\ 基础性\ 试点\ 通报\ 流程
数据标准	机理\ 力度\ 有序\ 群体
数据伦理	机构\ 资质\ 公益性\ 因素\ 生态
数据质量	关键环节\ 留痕\ 效应\ 参数

表 11-4 中的每一行表示一种政策主题及其所对应的特征词列表，表 11-5 中的每一行表示一种政策主题及其相关的噪声词列表，政策文本集共涉及数据安全、数据标准、数据伦理、数据质量等 4 类主题。

（三）政策文本特征词提取

（1）借助于已经训练好的词向量模型，提取每一条政策文本中所包含的政策文本特征词，形成政策文本集所对应的政策文本特征词列表，如表 11-6 所示：

表 11-6　　　　　　　政策文本特征词列表（部分）

政策文本	政策文本特征词
加强开放共享标准规范建设。研究完善行业信息数据标准体系，加快信息资源核心元数据、信息资源标识符编码规则、信息平台互联共享、空间信息应用共享交换等基础性数据标准制修订，进一步加强标准执行的监督管理。	标准规范\ 标准体系\ 核心\ 元数据\ 编码规则\ 基础性\ 信息\ 数据标准\ 监督管理
严格执行数据处理和使用审批流程，按照"知所必需，最小授权"的原则划分数据访问权限，实施脱敏、日志记录等控制措施，防范数据丢失、泄露、未授权访问等安全风险。	原则\ 数据处理\ 访问权限\ 流程\ 安全风险\ 措施

（2）使用噪声词表过滤政策文本特征词列表中的噪声词，生成去除噪声的政策文本特征词列表，如表 11-7 所示：

表 11-7　去除噪声的政策文本特征词列表（部分）

政策文本	政策文本特征词
加强开放共享标准规范建设。研究完善行业信息数据标准体系，加快信息资源核心元数据、信息资源标识符编码规则、信息平台互联共享、空间信息应用共享交换等基础性数据标准制修订，进一步加强标准执行的监督管理。	标准规范 \ 标准体系 \ 核心 \ 元数据 \ 编码规则 \ 数据标准 \ 监督管理
严格执行数据处理和使用审批流程，按照"知所必需，最小授权"的原则划分数据访问权限，实施脱敏、日志记录等控制措施，防范数据丢失、泄露、未授权访问等安全风险。	原则 \ 数据处理 \ 访问权限 \ 安全风险 \ 措施

为了便于与已有的特征词提取方法对比分析，本节采用精准率（$P_{extract}$）、召回率（$R_{extract}$）和 F1 值（$F1_{extract}$）作为特征词提取效果的评估标准，$P_{extract}$、$R_{extract}$ 和 $F1_{extract}$ 的计算方法如公式（11-2）所示，其中 c_i 表示第 i 条政策文本通过特征提取方法提取出来的特征词集合，d_i 表示第 i 条政策文本自身所附带的特征词集合，M 表示待处理政策文本集中政策文本数量。

$$P_{extract} = \frac{\sum_{i=1}^{M} \frac{|c_i \cap d_i|}{|c_i|}}{M}, \quad R_{extract} = \frac{\sum_{i=1}^{M} \frac{|c_i \cap d_i|}{|d_i|}}{M}, \quad F1_{extract} = \frac{2 \times P \times R}{P + R}$$

(11-2)

从政策文本集中选取 300 条政策文本，分别使用 TF-IDF 方法、TextRank 方法和本节的特征词提取方法进行处理，3 种方法设定特征词提取的数量为 2—10 个，分别计算 $P_{extract}$、$R_{extract}$ 和 $F1_{extract}$ 3 个评估指标，然后进行对比，最终的结果如表 11-8 所示。在进行特征词提取时，分别设置不同的特征词提取数量，其精准率（$P_{extract}$）和 F1 值（$F1_{extract}$）均优于 TF-IDF 方法、TextRank 方法，召回率（$R_{extract}$）在特征词数量为 8—10 时也与 TF-IDF 方法、TextRank 方法持平。所以针对政策文本使用基于噪声词表过滤的特征提取方法进行特征提取效果较为显著。

表11-8 评价指标对比

评价指标 特征词数量	精准率 P			召回率 R			F1 值		
	TF-IDF	TextRank	本文方法	TF-IDF	TextRank	本文方法	TF-IDF	TextRank	本文方法
2	0.696	0.700	0.884	0.532	0.560	0.606	0.603	0.622	0.719
3	0.692	0.713	0.889	0.658	0.679	0.751	0.675	0.696	0.814
4	0.693	0.706	0.886	0.758	0.772	0.827	0.724	0.738	0.855
5	0.689	0.696	0.884	0.811	0.829	0.859	0.745	0.757	0.871
6	0.694	0.691	0.880	0.820	0.848	0.885	0.751	0.761	0.882
7	0.688	0.687	0.890	0.842	0.876	0.911	0.757	0.770	0.900
8	0.686	0.683	0.875	0.871	0.910	0.918	0.767	0.780	0.896
9	0.681	0.681	0.892	0.884	0.925	0.913	0.769	0.784	0.902
10	0.682	0.679	0.886	0.882	0.936	0.925	0.769	0.787	0.905

(四) 政策文本分类

CNN 模型开始训练前，需要确定其参数。CNN 模型主要具有以下参数：(1) 卷积核尺寸，即对输入词向量进行卷积的区域大小。词语作为最小语言单位不做划分，只需要考虑语境上下文的影响，因此卷积核宽度保持最大不变，只改变卷积核高度。(2) 卷积核数量。(3) dropout 比例，即取值置为 0 的数据比例。(4) 随机梯度下降算法的批量值。本节采用网格搜索法确定以上参数，而随机梯度下降算法的学习率使用 Adadelta 更新规则进行自适应调整，最终确定的参数取值如表 11-9 所示。

表11-9 卷积神经网络（CNN）参数设置

参数	参数值
卷积核尺寸（kernel_size）	(3, 128), (4, 128), (5, 128)
卷积核数量	256
dropout 比例	0.5
批量值（batch_size）	64

将政策文本集按照6∶2∶2的比例划分为训练集、验证集和测试集三部分。训练集的作用是用来拟合模型，通过设置分类器的参数，训练分类模型；验证集的作用是使用训练出来的模型对验证集数据进行预测，用来调整模型参数，选出效果最佳的模型所对应的参数；测试集的作用是使用训练好的 CNN 模型为未分类的政策文本进行分类。

类别分类实验结果评价指标选择信息检索领域传统的精准率（*Precision*）、召回率（*Recall*）、F1 值（*F1*）。设置 SVM 和 NB（Naïve Bayes）两个对照实验组，与 CNN 进行对照，计算 *Precision*、*Recall* 和 *F-score* 指标，比较三种分类器的性能。CNN 类别分类结果和对照实验的对比结果如表 11-10 所示。在 *Precision*、*Recall* 和 *F-score* 方面，CNN 对政策文本进行类别分类的效果更好。

表 11-10　　　　　　　　类别分类实验对比结果

分类模型	准确率（P）	召回率（R）	F1 值
NB	0.7532	0.8003	0.7760
SVM	0.8033	0.8355	0.8190
CNN	0.8327	0.8530	0.8427

四　研究结论

对我国国家层面政府数据开放监管政策的分类研究，为我国政府数据开放监管政策体系的构建带来有益启示。

（1）注重国家层面的顶层设计。政府数据开放监管的成功实践在很大程度取决于国家层面做出的顶层设计，其为政府规定了政府数据开放优先行动的领域，政府通过履行这些使命以更好地释放数据的力量，进而更好地服务社会。

（2）组建政府数据开放监管机构，制定完善的政府数据开放监管法律法规、政策。首先在国家层面设立负责领导、决策、统筹与协调的统领性监管部门，其次设立负责数据标准、数据质量、数据安全、数据伦理等政府数据开放监管的业务性、职能性部门，进而实现政府数据开放监管的职责明确、结构合理和运转协调，最后制定和完善政府数据开监管密切相关的配套政策，解决政府数据开放监管政策存在滞后性的问题。

（3）注重政府数据开放伦理监管。随着人工智能在政府数据开放领域的深度应用，在数据质量管控、数据开放共享、数据安全、偏见、透明性等方面都提出了新的挑战。虽然政府部门已发布的相关政策要求对人工智能相关算法进行审查以确保算法的公正、透明，但是并没有给出算法审查评估的具体标准、内容。此外在实践伦理方面，政府部门提出在政府数据开放实践过程的行为要符合社会伦理、道德的要求，同样没有给出具体的伦理框架以供参考。加强政府数据开放伦理监管有助于帮助数据用户在整个数据生命周期中以合乎道德的方式做出决策并促进问责制。

第二节 数据安全政策分类及评估研究

一 案例背景

随着我国数字经济的迅速发展，数据安全已成为国家安全的重要领域。2021年11月中共中央政治局会议上习近平总书记主持审议了《国家安全战略（2021—2025年）》，强调加快提升数据安全的治理能力；2022年6月中央全面深化改革委员会审议通过《关于构建数据基础制度更好发挥数据要素作用的意见》。数据安全已经上升到了国家战略层面，构成数据基础制度的核心要义之一。数据作为一种新型生产要素，其安全性是数字化经济高质量发展的重要保障。信息技术的赋能使得整体数据量激增，场景的复杂化使得数据流动性增强，进而使得数据被非法使用或泄露等安全风险不断增加。政府作为数据安全治理的主导者，一直很重视数据安全治理工作，国家及地方政府出台了一系列数据安全政策。但当前数据安全政策文本分布杂乱，且类别不统一，这导致数据安全政策文本的扩散性较差，无法为政府进行宏观决策把控和监督管理提供参考，进而不能完全支撑数据安全政策迭代更新的现实需求。因此，探索数据安全政策的自动化分类模型，不但能够实现数据安全政策的评估与比较，还有利于满足我国数字化经济发展进程的战略需求。本节基于自建语料库中553篇数据安全政策文本，构建LDA融合BERT的数据安全政策分类模型，同时利用该模型对我国四个地区的数据安全政策进行评估，以期能够为我国数据安全政策体系的构建提供借鉴。

二 研究框架

本节基于 LDA + BERT 设计了一个数据安全政策分类与评估模型，如图 11 - 3 所示，模型包括数据采集模块、预处理模块、主题识别模块、类别划分模块、模型训练模块、政策评估模块六个部分。

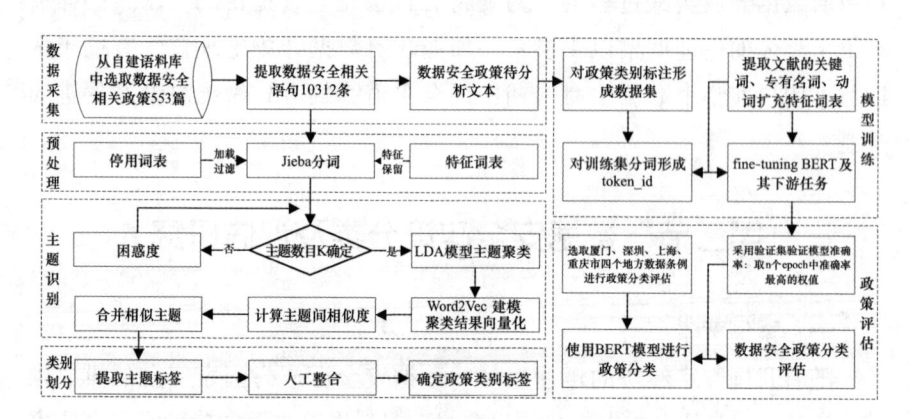

图 11 - 3 基于 LDA + BERT 的政策分类与评估模型

（一）数据采集

本节通过自建语料库收集数据安全相关政策，但有些数据安全政策是嵌入大数据政策或数据政策中，政策文本集中存在一些无实际意义的政策文本内容，因此过滤掉这些无用的政策文本内容有利于减少噪声干扰、提高政策文本分类和特征词提取的准确率。首先将文章按句子进行分割，保留含有"安全"二字的句子作为训练所需的语料，从而让模型在训练时将更多的注意力集中在更有意义的信息上，最终获取文本语料553篇。

（二）预处理

本节利用自建语料库中政策词表并结合 CNKI 中核心期刊"数据安全"相关文献的关键词，形成数据安全领域的特征词表，并在哈工大停用词表的基础上形成数据安全领域的停用词表。最后加载特征词表和停用词表，同时对政策文本进行数据清洗、分词等数据预处理工作。

（三）主题识别

主题识别旨在通过量化的方式为划定政策文本标签类别提供依据，主要包括三部分：（1）最优主题数目确定：使用主题困惑度评价法确定不同阶段最优主题数目，主题困惑度数值越低则表明主题聚类效果越好；（2）主题聚类：在确定各阶段最优主题数的基础上，借助 Python 语言对预处理的政策文本进行 LDA 模型训练；（3）主题过滤：利用 Word2vec 模型对主题进行向量化，计算主题间的相似度，进而合并相似主题，最后结合主题词提取主题标签。

（四）类别划分

利用 LDA 主题模型对预处理后的政策文本进行主题聚类，初步确定标签后，在此基础上参考《数据安全法》《数据安全治理实践指南》等政策文本进行人工归纳总结数据集类别标签，再由团队成员依据制定的标准对现有的数据集进行政策文本类别标签标注。

（五）模型训练

将政策文本数据分为训练集和验证集，训练前确定模型参数，进行模型的分类训练。利用现有的文献集提取文献的关键词、专有名词和动词扩充词表。使用词表和分词器对训练集样本分词，输入充分预训练的 BERT 模型中，进行 fine-turning 后得到 PDS-BERT 模型。

（六）政策评估

依据所训练的政策文本分类模型，对新的数据安全政策进行评估，以《厦门经济特区数据条例》《深圳经济特区数据条例》《上海市数据条例》及《重庆市数据条例》四个地区的数据安全政策为例，基于实验结果对政策进行评估，以期发现不同区域数据安全政策间的共性与差异。

三 实验结果分析

（一）实验环境

本节所有实验均在表 11 - 11 环境中完成。

表 11-11　　实验环境与配置

实验环境	配置参数
操作系统	Win11
CPU	12th Gen Intel（R）Core（TM）i7-12700K 3.60Ghz i3-4130 3.40GHz
内存	64G
GPU	NVIDIA GeForce RTX 3090 24G 显存
深度学习框架	pytorch 1.15.0
程序设计语言	Python 3.9
分词工具	jieba
词向量训练工具	Word2vec（gensim3.2.0）
BERT 模型	Bert-base-Chinese
编程环境	Anaconda

（二）政策文本采集

研究收集我国数据安全相关政策553篇，经过初步分句处理后形成的数据集数量为10312条，政策文本筛选过程如下：首先，对文本进行分句，以句号、问号、感叹号等表示结束的标点作为分隔符，将一个语句作为一条数据；其次，保留含有"安全"的语句；最后，将经过上述操作后的数据合并为一个文本文件，作为训练语料。

（三）政策文本类别划分

对政策文本进行文本预处理后，基于LDA模型进行主题聚类和相似主题合并，并进行人工梳理归纳最终确定11个标签：技术防范、数据分级分类、风险评估、监测预警、应急响应、数据法规、数据伦理、风险回溯、保障措施、应用领域、其他。确定标签后，根据每一条政策文本中所包含的内容，形成政策文本集所对应的标签列表，如表11-12所示。

表 11-12　　政策文本类别标签列表（部分）

政策文本	政策文本标签
推动重点高校、科研机构和骨干企业联合开展多方计算、差分隐私、同态加密等安全技术攻关，提升数据安全防护能力	技术防范

续表

政策文本	政策文本标签
政务部门承担本部门政务数据安全分级分类及使用安全保障职责，指定专门机构和专职政务数据管理人员负责政务数据管理工作	数据分级分类
销毁涉及国家秘密、商业秘密、个人隐私等重要数据的，应当对数据进行安全风险评估	风险评估
建立数据安全常态化监管工作机制，建设全市数据安全监管平台，加强数据资源、数据流通、跨境数据流动安全监管	监测预警
发生政务数据安全事故时，应当立即报告市政务数据主管部门，并做好应急响应处置工作	应急响应
危害电子政务和政务数据安全，或者利用电子政务和政务数据实施违法行为的，依法追究法律责任	数据法规
自然人、法人和非法人组织从事与大数据发展相关的活动应当遵守法律、法规和社会公德、伦理，遵循合法、正当、必要、诚实守信原则，履行数据安全保护义务，承担社会责任，不得危害国家安全和公共利益，不得损害自然人、法人和非法人组织的合法权益	数据伦理
加强数据交换和交易过程中的数据来源追溯和安全保护，支持数据资产和数据产品的知识产权的研究和保护，强化企业和社会对数据安全与知识产权保护的意识和责任	风险回溯
建立完善的运行和安全保障服务体系，制定合理、便捷的运行维护流程，提供响应快、质量优的运行维护服务	保障措施
初步形成社会民生、航运交通、城市安全等重要领域信息化应用全面对接的良好局面	应用领域
本市行政区域内数据处理和安全管理，数据资源汇聚、共享和开放，数据要素市场培育，数据发展应用和区域协同等活动适用本条例	其他

（四）模型训练

训练中使用的 BERT 选用 Bert-base-Chinese_L−12_H−768_A−12，在模型开始训练前，需要确定整体模型参数。模型主要具有以下参数：（1）输出层神经元个数，即对输入特征向量划分 11 个分类；（2）dropout 比例设置为 0.2；（3）梯度下降算法的学习率，选取合适的学习率可以使模型快速收敛，取值为 $2e^{-5}$；（4）数据批量流 batch_size 设置为 16。

将政策文本集按照 9∶1 的比例划分为训练集和验证集两部分。训集用来拟合样本标签，通过梯度的反向传播，更新模型参数；验证集是在多次训练中，选取准确率最高的作为模型最终参数，以期在测试集上取得较好的结果。类别分类实验结果评价指标选择信息检索领域传统的精准率（Precision）。设置 pseg-BERT、BERT-DNN 两个对照实验组，与 PDS-BERT 进行对照，计算精准率指标，比较四种分类器的性能。如表 11-13 所示，在精准率方面，PDS-BERT 对政策文本进行类别分类的效果更好。

表 11-13　　　　　　　　模型类别分类实验对比结果

分类模型	模型介绍	准确率（Precision）
PDS-BERT	模型由输入模块、词嵌入模块、专用词表模块、分类模块组成。扩充了数据安全政策的专用词表和无效词表，在 Bert-base-Chinese 预训练模型基础上对数据安全政策分类任务进行了 fine-turing	0.81
BERT-DNN	模型由输入模块、词嵌入模块、分类模块组成	0.73
pseg-BERT	模型由输入模块、词嵌入模块、融合模块、分类模块组成。通过将文本词性向量与原始词向量基于自注意力机制进行融合，得到含有词性信息与语义信息的融合向量，使模型基于更丰富的信息进行训练	0.28

（五）政策文本评估

研究选取《厦门经济特区数据条例》《深圳经济特区数据条例》《上海市数据条例》及《重庆市数据条例》四个地方政府发布的数据条例，提取"安全"相关语句 145 条进行分类实验，实验分析发现：数据法规（37）标签占比最大，其次是监测预警（16）、风险评估（16）、数据分级分类（15）、保障措施（14）、技术防范（11）；应急响应（6）、风险回溯（6）、数据伦理（2）标签占比较低；通过以上四部政策评估发现，在地方政府数据条例中，除重点关注数据地方立法之外，地方政府对事前、事中的数据治理环节也尤为关注，而且政策侧重点较为平均，也凸显了事前预防、事中监管比事后问责更重要的总体治理思路。

四 研究结论

数字经济时代,数据安全成为全球发展数字经济的重要议题,我国正积极从制度政策、数字基础设施、法律制定、行业规范等方面推进数据安全工作。由于我国数据安全治理目前尚处于起步阶段,在数据保护相关法律的完整度、实施效果和大众认知程度、行业监管等方面存在诸多问题,因此对数据安全政策文本分类与评估就显得尤为重要了。正是基于此,本节设计了基于 LDA + BERT 的数据安全分类及评估模型,对新出台的数据安全政策进行类别划分,评估政策文本的关注重点及薄弱点,尤其是针对地方数据安全的政策评估有利于中央政府借鉴并完善数据安全政策。

参考文献

一 中文专著

朝乐门：《数据科学：理论与实践》，清华大学出版社2019年版。

黄萃：《政策文献量化研究》，科学出版社2016年版。

李钢、蓝石等编著：《公共政策内容分析方法：理论与应用》，重庆大学出版社2017年版。

梁茂成、李文中、许家金：《语料库应用教程》，外语教学与研究出版社2015年版。

王达梅、张文礼编著：《公共政策分析的理论与方法》，南开大学出版社2009年版。

王其藩：《系统动力学》，上海财经大学出版社2009年版。

肖刚、张良均主编：《Python中文自然语言处理基础与实战》，人民邮电出版社2022年版。

许鑫：《基于文本特征计算的信息分析方法》，上海科学技术文献出版社2015年版。

张楠、马宝君、孟庆国：《政策信息学——大数据驱动的公共政策分析》，清华大学出版社2020年版。

章成志等：《情报学研究方法与技术体系》，科学技术文献出版社2021年版。

钟永光、贾晓菁、钱颖：《系统动力学》（第2版），科学出版社2013年版。

二 中文期刊

朝乐门、张晨、孙智中：《数据科学进展：核心理论与典型实践》，《中国图书馆学报》2022 年第 1 期。

曹玲静、张志强：《政策信息学视角下政策文本量化方法研究进展》，《图书与情报》2022 年第 6 期。

陈二静、姜恩波：《文本相似度计算方法研究综述》，《数据分析与知识发现》2017 年第 6 期。

丁文姚、张自力、余国先等：《我国地方大数据政策的扩散模式与转移特征研究》，《大数据》2019 年第 3 期。

韩旭、杨岩：《基于多层次主题模型的科技政策文本量化研究》，《全球科技经济瞭望》2022 年第 11 期。

胡吉明、钱玮、李雨薇等：《基于 LDA2Vec 的政策文本主题挖掘与结构化解析框架研究》，《情报学科》2021 年第 11 期。

化柏林、吴诗慧：《中美信息技术政策文本比较研究》，《科技情报研究》2023 年第 1 期。

李江、刘源浩、黄萃等：《用文献计量研究重塑政策文本数据分析——政策文献计量的起源、迁移与方法创新》，《公共管理学报》2015 年第 2 期。

李良成、陈欣、郑石明：《科技人才与科技创新协同度测度模型及应用》，《科技进步与对策》2019 年第 10 期。

李悦、汤鲲：《基于 TextCNN 的政策文本分类》，《电子设计工程》2022 年第 12 期。

李竹、曹文振：《钱学森情报学思想研究：定名、脉络与内核——纪念钱学森院士逝世十周年》，《情报理论与实践》2019 年第 10 期。

梁继文、杨建林、王伟：《政策对科研选题的影响——基于政策文本量化方法的研究》，《现代情报》2021 年第 8 期。

刘河庆、梁玉成：《政策内容再生产的影响机制——基于涉农政策文本的研究》，《社会学研究》2021 年第 1 期。

刘峤、李杨、段宏等：《知识图谱构建技术综述》，《计算机研究与发展》2016 年第 3 期。

刘亚亚、曲婉、冯海红：《中国大数据政策体系演化研究》，《科研管理》2019 年第 5 期。

刘自强、王效岳、白如江：《多维度视角下学科主题演化可视化分析方法研究——以我国图书情报领域大数据研究为例》，《中国图书馆学报》2016年第6期。

刘自强、许海云、岳丽欣等：《面向研究前沿预测的主题扩散演化滞后效应研究》，《情报学报》2018年第10期。

吕璐成、周健、王学昭等：《基于双层主题模型的技术演化分析框架及其应用》，《数据分析与知识发现》2022年第Z1期。

马海群、冯畅：《信息资源管理政策执行力影响因素研究——以〈关于加强信息资源开发利用工作的若干意见〉为例》，《中国图书馆学报》2020年第2期。

马雨萌、黄金霞、王昉等：《基于政策文本量化研究的科技政策分析服务平台建设》，《情报科学》2022年第7期。

马雨萌、黄金霞、王昉等：《融合BERT与多尺度CNN的科技政策内容多标签分类研究》，《情报杂志》2022年第11期。

孟凡坤：《我国智慧城市政策演进特征及规律研究——基于政策文献的量化考察》，《情报杂志》2020年第5期。

孟庆松、韩文秀：《复合系统协调度模型研究》，《天津大学学报》2000年第4期。

裴雷、李向举、谢添轩等：《中国信息政策研究主题的历时演进特征（1986—2015年）》，《数字图书馆论坛》2016年第7期。

裴雷、孙建军、周兆韬：《政策文本计算：一种新的政策文本解读方式》，《图书与情报》2016年第6期。

曲靖野、陈震、胡轶楠：《共词分析与LDA模型分析在文本主题挖掘中的比较研究》，《情报科学》2018年第2期。

曲靖野、陈震、郑彦宁：《基于主题模型的科技报告文档聚类方法研究》，《图书情报工作》2018年第4期。

芮雯奕、袁真艳、周千惠等：《区域知识产权政策演变研究——基于政策文本计量的视角》，《科技与经济》2020年第3期。

沈自强、李晔、丁青艳等：《基于BERT模型的科技政策文本分类研究》，《数字图书馆论坛》2022年第1期。

宋伟、夏辉：《地方政府人工智能产业政策文本量化研究》，《科技管理研究》2019年第10期。

宋秀芳、迟培娟：《Vosviewer 与 Citespace 应用比较研究》，《情报科学》2016 年第 7 期。

苏新宁：《中国特色情报学学科体系、学术体系、话语体系论纲》，《中国图书馆学报》2021 年第 4 期。

汪大锟、化柏林：《政策文本量化研究综述》，《科技情报研究》2023 年第 1 期。

汪涛、谢宁宁：《基于内容分析法的科技创新政策协同研究》，《技术经济》2013 年第 9 期。

王宏起、徐玉莲：《科技创新与科技金融协同度模型及其应用研究》，《中国软科学》2012 年第 6 期。

王延飞、唐超、王郑冬如等：《国内外情报学理论研究进展综述》，《情报学进展》2020 年。

王英泽、化柏林：《欧美国家颠覆性技术政策文本数据的主题建模分析研究》，《情报理论与实践》2022 年第 6 期。

吴峰、李银生、聂永川等：《基于 ESVM 的科技政策文本标签分类研究》，《河北省科学院学报》2018 年第 1 期。

武永亮、赵书良、李长镜等：《基于 TF-IDF 和余弦相似度的文本分类方法》，《中文信息学报》2017 年第 5 期。

夏业领、何刚：《中国科技创新 – 产业升级协同度综合测度》，《科技管理研究》2018 年第 8 期。

杨慧、杨建林：《融合 LDA 模型的政策文本量化分析——基于国际气候领域的实证》，《现代情报》2016 年第 5 期。

杨锐、陈伟、何涛等：《融合主题信息的卷积神经网络文本分类方法研究》，《现代情报》2022 年第 4 期。

余传明、郭亚静、龚雨田等：《基于主题时间模型的农村电商扶贫政策演化及地区差异分析》，《数据分析与知识发现》2018 年第 7 期。

张会平、郭宁、汤玺楷：《推进逻辑与未来进路：我国政务大数据政策的文本分析》，《情报杂志》2018 年第 3 期。

张维冲、王芳、黄毅：《基于图数据库的贵州省大数据政策知识建模研究》，《数字图书馆论坛》2020 年第 4 期。

章成志、王玉琢、王如萍：《情报学方法语料库构建》，《科技情报研究》

2020 年第 1 期。

三 外文期刊

Arenal A., Feijoo C., Moreno A., et al., "Text Mining the Entrepreneurship Policy Agenda in the EU: From Naveté into Reality", *Proceedings of the 30th European Conference of the International Telecommunications Society (ITS): "Owards a Connected and Automated Society"*, Helsinki, Finland, 16th – 19th June, 2019.

Ceron A., Curini L., Iacus S. M., "Using Sentiment Analysis to Monitor Electoral Campaigns: Method Matters—Evidence From the United States and Italy", *Social Science Computer Review*, Vol 33, No. 1, 2015.

David M. Blei, Andrew Y. Ng, Michael I. Jordan, "Latent Dirichlet Allocation", *Journal of Machine Learning Research*, No. 3, 2003.

Devlin J., Chang M. W., Lee K., et al, "BERT: Pre-Training of Deep Bidirectional Transformers for Language Understanding", ArXiv Preprint ArXiv: 1810.04805, 2019.

Greene D., Cross J. P., "Exploring the Political Agenda of the European Parliament Using a Dynamic Topic Modeling Approach", *Political Analysis*, Vol. 25, No. 1, 2017.

Grimmer J., Stewart B. M., "Text as Data: The Promise and Pitfalls of Automatic Content Analysis Methods for Political Texts", *Political Analysis*, Vol. 21, No. 3, 2013.

Hopkins D. J., King G., "A Method of Automated Nonparametric Content Analysis for Social Science", *American Journal of Political Science*, Vol. 54, No. 1, 2010.

Isoaho K., Moilanen F., Toikka A., "A Big Data View of the European Energy Union: Shifting from 'Floating Signifier' to an Active Driver of Decarbonisation?", *Politics and Governance*, Vol 7, No. 1, 2019.

Jentsch C., Lee E. R., "Mammen E. Time-Dependent Poisson Reduced Rank Models for Political Text Data Analysis", *Computational Statistics & Data Analysis*, Vol. 142, 2020.

Kaufman A. R. , "Measuring the Content of Presidential Policy Making: Applying Text Analysis to Executive Branch Directives", *Presidential Studies Quarterly*, Vol. 50, No. 1, 2020.

Laver M. , Garry B. J. , "Extracting Policy Positions from Political Texts Using Words as Data", *American Political Science Review*, Vol. 97, No. 2, 2003.

Laver M. , Benoit K. , "Locating TDs in Policy Spaces: The Computational Text Analysis of Dáil Speeches", *Irish Political Studies*, Vol. 17, No. 1, 2002.

Ling X. , Weld D. , "Fine-Grained Entity Recognition", *Proceedings of the AAAI Conference on Artificial Intelligence*, Vol. 26, No. 1, 2012.

Lucas C. , Nielsen R. A. , Roberts M. E. , et al. , "Computer-Assisted Text Analysis for Comparative Politics", *Political Analysis*, Vol. 23, No. 2, 2015.

Matt W. Loftis, Peter B. Mortensen, "Collaborating with the Machines: A Hybrid Method for Classifying Policy Documents", *Policy Studies Journal*, Vol. 48, No. 1, 2020.

Mikolov T. , Sutskever I. , Chen K. , et al. , "Distributed Representations of Words and Phrases and Their Compositionality", *Advances in Neural Information Processing Systems*, Volume abs/1310.4546, 2013.

Rothwell R. , Zegveld W. , *Reindusdalization and technology*, London: Logman Group Limited, 1985.

Roy A. , "Recent Trends in Named Entity Recognition (NER)", ArXiv Preprint ArXiv: 2101.11420, 2021.

Thomas L. Griffiths, Mark Steyvers, "Finding Scientific Topics", *PNAS*, Vol. 101, No. 6, 2004.

Vaswani A. , Shazeer N. , Parmar N. , et al. , "*Attention Is All You Need*", Advances in Neural Information Processing Systems 30 (NIPS 2017), Long Beach, CA, USA, 2017.

Xin R. , "*Word2vec Parameter Learning Explained*", ArXiv Preprint ArXiv: 1411.2738, 2014.

Ye Z. , Byron C. W. , "*A Sensitivity Analysis of (and Practitioners' Guide to) Convolutional Neural Networks for Sentence Classification*", ArXiv Preprint

ArXiv: 1510. 03820, 2015.

Yoon Kim, "*Convolutional Neural Networks for Sentence Classification*", ArXiv Preprint ArXiv: 1408. 5882, 2014.

Zhitomirsky M. , David E. , Koppel M. , "Utilizing Overtly Political Texts for Fully Automatic Evaluation of Political Leaning of Online News Websites", *Online Information Review*, Vol 40, No. 3, 2016.